金融风险管理师考试用书 2025

FRM
一级中文教程

上

风险管理基础 数量分析

高顿教育研究院 | 编著

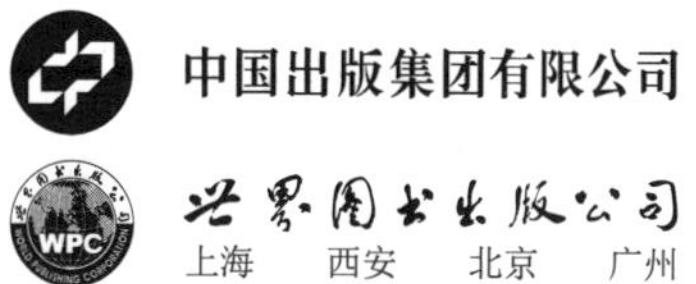

图书在版编目（CIP）数据

FRM一级中文教程. 上 / 高顿教育研究院编著. —
上海：上海世界图书出版公司，2023.5（2025.3重印）
ISBN 978-7-5232-0370-5

Ⅰ. ①F… Ⅱ. ①高… Ⅲ. ①金融风险—风险管理—资格考试—教材 Ⅳ. ①F830.9

中国国家版本馆CIP数据核字（2023）第074882号

书　　名　FRM一级中文教程（上）
　　　　　FRM Yiji Zhongwen Jiaocheng（Shang）
编　　著　高顿教育研究院
责任编辑　李　晶
装帧设计　汤惟惟
出版发行　上海世界图书出版公司
地　　址　上海市广中路88号9-10楼
邮　　编　200083
网　　址　http://www.wpcsh.com
经　　销　新华书店
印　　刷　上海普顺印刷包装有限公司
开　　本　787 mm × 1092 mm　1/16
印　　张　59.25
字　　数　1029千字
版　　次　2023年5月第1版　　2025年3月第3次印刷
书　　号　ISBN 978-7-5232-0370-5 / F · 88
定　　价　300.00元（全三册）

前　言

纵观近年全球社会环境与经济形势，一场“大变局”正在以不可逆转之势席卷各国。变局之下，如何守住风险底线并利用好变局之机，对每一个国家、每一家企业都提出了巨大的挑战。

中国在此等变局之下保持了平稳、健康的发展态势，重要原因之一就是守住了风险底线。从应对严峻的疫情防控形势，到对金融系统性风险的主动排雷和严防死守，都充分体现了风险管理的复杂性和重要性。同时，全球范围内由于认知不足、措施不到位而导致的风险管理失败案例也在不间断地上演。

风险，我们该如何与之共存，又该如何与之共舞？

FRM®（Financial Risk Manager）是全球金融风险管理领域的权威国际资格认证，由全球风险管理专业人士协会（Global Association of Risk Professionals，GARP）设立。FRM®考试自进入中国以来，迅速在业内获得广泛认可，每年报考人数呈井喷式增长。同时，许多金融机构在招聘风险管理人才时，亦将通过FRM®考试作为重要的甄选依据。

然而，面对专业性和实践性都非常强的FRM®考试，考生手中的备考资料却相当有限，并且对绝大部分中国考生而言，语言的障碍更是进一步增加了备考难度。为了助力中国考生高效备考，高顿教育于2018年首度推出《FRM一级中文教程》，此后每年均根据考纲更新和优化教程内容，协助考生更加有的放矢地准备考试，更清晰地理解风险管理的内涵。

本套教程的内容严格秉持“靶向教学”与“体系性”两大优良传统，凝合百位名师学养，全面汇集既往经验，积极响应读者反馈，以通俗易懂作为行文阐释的标准，以备考的实用性作为全书的建构目标，对每个知识点都标注了考试要求与重要程度，旨在持之以恒地为考生提供针对性备考的高效工具与学习支持。

本书得以顺利付梓，要感谢在本书撰写和校审中做出重大贡献的诸多老师。特别感谢涂海敏、王庆超、王家涛、向俊等几位老师，为本书尽心尽力。

多年寒暑深积淀，几度春秋勤改良，才有今日打磨得更加完善的本套教程。书中当然也难免还有不当之处，恳请广大考生与读者提出宝贵意见，我们将持续改进!

冯伟章

CFA 持证人、FRM®持证人

高顿教育 CFA/FRM®研究院　院长

目　录

第一部分　风险管理基础

第二部分 数量分析

第一部分

风险管理基础

考情分析

“风险管理基础”（foundations of risk management）是金融风险管理师一级考试的第一门科目，该科目分值约占20%。作为FRM®的第一门科目，“风险管理基础”主要以概述为主，涉及风险管理框架、投资组合管理理论和风险管理失败案例等知识的介绍。考生在学习本部分内容时，应把握风险管理的一些基础知识，并能够理解、辨析一些概念性的知识点。学好这门科目能够让考生对风险管理有基本的了解，为之后科目的学习打好基础。

“风险管理基础”共有十一章，包括四个知识模块。一是“风险管理框架”，主要介绍风险管理、公司治理的相关内容（第一章至第三章、第六章、第七章）；二是“组合管理”，主要介绍资本资产定价模型与套利定价理论（第四章、第五章）；三是“风险管理失败案例”，主要介绍风险管理失败案例与金融危机（第八章至第十章）；四是“行为准则”，主要介绍全球风险管理专业人士协会（Global Association of Risk Professionals，GARP）给其成员规定的行为准则（第十一章）。

本部分框架图

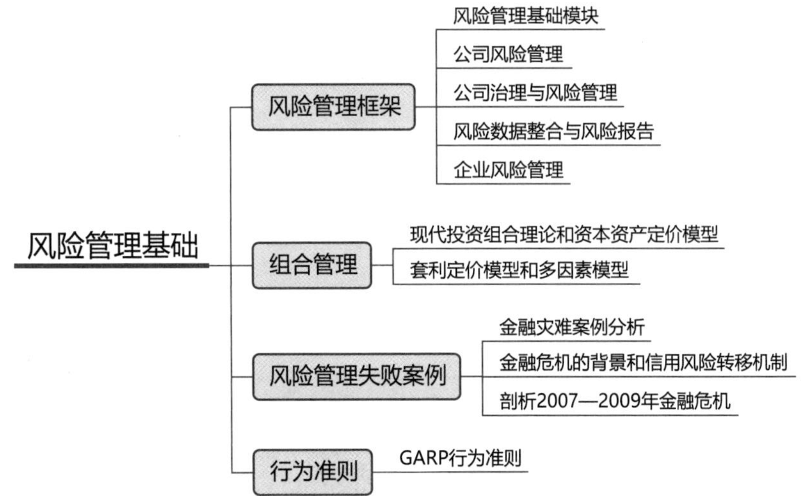

第一章

风险管理基础模块

知识引导

风险管理是通过对风险的识别、测量和分析，选择最有效的工具和方法，主动地、有目的地、有计划地管理和控制风险，是以最小的成本获取最大安全保证的管理方法。本章会先介绍一些基本概念，然后把风险管理分成十个模块，引出相关的知识点，分别进行讲解。

考点聚焦

作为开篇章节，本章简单介绍了风险及风险管理。通过本章的学习，考生应对风险的相关概念和风险管理的各个模块有初步的了解。本章考查的知识点较少，考生应理解风险分类，初步了解风险计量和风险管理工具。

本章框架图

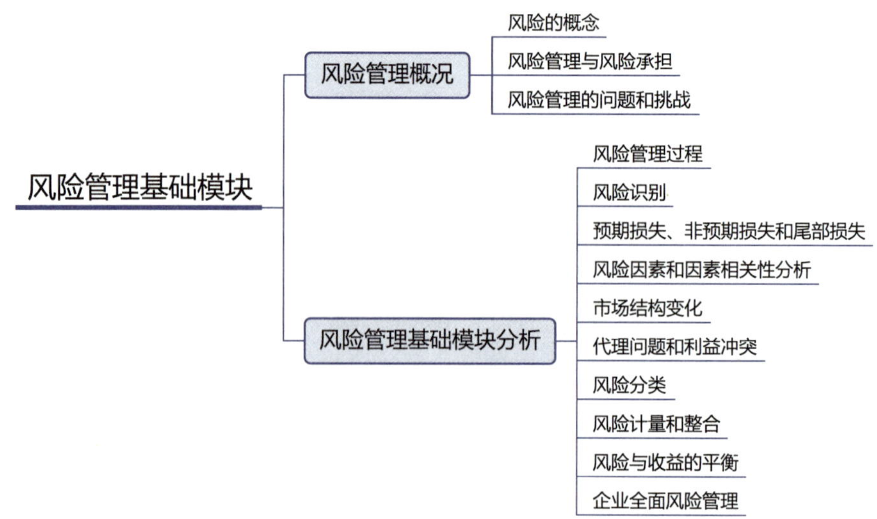

第一节　风险管理概况

金融市场变幻莫测，存在诸多不确定性。从长期来看，没有分析师能够在预测股票价格、市场利率等方面永远正确。尽管如此，由不确定性所引起的金融风险还是能够被有效管理的。更确切地说，现代风险管理理念是建立在识别并测量风险的基础上的，并根据风险可能造成的后果采取相应的措施。

一、风险的概念

解释（explain）风险的概念（★）

从广义上讲，风险（risk）是指未来收益的不确定性（uncertainty）。在经济金融中，真正的风险是指那些完全没有被预期到而突然产生的成本。

这里的不确定性既包括了未来遭受损失的可能性，也包括了未来获得收益的可能性。如果一个投资项目注定遭受损失，那么投资者通常在一开始就不会选择投资，也就不会承担风险。

二、风险管理与风险承担

比较（compare）风险管理与风险承担的区别（★）

企业在面临风险时，必须承担风险并对风险进行管理。

风险管理（risk management）是指企业如何主动地选择适合他们的、能承受的风险类型和水平。需要注意的是，不能简单地认为风险管理仅仅是企业面临风险的消极性防御措施。风险管理是企业在既定的风险环境下，将风险可能造成的不良影响最小化的管理过程，它实际是将一部分风险转移，同时包含了一定的风险承担。

风险承担（risk taking）是为了获得更高的收益而增加了自身对风险的容忍度。

需要注意的是，风险管理和风险承担并不是对立的。风险承担并不意味着放弃对风险的管理，两者之间是一种权衡关系，只有有效地相结合才能推动企业乃至整个经济体健康高效地运作。

三、风险管理的问题和挑战

描述（describe）在风险管理过程中产生的问题和挑战（★★）

1. 风险管理的问题

风险管理过程中存在的问题主要是两个方面的。

一是难以正确地识别风险。由于风险本身的不确定性很强，实务中企业很难完全捕捉到所有风险。因此，企业如何准确地辨别风险是风险管理过程中的关键问题。

二是难以寻求到有效的风险转移的方法。在实践中，风险转移的成本可能较高或者尚不存在有效的风险转移方法。例如，实务中，很多企业会运用期权或期货转移风险。然而，期权费成本可能很高，且期货期权品种有限，不能满足所有实体企业风险管理的需求。

2. 风险管理的挑战

风险管理过程中面临的挑战主要有四个方面。

一是在经济体中，风险在有意愿且有能力承担的经济参与者中分布不均匀，这就导致每个人承担交易风险的意愿不同，难以平衡。

二是风险管理不能预防市场扰动的问题，也不能杜绝财务会计造假的问题。

三是企业在使用一些复杂的衍生品交易策略时往往过高估计实体企业自身的财务状况并低估衍生品的风险。

四是风险管理只能降低或转移风险，并不能消除整体风险。

第二节　风险管理基础模块分析

为了深入理解风险管理，把风险管理分为十个模块[①]（图 1.1），下面将分别针对每个模块展开介绍。

- 风险管理过程（risk management process）
- 风险识别（identifying risk）
- 预期损失、非预期损失和尾部损失（expected loss, unexpected loss, and tail loss）
- 风险因素和因素相关性分析（risk factor breakdown and interactions）
- 市场结构变化（structural change）
- 代理问题和利益冲突（human agency and conflicts of interest）
- 风险分类（typology of risks）
- 风险计量和整合（risk aggregation）
- 风险与收益的平衡（balancing risk and reward）
- 企业全面风险管理（enterprise risk management, ERM）

图 1.1　风险管理的十个模块

大多数风险管理灾难是由这些基本模块的管理失败引起的，而非某些复杂的技术性原因造成的。一些老牌金融机构往往因为某个风险管理程序的缺失而忽略了某一风险，或对风险之间的关系判断错误，或没有遵循风险管理的步骤而最终破产。

一、风险管理过程

图 1.2 显示了风险管理的过程，主要包括以下五个步骤：

第一步，风险识别（identify），判断是什么风险，风险属于什么分类。

① 对风险管理模块的分类方法并不唯一，因风险从业者对风险的判断不同而不同。本书采用的分类方法也没有对每个模块按照重要性排序，其目的只是为风险管理提供一个思路。

第二步，风险分析（analyze），是对风险进行分级、评分、计算、量化等。

第三步，风险评价（assess），评估风险敞口带来的影响并评估金融工具的成本和收益。

第四步，风险管理（manage），构建四个风险管理策略。

第五步，风险评估（evaluate），将业绩评估结果反馈到相应的部门，相应部门根据评估结果对风险管理策略进行调整。

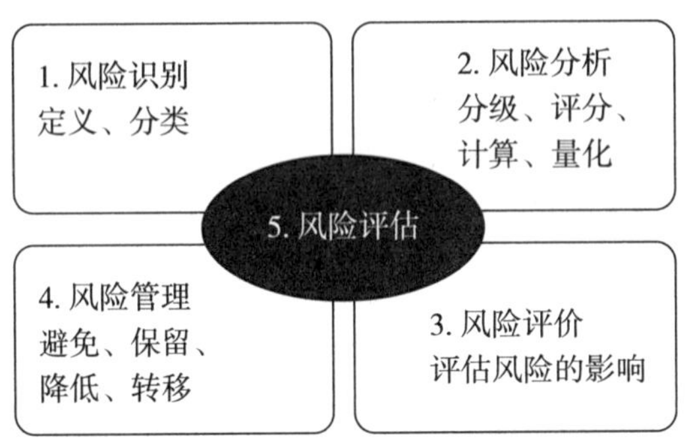

图 1.2　风险管理过程

其中，风险管理的策略包括以下四种。

（1）避免风险（avoid risk）：有些风险可以通过终止业务或使用不同的策略来规避。例如，为了规避政治风险或外汇风险，可以避免向某些市场销售产品。公司有时会说它们对某些风险或冒险行为“零容忍”。

（2）保留风险（keep/retain risk）：在公司的风险偏好（risk appetite）内，可以保留一些风险。通过风险资本配置，保留一些不构成威胁的风险。

（3）降低风险（mitigate risk）：有些风险可以通过减少风险敞口、发生频率和损失严重性来降低。例如，改变经营或内控流程可以降低一些操作风险发生的频率；对冲不必要的外汇风险敞口可以降低市场风险；接受担保品可以减轻潜在违约风险的严重程度等。

（4）转移风险（transfer risk）：有些风险可以通过使用衍生产品、结构性产品或支付保费的方式转移给第三方，如保险公司或衍生品交易商。

二、风险识别

风险按照是否已经被识别，可以分为以下两类：已知风险（known risks）和未知风险（unknown risks）。

已知风险根据可衡量性，可以细分为可衡量风险（measurable risks）和不可衡量风险（unmeasurable risks）。其中，可衡量风险可以基于历史数据、统计模型等，计量出每一个结果的发生概率。而不可衡量风险也叫作奈氏不确定性（Knightian uncertainty）或已知的未知（known unknowns），由于缺乏足够的数据、模型等，无法计量出每一个结果的发生概率。

真正未知的风险，就像从天而降的流星（meteors），会突然出现，但这种完全未知的风险只是风险世界中的一小部分。

更多情况下，风险并不是完全未知的，而是未被看见或未公开承认的，例如：

（1）月球漫步的熊（moonwalking bears）是指人们在观看球赛时，更关注球赛本身，往往会忽略视频背景中的、由演员扮演的一只太空漫步的熊，代表非常明显，但因各种原因（例如，注意力被其他事物吸引、认知偏差等）而被忽视的风险。

（2）老象（age-old elephant）代表长期存在且显而易见的风险。虽然这些风险长期存在，大家都已经发现，但由于各种原因（比如，害怕承担责任、避免冲突等），而不愿意公开承认或采取行动。

（3）水下冰山（underwater iceberg）是指那些隐藏在平静水面之下、难以被发现的风险，这些风险通常会在事后变得非常明显。例如，2007—2009 年全球金融危机之前一些公司的杠杆上升，在当时未被有效识别出来，直到次贷危机房地产泡沫被戳破时才显现出来。

人们平常最容易犯的错误之一，是关注已知的、可以计量的风险，关注数据本身带来的风险，规避那些我们不熟悉的风险，忽略那些未知的或不可量化的风险，而这些风险确实是客观存在的，且往往潜在危害可能更大，必须加以控制。

三、预期损失、非预期损失和尾部损失

区分（differentiate）预期损失和非预期损失，并提供每种损失的例子（★）

1. 预期损失

预期损失（expected loss，EL）是指投资者在正常的经营活动中，预期承受的平均损失。从理论上讲，损失在大概率下会围绕这一平均水平上下波动。预期损失是可预测的，因此通常被视为业务成本的一部分，也就是说该损失已包含在提供给客户的产品和服务的定价中。例如，坏账、价差、佣金等。

EL 受下面三种因素的影响：

（1）借款人的违约概率（与交易对手的信用质量有关）。

（2）违约时的风险敞口。

（3）违约时损失的严重程度（与信用产品的结构相关）。

以贷款的 EL 为例，贷款的预期损失需要考虑借款人的违约概率（probability of default，PD）、违约风险敞口（exposure at default，EAD）、违约损失的严重程度（loss given default，LGD）。此时，EL 的公式如下：

$$EL = EAD \times LGD \times PD$$

备考小贴士

EL 的计算是本书第四部分的一个重要知识点，我们将在后续章节继续学习。

2. 非预期损失

非预期损失（unexpected loss，UL）考虑的是一个投资者在正常业务过程中无法预计到的损失，是指偏离预期损失的部分。由于不确定性的存在，非预期损失通常很难被事前预测。例如，金融危机爆发，信用卡业务中欺诈行为的爆发，或者一系列灾害发生造成的损失。

在信贷投资组合中，非预期损失可能是由一些非常简单的因素造成的，比如贷款的数量和规模。当一个投资组合由大量小额贷款组成时，这些贷款同时违约的可能性很小，即如果投资组合的分散性较好，就意味着组合内资产同时发生意外损失的可能性小，从而组合的风险就较小。

3. 尾部损失

尾部损失（tail loss）也叫极端损失，是指超出非预期损失的部分，一些信贷投资组合在一段时间（如 10 年）的损失波动会非常大，在经济形势不好的年份，损失会达到意想不到的甚至是极端的水平。

尾部损失很难在数据中找到，因为它们发生的概率并不高。

对尾部损失可以利用统计学的一个分支——极值理论（EVT）进行分析，通过配置大量的风险资本，防范可能引发的资不抵债的风险和违约的巨额意外损失。

备考小贴士

尾部损失是 FRM®二级“市场风险”中的一个重要的知识点，将在二级中继续学习。

四、风险因素和因素相关性分析

解释（explain）风险因素如何相互作用（★★）

1. 风险因素

风险可以分解为关键的风险因素（如前面的 EL，可以分解为 PD、LGD 和 EAD），然后通过分析这些风险因素在不同时期和压力情况下如何变动和相互作用（即它们之间的关系），得出风险最终的损失情况。

对这些分解出的关键风险因素进一步分析，可以发现它们都是由一组更基本的风险因素来驱动的。例如，企业违约可能是由其在关键财务指标、行业、管理质量等方面的劣势所驱动的；整个风险敞口是由债务人集中度等因素驱动的。又比如，在分析公司的网络风险时，可以把影响网络风险的因素进行分解，分析系统、流程或人员对网络风险的影响大小。

2. 因素相关性分析

不同的风险因素之间是有一定相关关系的，即这些风险因素会相互作用，从而对投资组合整体或整个金融市场造成影响。

根据前面贷款 EL 的计算公式，EL=EAD × LGD × PD，存在某几种风险因素同向变动的情况，如 PD 上升，EAD 也上升，也就是违约概率和风险敞口之间的相关性增加，这种情况为错向风险（wrong way risk）。

备考小贴士

错向风险是FRM®二级“信用风险”中的一个重要的知识点，将在二级中继续学习。需要注意的是，错向风险仅仅指违约概率与风险敞口共同上升这一种情况，如果两者共同下降，不构成错向风险。

五、市场结构变化

市场结构的变化，可以让单一公司的尾部风险扩张成为蔓延整个市场的系统性风险。

与大多数机械系统和自然系统不同，人类系统（如金融市场）不断受社会行为、行业趋势、监管改革和产品创新等结构性变化的影响。当宏观经济结构或整体经济形势发生变化时，风险因素可能会同向变动（如针对某个事件，违约概率和风险敞口同时增大，即前面讲的错向风险），增加了风险事件产生的可能性和危害程度，尾部风险事件的发生频率和损失程度也会同时增大。这种尾部风险事件的产生，可能会对整个经济市场造成极大的影响，最终造成系统性的经济危机。

六、代理问题和利益冲突

解释（explain）利益冲突可能对风险管理产生的影响（★）

金融市场不只是受到前文所述的市场结构性改变的影响，还受到人类行为的影响。

在现代企业管理制度下，由于公司所有权与经营权的分离，当股东与管理层之间出现利益冲突时就会滋生代理问题，从而产生代理成本。公司治理就是为了解决代理问题，减少代理成本，使股东权益最大化。

许多金融公司都会采用三道防线来对风险进行管理。

第一道防线：直面业务中各种风险的业务条线。

第二道防线：专门从事风险管理和日常监督的风险部门。

第三道防线：定期进行独立监督的内部审计部门。

运用三道防线对公司的风险进行管控，就是为了防止公司产生代理问题，减少代理成本，最小化公司内部的利益冲突（部门之间、人与人之间的利益冲突）。

但实施这些保障措施并不会一劳永逸，在行业创新、业务创新面前，风险管理系统总是存在漏洞，需要不断更新与迭代。在银行业多起无赖交易案件中，交易员最初是在中台或后台部门工作，因此了解风险管理基础设施中的漏洞。这些都是人为的利用风险管理漏洞来损害公司利益的实例。

七、风险分类

描述（describe）并区分（differentiate）风险的主要类别，解释（explain）各类风险是如何产生的，并评价（assess）各类风险对公司的潜在影响（★★）

我们通常把风险分为市场风险、信用风险、流动性风险、操作风险、业务及战略风险、声誉风险、法律和监管风险。

1. 市场风险

市场风险（market risk）是指，市场风险因子变动，如市场价格和利率的不断变化，导致证券和其他资产的价值上下波动，带来损失的风险。

市场风险的形式取决于标的资产，从金融机构角度来看，主要分为以下四种。

（1）利率风险（interest risk）：由利率变动所导致的市场风险最常见的形式就是由于市场利率上升而导致固定收益证券（如债券等）价值下降的风险。

（2）股权价格风险（equity price risk）：由股票价格变动产生的风险。

（3）外汇风险（foreign exchange risk）：外汇风险或外汇敞口，是指一定时期的国际经济交易当中，以外币计价的资产（或债权）与负债（或债务），因汇率的变动而产生的价值涨跌的风险。

（4）商品价格风险（commodity price risk）：商品价格风险与利率风险、外汇风险有着较大的区别，对大多数大宗商品来说，市场参与者直接接触特定商品的市场份额非常有限，而交易市场都掌控在少数供应商手中，这些供应商可有意将市场价格的波动性夸大，从而影响交易的流动性，导致大幅度的价格变动。另一些能影响商品价格波动的因素还包括商品的存储成本、便利性收益及租赁收益。

市场风险的驱动因素有以下两种。

（1）一般市场风险（general market risk）：一个资产类别价格下降，导致单个资产或投资组合价格下降的风险。例如，利率的上升，给市场上所有的公司都带来了一定的影响。

（2）特定市场风险（specific market risk）：单个资产的价格下降幅度超过一般资产类别价格下降幅度的风险。特定市场风险可以通过头寸之间的关系来管理。例如，分散化投资可以为组合带来风险分散的好处。

2. 信用风险

信用风险（credit risk）是指，由于交易对手方未能完全履行合约义务而给交易者带来损失的风险。信用风险可以分为违约风险［default risk，也叫破产风险（bankrupcy risk）］、降级风险（downgrade risk）和交易对手风险（counterparty risk）。例如：

（1）破产风险：债务人由于破产不能按时足额偿还贷款利息或本金。

（2）降级风险：债务人或交易对手信用评级被降级，表明其违约风险增加。一般来说，企业信用评级恶化往往是由评级机构（如美国标准普尔、穆迪或惠誉）对其信用评级下降以及借款人的风险溢价或信用利差上升所导致的。

（3）交易对手风险：交易对手未能履行义务，包括结算风险（settlement risk）。

在以下情况中，投资组合的信用风险会增加：

（1）组合是由少量的大额贷款而非多个小额贷款组成的。

（2）组合中的各个贷款的回报率或违约概率正相关（例如，借款人在同一行业或地区）。

（3）风险敞口金额、违约概率和违约损失率是正相关的（例如，当违约上升时，可回收金额下降，违约损失率上升）。

3. 流动性风险

流动性风险（liquidity risk）是指虽然有清偿能力，但无法及时获得充足资金，或缺乏愿意交易的对手而导致未能按合理价格交易资产所产生的风险。

流动性风险主要由融资流动性风险（funding liquidity risk）、市场流动性风险（market liquidity risk）构成。

（1）融资流动性风险，包括企业无法通过融资获得足够的现金流或资产来履行其义务的风险。例如，在金融危机期间，雷曼兄弟由于无法获得足够的外部融资而最终流动性枯竭，进而破产。

通俗地说，融资流动性风险就是指需要进行债务偿还时无法获得足够流动性导致现金不足的风险。融资流动性风险并不是指当事人不具备还款意愿，而是由于现金不足而无法偿还债务。

（2）市场流动性风险，有时被称为交易流动性风险（trading liquidity risk），是指由于市场暂时失灵导致资产无法及时并且足额变现。如果市场参与者不能或不愿参与交易，可能会迫使卖方接受异常低价，或剥夺卖方以任何价格将资产转换为现金的能力，使资产无法足额变现或者转换为现金的速度变慢。换言之，市场流动性风险即机构由于流动性出现问题，希望通过变卖资产尽快获得资金，但由于市场买卖双方无法配对，故只能以低于市场价格出售或高于市场价格买入来进行交易而产生损失的风险。

如果银行机构过于依赖在脆弱的批发市场（wholesale market）筹集资金，市场流动性风险可能转化为融资流动性风险。

4. 操作风险

操作风险（operational risk）是指，由于内部流程、人员和系统不完善或失败、外部事件造成损失的风险。它包括法律风险、反洗钱（anti-money laundering，AML）风险、网络风险（cyber risk）和违规交易风险（rogue trading risk），但不包括业务及战略风险和声誉风险。

对操作风险的管理是非常重要的，但对它的计量具有挑战性。银行业在20世纪90年代末开始管理这一风险，因为操作风险本身的特性，使对它的定量分析十分困难，目前是通过建立损失数据库和一套风险衡量工具（包括统计分析、记分卡系统、关键风险指标和情景分析方法等措施）管理操作风险的。

由于操作风险的增加不会带来更大的回报，因此银行应该在风险管理时避免这些风险。在过去几十年里，衍生品交易中产生的大量损失事件大多是由操作失败导致的。例如，2013年8月16日的光大证券“乌龙指事件”，当日大批权重股价格突然急剧上升，后被证明是光大证券的交易员在下单时多按了一个零。

5. 业务及战略风险

业务/商业风险（business risk）指企业在生产经营过程中，由于供、产、销各个环节的不确定性因素导致的企业资金运作迟缓和企业价值变动，如客户需求、定价决策、与供应商的谈判和管理产品创新等。

战略风险（strategic risk）不同于业务/商业风险。战略风险包括对公司的发展方向做出长期的重大决策，通常伴随着资本、人力资源和管理声誉等方面的重大决策。

6. 声誉风险

声誉风险（reputation risk）是指一家公司的市场地位或品牌影响力突然下降，并带来经济后果。例如，失去客户或交易对手。

从风险管理的角度来看，声誉风险可以从两个方面入手展开分析：第一，企业有意愿且有能力履行对对手方或债权人的承诺；第二，企业是公平的交易商并完全遵循道德规范。

对金融机构来说，在监管机构中的声誉尤为重要。监管机构拥有相当大的正式权力和非正式权力。失去监管机构信任的银行，在进行正常经营活动的时候，可能会受到一系列的限制。

7. 法律和监管风险

法律风险（legal risk）通常牵涉法律诉讼、争端等风险；而监管风险（regulatory risk）又称合规风险，它是由于企业违反法律监管条例等而产生的风险。法律和监管风险可以由各种原因造成，并与操作风险和声誉风险密切相关。根据巴塞尔协议Ⅱ，法律和监管风险被归类为操作风险。

随着经济业务复杂程度的不断提升，我们发现的风险类型在不断地增多，风险之间的相互影响也越来越大，一种风险的产生可能会带来其他风险。例如，一个不负责任的交易员进行的“误操作”（操作风险）而导致市场价格波动，最终带来损失（市场风险），进而影响了公司的市场地位（声誉风险）。

八、风险计量和整合

评估（evaluate）、比较（compare）和运用（apply）用于测量和管理风险的工具和程序，包括定量措施、定性评估（★★）

描述（describe）汇总风险敞口面临的挑战（★）

风险管理中的一个关键问题是站在公司层面，评估公司总体的风险目前处于什么水平，为了进行公司总层面的风险判断，必须对各个风险进行合理的计量并加以整合。

风险衡量方法主要分为定量法（quantitative measure）和定性法（qualitative assessment）。定量法主要是通过数学模型计算衡量风险的系数指标；而定性法则是通过模拟情景测试的方式预测可能遭受的最大损失。

（一）定量法

1. 敏感性计量

敏感性风险衡量法（sensitivity analysis）主要是指测试单一风险因子发生微小变化时资产组合价值的变化。这个变化被称为“敏感系数”。常见的敏感系数包括以下几种。

（1）权益产品敏感性度量指标——β 值（beta）

β 值是一种评估证券系统性风险的工具，用以度量一种证券或一个投资组合相对于市场的变化程度。如果某资产的 β 值大于 1 则意味着该资产的波动性大于整个市场的平均水平。相反，如果资产的 β 值小于 1，那么该资产的波动性小于整个市场的平均水平。

（2）固定收益产品敏感性度量指标——久期（duration）和凸度（convexity）

久期是债券价格相对于利率变动的敏感度，是衡量在利率变动时，债券价格的变动幅度。凸度是对债券价格曲线弯曲程度的一种度量，是指在利率变动时，久期的变化幅度。

（3）期权敏感性度量指标——δ、θ、γ、vega 值

δ 值（delta）：期权价格对标的资产价格变化的敏感性。衡量标的资产价格变动时，期权价格的变化幅度。

θ 值（theta）：随着期权到期日的临近，期权价格的变化。

γ 值（gamma）：期权 δ 值对标的资产价格的敏感性，它反映了标的资产价格对 δ 值的影响程度，为 δ 变化量与标的资产价格变化量之比。

vega 值：期权价格对标的资产价格波动的敏感性，它衡量标的资产价格波动率变动时，期权价格的变化幅度。

备考小贴士

敏感性分析的缺点：希腊字母等代表的敏感性分析在企业层面上的运用有限，因为它们不能加在一起来体现总风险，也不能计算整个市场的风险水平，如外汇市场与大宗商品市场的 δ。

这些希腊字母是期权交易平台上重要的风险度量工具，在本书的第三部分中会具体讲解它们的概念以及相关运用。

2. 在险价值

在险价值（value at risk，VaR）是指在一定概率水平（置信度）下，某一金融资产或证券组合价值在未来特定时期内的最大可能损失。例如，某一投资公司持有的证券组合在未来1天内，置信度为95%，在证券市场正常波动的情况下，VaR值为520万美元，其含义是指，该公司的证券组合在一天内，由于市场价格变化而带来的最大损失超过520万美元的概率为5%，或者说有95%的把握判断该投资公司在下一个交易日内的损失在520万美元以内。5%的概率反映了金融资产管理者的风险厌恶程度，可根据不同的投资者对风险的偏好程度和承受能力来确定。

VaR的优点：VaR是一种风险综合指标，可以通过很多计算方法得出；可以被应用于更长的时间跨度、更多的机构和整个行业，以及不同类型风险的管理。

VaR的缺点：VaR的计算涉及许多简化假设。VaR无法度量尾部损失。解决的方法是加强对VaR起到补充作用的计量工具的运用，如预期缺口（expected shortfall，ES）和最坏情景分析（worst-case scenario analysis）。

在2007—2009年全球金融危机之前，VaR作为一种风险衡量工具的缺点就已经被人们发现了，尽管金融危机更充分地暴露了这些弱点，但是VaR仍然是风险管理者的一个重要工具。

备考小贴士

关于VaR的应用和计算，在FRM®考试中非常重要，这里仅要求大家对VaR有一个基本的了解，以便于后面进一步的学习。

（二）定性法

1. 情景分析

情景分析（scenario analysis）提供了一种评估多个风险因素发生显著变化对投资组合价值产生的影响的方法。情景分析法在假定某种现象或趋势的前提下，对预测对象可能出现的情况或引起的后果做出预测。

情景分析法主要包括历史情景法（historical scenario approach）和假设情景法（hypothetical scenario approach）。

（1）历史情景法：根据过去历史实际已经发生的风险因素的一系列变化进行情

景分析。例如，假设历史上某国的通货膨胀率到达过 10%，那么分析师就可以假设历史重演，假定当下通货膨胀率变为 10%时资产组合价值的分布。

（2）假设情景法：使用的不仅是过去已经发生的因素变化，而是一组假设的风险因素变化对资产组合产生的影响。例如，假设房价暴跌 50%，对银行的信贷业务以及银行资本有何影响予以测试。

2. 压力测试

压力测试（stress test）是检测一个或多个风险因素在极端变化情况下，对企业资产组合的影响，即度量资产组合在“压力”下的表现。

情景分析和压力测试也可以是定量的，需运用复杂的模型，但是涉及的数据都集中于评估严重性，而忽略了测量罕见事件发生的频率或概率问题。

九、风险与收益的平衡

解释（explain）风险与回报之间的关系（★★）

（一）风险与收益平衡

风险与收益/回报之间存在着一种权衡关系（risk and reward trade-off）。如果想获得更高的平均回报率，相应地必须承担更高的风险。

然而，风险和收益并非永远是一种正比关系。当金融市场有效的时候，从资产类别的层面上来说，金融产品的风险和收益是成正比关系的，即高风险资产的预期收益率高于低风险资产的预期收益率。但是，在个体的层面，可能存在着一些高收益但是低风险的投资机会。例如，对于非公开发行的证券而言，这类证券的定价与公开交易证券相比不太稳定，投资者难以量化其风险与收益之间的关系。

（二）资本要求和风险调整的资本回报率

1. 资本要求

在银行业中，经济资本或风险资本是指银行基于对其经济风险的理解而需要的资本总额，可以用于产品定价和比较不同业务部门或项目业绩情况。经济资本与监管资本不同，后者是根据监管规则和方法计算的。

2. 风险调整的资本回报率

在计算收益时，将预期损失和非预期损失的风险成本考虑在内，可以应用风险调整的资本回报率（risk adjusted return on capital，RAROC）：

$$\text{RAROC}=\frac{\text{风险调整后的税后净收益}}{\text{经济资本}}$$

根据行业和机构的需要，有许多种计算 RAROC 的方法，复杂程度各不相同，但都有一个核心：根据风险调整业绩。

为了使一个业务/项目为股东增加价值，这个业务/项目的 RAROC 应该高于股权资本成本（股东为公平补偿风险而要求的最低资本回报率）。

RAROC 与其他类型的风险计量手段一样，运用者应该始终理解它的经济含义和驱动因素。RAROC 有如下四个经常性的应用。

（1）业务比较：RAROC 允许公司比较对经济资本有不同需要的业务条线的业绩。

（2）投资分析：公司通常使用 RAROC 预测的结果来评估未来投资的可能回报（如，是否提供一种新型信贷产品）。基于过去回报的 RAROC 也可以确定一个业务条线是否提供了高于股票投资者（风险资本提供者）所要求的最低回报率的回报。

（3）定价策略：公司可以重新审视针对不同细分客户和产品的定价策略。例如，可能把价格定得太低，无法在一个业务部门实现经风险调整后的利润，而在另一个业务部门，可能有能力降低价格，通过薄利多销，增加市场份额以及公司的整体盈利能力。

（4）风险管理成本/收益分析：RAROC 分析可以帮助企业比较风险管理的成本（如，通过保险进行的风险转移）和企业的收益。

但是，在应用 RAROC 时存在许多实际困难，包括它对潜在风险计算结果的依赖和公司内部对 RAROC 结果的争议。例如，业务条线经常从自身利益出发，对 RAROC 数字的有效性产生争议。

备考小贴士

在这里只要对 RAROC 有一定的了解即可，具体知识点将在 FRM®二级的相关章节中继续学习。

十、企业全面风险管理

评估（evaluate）企业风险管理（★★）

1. 传统风险管理

传统的风险管理面临的一个挑战是，在许多公司，业务部门采用独立方式管理风险，每个部门独立管理自己的风险敞口，而不考虑其他部门的风险敞口，这样有可能会使公司对某个风险重复管理，增加了风险管理成本，降低了风险管理的效率。

2. 全面风险管理

企业全面风险管理（enterprise risk management，ERM）是一个相对较新的概念，是从公司整体的角度进行的一个综合的、一体化的风险管理过程，不只是简单地跨风险类型和业务来整合风险。它是站在公司角度，对整个风险管理过程及其与战略决策的关系采取更全面的方法去管理风险。

ERM 鼓励企业使用工具来考虑企业风险。例如，清晰地说明企业的风险偏好或通过风险管理委员会对公司的风险进行全面的管理。历史上的 ERM 过于关注将风险表示为单个数字（如经济资本或 VaR），这种用单个变量表示某个风险的方法过于简单和不切实际。

2007—2009 年全球金融危机的最大教训或许是，风险不能用任何单一数字来表示。它应该有以下特点：

（1）风险是多维的，因此需要使用多种方法从多个角度进行研究。

（2）风险涵盖了多个风险类型，即使对所有的风险类型进行分析，但仅考虑一个时间点，也可能会错过应管理的重要领域。

（3）风险要求专家的判断与统计科学的应用相结合。

第二章

公司风险管理

知识引导

自 20 世纪 70 年代以来，风险管理被越来越多的公司所关注，公司风险管理发展至今，已经形成一套完整的实践流程，本章将对这个流程进行介绍。首先需要理解现代公司风险管理的动机；其次需要掌握公司风险管理的五个方面，它们分别是识别风险与确定风险偏好、匹配风险与选择策略、细化风险偏好、实施风险管理以及事后评估；最后需要掌握风险管理实施过程中的一个重要手段——对冲——的利弊和挑战。

考点聚焦

本章承接“第一章 风险管理基础模块”的内容，在第一章的基础上，针对现代公司的风险管理流程展开讨论。本章根据考纲将内容划分为三节，考生需要对公司风险管理的流程有清晰的认知，并且理解风险偏好的定义以及与其类似概念的辨析、对待风险的策略选择、风险对冲的利弊和挑战。本章考查形式以定性题为主。

本章框架图

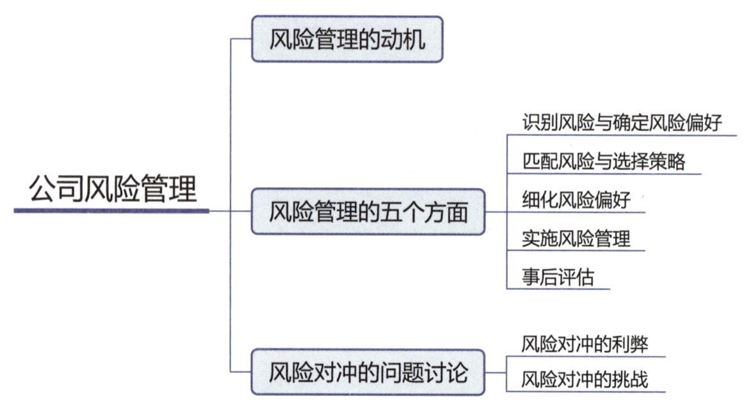

第一节　风险管理的动机

现代公司进行风险管理是十分必要的，对公司进行风险管理的动机可以从需求和机会两个方面来解释：

第一，公司有风险管理的需求。20 世纪 70 年代以来，全球经济逐渐繁荣、市场愈发自由化，越来越多的公司在经营过程中面临着大宗商品价格波动、利率波动、汇率波动以及对手方违约造成的风险。因此，风险管理变得愈发重要与迫切。

第二，公司有风险管理的机会。风险管理技术在 20 世纪 80 年代到 90 年代随着市场波动增加而迅速发展，公司可采用的风险管理技术手段愈发丰富。因此，公司有机会推动自身风险管理的实施。

第二节　风险管理的五个方面

本节介绍风险管理的五个方面，分别为：识别风险与确定风险偏好（identify and define risk appetite）、匹配风险与选择策略（map risk and make choice）、细化风险偏好（operationalize risk appetite）、实施（implement）风险管理、事后评估（re-evaluate regularly to capture changes）。

一、识别风险与确定风险偏好

解释（explain）风险偏好与风险管理决策的关系（★★★）

公司进行风险管理的第一步是识别风险，确定风险偏好。其中，风险识别在“第一章 风险管理基础模块”中已经介绍过。

风险偏好（risk appetite）是指一家公司愿意接受（willing to accept）的风险类型与风险水平。风险偏好通过公司的风险偏好陈述书（risk appetite statement，RAS）来表达，这份内部文件由公司的董事会批准通过，用来指导公司的日常运营管理。

风险承受能力（risk capacity）是指公司能够承受的最大风险水平（maximum amount of risk），这与风险偏好中描述的公司愿意承担的风险水平是不同的概念。风险偏好所描述的是公司愿意接受的风险水平，低于公司的风险承受能力。

风险概况（risk profile）是指公司目前所承担（currently exposed）的风险水平，这与公司愿意承担的风险水平并不一定相同。一般而言，风险概况中的风险水平不会高于风险偏好中公司愿意承担的风险水平，即一般情况下，风险偏好小于风险承受能力，大于风险概况。

备考小贴士

考生需掌握风险偏好、风险承受能力和风险概况三个概念的区别。

二、匹配风险与选择策略

比较（compare）公司风险管理的不同策略（★★★）

解释（explain）不同策略的适用场景（★★★）

在明确了风险偏好的基础上，公司风险管理的第二步是匹配风险，选择合适的风险管理策略。

匹配风险（risk mapping）是指公司根据风险偏好中目标的风险水平，进行现金流及业务规划，并明确各项业务的风险敞口及现金流水平。

接下来，公司就要选择应对业务开展中各项风险的策略，策略包括四种：风险保留（risk retain/keep）、风险回避（risk avoid）、风险降低（risk mitigate）和风险转移（risk transfer）。

（1）风险保留（risk retain/keep）是指公司在其风险偏好内，选择保留一些发生可能性不大或者即便发生了损失也不大的风险事件。这类事件所产生的预期损失，可以通过资本配置、产品定价等机制应对。如经营淘宝店，客户退货是小概率事件，也不会产生巨大损失，对于这种风险产生的损失，可以计提一笔预算来应对。

（2）风险回避（risk avoid）是指公司对于某些风险是“零容忍”的态度。例如一些发生可能性较大，且发生后损失也很大的风险，公司应该完全避免这类风险的发生。如某种产品大概率会对顾客健康造成不利的影响，公司为了防止这种风险发生，选择不生产这种产品，从而完全避免这类风险的发生。

（3）风险降低（risk mitigate）是指公司对于某些发生可能性较大，但发生了损失尚可的风险，通过增加抵押品等方式来降低风险。如银行发放贷款时，可以通过要求借款者提供相应价值的抵押品来降低潜在违约带来的损失。

（4）风险转移（risk transfer）是指公司对于某些发生可能性很小，但是一旦发生就会带来巨大损失的风险，采用保险或者衍生品进行转移。例如，航空公司面临原油价格波动的风险，可以通过原油期货来转移价格风险。例如，地震会造成公司厂房设备的毁损，公司可以通过购买财产保险来转移风险。

三、细化风险偏好

评价（assess）风险管理工具的影响，包括风险限额和衍生品（★★）

在公司明确了其风险偏好并且做好了风险与业务的匹配后，公司风险管理的第三步是细化风险偏好。

细化风险偏好（operationalize risk appetite）是指公司需要对各项业务所承担的风险设置可量化的风险限制（risk limit）指标，目的是将风险管理的目标分解为可以实施和监控的对象，便于落实与管理。风险限制是对风险偏好从定性和定量上的进一步细化。

四、实施风险管理

运用（apply）适当的方法管理经营和金融风险，包括价格、外汇和利率风险（★）

在细化了公司风险偏好之后，接下来进入公司风险管理的第四步，即实施风险管理。

实施（implement）风险管理是指公司采取合适的方法和工具进行风险管理，但是具体采用何种衍生品取决于公司的业务特点和管理需求。在此之前，公司需要明确自己的风险管理工具箱（risk management toolbox）。例如，对于跨国公司而言，国际贸易需要频繁地进行货币转换，则公司必然面临着汇率波动的风险。因此，公司可以采用汇率衍生品锁定远期汇率，降低汇率风险。

金融衍生品可以作为管理工具用于风险管理，在做具体风险管理策略的时候，也可以根据衍生品的特性和其交易类型（场内交易和场外交易）来选择具体的管理工具。可以用到的金融衍生品包括互换（swap）、期货（futures）、远期（forwards）和期权（option），因为本书第三部分会对各个产品展开详细介绍，所以这里只简单举例来说明它们在管理经营和金融风险时的应用。

运用金融衍生品管理风险时，需要结合公司自身的风险管理需求和衍生品自身的特性以及合约的交易场所来做出具体的决策。

（1）从金融衍生品自身的特性出发：远期合约可以带来稳定的价格，但灵活性较弱（合约性质决定了其必须在规定的时间以固定价格交易）。看涨期权合约可以带来稳定的价格，灵活性较强，但它有额外的成本（需要缴纳一定的期权费）。

（2）从金融衍生品交易的场所出发：场内交易（exchange-traded）的产品流动性强，但不一定能满足所有的风险管理要求；场外交易（over-the-counter，OTC）的产品能满足公司特定的风险要求，但产品的信用风险较大且流动性较弱。

五、事后评估

在采取了风险管理的一系列措施之后，最后一步需要对风险管理进行事后评估，以明确风险管理前与风险管理后的变化，并且基于此做出下一轮风险管理流程的调整和完善。

第三节　风险对冲的问题讨论

对冲（hedge）通常在业内也被称为“套期保值”，但 hedge 一词本义上并没有保值的意思，故译为“对冲”更为恰当。具体而言，对冲是降低风险的一种策略，是为了降低现有头寸（position）中的价格风险而对行情相关的资产进行方向相反、数量相同的交易。其中，“行情相关”是指影响两种资产价格行情的市场供求关系存在一致性，即其中一种资产的供求关系发生变化，会同时影响两种资产的价格，且价格变化的方向一致；“方向相反”是指两笔交易的买卖方向相反，这样无论价格向什么方向变化，总是一盈一亏，总体头寸的风险得到了降低。风险管理工具使得公司可以对冲风险，给公司带来一定的好处，但是对冲也可能带来一些负面影响。本节将针对公司层面进行风险对冲的利弊和所面临的挑战进行讨论。

一、风险对冲的利弊

评估（evaluate）对冲风险的优缺点（★★）

1. 对冲的优点

（1）在不完美的市场（imperfect market）中，资产价格可能会大幅偏离其内在价值并且伴随着较大的波动，公司采用对冲策略即可抵消资产价格变动方向对其不利的一面，从而降低损失、提升利润，帮助公司更好地经营与发展。

（2）对冲可以使公司的现金流和业绩更加稳定，这种表现是一种积极信号的释放，不仅可以提升投资者对于公司的信心，也可以促进公司信用质量的提升，从而提升公司的股价并降低公司的融资成本。

（3）采取了对冲策略之后，公司的损失和收益情况将更加可控并且可预测，这有助于公司的管理层制订计划并且满足公司各利益相关方的要求。

2. 对冲的缺点

（1）对冲需要专业的知识和技能，以及对于风险管理工具的深入理解，很多公司缺乏具备这样专业知识的人才，因此，对冲难以有效实施。

（2）对冲存在一些显性的和隐性的成本。显性的成本包括交易费用、合规成本等，隐性的成本包括对冲策略有误、“流氓交易员”（未经授权情况下代表机构进行交易的交易员）等导致的损失。

（3）对冲策略本身是存在风险的，可能给公司带来损失。例如，一家拥有可变利率敞口的公司可能会使用一种复杂的工具来管理这种风险敞口，但前提是利率保持在一定的范围内，如果利率突破了给定的范围，同样的工具可能会增加公司的金融风险，并且造成损失。

（4）过度使用对冲可能导致公司管理层忽略核心业务的发展。任何企业的经营必然伴随着风险，一味规避风险会在降低风险的同时降低收益，因此，企业必须在风险与回报、风险承担与风险对冲之间进行权衡，避免错失投资机会。除此之外，使用衍生工具进行风险对冲可能带来短期的大额收益，如果公司沉迷于使用衍生工具来获得利润，长期来看，这样的利润并非是稳定的、可持续的，会导致公司核心业务发展被忽视。

（5）对冲实际上是一种零和博弈（zero-sum game），只能在较短的时间内稳定收益，并非公司长期盈利或现金流的稳定来源。

二、风险对冲的挑战

解释（explain）采用对冲策略时面临的挑战（★）

风险对冲中各个环节的失误都可能导致对冲策略的失败。因此，对冲风险所面临的挑战包括（但不限于）以下方面：

（1）风险管理的目标设置不清晰；

（2）采用的风险管理工具或者策略太过复杂；

（3）战略披露和解释不清晰且不及时；

（4）风险度量指标设置不合理；

（5）压力测试和风险预警指标设置不合理；

（6）忽视了对手方风险和合同条款中的漏洞；

（7）没能考虑到市场情况变化带来的后果，如接到追加保证金通知（margin call）但流动性不足；

（8）实施形式主义的风险管理与风险对冲，只是为了满足公司治理与合规的要求，而并非真正意义上的风险对冲；

（9）风险对冲策略实施过程中各部门沟通不畅（poor communication）。

第三章

公司治理与风险管理

知识引导

从广义上讲，公司治理是研究如何通过制度设计使公司得以有效运转的一门科学，包含了对股权结构、董事会、高级管理人员、公司主要制度等内容的研究。本章内容侧重于公司治理在风险管理方面的运用，即如何通过制度设计来寻求风险管理的最佳方案。

考点聚焦

通过本章的学习，考生应对公司风险管理的发展历史有初步的了解，应着重理解涉及风险管理的主要管理角色和管理流程，理解在风险管理中各个职能部门之间的相互依存关系。考生同时也需明确公司风险偏好与其经营策略之间的关系，了解公司治理与风险管理的最佳方案。

本章框架图

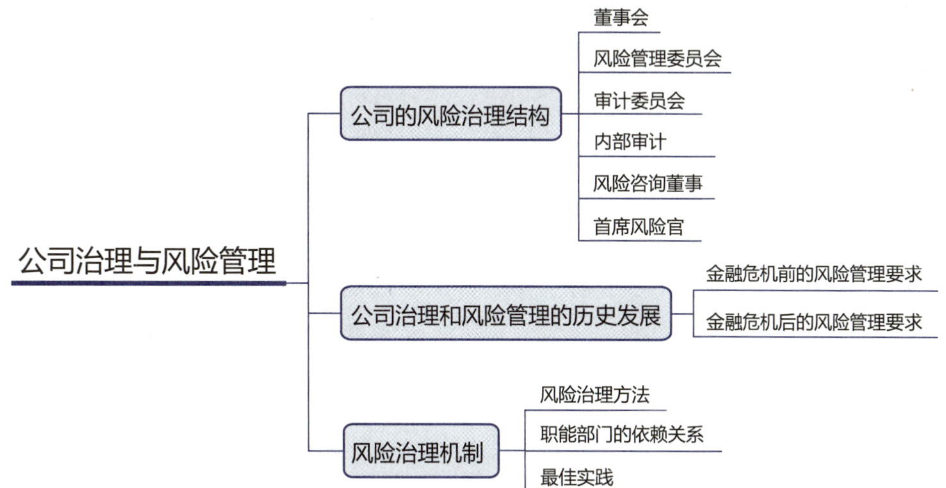

公司治理（corporate governance）是指公司对其内部控制和流程的管理，主要涉及公司组织架构层面对其内部部门/组织的权利、义务和角色的定义，以及公司对股东、董事会、高级管理层的角色和权责的定义。公司治理是公司进行内部管理的核心框架，是指导公司组织架构和制度的建设以及日常运营的指挥棒。

随着金融市场发展带来的层出不穷的挑战和公司一系列管理失败案例的出现，公司治理和风险管理在此过程中也在不断地发展和完善。

第一节　公司的风险治理结构

风险治理（risk governance）建构组织的基础设施，让公司的风险管理工作能够更好地展开。在风险管理过程中，公司需搭建基础设施（infrastructure）来定义、实施和监督风险管理（risk management）。风险管理的基础设施包括实体资源或有形资源（physical resources），如公司网络系统、通讯设施等，另外还有操作层面的操作流程，这些都必须与整个公司的业务范围相匹配。

风险治理还要求在组织内部以及与外部利益相关者和监管机构之间建立透明（transparency）和有效的沟通渠道，确保组织内外部的沟通保持透明和顺畅。此外，风险管理必须确保在整个企业中，用统一的政策和方法实施管理。

公司治理，涉及股东、董事会和高级管理层的作用和职责的确立，为公司提供了风险管理的基础，其主要目的是为了管理股东（shareholder）和利益相关者（stakeholder）之间的利益冲突。为了明确公司内部的职责，公司通常会设置各种与风险管理相关的职能部门和职位，主要包括董事会及其下设委员会（风险委员会、审计委员会等）、风险咨询董事和首席风险官等。

公司的组织架构中，董事会的主要职责是审批、决策和提供意见，并监督高级管理层的工作；高级管理层的主要职责是负责落实董事会的决议，执行各种政策制度，向董事会汇报公司的相关工作的进展以及公司各项政策的执行情况。

一、董事会

解释（explain）董事会在风险管理中的作用和职责（★★）

董事会对公司负有全面责任，其职责主要包括：

（1）保护股东利益，管理多方利益冲突。传统上，董事会的核心职责是保护股东的利益。但是，由于不同的利益相关者（stakeholders）存在不同的利益诉求，会给公司带来一系列额外的成本，所以，越来越多的观点认为，董事会的职责应该扩展到所有利益相关者，如债权人和员工。

（2）监督高管层。董事会负责监督高管层的日常运营和战略执行，分析公司活动的风险和回报是其基本职责。一旦管理层决定承担某种风险，董事会必须充分了解该风险可能带来的潜在威胁的性质和程度。

（3）解决代理问题。“代理问题”是公司风险治理面临的一大挑战，所谓的代理问题是指股东（公司所有人）与公司管理层（公司经营人）之间行为目标的不一致，通常表现为管理层为了提高收入或自身声誉，追求短期利益（提升公司短期利润或公司表面业绩等），而让公司承担不合理的风险，从而损害了股东的长期利益。所以在公司架构设置上，一般要求董事会必须独立于管理层，例如，CEO 不得同时担任公司的董事长。

公司一般通过建立激励机制来解决代理问题、减少代理成本、将高级管理层的短期利益和股东的长期利益绑定，但这种方法并不能一劳永逸。例如，通过给予高管股票期权（只有当公司股价超过某一特定价格时，期权才有价值）能够激励高管带领公司提升业绩与股价，但是高管很有可能为了实现其短期利益而带领公司承担一些高风险业务，这些行为从长期来看可能会损害公司的利益，因此代理问题依然存在。

董事会在形成和监督风险管理方面都发挥着核心作用，负责确保公司能够有效地识别、评估和应对风险。具体职责如下：

（1）评估公司战略中的风险和回报。董事会负责评估公司经营战略中固有的风险和潜在回报，并在此基础上，结合对公司整体方向和目标的深刻理解，制定适当的风险偏好。这一风险偏好需要与企业战略和资本规划保持一致，并清晰地传达至公司全体员工，以规范风险承担行为。

（2）评估风险管理体系的有效性。确保公司建立了有效的风险管理体系，确保公司识别、评估和处理风险的相关流程是完善的；展开一些积极的预防性措施，但不意味着董事会需要每日参与（day to day involvement）；确保有关授权和执行风险管理决定的流程和程序按照计划执行。

（3）评估业绩指标和薪酬策略。负责评估公司的绩效指标和薪酬体系，核心目标是确保高管的薪酬与其经风险调整后的业绩挂钩，从而避免薪酬激励与股东的长期利益冲突。

（4）确保信息准确可靠并持续学习。董事会应该从多个信息来源（如CEO、高级管理层、审计人员等）收集关于风险管理实施的情况，确保信息的准确性和可靠性。董事会成员需要接受风险管理方面的培训，不断提升自己在风险治理方面的知识，以便更好地理解并有效评估公司所面临的风险。

（5）监督风险透明度并确保信息披露。董事会负责监督风险的透明度，并确保所有重大交易都符合已授权的风险范围和公司的业务策略。此外，董事会还必须确保向管理层和利益相关者提供充分、透明的风险信息，且符合公司内部规定和外部法规的要求。一旦发生风险政策被忽视或违反的情况，董事会将承担最终责任。

通常情况下，董事会下设有多个委员会，如风险管理委员会、审计委员会和薪酬委员会等，负责对具体的业务模块进行管理监督。在风险治理方面，它们负责批准（approve）主要的风险管理政策和风险管理流程；审查（review）这些政策的执行情况，并掌握其执行效果；解读董事会批准的风险偏好，以及将其分解为一套可供部门操作的约束和限制，并由行政人员和部门主管在组织内进行传播。

二、风险管理委员会

评价（assess）风险管理委员会在风险管理中的作用和职责（★★）

作为董事会的下设委员会之一，风险管理委员会（risk management committee）的主要职责有：

（1）负责设定公司的风险偏好（风险偏好的制定基于一套宽泛但定义明确的风险指标），并对所有重要风险展开独立审查。在其授权范围内，落实和监督风险偏好框架。

（2）风险管理委员会应在董事会的授权范围内批准或审查公司的风险水平，需要对政策方针、实施方案和风险管理基础设施进行分析审查。

（3）监控公司的各类风险，包括但不限于财务、运营、业务、声誉和战略风险，并及时向董事会汇报，例如，某项特定的信贷展期是否超过了董事会设定的风险限制。

（4）通过联动外部与内部审计，使董事会和管理层之间实现更有效的沟通。

三、审计委员会

评估（assess）审计委员会在风险管理中的角色和职责（★★）

作为董事会的下设委员会之一，审计委员会（audit committee）的主要职责包括：

（1）信息披露。负责确保财务报表和对外披露信息的准确性、完整性和财务报表的质量。例如，在财务报表审查中，审计委员会不仅要确认其准确性，还必须确认公司是否能充分应对报表中可能出现重大不当陈述的风险。

（2）遵循最佳实践标准。负责确保公司在非财务事项（如公司的各项内部流程制度）上遵循最佳实践标准（best-practice standard）。

（3）全面监督。公司的监管、法务、合规和风险管理活动等都属于审计委员会的审计范畴。

审计委员会与风险管理委员会职责区分的核心在于审计委员会必须是独立的，既独立于公司的经营活动，也独立于风险管理制度的日常实施。审计委员会的重点在于“审查”，既审查公司管理层是否言行一致，也核查公司的风险管理制度是否合理完善。

为有效履行审计委员会的职责，其所有成员都必须具备专业知识，具备独立判断的能力，掌握财务核算和甄别能力，并具有最大的诚信度。委员会成员在必要的时候必须敢于挑战管理层的权威，质疑不合规的行为。

在大多数银行中，审计委员会主席都是由一名非高管的董事担任的，委员会成员多数是独立的。尽管审计委员会与公司管理层的关系有时可能是敌对的，但两者还是需要建立协同友好的关系，保持持续有效的沟通。

四、内部审计

仅靠风险治理本身并不能确认企业的行为是否符合董事会和外部监管制定的政策要求，这就需要内部审计部门在风险治理中起到相应的审计监督作用。内部审计最重要的职能就是确保风险管理流程的建立、实施和有效性。

内部审计部门的主要职责包括：

（1）审查与风险管理相关的所有流程、政策和程序，评估风险控制部门的风险管理的组织和相应的记录情况，分析风险治理的完整性和风险管理的有效性。

（2）审查风险监控的程序。

（3）跟踪风险管理系统升级的进度，评估应用程序在生成数据和保护数据方面的完整性。

（4）明确审查程序的有效性。

（5）审查合规相关的文件，并与监管层提供的指引中规定的标准进行比对。

（6）对风险计量过程中的所有流程签字，并验证各种风险计量模型得出的结果。

（7）检查信息系统的可靠性，以及用于统计市场风险指标数据的可靠性和完整性。

（8）评估风险计量模型的设计和其理念的可靠性。通过对投资策略进行回测来验证市场风险模型。此外，还需评估在全公司风险计量过程中使用的风险管理信息系统（risk management information system，risk MIS）的可靠性，包括编程过程、内部模型应用程序、对仓位数据的管控等，以及分析与波动性、相关性和其他参数估计有关的假设条件，确保用于生成 VaR 等参数的市场数据库的准确性。

（9）对风险管理功能进行评级。这种评级可以由内部提供，也可以由第三方（如评级机构）提供，并用于不同企业之间的比较分析。

风险管理的实施在受到审计部门审查的同时，必须要与审计部门本身的利益区分开。作为一项基本原则，审计师必须独立于被审查的项目，方能保证审计师提交给董事会的报告的可信度。这个原则同样适用于风险管理的其他职能部门及相关的流程。如果不能保持这种独立性，利益冲突可能损害风险管理和审计工作的质量，并严重危害企业的风险治理结果。

五、风险咨询董事

董事会所有成员都精通风险管理是不现实的，可以设立一名风险管理方面的专家——风险咨询董事（Risk Advisory Director，RAD）。该名董事通常是一名独立董事（不一定要有投票权），对行业风险有深入的了解，并且在风险分析和管理方面具有丰富的经验，从而在公司内部可以专门从事风险分析和管理。

风险咨询董事应参加风险委员会和审计委员会会议，帮助董事会其他成员了解公司治理和风险管理的最佳实践，并对公司核心业务模式及经营活动中的相关风险提供专业意见，从而提高风险管理委员会和审计委员会的效能。风险咨询董事还应定期与高级管理层会面，承担起董事会与管理层之间的联络人职责。

六、首席风险官

首席风险官（Chief Risk Officer，CRO）属于公司高级管理层，应直接向 CEO 汇报，但为了有效地履行职责，保持其权威性和独立性，CRO 一般也是风险管理委员会的成员。CRO 的主要职责包括：

（1）负责公司的日常风险管理。例如，在日常经营活动中，若具体业务临时超过风险限制金额，CRO 有权进行书面审批，并保证公司的总体风险仍然在公司的风险偏好和董事会批准的限额范围内。

（2）负责公司风险管理方案的设计，负责公司风险政策、风险分析方法的制定以及风险管理基础设施的搭建和公司具体的风险治理。

（3）CRO 也是公司管理层和董事会之间的重要桥梁。CRO 让董事会了解企业的风险容忍度和风险管理过程的有效性，并警示可能出现的系统缺陷。同时，CRO 可以向管理层传达董事会的意见，并监督风险管理政策在整个组织的执行和落实。

（4）负责对有任何可能损害银行风险偏好或风险政策的情形进行管理，并提请各级管理层和董事会注意。

例题 3.1

下列哪个选项对于风险治理中的主要参与者的描述是错误的？

A. 董事会应在公司层面明确风险偏好

B. 由 CEO 担任审计委员会主席

C. 风险委员会监控公司的各类风险，包括财务风险和非财务风险

D. 首席风险官应保持和董事会的顺畅沟通

名师解析

选项 B 的描述是错误的。公司的审计委员会必须是独立的，不能同时担任高级管理层职务，审计委员会工作的重点就在于核查公司管理是否合规、有效。

第二节　公司治理和风险管理的历史发展

一、金融危机前的风险管理要求

公司风险治理的兴起与 21 世纪头十年发生的一系列企业丑闻密切相关，包括 2001 年的安然（Enron）、2002 年的世通（WorldCom）和环球电讯（Global Crossing）事件，以及 2003 年帕玛拉特（Parmalat SpA）的破产。这些丑闻虽然都是由财务造假引发的（如管理层通过一些结构复杂的金融产品或会计手段来掩盖公司财务上的问题），但公司股东或董事会及内部监管在很长的时间内都未能发现这种财务欺诈行为，这也从根本上反映了公司风险治理方面的问题。

这一系列的欺诈丑闻也推动着各国开始改进原有的监管体系，旨在增强上市公司的治理能力，提升信息透明度和管理问责制度，改善公司的内控监督体系。

美国颁布了联邦立法——萨班斯-奥克斯利法案（Sarbanes-Oxley Act，SOX），对上市公司的风险治理和信息披露提出了更高的要求。该法案在 2002 年通过并投入使用，次年由美国证券交易委员会（SEC）正式提出，美国所有的证券交易所及其分支机构必须保证其各项标准符合 SOX 的相关要求。

一些重要的 SOX 法案包括：

（1）首席执行官（Chief Executive Officer，CEO）和首席财务官（Chief Financial Officer，CFO）必须确保向 SEC 提交的上市公司报告是准确的，这包括证明“此类报告不包含任何对重大事实的不真实陈述或遗漏陈述重大事实”。

（2）CEO 和 CFO 必须确认信息披露提供了公司财务状况和运营的完整和准确

的展示，并且负责内部控制，包括内部控制的设计和维护。

（3）公司报告程序和控制的有效性必须每年进行一次审查。

（4）公司应披露董事会审计委员会成员的姓名。

欧洲并没有从立法层面采取措施，而是选择了让企业自愿改革的推进方法，实行“要么遵守、要么解释”（comply-or-explain）的制度，即对于违反准则的行为，公司需对其进行解释。改革大多围绕企业的内部控制、治理机制、财务披露等，尚未直接涉及风险管理领域。

2007—2009 年全球金融危机的爆发则直接宣布了以上风险管理的失败。无论是美国的 SOX 法案还是欧洲的法则干涉，都没能使企业恪守底线并避免这场浩劫。管理层的问责制度和内控制度的失效也大大打击了公众对于银行系统的信心，由此引发了危机后对公司治理问题的更多关注和讨论。

二、金融危机后的风险管理要求

解释（explain）2007—2009 年金融危机导致的监管和公司风险治理的变化（★）

2007—2009 年的金融危机对整个金融行业产生了巨大的影响。以全球五家最主要的投资银行为例：贝尔斯登和美林被迫与其他银行合并、雷曼兄弟破产、高盛和摩根士丹利转型为银行控股公司。全球金融行业的经营和监管格局再度发生转变。

在此次金融危机中，银行业面临的主要问题有：

（1）利益相关者优先（stakeholder priority）：公司有不同的利益相关者，如客户、债权人、监管机构、员工和股东。这些不同利益相关者具有不同的诉求，这使得公司的风险管理具有非常大的挑战性。

（2）董事会构成（board composition）：金融危机引发了关于董事会构成的长期讨论。如何使得董事会能够达到独立、参与、专业相统一，成为公司治理和风险管理的核心话题。

（3）董事会风险监督（board risk oversight）：从危机中得到的一个非常明显的教训是，董事会成员需要在风险管理过程中积极主动。要加强对董事会成员的教育，以确保其成员认识到自己角色的重要性以及董事会与风险管理之间的紧密联系。例如，赋予 CRO 直接向董事会报告的职责。

（4）风险偏好（risk appetite）：董事会应正式地批准公司的风险偏好，来确定公司承担风险的意愿。董事会应清楚地向股东阐明和传达公司的风险偏好，并将风险预算转化为公司整体层面的风险限额体系。

（5）薪酬（compensation）设计：董事会应合理设计公司的薪酬制度，以避免对不合理的冒险行为产生激励。在薪酬制度设计中可考虑使用递延奖金（deferred bonus）和追回条款（clawback provision）等机制。

为吸取教训，重拾公众信任，监管机构对各项监管法案进行了全面的改进和革新，对银行的风险治理提出了新的要求。其中影响深远的包括巴塞尔协议 III（Basel III）、美国的《多德-弗兰克法案》以及欧洲的监督审查和评估程序。

1. 巴塞尔协议 III

巴塞尔银行监督委员会（Basel Committee on Banking Supervision，BCBS），又称巴塞尔委员会，是一个由 20 多个国家的银行监管机构组成的国际性组织，旨在制定和统一银行业监管的国际标准。BCBS 制定的标准虽然不具有法律约束力，但得到了世界各国监管机构的普遍认可，并已形成国际社会普遍认可的银行监管标准。

巴塞尔协议 I（巴 I）颁布于 1988 年，主要为银行资本充足率标准制定了统一的方法。该协议建议最低资本金为银行风险加权资产的 8%，通过对最低资本金的要求来管理信用风险。巴塞尔协议 II（巴 II）颁布于 2006 年，巴 II 除了关注银行的资产风险，也考虑了银行的交易风险。在满足原有 8%的资本充足率要求的基础上，对风险加权的计算方式进行了全面更新。巴 II 的风险敏感度更高，更能适应金融创新的新局面和新状况。同时，巴 II 对银行的监管审查和对外披露的透明度也提出了新的要求。

全球金融危机爆发时，许多地区正在实施巴Ⅱ。全球金融危机爆发后，巴Ⅲ针对危机进行了直接的响应，重点是为银行体系注入了更大的系统弹性（systemic resiliency）。巴Ⅲ侧重于公司特定风险（firm-specific risk）和系统风险（systemic risk），这里的系统风险是指发生在一家公司或一个市场的事件可能蔓延到其他公司或市场的风险。这可能会将整个市场或经济置于风险之中，加剧危机的影响后果。

2010 年 9 月，在巴 I 和巴 II 的基础上进行了补充和完善后，巴塞尔银行监管委员会就巴塞尔协议 III 的内容达成一致，其主要内容有：

（1）在资本充足率的基础上更加强调和关注资本的质量，提出了核心一级资本（普通股和留存收益）充足率的要求。

（2）新增了流动性比率要求，包括 30 天流动性覆盖比率（30-days liquidity coverage ratio，LCR）和一年期净稳定融资比率（one-year net stable funding ratio，NSFR）。其中，NSFR 有助于对抗银行的顺周期性（pro-cyclicality），因为它可以确保银行减少对大规模短期批发融资的依赖。

（3）拓展了原有的风险资本要求，新增了中央对手方风险、非集中清算衍生品的保证金风险、交易对手信用风险以及资产证券化的风险敞口。

（4）限制银行的杠杆比率不超过 3%。

（5）增加了逆周期资本缓冲的要求。

（6）对系统性重要银行（G-SIBs）提出了总吸收亏损资本（total loss-absorbing capital，TLAC）的要求。

（7）对于系统性重要市场和设施以及场外交易的衍生品，要求尽可能使用中央清算系统并提供交易报告。

（8）要求银行进行风险建模和压力测试时，必须包含系统性风险和尾部事件。

同时，巴塞尔协议 III 发布了几项旨在改善银行业公司治理的原则，主要涉及董事会的职责、董事会成员的资格以及独立风险管理职能的必要性。这些原则在 2015 年进一步修订，加强了董事会在监督和风险治理方面的积极作用。修订后的协议清晰定义了董事会及其下属风险委员会、高级管理层、首席风险官和内部审计的角色。

2. 美国《多德–弗兰克法案》

2010 年，《多德–弗兰克法案》（Dodd-Frank Act）正式出台。这部法案对美国金融业的监管进行了全面改革，旨在进一步提升对消费者的保护和对系统稳定性的维护。该法案的主要内容如下：

（1）加强美联储（Federal Reserve）的监管：在涉及系统风险的领域，扩大了美联储的监管权力，增加了宏观审慎监管职责。将资产规模超过 500 亿的系统重要性金融机构（Systemically Important Financial Institutions，SIFIs）全部纳入美联储的监管范围内。

（2）杜绝“大而不倒”（too big to fail）的现象：创建了清算机构（Orderly Liquidation Authority，OLA）来终结这种局面。

（3）处置计划：SIFIs 必须向美联储和联邦存款保险公司（Federal Deposit Insurance Corporation，FDIC）提交一份所谓的“生前遗嘱”（living will），制定包含处置计划的公司治理结构。

（4）衍生品市场：增加衍生品市场的透明度，帮助市场参与者降低对手风险。

（5）沃尔克规则（Volcker Rule）：禁止银行自营投资业务，限制银行参与对冲基金和私募基金，要求银行内部建立合规程序。

（6）消费者保护：设立消费者金融保护局（Consumer Financial Protection Bureau，CFPB）来监管消费者金融服务和产品。

（7）压力测试：为情景分析（scenario analysis）和压力测试（stress testing）制定了一种全新的方法，这种方法具有以下特点：

①采取自上而下的跨季度的宏观经济情景分析方法。

②关注宏观经济衰退对不同风险类型的影响，包括信用风险、流动性风险、市场风险和操作风险。

③加入对风险因素相关性的考虑，鼓励对投资组合进行积极的管理。

④将压力测试全面融入业务、资本和流动性规划的过程。

⑤压力测试不应割裂地应用于每家银行，应在所有机构中应用压力测试，充分考虑每个机构的具体情况。

3. 欧洲的监督审查和评估程序

欧洲监督审查和评估程序（European Supervisory Review and Evaluation Process，SREP）为银行业的监管引入三条新准则：

（1）强调银行业务的可持续性。

（2）提出基于银行业最佳方案的评估方法。

（3）提出所有银行在统一标准下运营的目标。

第三节　风险治理机制

公司的风险治理是一个完整的机制建设，不仅要明确风险管理的各项流程，还涉及整体信息透明度的打造和内外沟通渠道的建设。风险管理必须在全公司层面进行，并且遵循统一的政策和方法。

一、风险治理方法

评估（evaluate）风险偏好与经营策略之间的关系，包括激励机制的作用（★★）

图 3.1　风险治理方法

1. 风险偏好

风险偏好与业务战略（business strategy）和资本规划（capital planning）密切相关，公司应在其内部明确地传达风险偏好和风险状况，对各种承担风险的活动设定适当的限制。

风险偏好陈述书（risk appetite statement，RAS）是公司为了实现其业务目标而愿意承担或避免的风险类型和风险水平的书面陈述。风险偏好陈述书应包括定性和定量的表述。企业的风险偏好一般设置为明显低于风险承受能力（risk capacity）的水平，这样才能确保公司承担的实际风险低于其风险承受能力。

RAS 的主要目标包括：保持风险、收益的平衡，对尾部风险和事件风险保持审慎的态度，以及获得目标的信用评级等。

在具体操作上，风险偏好应包含风险偏好和风险容忍度的量化方法，以限制业务条线在经营活动中承受的风险数量，并应清晰界定风险偏好、风险承受能力、风险容忍度和当前风险概况之间的关系。

2. 风险限额

在董事会的授权下，高级风险委员会（senior risk committee）负责实施和监督风险偏好框架、确定各类风险的限制参数（limiting parameters），即具体的风险限额（risk limits）。首席风险官（CRO）负责风险限额的具体执行、日常的监督工作，其中包括在董事会批准的总体限额范围内，批准超出各业务部门预设限额的风险。风险限额所采用的衡量标准由 CRO 提出，并交由公司内部风险委员会批准。

（1）高级风险委员会

高级风险委员会由首席执行官（CEO）领导，通常包括首席风险官（CRO）、首席财务官（CFO）、财务主管（the treasurer）、首席合规官（CCO）和负责各业务部门的高管。该委员会负责建立、记录和执行所有与风险相关的公司政策。

高级风险委员会在设定风险限额后，需要向董事会风险委员会汇报，并就其认为审慎的总风险水平提出建议，由董事会风险委员会进行审议和批准。这确保了风险管理工作在最高层级的监督和控制之下。

（2）风险限额

风险限额（risk limits）是风险治理的重要手段之一，是指公司根据管理需要，针对不同的风险/业务/部门设置不同的量化指标。

有效的风险治理方法需把风险偏好和风险限额与特定业务结合起来，对每一项业务或整个投资组合及其相关联的风险都设定适当的风险限额；既要对具体业务条线设置单独的风险限额，也要设定公司能承担的总的风险限额。一般来说，限制金额的设置要留有余地，确保正常的业务活动不会触发该限制金额。

市场风险限额（market risk limits）旨在限制价格、利率、汇率等风险敞口的变化；信用风险限额（credit risk limits）旨在限制违约风险敞口或信用质量下降的风险敞口（例如，贷款组合或衍生品交易的信用风险）。银行通常也会针对其他类型的风险敞口设置限制，例如资产负债管理、流动性或特定灾害风险等。不同的风险限额根据其涉及的风险类型、公司竞争地位以及业务范畴的不同，其性质也会有所区别。

大多数银行会设置两个层级的风险限额：

Ⅰ类限额（Tier 1 limits）：一般是比较具体的，通常包括针对资产类别的限额、总体压力测试的限额和最大回撤限额（maximum drawdown limit）。

Ⅱ类限额（Tier 2 limits）：相比Ⅰ类限额更加宽泛，一般包括对业务活动的领域、信用评级、行业、期限、地区等的风险限额。

3. 风险监控

风险监控（monitoring risk）是指在风险限额的基础上，对于企业的经营活动是否保持在限定范围内进行持续的监控。

为有效地监控市场风险限额，必须要每日对资产头寸进行估值，对估值模型中涉及的所有假设进行单独检验。对于交易团队对风险政策和市场风险限额的遵守情况，以及银行针对例外情况的处理方案等，也需进行及时的记录。对于可接受的例外情况和不可接受的违规情况的处理流程，也都必须向管理层和交易人员做出清晰的书面说明。

在实施Ⅰ类限额和Ⅱ类限额时，业务条线必须严格遵守事前披露的原则，如果可能出现超过限额的情况，必须事先告知CRO。例如，业务条线的负责人可能在风险敞口达到某个阈值（例如，目标限额的90%）时发出预警。CRO可以与该负责人一起向银行业务风险委员会申请临时上调限额。在获得批准后，业务风险委员会将向高级风险委员会提交申请，以获得最终的批准。

风险管理部门应及时在每日限额异常报告中记录所有超出限额的情况，并且区分这些情况属于Ⅰ类限额还是Ⅱ类限额，报告中还要详细说明超出限额的背景和缘由，并且说明银行计划如何处理这些问题。

超过Ⅰ类限额的情况必须立即处理，超过Ⅱ类限额的情况相对没有那么紧急，一般允许在几天或者一周内处理完毕。CRO应该在企业异常报告中列出所有超过

Ⅰ类限额和Ⅱ类限额的情况，然后将这份报告提交至每日的风险会议上讨论。任何管理者，包括 CRO，都不应该拥有从报告中删除某些超出限额情况的权限。

4. 激励机制

全球金融危机带给人们的教训之一就是，金融机构普遍采用的管理层薪酬制度鼓励管理层承担短期风险，导致管理层常常低估，甚至完全忽略长期风险。

管理层和董事会虽然在设置上被要求尽量独立，但很多公司的 CEO 仍然有能力说服董事会成员以损害股东利益的方式向自己和其他高管支付较高的薪酬，而股东在这类决策中往往并没有发言权。为了解决该问题，许多地区的监管部门都明确要求上市公司设立专门的董事会薪酬委员会来制定高管薪酬。

合理的薪酬制度同时也是风险文化的一部分。具体来说，它应该与股东和其他利益相关者的长期利益，以及公司风险调整后的资本回报率相一致，应能激励员工承担能力范围内的可计量的风险，而不是不计后果地承担风险。当前，越来越多的公司开始将风险管理的考量纳入业绩考核，薪酬规划越来越被认为是企业风险管理的一个重要因素。

二、职能部门的依赖关系

阐明（illustrate）在风险管理中各职能部门之间的依赖关系（★）

虽然公司的风险偏好在董事会层面确定，具体的政策和流程由高级管理层确定，但负责具体执行的仍是各个职能部门和具体的员工。在风险管理中，各职能部门体现出既相互独立又相互依赖（interdependence）的关系，如图 3.2 所示。

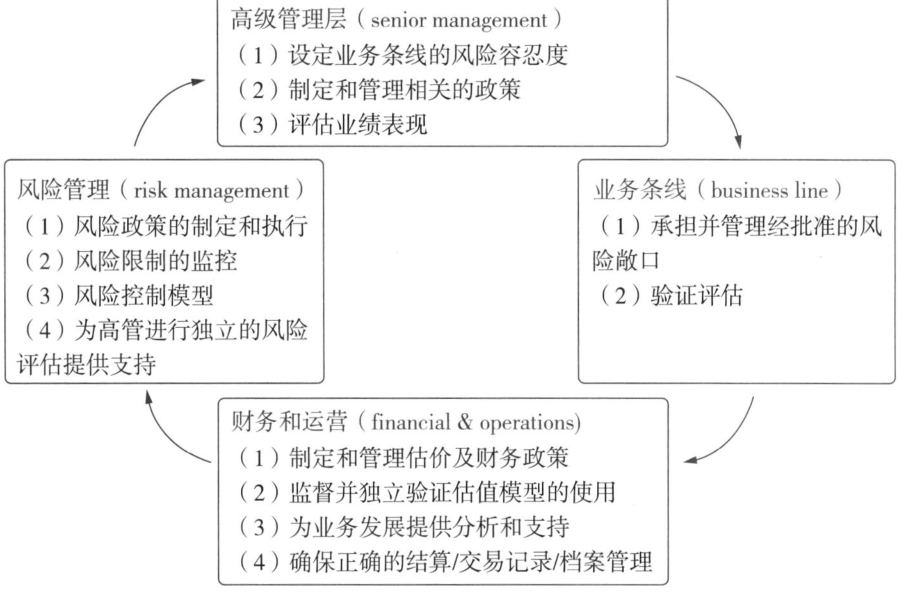

图 3.2　各职能部门在风险管理中的作用和相互依赖性

三、最佳实践

描述（describe）治理公司风险管理流程的最佳实践（★★）

过去 20 年的经验表明，公司治理和风险管理的目标已经趋同。结合本书前面对风险治理中主要参与者和运作流程的描述，风险管理和公司治理的最佳实践（best practice）总结如下：

（1）管理层和董事会保持相对独立性。首席执行官（Chief Executive Office, CEO）不应同时担任董事长的职务。

（2）引入风险咨询董事。风险咨询董事应是一名独立董事。

（3）高级风险委员会和 CRO 应定期对公司的风险限制进行评估，针对监督和反馈的流程应该有明确的规定。

（4）风险偏好和风险限额要分配到具体的业务上，不仅要按照业务条线进行分配，也要按照风险种类进行分配。

（5）风险管理中的所有流程都应该被记录下来，包括风险限额的制定、风险敞口的监控、对超出限额的特批、风控方法的采用和评估等。

（6）采用科学的分析方法来衡量风险，应包括情景分析和压力测试。

（7）审计委员会和内控部门应确保制度和流程的合规以及满足监管的要求，包括财务事项和非财务事项。

以上的最佳实践均是行业内的推荐做法，而非法律上的强制要求。

第四章

现代投资组合理论和资本资产定价模型

知识引导

本章第一节主要介绍马科维茨提出的现代投资组合理论和夏普等人提出的资本资产定价模型（Capital Asset Pricing Model，CAPM）。现代资产组合理论基于均值–方差分析框架，首次用数理方法解释了分散化投资的原理以及构建资产组合的方法。在此基础上，夏普等人进一步发展出资本资产定价模型，定量描述了风险资产的预期收益与其风险特征之间的关系，即为了补偿系统性风险，投资者要求多少收益率是合理的。

本章第二节介绍了几种投资业绩的衡量指标。

考点聚焦

本章为重点考查章节。通过本章的学习，考生应能解释现代投资组合理论和马科维茨有效前沿；理解 CAPM 的组成；运用 CAPM 模型进行计算；描述 CAPM 的假设；解释及比较资本市场线和证券市场线；计算及解释单一资产或投资组合的 β 值；理解、计算和比较各种投资组合的业绩衡量指标。本章主要是定性和定量考查结合。

本章框架图

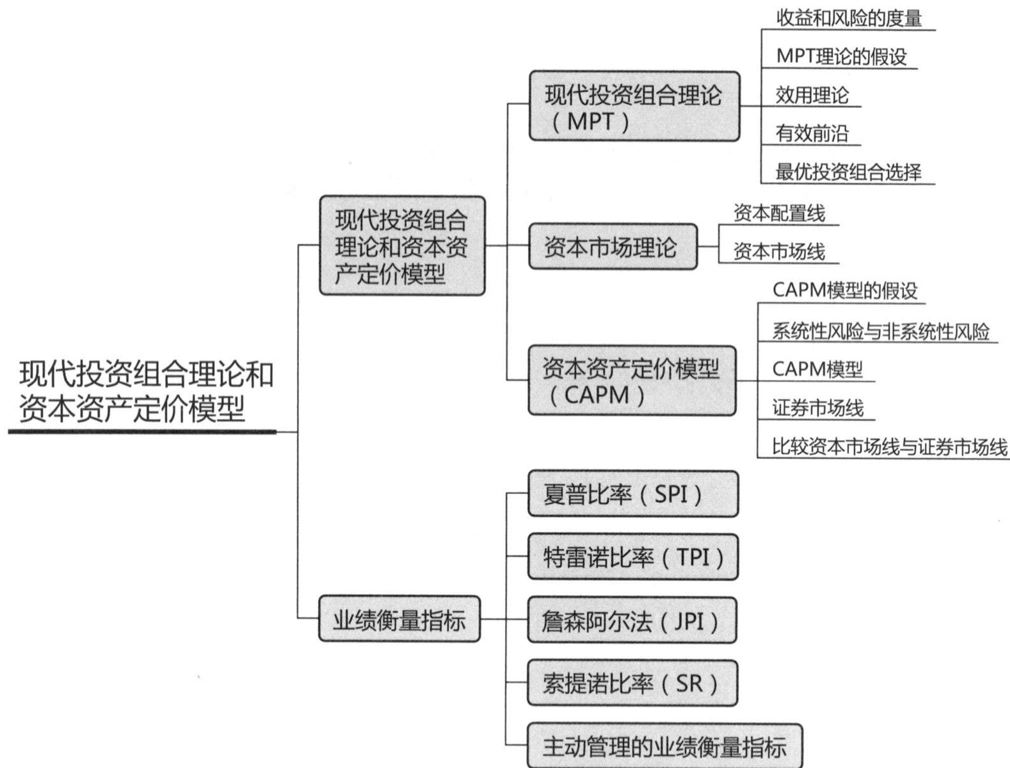
现代投资组合理论和资本资产定价模型
现代投资组合理论和资本资产定价模型
现代投资组合理论（MPT）
收益和风险的度量
MPT理论的假设
效用理论
有效前沿
最优投资组合选择
资本市场理论
资本配置线
资本市场线
资本资产定价模型（CAPM）
CAPM模型的假设
系统性风险与非系统性风险
CAPM模型
证券市场线
比较资本市场线与证券市场线
业绩衡量指标
夏普比率（SPI）
特雷诺比率（TPI）
詹森阿尔法（JPI）
索提诺比率（SR）
主动管理的业绩衡量指标

第一节　现代投资组合理论和资本资产定价模型

一、现代投资组合理论（MPT）

解释（explain）现代投资组合理论（★★）

1952 年，经济学家哈里·马科维茨（Harry Markowitz）发表论文《投资组合选择》（*Portfolio Selection*），建立现代投资组合理论（modern portfolio theory，MPT）。马科维茨首次提出了均值-方差（mean-variance）分析框架，以算数均值衡量期望收益率、以方差或标准差衡量风险，用量化方式阐述了投资组合选择问题。马科维茨因此获得了 1990 年诺贝尔经济学奖。

现代投资组合理论展示了风险分散化的意义，即“不要把鸡蛋放在同一个篮子里”。对于投资者而言，应将资金按比例分散投资于价值变动不完全相关的多种资产中，而不是全部投资于单一资产上。理论上，投资者可以在不增加成本的情况下，通过分散化（diversification）获得降低风险的好处。

接下来，本教程将从收益和风险的衡量、MPT 理论的假设、效用理论、有效前沿、最优投资组合选择五个方面来介绍马科维茨的现代投资组合理论。

1. 收益和风险的度量

现代投资组合理论是围绕资产及资产组合的均值、方差分析展开的。

对于单个资产来说，假设收益率分布不变，可以使用资产历史收益率的算术平均数衡量资产的期望收益率，即根据过去各期收益率的均值来估计未来的单期收益率。因此，资产下一期收益率的期望可通过下式计算：

$$R = \frac{R_1 + R_2 + \cdots + R_n}{n} \tag{4.1}$$

其中，R 表示某资产单期期望收益率，R_i 表示该资产在过去第 i 期的收益率，n 表示数据期数。

类似地，可以使用资产历史收益率的方差（variance）来度量资产的风险，即根据过去收益波动情况来估计未来收益的不确定性。方差的计算公式如下：

$$\sigma^2 = \frac{\sum_{i=1}^{N}(X_i - \mu)^2}{N} \tag{4.2}$$

其中，σ^2 表示方差，X_i 表示数据集中的某一数据，μ 表示均值，N 表示数据集中数据的个数。在这里，X_i 即为资产在过去第 i 期的收益率。

为了方便解释和计算，有时也使用标准差（standard deviation）度量风险。标准差又称为波动率（volatility），等于方差的算数平方根，用 σ 表示，计算公式如下：

$$\sigma = \sqrt{\frac{\sum_{i=1}^{N}(X_i - \mu)^2}{N}} \tag{4.3}$$

本章需要用到一些基本的统计概念，考生如没有相关基础，可以先阅读“数量分析”章节中的相关内容后再阅读本章。下面的例子有助于考生理解均值和方差的概念。

假设有 A 和 B 两种资产，其过去 3 期的收益率如表 4.1 所示。

表 4.1　　资产 A、资产 B 过去 3 期的收益率

	资产 A	资产 B
时期 1	-20%	5%
时期 2	0%	5%
时期 3	35%	5%
平均收益率	5%	5%

首先，经过简单的计算可得，资产 A 和资产 B 的平均收益率都是 5%。其次，通过观察可以看出资产 A 的收益率相对于均值偏离程度更大，因此资产 A 的方差比资产 B 高。通过式（4.2）不难求得，资产 A 的方差为 0.0517，资产 B 的方差为 0，这说明资产 A 收益率波动更大、风险更大。

对于单个资产来说，一般情况下，期望收益率与风险成正相关。表 4.2 列举了美国市场五种资产的年收益率及标准差，也印证了这一点。

表 4.2　　美国市场五种主要资产的历史平均收益率和风险

资产类型	年收益率	标准差
小盘股票（small cap）	12.10%	31.70%
大盘股票（large cap）	10.20%	19.80%
公司债券（corporate bond）	6.10%	8.30%
长期国库债券（T-Bond）	5.50%	9.90%
短期国库券（T-Bill）	3.40%	3.10%

数据来源：2018 SBBI Yearbook（1926—2017）

2. MPT 理论的假设

MPT 理论的前提是“理性投资者”（rational investor），即投资者厌恶风险、追求效用（utility）最大化。除此之外，MPT 理论还做出了以下假设：

假设一：资本市场是完美的，即：

（1）不存在税收和交易成本；

（2）所有交易者都可以零成本地获得所有可用信息；

（3）所有市场参与者之间是完全竞争的。

假设二：资产收益率服从正态分布。

基于上述假设，MPT 理论得以仅利用收益率均值和方差两个特征评价投资组合。

3. 效用理论

根据投资者面对不确定性的态度，一般可以将投资者分为三类：

（1）风险厌恶（risk averse）。在收益一定时，投资者希望最小化风险；在风险一定时，投资者希望最大化收益。马科维茨假设的理性投资者就属于这种类型。理性投资者追求效用最大化，倾向于投资期望收益率（以均值衡量）更高、风险（以方差衡量）更低的资产。

（2）风险中性（risk neutral）。投资者追求收益最大化，不关注风险。

（3）风险偏好（risk seeking）。投资者同时追求高收益和高风险。

经济学中，效用是描述消费者或投资者相对满足程度的概念。对于投资来说，效用衡量了投资者对某个投资组合的满意程度。我们可以基于风险和收益构建效用函数（utility function）来计算投资组合的效用，并根据效用大小对不同的投资组合进行优劣排序。

下面是一个常用的效用函数：

$$U = E(R) - \frac{1}{2}A\sigma^2 \tag{4.4}$$

其中，U 表示效用，$E(R)$ 表示投资组合的期望收益率，σ^2 表示投资组合的方差，A 表示风险厌恶系数。

风险厌恶系数 A 衡量投资者承担额外风险要求的边际收益，A 越大表示风险厌恶程度越高。对于风险厌恶型投资者，$A>0$；对于风险中性型投资者，$A=0$；对于风险偏好型投资者，$A<0$。

对于一个投资者，在给定的效用水平上，有无数种风险-收益的组合能得到相同的效用。以收益率的标准差为横坐标、以期望收益率为纵坐标，将这些能得到相同效用的风险-收益的组合连接起来，可以得到一条无差异曲线（indifference curve）。投资者选择同一条无差异曲线上的任意点代表的投资都是没有差异的，因为它们提供的效用相同。无差异曲线的斜率表示为了保持效用不变，投资者要求的回报变化与风险水平变化的相对关系。由于效用的取值有无数种可能，因此每个投资者都有无数条不相交的无差异曲线，每条曲线代表不同的效用水平。

如图 4.1，对风险厌恶型投资者来说，每条无差异曲线都是向上倾斜的，而且随着标准差增加，无差异曲线斜率越来越大；在无数条无差异曲线中，越靠左（或越靠上）的曲线代表的效用越大。

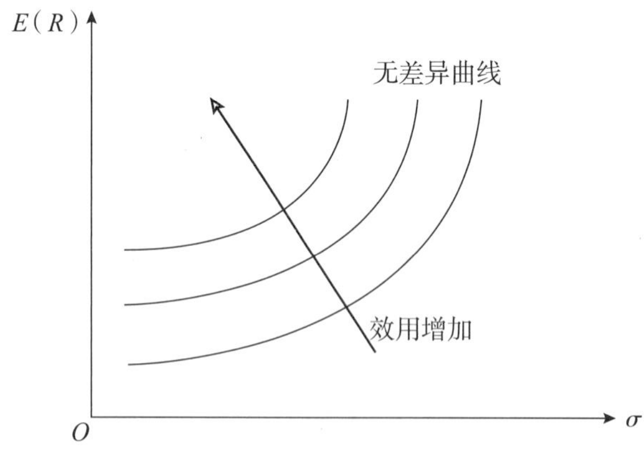

图 4.1　风险厌恶型投资者的无差异曲线

不同风险厌恶程度的投资者有不同的无差异曲线。如图 4.2，风险厌恶程度越高的投资者，无差异曲线的斜率越大。风险中性型投资者的效用等于期望收益率，因此无差异曲线是水平的。风险偏好型投资者在风险越大时，要求的收益越小，因此无差异曲线是向下倾斜的。

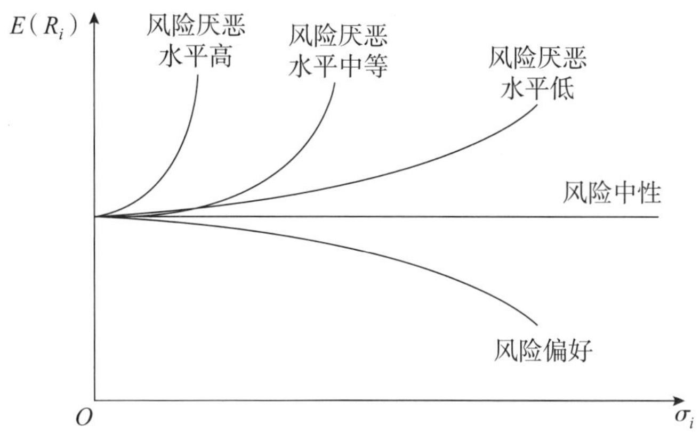

图 4. 2　同一效用水平下不同投资者的无差异曲线

4. 有效前沿

理解（interpret）马科维茨有效前沿（★★★）

投资组合（portfolio）是指两种或两种以上资产组成的投资集合。在这里我们先介绍包含两种风险资产（risky assets）的投资组合的均值和标准差的计算。

假设风险资产 A 收益率为 R_A 、风险资产 B 收益率为 R_B 。现 A、B 两种资产构成一个投资组合，在组合中的权重分别为 w_A 和 w_B ，考虑到 $w_A + w_B = 1$，投资组合的收益率 R_P 为两种资产收益率的加权平均，如下式：

$$R_P = w_A R_A + w_B R_B = w_A R_A + (1 - w_A) R_B \tag{4.5}$$

式（4.5）的含义非常直观。假设投资者有 100 万美元，用其中 20 万美元投资股票，收益率为 50%；80 万美元投资债券，收益率为 5%。那么，对于该投资者而言，投资组合收益显然不是简单的 $\frac{50\% + 5\%}{2} = 27.5\%$ ，而必须考虑到每种资产的权重。由于股票的投资金额只有 20 万美元，按照 50%收益率，对应的收益为 10 万美元；债券的投资金额为 80 万美元，按照 5%收益率，对应的收益为 4 万美元。因此，该投资者的收益率应为：$\frac{10 + 4}{100} = 14\%$。如按照式（4.5）计算可以得到相同的结果，即 $20\% \times 50\% + 80\% \times 5\% = 14\%$ 。

投资组合的标准差不仅与资产权重有关，还与各资产收益率之间的相关性有关。计算公式为：

$$\sigma_p = \sqrt{w_A^2\sigma_A^2 + w_B^2\sigma_B^2 + 2w_A w_B Cov(R_A,\ R_B)} \tag{4.6}$$

或者：

$$\sigma_P = \sqrt{w_A^2\sigma_A^2 + w_B^2\sigma_B^2 + 2w_A w_B \rho_{AB}\sigma_A\sigma_B} \tag{4.7}$$

其中，σ_A 和 σ_B 分别表示资产 A 和资产 B 收益率的标准差，$Cov(R_A,\ R_B)$ 表示资产 A 和资产 B 收益率之间的协方差，ρ_{AB} 表示资产 A 和资产 B 收益率之间的相关系数。

协方差和相关系数是描述随机变量线性相关程度的统计量。协方差等于两组数据偏差乘积的平均值，计算公式如下：

$$Cov(X,\ Y) = \frac{\sum_{i=1}^{N}(X_i - \bar{X})(Y_i - \bar{Y})}{N} \tag{4.8}$$

其中，$Cov(X,\ Y)$ 表示数据集 X、Y 的协方差，X、Y 中包含的数据量相等，均为 N。$(X_i - \bar{X})$ 所表示数据集 X 中的第 i 个数据与均值 $\bar{X}$ 的差，$(Y_i - \bar{Y})$ 表示数据集 Y 中的第 i 个数据与均值 $\bar{Y}$ 的差。这里我们研究资产 A、资产 B 组成的投资组合，公式中的 X 和 Y 分别是资产 A 和资产 B 的历史收益率。

相关系数计算公式如下：

$$\rho_{XY} = \frac{Cov(X,\ Y)}{\sigma_X\sigma_Y} \tag{4.9}$$

其中，ρ_{XY} 表示数据集 X、Y 的相关系数，σ_X 和 σ_Y 分别表示数据集 X、Y 的标准差。在这里，σ_X 和 σ_Y 即两种资产收益率的标准差 σ_A 和 σ_B。结合式（4.9），我们可以很容易地在式（4.6）和（4.7）之间相互推导。

相关系数 ρ 的取值范围介于-1 到 1 之间。若 $\rho>0$，说明两组数据倾向于同方向变动，ρ 越大正相关性越大；若 $\rho<0$，说明两组数据倾向于反方向变动，ρ 越小负相关性越大。例如，工商银行与农业银行属于同一个行业，股票收益率走势高度相关，相关系数很可能大于 0；而一家石油生产企业与一家航空公司股票收益率之间的相关系数很可能小于 0，这是因为石油价格上升时，石油生产企业获利而航空公司成本上升，石油价格变动对两只股票价格的影响是相反的。

对于式（4.7）$\sigma_P = \sqrt{w_A^2\sigma_A^2 + w_B^2\sigma_B^2 + 2w_A w_B \rho_{AB}\sigma_A\sigma_B}$，

（1）当 $\rho_{AB}=1$，即两个资产收益率完全正相关时，投资组合标准差为：

$$\sigma_p = w_A \sigma_A + w_B \sigma_B \tag{4.10}$$

（2）当 $\rho_{AB}<1$ 时，投资组合的标准差小于 $w_A \sigma_A + w_B \sigma_B$：

$$\sigma_p < \sqrt{w_A^2 \sigma_A^2 + w_B^2 \sigma_B^2 + 2 w_A w_B \sigma_A \sigma_B} = w_A \sigma_A + w_B \sigma_B \tag{4.11}$$

式（4.11）说明了投资组合降低风险的原理：只要 $\rho_{AB}<1$，投资组合标准差就小于单个资产标准差的加权平均。换言之，投资资产 A 的同时，投资任何收益率与 A 不完全正相关的资产 B（即 $\rho_{AB}<1$），都可以降低投资组合的标准差，并且 ρ_{AB} 越小，组合整体标准差降低的程度越大。因此，投资者可以通过分散化投资令单个资产的特有风险相互抵消、降低组合整体的收益波动，也就是前文所说的“不要把鸡蛋放在同一个篮子里”。

例题 4.1

表 4.3 展示了投资组合中两种风险资产的基本情况。若两种资产收益率的相关系数为 0.6，请计算投资组合的期望收益率和标准差。

表 4.3　　投资组合中两种风险资产的基本情况

	权重	收益率	标准差
投资级债券	30%	10%	20%
新兴市场股票	70%	15%	25%

名师解析

应用式（4.5），期望收益率为：$R_P = w_A R_A + w_B R_B = 30\% \times 10\% + 70\% \times 15\% = 13.5\%$

应用式（4.7），收益率的标准差（风险）为：$\sigma_P = \sqrt{w_A^2\sigma_A^2+w_B^2\sigma_B^2+2w_Aw_B\rho_{AB}\sigma_A\sigma_B} = \sqrt{(30\%)^2\times(20\%)^2+(70\%)^2\times(25\%)^2+2\times30\%\times70\%\times0.6\times20\%\times25\%} = 21.64\%$

如图 4.3 所示，为了更加直观地理解风险分散的作用，我们以投资组合收益率的标准差 σ_P 为横坐标、以期望收益率 $E(R_P)$ 为纵坐标建立直角坐标系。A 点代表将 100%资金投资于资产 A，B 点代表将 100%资金投资于资产 B，A、B 之间连线上的各点则代表在给定相关系数时由 A、B 按照不同权重构成的资产组合。

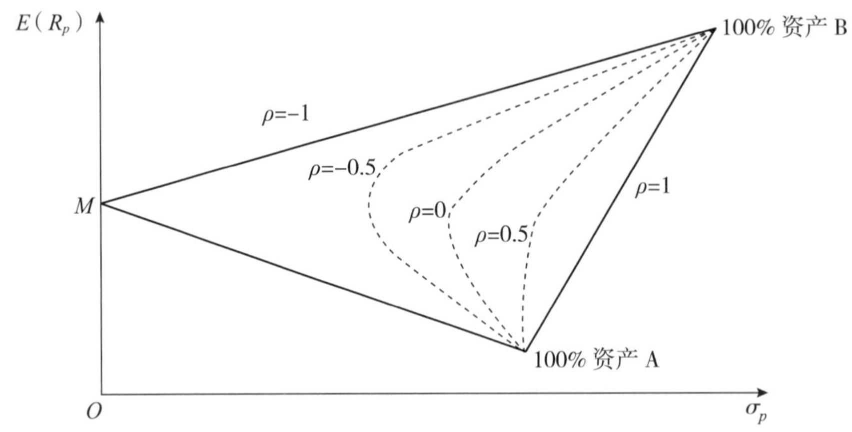

图 4.3　资产组合的期望收益率和标准差

根据式（4.5）和式（4.7），在资产 A 和资产 B 的期望收益率、标准差、相关系数确定时，令资产 A 的权重 w_A 从 0 到 100%变化、资产 B 的权重 w_B 相应从 100%到 0 变化（假设 $0 \leqslant w_A$，$w_B \leqslant 100\%$，即不考虑卖空的情况），可以计算出每组（w_A，w_B）对应的投资组合的期望收益率 R_P 和标准差 σ_P。在坐标系中描绘出一系列点（σ_P，R_P），将得到一条 A、B 点间的连线，称为投资组合的可行集。

图 4.3 在同一个坐标系中描绘了当两个资产收益率的相关系数 ρ 分别为 1、0.5、0、-0.5、-1 时的可行集。当 $\rho=1$ 时，投资组合的可行集为一条直线；当 $-1<\rho<1$ 时，可行集变为一条凸向原点的曲线，且 ρ 越小，曲线弯曲程度越大；当 $\rho=-1$ 时，资产 A 与资产 B 的收益率完全负相关，投资组合的收益率为：$\sigma_P = \sqrt{w_A^2\sigma_A^2 + w_B^2\sigma_B^2 - 2w_A w_B \sigma_A \sigma_B} = |w_A\sigma_A - w_B\sigma_B|$，此时资产组合的可行集为一条折线，在两资产权重达到特定值 $\left(\frac{w_A}{w_B} = \frac{\sigma_B}{\sigma_A}\right)$ 时投资组合标准差 σ_P 降至 0，风险被完全抵消，即图 4.3 中的 M 点。

图 4.3 直观地说明了两个资产收益率间的相关系数越低，二者构成的投资组合风险越小。因此，在构建投资组合时，不能孤立评价单个资产的风险和收益特征，而应同时考虑各资产收益波动的相互关系。

市场上可供投资的风险资产种类众多。当风险资产超过两种时，资产权重的变化可以形成更多的组合，包括无数个收益率期望相同、标准差不同，以及标准差相同、期望不同的组合。这时组合的可行集不再是一条线，而是形成了区域。图 4.4

中实线与虚线围成的区域展示了一个由多种风险资产构成的投资组合的可行集：

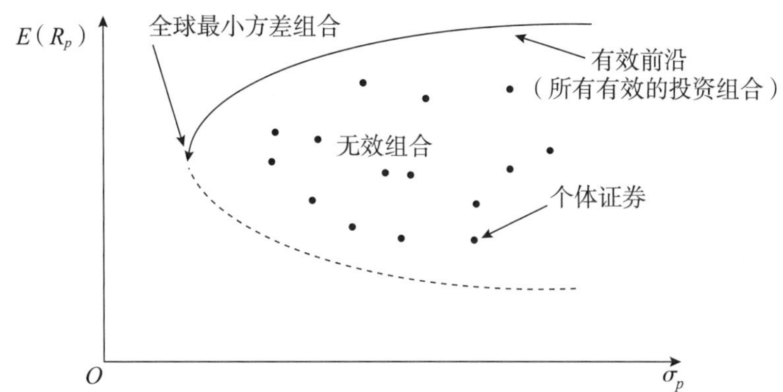

图 4.4　全球最小方差组合与有效前沿

但并非所有可行集内的风险资产投资组合都会被投资者考虑。在相同收益率水平下，理性投资者会选择风险最小（方差最小）的投资组合，也就是可行集左侧边界上的投资组合。这条边界被称为最小方差前沿（minimum-variance frontier），即图 4.4 中实线和虚线部分。最小方差前沿最左侧的点代表可行集内方差最小的投资组合，称为全球最小方差组合（global minimum variance portfolio）。

另一方面，在同样的风险水平下，理性投资者偏好期望收益率更高的投资组合。因此，在最小方差前沿上，只有全球最小方差组合及其上方的投资组合是有可能被选择的，或称为"有效的"（efficient）。这些有效投资组合形成的曲线被称为风险资产的有效前沿（efficient frontier），即图 4.4 中的实线部分。与其他风险资产投资组合相比，有效前沿上的组合既在一定收益水平下风险最小，又在一定风险水平下收益最大。相对地，可行集中的其他投资组合都是无效的（inefficient）。

5. 最优投资组合选择

在所有风险资产的有效组合中，投资者根据效用最大化原则选择最优投资组合。此时，需综合考虑有效前沿（代表市场能提供的有效风险资产组合）和无差异曲线（代表投资者的效用函数）。

图 4.5 同时绘制了风险资产的有效前沿及某个风险厌恶投资者的无差异曲线。与其他有效前沿上的投资组合相比，有效前沿与无差异曲线的切点 X 所在的无差异曲线最靠左上方，因此 X 代表的投资组合是有效组合中效用最大的，是该投资者的最优投资组合。由于不同投资者有不同的无差异曲线，所以不同投资者的最优投资组合也不同。

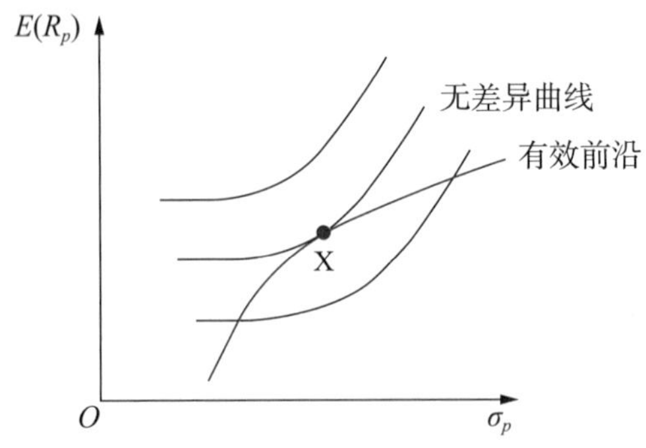

图4.5　最优投资组合的选择

二、资本市场理论

前文讨论了仅存在风险资产时的投资组合选择问题，接下来将讨论当市场提供无风险资产时投资收益与风险之间的关系。本小节将介绍资本市场理论中的两个概念——资本配置线和资本市场线。

1. 资本配置线

资本配置线（capital allocation line，CAL）对 MPT 理论进一步拓展，分析了存在无风险资产时投资者的资产配置问题。

顾名思义，无风险资产指能提供确定的收益率、没有任何风险的资产。在实务中，一般认为美国短期国债接近于无风险资产，通常将美国三个月期国库券利率视为无风险收益率。

我们首先考虑仅包含无风险资产和一种风险资产的投资组合。由于无风险资产收益率不变，所以无风险资产收益率的标准差为0、与风险资产收益率之间的协方差为0。根据式（4.5）和式（4.6），投资组合的期望收益率和标准差为：

$$E(R_P) = w_i E(R_i) + w_f R_f \tag{4.12}$$

$$\sigma_P = w_i \sigma_i \tag{4.13}$$

其中，$E(R_P)$、σ_P 分别表示投资组合收益率的期望和标准差，$E(R_i)$、σ_i 分别表示风险资产收益率的期望和标准差，R_f 表示无风险收益率，w_i、w_f 分别表示风险资产和无风险资产在投资组合中的权重。

考虑到 $w_i + w_f = 1$，结合式（4.12）、（4.13），可得投资组合的期望收益率

$E(R_P)$ 如下：

$$E(R_P)=R_f+\frac{E(R_i)-R_f}{\sigma_i}\sigma_P \tag{4.14}$$

将式（4.14）绘制在以 σ_P 为横坐标、$E(R_P)$ 为纵坐标的直角坐标系中，将得到一条截距为 R_f、斜率为 $\frac{E(R_i)-R_f}{\sigma_i}$ 的直线，即资本配置线（CAL），如图 4.6 所示。在后续章节中将学习到，CAL 的斜率 $\frac{E(R_i)-R_f}{\sigma_i}$ 被称为夏普比率，表示平均风险溢价（收益率超过无风险收益率的部分）与风险的比值。对于风险厌恶型投资者，资产或投资组合的夏普比率越大越好。

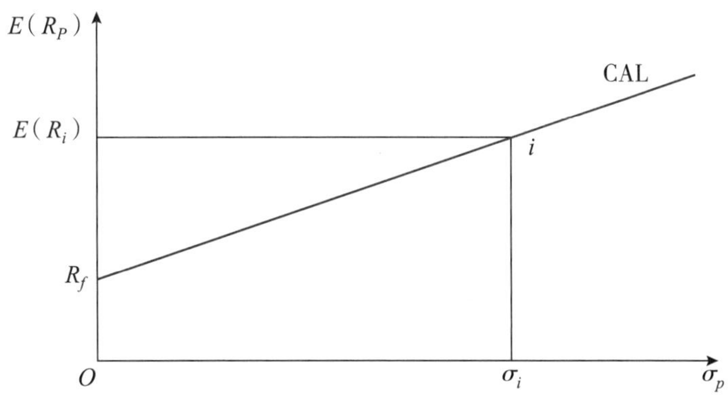

图 4.6　资本配置线

CAL 上的点（0，R_f）表示将 100%资金投资于无风险资产，即 $w_i=0$；点（σ_i，$E(R_i)$）表示将 100%资金投资于风险资产，即 $w_i=1$；位于（0，R_f）和（σ_i，$E(R_i)$）之间的部分表示投资者将部分资金投资风险资产、部分资金投资无风险资产，即 $0<w_i<1$；位于（σ_i，$E(R_i)$）点右侧的部分表示投资者以无风险利率 R_f 借入资金（卖空无风险资产）、加杠杆投资于风险资产，即 $w_i>1$。

市场上存在无数种风险资产或风险资产的组合，每一个风险资产或风险资产组合都能和无风险资产构建一条 CAL。图 4.7 中，A、B、P 代表三个有效的风险组合，把它们和代表无风险资产的点（0，R_f）连起来，就得到了三条 CAL，其中 CAL（P）与有效前沿相切。可以看出，在任意给定风险水平上，CAL（P）上的投资组合期望收益率都大于 CAL（A）或 CAL（B）上的投资组合，也大于可行集内任何其他的风险资产组合所在的 CAL。因此，对于风险厌恶型投资者，与风险资产的有效前沿相切的 CAL 提供的效用最大，被称为最优 CAL（optimal CAL），最优 CAL 与有效前沿的切点 P 所代表的投资组合被称为最优风险组合（optimal risky portfolio）。

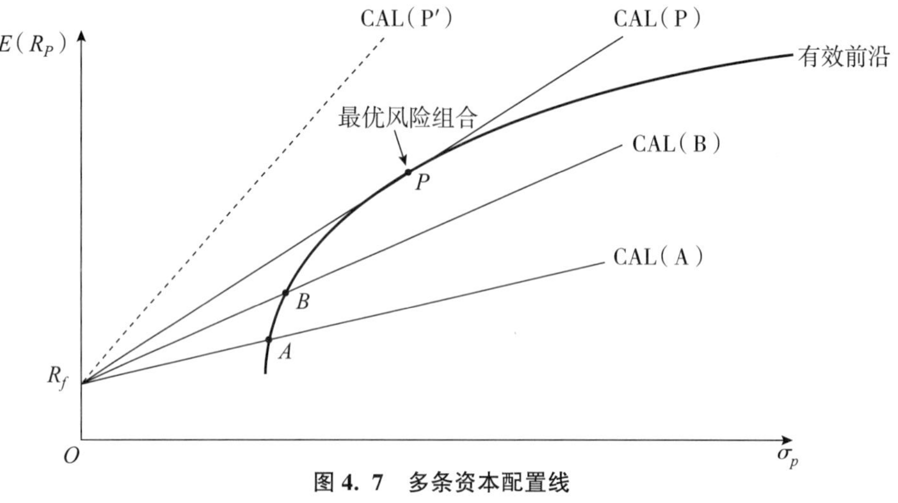

图 4.7　多条资本配置线

从斜率的角度看，CAL（P）是所有 CAL 中斜率最大的（斜率更大的 CAL（P′）将落在风险资产的可行集之外，不可能实现），这也说明了夏普比率最大的投资组合最优。

比较 CAL（P）和风险资产的有效前沿，可以看出除 P 点以外，对于任意 σ_p，CAL（P）上的组合期望收益率都高于风险资产有效前沿上的组合，即 CAL（P）上的投资组合更优。因此，当存在无风险资产时，理性投资者应在最优 CAL 上投资，也就是构建由最优风险组合 P 与无风险资产组成的投资组合。

接下来，投资者基于效用最大化原则分配风险组合 *P* 与无风险资产的权重。如图 4.8 所示，*m* 是无差异曲线与最优 CAL 的切点，*m* 的效用大于最优 CAL 上任何其他点（如点 *a*、*b*），因此投资者应选择 *m* 点的投资组合。

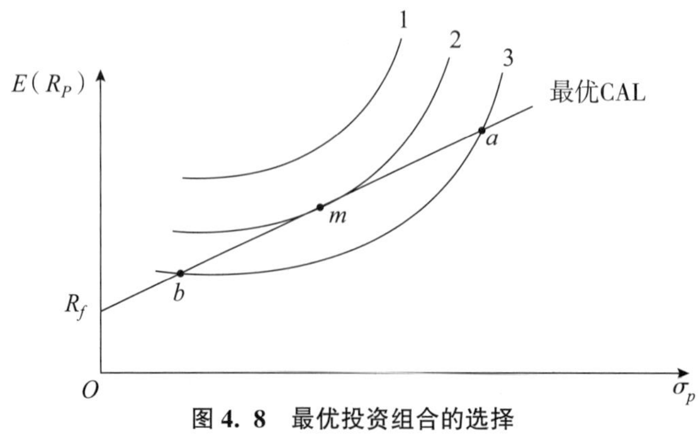

图 4.8　最优投资组合的选择

不同投资者的无差异曲线不同，相应地与最优 CAL 的切点也不同。图 4.9 描绘了风险厌恶程度不同的两个投资者的无差异曲线。对于 A = 4（风险厌恶程度较高）的投资者，j 点的投资组合效用最大；对于 A = 2（风险厌恶程度较低）的投资者，k 点的投资组合效用最大。在最优 CAL 上，j 点在 k 点的左侧。由此可见，与 k 点相比，j 点对应的投资组合中无风险资产占比更大。

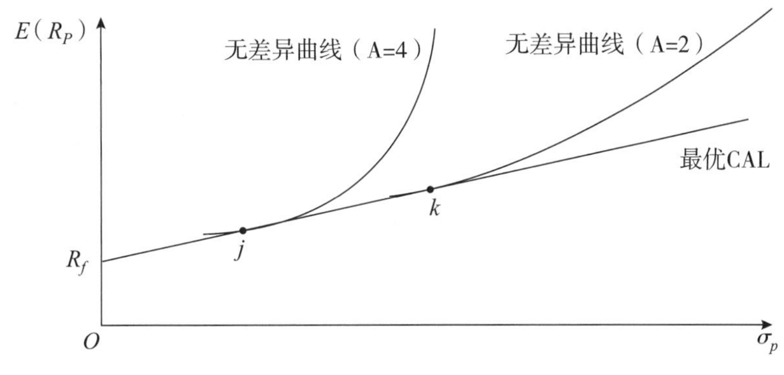

图 4. 9　CAL 与不同投资者的无差异曲线

综上所述，存在无风险资产时，对于投资者来说最优的投资组合就是无差异曲线与最优 CAL 切点的组合，该组合被称为最优投资者组合（optimal investor portfolio），如图 4. 10 中的点 C 所示。点 C 位于点 P 和点 $(0, R_f)$ 的连线上（即最优 CAL 上），说明最优投资者组合 C 可以通过结合最优风险组合 P 和无风险资产得到。

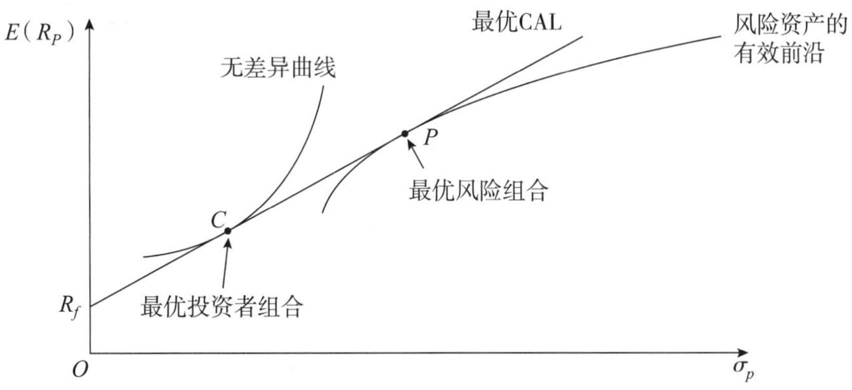

图 4. 10　最优风险组合和最优投资者组合

2. 资本市场线

理解（interpret）资本市场线（★★）

假设市场上所有投资者对所有风险资产都具有同质预期（homogeneous expectation），那么所有投资者都有相同的风险资产有效前沿、最优风险组合和最优 CAL。此时的最优风险组合被称为市场组合（market portfolio），最优 CAL 被称为资本市场线（capital market line，CML）。换言之，CML 是一种特殊的 CAL，CML 包括了市场组合和无风险资产构成的所有可能组合。

如图 4.11 所示，CML 与有效前沿的切点 M 所代表的风险资产组合就是市场组合。

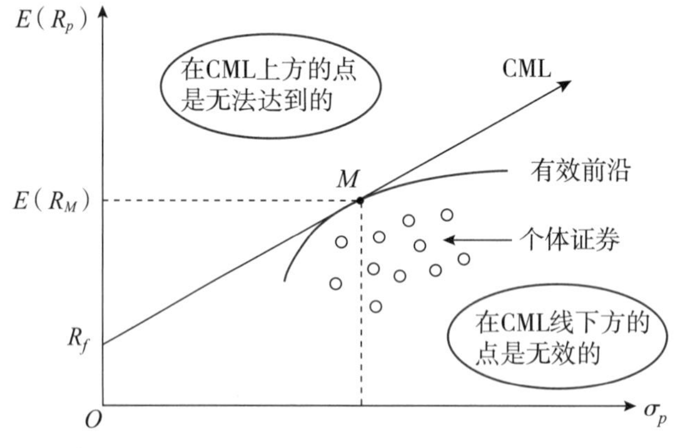

图 4. 11　资本市场线

理性投资者都应该在 CML 上配置资产，也就是将资金在市场组合 M 和无风险资产之间分配，这被称为“两基金分离定理”（two-fund separation theorem）。市场组合和无风险资产的权重则取决于投资者自身的风险容忍度。如前所述，风险厌恶程度不同的投资者有不同的无差异曲线，对应不同的最优投资者组合。

与式（4.14）同理，CML 可以表达为投资组合收益率期望 $E(R_P)$ 和标准差 σ_P 的线性关系：

$$E(R_P) = R_f + \frac{E(R_M) - R_f}{\sigma_M}\sigma_P \tag{4.15}$$

其中，R_f 表示无风险收益率，$E(R_M)$ 和 σ_M 分别表示市场组合收益率的期望和标准差。

由式（4.15）可知，CML 是一条以 R_f 为截距、以市场组合的夏普比率 $\frac{E(R_M)-R_f}{\sigma_M}$ 为斜率的直线，如图 4.11。

市场组合存在的前提是市场均衡。理论上，市场组合应包含市场上存在的所有风险资产，各资产的权重等于其市值的相对比重。在实务中，通常使用覆盖面足够广的股票指数代表市场组合，如美国市场的标普 500 指数（S&P 500）、罗素 3000 指数（Russell 3000）、英国市场的富时 100 指数（FTSE 100）、欧洲市场的欧洲斯托克 50 指数（Euro Stoxx 50）等。

三、资本资产定价模型（CAPM）

资本资产定价模型是市场均衡条件下风险资产预期收益率的预测模型。在现代投资组合理论和资本市场理论的基础上，20 世纪 60 年代，威廉·夏普（William Sharpe）、约翰·林特纳（John Lintner）、简·莫森（Jan Mossin）等多位经济学家分别提出了 CAPM 模型，夏普因此获得了 1990 年诺贝尔经济学奖。CAPM 建立了系统性风险与资产收益率之间的基本关系，是现代金融市场价格理论的奠基石。

接下来，本教程将按照 CAPM 模型的假设、系统风险和非系统风险、CAPM 模型、证券市场线、比较资本市场线和证券市场线五个部分展开介绍。

1. CAPM 模型的假设

描述（describe）CAPM 模型的假设（★★）

CAPM 是在 MPT 理论的基础上发展起来的，因此与 MPT 有一些共同的假设。同时 CAPM 还附加了额外假设，进一步简化了金融市场的复杂性。

CAPM 的假设主要包括：

假设一：投资者都是厌恶风险、追求效用最大化的理性投资者；

假设二：投资者都计划相同时长的单期投资；

假设三：投资者都有相同的预期；

假设四：投资者都能按照相同的无风险利率借贷；

假设五：投资者都是价格接受者，单个投资决策不会影响市场价格；

假设六：市场上所有信息都是免费可用的，并且会即刻反映在资产价格中；

假设七：不存在交易成本、税收或其他市场摩擦；

假设八：投资可以无限分割，允许在每种资产中分配任何比例的资金；

假设九：所有的资产，包括人力资本，都是可交易的；

假设十：投资者都根据收益率均值和方差做出投资决策。

备考小贴士

CAPM 模型的假设是易考查点，考生要会判断题目选项的描述是否属于 CAPM 的假设。

2. 系统性风险与非系统性风险

理解（interpret）及计算（calculate）单一资产或投资组合的 β 值（★★★）

CAPM 模型提出，风险资产的风险由系统性风险（systematic risk）和非系统性风险（unsystematic risk）两部分组成。

系统性风险又称不可分散风险（non-diversifiable risk）或市场风险（market risk），指能影响整个市场或经济体的不可避免的风险。这类风险通常与宏观因素有关，如利率波动、GDP 增长率变化、供给冲击等。投资者可以通过分散投资消除各资产的特异性风险（即下文的“非系统性风险”），但无法降低系统性风险。这说明投资者仅能通过承担系统性风险获得回报，即收益仅来源于只有系统性风险。试想，如果非系统性风险也能够带来收益，投资者将选择投资非系统性风险最高的资产，再构建投资组合消除非系统性风险，从而获得没有风险的回报，这显然是不合理的。

非系统性风险又称可分散风险（diversifiable risk）、公司特有风险（firm-specific risk）或特异性风险（idiosyncratic risk），指仅影响特定资产、行业或地区的风险，可以通过持有充分分散化的（well-diversified）投资组合降低或消除。投资组合中资产数量越多，非系统性风险越小，在资产数量足够大时，非系统性风险将趋近于 0。如前所述，承担非系统性风险不会为投资者带来回报。

备考小贴士

系统性风险又称市场风险，这里的市场风险与前文风险分类中的市场风险意义不同。前者是系统性风险的别称，是指无法靠分散化投资来减少或消除的风险，后者是风险的子分类。考试中，不要求考生区分市场风险是哪个含义。

CAPM模型用贝塔值（β值）衡量资产的系统性风险。β值反映了某种风险资产的收益率对市场整体收益率变动的敏感程度，计算公式为：

$$\beta_i = \frac{Cov(R_i,\ R_M)}{\sigma_M^2} = \frac{\rho_{i,\ M}\,\sigma_i\,\sigma_M}{\sigma_M^2} = \rho_{i,\ M}\frac{\sigma_i}{\sigma_M} \tag{4.16}$$

其中，β_i表示风险资产i的β值，R_i、R_M分别表示资产i和市场组合M的收益率，σ_i、σ_M分别表示资产i和市场组合M收益率的标准差，$Cov(R_i,\ R_M)$表示资产i和市场组合M的收益率的协方差，$\rho_{i,\ M}$表示资产i和市场组合M收益率的相关系数。

根据式（4.16），β值可能为正数或负数，这取决于风险资产与市场组合收益率波动的相对关系：β值大于0说明资产收益率倾向于与市场收益率同向变动，β值小于0说明资产收益率倾向于与市场收益率反向变动。无风险资产的收益率与市场组合收益率完全无关，因此无风险资产的β值等于0；市场组合与其自身的收益率完全正相关、方差相同，因此市场组合的β值等于1，即：

$$\beta_M = \frac{Cov(R_M,\ R_M)}{\sigma_M^2} = \frac{\sigma_M^2}{\sigma_M^2} = 1 \tag{4.17}$$

从投资组合中单个资产的角度，市场组合收益率的方差（总风险）等于各风险资产的收益率与市场组合收益率之间协方差的加权平均，用公式表示为：

$$\sum_{i=1}^{N} W_i Cov(R_i,\ R_M) = \sigma_M^2 \tag{4.18}$$

其中，N表示市场组合M中风险资产的数量，W_i表示市场组合M中风险资产i的权重，$\sum_{i=1}^{N} W_i = 1$。

将式（4.18）两边同时除以σ_M^2，将得到：

$$\sum_{i=1}^{N} W_i \beta_i = 1 \tag{4.19}$$

上式（4.19）意味着市场上所有风险资产β值的加权平均值等于1。所有风险资产β值的加权平均即为市场组合的β值，因此式（4.19）同样说明市场组合的

β 值等于 1。

类似地，如果考虑由若干种资产组成的投资组合，投资组合的 β 值等于组合中各资产 β 值的加权平均，即：

$$\beta_P = \sum_{i=1}^{n} w_i \beta_i \tag{4.20}$$

其中，β_P 表示投资组合 P 的 β 值，n 表示组合 P 中资产数量，w_i 表示投资组合 P 中风险资产 i 所占的权重，$\sum_{i=1}^{n} w_i = 1$。投资组合的 β 值在后文讲风险对冲时会进一步展开。

例题 4.2

已知市场收益率的标准差为 15%，如果资产 A 收益率的标准差为 20%，它与市场收益率的相关系数为 0.5，那么该资产的 β 值为多少？

名师解析

应用式（4.16），资产 A 的 β 值为：

$$\beta_i = \rho_{i,M} \frac{\sigma_i}{\sigma_M} = 0.5 \times \frac{20\%}{15\%} = 0.67$$

例题 4.3

假设某投资者的投资组合 P 包含 3 个风险资产 A、B、C。根据表 4.4 中各资产的投资比例及 β 值，求该投资组合的 β 值。

表 4.4　三种风险资产的投资比例及 β 值

资产	投资比例	β_i
A	20%	0.3
B	35%	1.2
C	45%	0.8

名师解析

应用式（4.20），投资组合的 β 值为：

$$\beta_P = w_1\beta_1 + w_2\beta_2 + w_3\beta_3 = 20\% \times 0.3 + 35\% \times 1.2 + 45\% \times 0.8 = 0.84$$

实务中，通常使用一元线性回归的方法估计某只证券的β值（线性回归在“数量分析”章节中将详细介绍），回归方程如下：

$$R_{it} - R_{ft} = a_i + b_i(R_{Mt} - R_{ft}) + \varepsilon_{it} \tag{4.21}$$

其中，R_{it}是证券i在t时刻的收益率，R_{ft}是t时刻的短期无风险利率，R_{Mt}是市场组合M在t时刻的收益率，ε_{it}是残差项。回归的自变量为市场风险溢价$R_{Mt} - R_{ft}$，因变量为证券i的风险溢价$R_{it} - R_{ft}$，回归得到的系数a_i、b_i分别是截距项和β值。

β值越大，说明证券的系统性风险越大、期望收益率也越大。一般认为，β值大于1的证券属于激进型（aggressive），β值小于1的证券属于防御型（defensive）。

3. CAPM 模型

理解（interpret）CAPM 模型的推导和组成部分（★★）

运用（apply）CAPM 模型进行计算（★★★）

CAPM 模型描述了风险资产的期望收益率与系统性风险的关系：

$$E(R_i) = R_f + \beta_i[E(R_M) - R_f] \tag{4.22}$$

其中，$E(R_i)$表示资产i的期望收益率，R_f表示无风险收益率，β_i表示资产i的系统性风险，$E(R_M)$表示市场组合M的期望收益率。$E(R_M) - R_f$被称为市场风险溢价（market risk premium），也可以理解为市场对投资者承担的每一单位系统性风险可以提供的补偿。因此，$\beta_i[E(R_M) - R_f]$表示资产i相对于无风险收益率的风险溢价。

备考小贴士

关于 CAPM 模型的组成，考生需要掌握式（4.22）及式中每一项的含义。该式是市场均衡条件下基于预期的模型，而式（4.21）是基于观察的数据得到的实证模型，被称为市场模型。基于预期的模型和基于观察的市场模型的不同，具体可参见本书“数量分析”部分的相关章节。

注意到与式（4.22）相比，式（4.21）的等式左右两边同时减去了无风险收益率，因此回归得到的直线截距a_i较小（根据 CAPM 模型市场均衡时该项应等于0），但斜率含义不变，仍代表估计的β值。

例题 4.4

假设股票 A 的β值为 0.86，市场风险溢价为 3.5%，T-bill 利率为 2%，请计算股票 A 的期望收益率和市场的期望收益率。

名师解析

T-Bill 利率 2%可视为无风险利率。应用式（4.22），股票 A 的期望收益率为：

$$E(R_A)=R_f+\beta_A[E(R_M)-R_f]=2\%+0.86\times3.5\%=5.01\%$$

由于$E(R_M)-R_f=3.5\%$，$R_f=2\%$，市场的期望收益率为：

$$E(R_M)=3.5\%+2\%=5.5\%$$

例题 4.5

假设 S&P 500 的预期收益率为 7.6%，波动率为 0.8%；基金 A 的预期收益率为 8.3%，波动率为 8.8%，以 S&P 500 指数为基准。如果无风险收益率为每年 2%，那么根据 CAPM 模型，基金 A 的β值为多少？

A. 0.81　　B. 0.89　　C. 1.13　　D. 1.23

名师解析

答案为 C。由于基金 A 与 S&P 500 收益率之间的相关系数或协方差未知，无法通过式（4.16）计算β值。因此，应用式（4.22），可得到基金 A 的β值：

$$\beta_A=\frac{E(R_A)-R_f}{E(R_M)-R_f}=\frac{8.3\%-2\%}{7.6\%-2\%}=1.13$$

备考小贴士

考题中如果给出超额收益（excess return）或者风险溢价（risk premium），指的是$[E(R_i)-R_f]$，而不是$E(R_i)$，代入 CAPM 模型或夏普比率公式时无须再减去R_f。这是很多考生易出错的地方，需予以注意。

4. 证券市场线

理解（interpret）证券市场线（★★★）

将式（4.22）绘制在以β_i为横坐标、$E(R_i)$为纵坐标的直角坐标系中，将得到一条直线，称为证券市场线（security market line，SML）。SML 是 CAPM 模型的图形表达，反映了期望收益率和系统性风险的线性关系。SML 的截距是无风险收益率 R_f，斜率是市场风险溢价 $E(R_M) - R_f$。具体内容如图 4.12 所示。

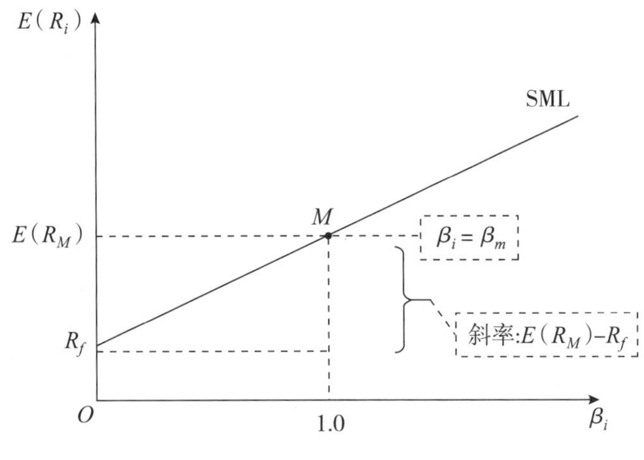

图 4.12　证券市场线

与前文的其他直角坐标系相比，SML 的横坐标不再是代表总风险的 σ，而是代表系统性风险的 β 值，但纵坐标仍为期望收益率。

CAPM 模型描述的是市场均衡时资产的期望收益率，对应的价格为理论均衡价格。这意味着在市场均衡且预期保持均衡状态时，所有资产或投资组合都应位于 SML 上。因此，通过比较资产预测收益率和 SML 期望/理论均衡的收益率，投资者可以评价资产的预测收益率及价格是否合理，从而做出投资决策。具体来说：

（1）如资产或投资组合在 SML 下方，说明预测收益率低于理论均衡收益率，价格被高估（高于理论均衡价格），应该卖出资产。如图 4.13 中的点 A。

（2）如资产或投资组合在 SML 上方，说明预测收益率高于理论均衡收益率，价格被低估（低于理论均衡价格），应该买入资产。如图 4.13 中的点 B。

（3）如资产或投资组合位于 SML 上，说明预测收益率等于理论均衡收益率，定价合理。如图 4.13 中的点 C。

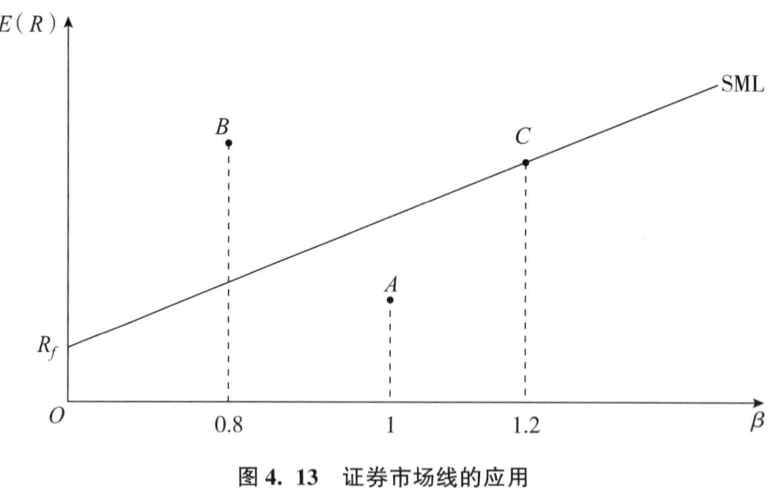

图 4. 13　证券市场线的应用

例题 4.6

一名交易员使用 CAPM 模型评价证券的价值。已知证券的 β 值为 1.5，无风险收益率为 3%，市场期望收益率为 7%。如果市场预测该证券的收益率为 12%，该证券的价格是否合理？交易员应该怎么做？

名师解析

根据 CAPM 模型，理论上该证券的期望收益率为：

$$E(R_i) = R_f + \beta_i [E(R_M) - R_f] = 3\% + 1.5 \times (7\% - 3\%) = 9\%$$

由于市场预测的收益率 12%大于 CAPM 模型预测的理论均衡收益率 9%，该证券位于 SML 上方，市场价格被低估，应买入证券。

5. 比较资本市场线与证券市场线

比较（compare）资本市场线和证券市场线（★★★）

CML 和 SML 有类似之处，二者都描述了期望收益率与风险的相对关系，都经过代表无风险资产和市场组合的点。CML 和 SML 的区别主要体现在四个方面，见表 4.5。

表 4.5　CML 和 SML 的区别

	CML	SML
定义	所有有效的投资组合	所有合理定价的资产或投资组合
X 坐标轴	总风险 σ	系统性风险 β
斜率	市场组合的夏普比率 $\frac{E(R_M)-R_f}{\sigma_M}$	市场风险溢价 $E(R_M)-R_f$
应用	用于配置资产	用于选择证券

第二节　业绩衡量指标

计算（calculate）、比较（compare）并理解（interpret）以下业绩衡量指标：夏普比率、特雷诺比率、詹森阿尔法、索提诺比率、追踪误差和信息比率（★★★）

一、夏普比率（SPI）

夏普比率（Sharpe performance index/Sharpe ratio，SPI）是资产或投资组合的平均风险溢价与收益率标准差的比值，计算公式如下：

$$SPI=\frac{E(R_i)-R_f}{\sigma_i} \tag{4.23}$$

其中，$E(R_i)$ 和 σ_i 分别表示资产或投资组合 i 的期望收益率和标准差，R_f 表示无风险利率。

SPI 衡量了每单位风险（总风险）产生的超额收益，SPI 指标越高，意味着风险调整收益率越高，投资业绩越好。

在上一节中，我们学习过 CML 的斜率 $\frac{E(R_M)-R_f}{\sigma_M}$ 是市场组合的 SPI，也是市场均衡情形下所有投资者共同的 SPI，因此可将其作为业绩评价的基准。如某个资产或投资组合的 SPI 大于 CML 的斜率，说明收益率超过理论均衡收益率，业绩表现较好；如某个资产或投资组合的 SPI 小于 CML 的斜率，说明收益率未达到理论均衡收益率，业绩表现较差。

备考小贴士

夏普比率用标准差衡量风险，这是包含了系统性风险和非系统性风险的总风险。因此，对于不够分散化的投资组合，也能使用夏普比率评价和比较业绩。夏普比率还适合评估个人资产配置的效果。目前，夏普比率在业内使用较为广泛，市场上的许多基金和理财产品都以夏普比率作为业绩指标。

例题 4.7

某分析师在评估一个墨西哥投资组合的绩效，该组合以 IPC 指数为基准。分析师收集了投资组合和基准指数的信息，并列示在表 4.6 中。

表 4.6　投资组合和基准指数信息

组合的期望收益率	6.6%
组合收益的波动率	13.1%
IPC 指数的期望收益率	4.0%
IPC 指数收益的波动率	8.7%
无风险收益率	1.5%
β 值	1.4

该组合的夏普比率是多少？

A. 0.036　　B. 0.047　　C. 0.389　　D. 0.504

名师解析

答案为 C。应用式（4.23），夏普比率为：

$$SPI = \frac{E(R_i) - R_f}{\sigma_I} = \frac{6.6\% - 1.5\%}{13.1\%} = 0.389$$

考生应注意，题目中的波动率是指标准差而非方差，夏普比率使用标准差而非 β 值度量风险。

二、特雷诺比率（TPI）

特雷诺比率（Treynor performance index，TPI）是资产或投资组合的平均风险溢价与β值的比值，计算公式如下：

$$TPI = \frac{E(R_i) - R_f}{\beta_i} \tag{4.24}$$

其中，$E(R_i)$ 和β_i 分别表示资产或投资组合 i 的期望收益率和β值，R_f 表示无风险利率。

TPI 衡量了每单位系统性风险产生的超额收益。TPI 指标越高，意味着风险调整收益率越高，投资业绩越好。

与 SPI 相比，TPI 的分子依然是平均风险溢价，但分母不再是衡量总风险的标准差，而是衡量系统性风险的β值。对于充分分散化的投资组合，普遍认为β值是衡量风险的适当指标。

对 CAPM 模型 $E(R_i) = R_f + \beta_i[E(R_M) - R_f]$ 进行移项变换，可知市场均衡时风险资产的 TPI 与市场风险溢价相等，如下式所示：

$$TPI = \frac{E(R_i) - R_f}{\beta_i} = E(R_M) - R_f \tag{4.25}$$

其中，$E(R_M)$ 表示市场组合的期望收益率。

根据式（4.25），在市场均衡时，所有风险资产和投资组合的 TPI 都相同，等于$E(R_M) - R_f$。因此$E(R_M) - R_f$可作为 TPI 的评价基准。如某个资产或投资组合的 TPI 大于$E(R_M) - R_f$，说明收益率超过理论均衡收益率，业绩表现较好；如某个资产或投资组合的 TPI 低于$E(R_M) - R_f$，说明收益率未达到理论均衡收益率，业绩表现较差。

备考小贴士

特雷诺比率仅考虑系统性风险，意味着该指标假设投资者已经拥有充分分散化的投资组合、完全消除了非系统风险。因此，特雷诺比率适合于评价已充分分散化的投资组合的业绩。此外，如果某投资者的所有资产整体上实现了风险分散，也可以用特雷诺比率评价其中的个别资产或投资组合。

例题 4.8

某投资者将 12%的资金投资于 Amazen 股票。已知该股票与市场组合的相关系数为 0.8，股票收益率的标准差为每年 15%，市场组合收益率标准差为每年 8%，股票去年实现收益 12%，短期国库券利率 3%，市场收益率 8.5%。求 Amazen 股票的特雷诺比率，并评价该股票的表现是否超过了市场组合？

名师解析

首先应用式（4.16），计算 Amazen 股票的 β 值：

$$\beta_i = \rho_{i,M} \frac{\sigma_i}{\sigma_M} = 0.8 \times \frac{15\%}{8\%} = 1.5$$

假设 Amazen 股票的期望收益率等于去年的收益率，应用式（4.24），计算股票的 TPI：

$$TPI = \frac{E(R_i) - R_f}{\beta_i} = \frac{12\% - 3\%}{1.5} = 6\%$$

比较 TPI 和 $E(R_M) - R_f$：

$$E(R_M) - R_f = 8.5\% - 3\% = 5.5\% < TPI$$

所以该股票的表现优于市场组合。

三、詹森阿尔法（JPI）

詹森阿尔法（Jensen's Alpha/ Jensen's performance index，α 值/JPI）是投资组合实际收益率与补偿系统性风险要求的收益率（由 CAPM 确定）的差，计算公式如下：

$$\alpha_i = R_i - \{R_f + \beta_i [E(R_M) - R_f]\} \tag{4.26}$$

其中，α_i 表示投资组合 i 的 α 值，R_i 表示组合 i 的实际收益率，R_f 表示无风险收益率，β_i 表示组合 i 的 β 值，$E(R_M)$ 表示市场组合 M 的期望收益率，$R_f + \beta_i [E(R_M) - R_f]$ 即 CAPM 模型预测的市场均衡时组合 i 的期望收益率。

JPI 衡量了投资组合实际收益率相对于 CAPM 理论收益率的超额收益，JPI 越高说明投资业绩越好。与 TPI 类似，JPI 使用 β 值衡量风险，未考虑非系统性风险，因此 JPI 和 TPI 都假设投资者已经拥有充分分散化的投资组合。

实践中，通常使用一元线性回归的方法估计投资组合的 α 值和 β 值，回归方程如下：

$$R_{it} - R_{ft} = \widehat{\alpha_i} + \widehat{\beta_i}(R_{Mt} - R_{ft}) + e_{it} \tag{4.27}$$

其中，R_{it} 表示投资组合 i 在 t 时刻的收益率，R_{ft} 表示 t 时刻的短期无风险利率，R_{Mt} 表示市场组合 M 在 t 时刻的收益率，e_{it} 是残差项。回归的自变量为市场风险溢价 $R_{Mt} - R_{ft}$，因变量为投资组合 i 的风险溢价 $R_{it} - R_{ft}$，回归系数 $\widehat{\alpha_i}$、$\widehat{\beta_i}$ 分别代表 α 值和 β 值的估计值。

式（4.27）的回归方程与前文的式（4.21）$R_{it} - R_{ft} = a_i + b_i(R_{Mt} - R_{ft}) + \varepsilon_{it}$ 相同。此前已介绍过，回归得到的斜率项是估计的 β 值，在此 JPI 则给出了截距项的含义。

在市场均衡时，JPI 等于 0。如果投资组合的 JPI 大于 0（回归结果显示 $\widehat{\alpha_i}$ 显著不为 0 且为正），说明其收益率超过了理论均衡收益率，业绩表现较好；如果 JPI 小于 0（回归结果显示 $\widehat{\alpha_i}$ 显著不为 0 且为负），说明业绩较差。

例题 4.9

投资组合 A 的实际收益率为 8%，波动率为 20%，β 值为 0.5。假设市场的预期收益率为 10%，波动率为 25%，无风险收益率为 5%。组合 A 的詹森阿尔法为多少？

A. 0.5%　　B. 1.0%　　C. 10%　　D. 15%

名师解析

答案为 A。应用式（4.26），组合 A 的 JPI 为：

$$\alpha_i = R_i - \{R_f + \beta_i[E(R_M) - R_f]\} = 8\% - [5\% + 0.5 \times (10\% - 5\%)] = 0.5\%$$

结合式（4.24）和式（4.26），整理得到 TPI 和 JPI（α 值）有如下的线性关系：

$$TPI = \frac{\alpha_i}{\beta_i} + [E(R_M) - R_f] \tag{4.28}$$

由式（4.28），对于 β 值大于 0 的投资组合（绝大多数投资组合的收益率都倾向于与市场同向波动，满足 β 值大于 0），如果 α 值大于 0，可推出 TPI> $E(R_M) - R_f$，反之亦然。如前所述，α 值大于 0 和 TPI> $E(R_M) - R_f$ 都说明投资组合收益超过了 CAPM 确定的理论均衡收益，业绩表现较好。因此当评价某个投资组合业绩优劣时，只要β值大于0，使用 TPI 或 JPI 指标将得到一致的结论。但需注意的是，如对多个投资组合的业绩表现进行排序，基于 TPI 或 JPI 排序的结果可能有差异。

四、索提诺比率（SR）

索提诺比率（Sortino Ratio，SR）和 SPI 十分相近，同样是超额收益与风险的比值，但超额收益和风险的度量相较于 SPI 有所调整。SR 的计算公式如下：

$$SR = \frac{E(R_P) - T}{\sqrt{\frac{1}{N}\sum_{t=1}^{N}\min(0,\ R_{Pt} - T)^2}} \tag{4.29}$$

其中 $E(R_p)$ 表示投资组合 P 的期望收益率，T 表示目标收益率或必要收益率，R_{pt} 表示投资组合 P 在 t 时刻的收益率，N 表示收益率数据量。

回顾 SPI 公式，SPI 的分子是期望收益率与无风险收益率的差，分母是收益率的标准差。SR 与 SPI 的差异体现在：

（1）SR 的分母是下行偏差（downside deviation）。下行偏差的公式与标准差类似，但在计算离散程度时，标准差考虑所有收益率与均值的差异，下行偏差仅考虑收益率低于 T 的差异、忽略收益率高于 T 的差异。多数投资者更关注收益率下行风险，而将向上的波动视为有利波动，因此下行偏差更贴近投资者对风险的理解。

（2）SR 的分子是期望收益率与 T 的差。T 表示根据投资策略确定的目标收益率或必要收益率，又称为最小可接受收益率（minimum accepted rate of return，MAR），既有可能是无风险收益率，也可以是客户设定的其他门槛收益率。

例题 4.10

表 4.7 列示了某投资组合过去 12 期的收益率。

表 4.7　　投资组合历史收益率

期数	1	2	3	4	5	6	7	8	9	10	11	12
收益率（%）	−3	4	3	5	−4	1	4	4	−5	0	0	−2

若投资组合的目标收益率为 3%，请计算下行风险。

名师解析

在计算下行风险时，仅需考虑收益率小于目标收益率时二者的差异。目标收益率 T=3%，各期的向下波动幅度计算如表 4.8 所示：

表 4.8　　投资组合收益率与目标收益率的负向差异

期数	1	2	3	4	5	6	7	8	9	10	11	12
收益率（%）	-3	4	3	5	-4	1	4	4	-5	0	0	-2
负向差异（%）$\min(0,\ R_{Pt}-T)$	-6	0	0	0	-7	-2	0	0	-8	-3	-3	-5

因此，该投资组合的下行偏差为：

$$\sqrt{\frac{\sum_{t=1}^{N}\min(0,\ R_{Pt}-T)^2}{N}}=$$

$$\sqrt{\frac{(-6\%)^2+(-7\%)^2+(-2\%)^2+(-8\%)^2+(-3\%)^2+(-3\%)^2+(-5\%)^2}{12}}$$

$$=4.04\%$$

五、主动管理的业绩衡量指标

1. 主动收益

很多时候，投资组合指定某个资产组合（通常是市场指数）的收益率为基准收益率，以复制或超过基准收益率为投资目标。这时，主动收益（active return）可作为一种业绩衡量指标。主动收益指投资组合收益率相对于基准收益率的超额收益，反映了由于投资组合管理者的资产配置与基准组合资产配置不同（即“主动管理”）产生的回报。计算公式如下：

$$Active\ return=R_P-R_B \tag{4.30}$$

其中，R_P 表示投资组合 P 的收益率，R_B 表示指定的基准组合 B 的收益率。

2. 追踪误差

追踪误差（tracking error，TE）指主动收益的标准差，衡量组合管理的主动风险（active risk）。计算公式如下：

$$TE = \sigma_{\alpha} = \sigma_{(R_p - R_B)} \qquad (4.31)$$

其中 $\sigma_{(R_p-R_B)}$ 代表一段时间内投资组合 P 与基准组合 B 收益率差异的标准差。

追踪误差越低，意味着投资组合的收益率变动与基准组合的收益率变动一致性越强。例如，被动型指数基金以复制基准组合的收益率为目标，追踪误差通常接近于0，主动型基金的资产配置与基准组合差异更大，追踪误差也更大。

3. 信息比率

信息比率（information ratio，IR）指投资组合主动收益与主动风险的比值，计算公式如下：

$$IR = \frac{Average\ active\ return}{TE} = \frac{\overline{R_p - R_B}}{\sigma_{(R_p-R_B)}} \qquad (4.32)$$

其中 $\overline{R_p - R_B}$、$\sigma_{(R_p-R_B)}$ 分别表示一段时间内投资组合 P 与基准组合 B 收益率差异的均值和标准差。

信息比率可用于考察主动投资的有效性，判断投资组合管理者偏离基准组合承担的额外风险是否获得了足够的额外收益补偿。IR 越大，说明投资组合主动管理的业绩越好。

例题 4.11

基金经理 Gloria 和 Daisy 都以 S&P 500 作为基准指数。Gloria 的投资组合收益率为 10%，追踪误差为 6%；Daisy 的投资组合收益率为 12%，追踪误差为 7.5%。假设 S&P 500 的收益率为 5%，T-bill 利率为 1.5%，两人中谁的业绩表现更好？

名师解析

应用式（4.32）$IR = \frac{Average\ active\ return}{TE}$，可得 Gloria 的信息比率为 $IR_G = \frac{10\% - 5\%}{6\%} = 0.83$；Daisy 的信息比率为 $IR_D = \frac{12\% - 5\%}{7.5\%} = 0.93$。因此，Daisy 的 IR 更大，业绩更好。

例题 4.12

分析师正在分析两个商品基金的业绩表现，两个基金都以 Reuters/Jefferies-CRB 指数为基准。分析师希望使用信息比率（IR）评估基金的绩效表现，相关数据如表 4.9 所示。

表 4.9　　基金的历史业绩数据

	基金 1	基金 2	基准指数
平均月度收益	1.4888%	1.468%	1.415%
平均超额收益	0.073%	0.053%	0.000%
收益率标准差	0.294%	0.237%	0.238%
追踪误差	0.344%	0.341%	0.000%

两个基金的信息比率分别是多少？谁的业绩表现更好？

A. 信息比率：基金 1=0.212，基金 2=0.155；基金 2 的信息比率低，因此表现得更好

B. 信息比率：基金 1=0.212，基金 2=0.155；基金 1 的信息比率高，因此表现得更好

C. 信息比率：基金 1=0.248，基金 2=0.224；基金 1 的信息比率高，因此表现得更好

D. 信息比率：基金 1=0.248，基金 2=0.224；基金 2 的信息比率低，因此表现得更好

名师解析

答案为 B。应用式（4.32）$IR=\frac{Average\ active\ return}{TE}$，可得基金 1 的信息比率为 $IR_1=\frac{0.073\%}{0.344\%}=0.212$，基金 2 的信息比率为 $IR_2=\frac{0.053\%}{0.341\%}=0.155$。信息比率越高说明业绩表现越好，因此基金 1 表现更好。

例题 4.13

假设投资者只关心系统性风险，以下四个衡量指标中，哪个是用来对几个 β 值与市场组合不同的基金排序的最佳指标？

A. 特雷诺比率　　B. 夏普比率　　C. 主动收益　　D. 索提诺比率

名师解析

答案为 A。特雷诺比率公式为 $TPI=\frac{E(R_i)-R_f}{\beta_i}$，衡量了各基金每承担一单位系统性风险（$\beta$ 值）能产生的单位风险溢价，符合投资者的要求。夏普比率、索提

诺比率分别衡量的是基金每承担一单位总风险（σ）、下行风险产生的单位风险溢价，没有区分系统性风险和非系统性风险，与投资者仅关注系统性风险的要求不符。主动收益是投资组合收益率相对于基准收益率的超额收益，与系统性风险无关。

第五章

套利定价模型和多因素模型

知识引导

本章第一节介绍罗斯的套利定价理论及主要的风险因素模型。与 CAPM 模型仅考虑市场风险不同，套利定价理论提出资产的期望收益率与多个风险因素相关。由此，经济学家基于宏观因素、基本面因素、数理统计方法等提出了多种风险因素模型，其中影响最广的是法玛-弗伦奇三因素模型。本章第二节介绍其他相关问题，包括利用多因素模型解释资产的实际收益率和期望收益率差异、基于风险因子进行风险对冲等。

考点聚焦

本章为重点考查章节，考生需要解释套利定价理论，并描述套利定价理论的假设、比较套利定价理论和 CAPM 模型；使用单因素模型和多因素模型计算期望收益率；描述和应用法玛-弗伦奇三因素模型估计资产的收益率；描述多因素模型的输入项，包括各风险因子的 β 系数；解释利用多因素模型进行风险对冲面临的挑战；解释如何通过构建投资组合对冲多个风险因素。

本章框架图

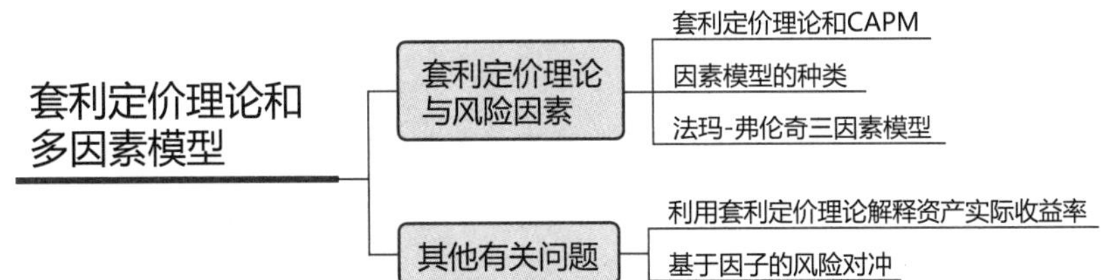

第一节　套利定价理论与风险因素

一、套利定价理论和 CAPM

1. 套利定价理论

解释（explain）套利定价理论（★★）

使用单因素模型和多因素模型计算（calculate）期望收益率（★★）

描述（describe）多因素模型的输入项，包括各风险因子的 β 系数（★★）

1976 年，经济学家斯蒂芬·罗斯发表论文《资本资产定价的套利理论》，提出套利定价理论（arbitrage pricing theory，APT）。不同于 CAPM 模型基于单个风险因素（即市场风险）预测资产收益率，APT 理论以多因素模型为基础，描述收益率和风险间的关系。

APT 理论提出，当市场上无套利机会时，投资组合的期望收益率可以表达为多个因子（several factors）的线性函数。各因子的系数代表投资组合对相应风险因素的风险敞口（risk exposure），被称为风险因子的贝塔系数（β）。APT 的函数表达式如下：

$$E(R_P) = R_f + \beta_{P,1}\lambda_1 + \beta_{P,2}\lambda_2 + \cdots + \beta_{P,K}\lambda_K \tag{5.1}$$

其中，$E(R_P)$ 表示投资组合 P 的期望收益率；R_f 表示无风险收益率；$\beta_{P,k}$ 为因子 k 的载荷（factor loading），代表投资组合 P 的收益率对风险因子 k 的敏感程度；λ_k 表示因子 k 的风险溢价（factor risk premium）；K 代表风险因子个数，$k=1, 2, \cdots, K$。

根据 APT 理论，影响投资组合收益率的风险因素不仅有 CAPM 模型中的市场整体表现，还包括宏观经济、公司基本面特征等，但 APT 理论等并未明确决定收益率的因素有哪些。因此，需要通过经济理论分析或实证分析的方法识别风险因素，方可构建多因素模型。根据风险因素不同，多因素模型可以分为不同的种类，将于本章后续小节进行进一步介绍。

备考小贴士

对于本章涉及的模型，考生着重关注模型的应用，也就是相关的计算题即可。

例题 5.1

已知无风险收益率为 5%，根据表 5.1 中的信息，使用 APT 模型计算投资组合的期望收益率。

表 5.1　　某投资组合的信息

	风险因素 1	风险因素 2
贝塔系数	1.8	0.9
风险溢价	1.5%	2%

名师解析

利用式（5.1），可得到：

$$E(R_p) = R_f + \beta_{p,1}\lambda_1 + \beta_{p,2}\lambda_2 = 5\% + 1.8 \times 1.5\% + 0.9 \times 2\% = 9.5\%$$

2. APT 的基本假设

描述（describe）套利定价理论的假设（★★）

APT 理论基于以下假设：

假设一：资产的收益率能被影响所有证券的系统性因素（systematic factors）解释。

假设二：通过分散化，投资者可以完全消除投资组合的特有风险/特异性风险（specific risk/idiosyncratic risk）。

假设三：充分分散化的投资组合之间不存在套利机会。当出现套利机会时，投资者会实施套利，从而使套利机会消除。

3. 比较 APT 和 CAPM

比较（compare）APT 和 CAPM（★★）

APT 模型是多因素模型，允许使用多个风险因素解释风险资产的收益率，适用范围更加广泛。而 CAPM 模型是单因素模型，仅使用市场风险溢价解释收益率，可视为 APT 模型的特例。

具体来看，APT 和 CAPM 讨论的均是市场均衡前提下的资产定价，都假设资产的特有风险能够通过分散化投资完全消除，只有影响所有资产的系统性因素才能够产生回报，但 APT 模型关于市场的假设仅为不存在任何套利机会，对投资者行为没有任何假设，也不要求资产收益率正态分布，而 CAPM 模型包含着一系列假设条件，如投资者都是理性的、都按照 MPT 理论基于均值和方差进行投资、对市场有同质预期等。

4. 一价定律

金融资产的定价通常都基于无套利机会的假设，即投资者不可能在净投资为零且不承担风险的情况下获得回报。这种定价方式的基础是“一价定律”（law of one price）。

一价定律指如果两种资产所有的经济特性均相同，那么这两种金融工具的价格就应当相同。如果一价定律被打破，市场上出现定价偏差，投资者将购买价格较低的资产、卖出价格较高的资产赚取价差。这将导致两种资产的价格趋同，套利机会消失，市场再次恢复均衡状态。因此，利用无套利假设可以得到资产的均衡价格。

二、因素模型的种类

在实践中，依据选择的风险因素不同，可将多因素模型分为三类：宏观经济因素模型、基本面因素模型、统计因素模型。

1. 宏观经济因素模型

宏观经济因素模型以宏观经济相关的变量作为多因素模型的因子，如利率、通货膨胀率、工业生产值等，使用宏观经济因素解释资产收益率。

2. 基本面因素模型

基本面因素模型以公司或行业层面的财务和经营特征作为多因素模型的因子。常见的基本面因素有公司规模、市盈率、账面/市值比率、收入增长率等。接下来将介绍的法玛-弗伦奇三因素模型（Fama-French Model）就属于基本面因素模型。

3. 统计因素模型

统计因素模型基于历史数据，采用主成分分析等统计方法提取最能解释资产收益率的因子。用这种方法找到的因子仅有统计学意义，需要进一步判断和分析因子的经济意义。

三、法玛-弗伦奇三因素模型

描述（describe）和运用（apply）法玛-弗伦奇三因素模型估计资产的收益率（★★★）

多因素模型中影响最广的是法玛-弗伦奇三因素模型。该模型纳入了市场指数、公司规模（以市值衡量）、账面/市值比率三个因子，具体形式如下：

$$E(R_P) = R_f + \beta_{P,M}[E(R_M) - R_f] + \beta_{P,SMB}E(SMB) + \beta_{P,HML}E(HML) \quad (5.2)$$

式中各项含义如下：

$E(R_P)$：投资组合 P 的期望收益率。

R_f：无风险收益率。

$\beta_{P,M}$、$\beta_{P,SMB}$、$\beta_{P,HML}$：风险因子的 β 系数，代表投资组合 P 的收益率对各风险因素的敏感程度。

$E(R_M) - R_f$：市场指数期望收益率与无风险收益率的差，即 CAPM 模型中的市场风险溢价。

SMB：小减大（small minus big），指小市值股票收益率与大市值股票收益率的差，反映规模较小的公司相对于规模较大的公司的风险溢价，被称为规模因子。

HML：高减低（high minus low），指高账面/市值比率的股票与低账面/市值比率的股票收益率的差，反映价值型股票（高账面/市值比率）相对于成长型股票（低账面/市值比率）的风险溢价，被称为价值因子。

实务中，使用回归方法估计各风险因子的 β 系数，回归方程如下：

$$R_{Pt} - R_{ft} = \alpha_P + \beta_{P,M}(R_{Mt} - R_{ft}) + \beta_{P,SMB}SMB_t + \beta_{P,HML}HML_t + \varepsilon_{Pt} \quad (5.3)$$

其中，α_P 是回归得到的截距项，ε_{Pt} 为残差项。α_P 表示投资组合收益率相对于补偿系统性风险要求的收益率（由法玛-弗伦奇三因素模型决定）的超额收益。如果模型中的三个因素能覆盖所有系统性风险，在市场处于均衡状态时，α_P 应等于 0。

例题 5.2

分析师用法玛-弗伦奇三因素模型计算某公司的预期收益率，已知条件如表 5.2 所示。

表 5.2　某公司的相关信息

项目	β 值
$E(R_M) - R_f$	0.25
SMB	1.25
HML	-0.75

分析师预期无风险收益率为 3%，市场组合收益率为 12.5%，SMB 为 3.5%，HML 为 0.02%。根据法玛-弗伦奇三因素模型，公司的预期收益率是多少?

名师解析

应用式（5.2），得：

$$\begin{aligned} E(R_p) &= R_f + \beta_{P,M}[E(R_M) - R_f] + \beta_{P,SMB}E(SMB) + \beta_{P,HML}E(HML) \\ &= 3\% + 0.25 \times (12.5\% - 3\%) + 1.25 \times 3.5\% - 0.75 \times 0.02\% \\ &= 9.74\% \end{aligned}$$

例题 5.3

分析师用法玛-弗伦奇三因素模型计算某公司的期望收益率，已知条件如表 5.3 所示。

表 5.3　某公司的相关信息

	β 值	风险溢价
市场	0.25	11%
SMB	1.25	3.5%
HML	-0.75	0

分析师认为，该公司的收益率不能完全用法玛-弗伦奇三因素模型解释，这部分不能解释的收益率为每年 3%。假设无风险利率为 1.5%，市场指数收益率为 12.5%。请计算该公司的预期收益率。

名师解析

本题中，有 3%的收益率不能用法玛-弗伦奇三因素模型解释，即式（5.3）中的 $\alpha_P = 3\%$。将式（5.3）两边同时取期望后代入数据得：

$$\begin{aligned} E(R_P) &= \alpha_P + R_f + \beta_{P,M}[E(R_M) - R_f] + \beta_{P,SMB}E(SMB) + \beta_{P,HML}E(HML) \\ &= 3\% + 1.5\% + 0.25 \times (12.5\% - 1.5\%) + 1.25 \times 3.5\% + (-0.75) \times 0 \\ &= 11.63\% \end{aligned}$$

此后，经济学家又在法玛-弗伦奇三因素模型的基础上进行了改进。法玛-弗伦奇五因素模型在三因素的基础上增加了盈利因子（robust minus weak，RMW）和投资因子（conservative minus aggressive，CMA）。Carhart 四因素模型在三因素的基础上增加了动量因子（momentum，MOM）。

第二节　其他有关问题

一、利用套利定价理论解释资产实际收益率

如果系统性风险因素（如 GDP、通货膨胀等）发生了预期以外的变化，资产实现的平均收益率也将偏离期望收益率。根据 APT 理论，以下多因素模型可以解释资产实际平均收益率与期望收益率的差异：

$$R_i = E(R_i) + \beta_{i,1}[I_1 - E(I_1)] + \beta_{i,2}[I_2 - E(I_2)] + \cdots + \beta_{i,K}[I_K - E(I_K)] + e_i \tag{5.4}$$

其中，R_i 表示资产 i 的实际收益率；$E(R_i)$ 表示资产 i 的期望收益率；$\beta_{i,k}$ 是回归系数，代表资产 i 的收益率对因素 k 变动的敏感程度；$I_k - E(I_k)$ 表示因素 k 观察值和期望值的差异，又称为意外因素（surprise factor）；e_i 表示实际收益率中无法被解

释的部分，被称为噪声因素（noise factor）或特异性因素（idiosyncratic factor）。

例题 5.4

假设某公司股票去年的收益率为 5% 。该股票收益率无法被两因素模型解释的部分为 3% 。使用表 5.4 给定的信息，计算该公司股票的期望收益率是多少。

表 5.4　　某公司股票信息

因素	实际水平	预期水平	β 因子
利率的变动	2.0%	0.0%	-1.5
GDP 的增长率	1.0%	4.0%	2

名师解析

注意题干中 5% 是实际收益率 R_p，3% 为公司特异性因素 e_i。代入式（5.4），得：

$$5\% = E(R_i) - 1.5 \times (2\% - 0\%) + 2 \times (1\% - 4\%) + 3\%$$

故有：

$$E(R_i) = 11\%$$

例题 5.5

分析师正在预测股票 A 对各宏观因素的敏感性。以下是已知的预测信息：$\beta_{GDP\ growth} = 1.3$，$\beta_{interest\ rate} = -0.75$。GDP 增长率为 3%，利率为 1.5%，股票 A 的期望收益率为 5%。经济研究院预测下一年的经济活动会有所加速，预计 GDP 增长率会达到 4.2%，利率增长 25 个基点到 1.75%。根据新的预测，股票 A 下一年的收益率会是多少?

A. 4.8%　　B. 6.4%　　C. 6.8%　　D. 7.8%

名师解析

答案为 B。将未预期到的因素变动代入式（5.4），有：

$$\begin{aligned} R_i &= E(R_i) + \beta_1 \times [I_1 - E(I_1)] + \beta_2 \times [I_2 - E(I_2)] \\ &= 5\% + 1.3 \times (4.2\% - 3\%) - 0.75 \times (1.75\% - 1.5\%) \\ &= 6.37\% \end{aligned}$$

二、基于因子的风险对冲

解释（explain）如何通过构建投资组合对冲多个风险因素（★★）

解释（explain）利用多因素模型进行风险对冲面临的挑战（★★）

根据此前学习的内容，系统性风险不能通过多样化投资消除。但基于多因素模型中风险因子的 β 系数，可以构建风险对冲组合来消除系统性风险。

根据式（4.20）：$\beta_P=\sum_{i=1}^{n}w_i\beta_i$，投资组合的 β 值等于组合中每种资产 β 值的加权平均，权重为资产市值的比重。这不仅适用于单因素模型（CAPM），也适用于多因素模型中每个因子的 β 系数。

每个风险因子都可以看作一种基础证券，通过买卖相应证券能够对冲特定的风险。因此，如果投资者希望完全对冲所有因子的风险、获得 β 为 0 的投资组合，应针对每个风险因子都建立 β 值相反的头寸；如果希望对冲某种特定风险，则针对特定的因子建立风险对冲头寸。例如，为消除投资组合对某个风险因子的正向风险敞口，投资者可以加入 β 值为负的相应证券，并令原投资组合 β 值与市值的乘积与用于对冲资产 β 值与市值的乘积之和等于 0。

例题 5.6

表 5.5 列出了三种风险资产及其 β 系数。假设投资者拥有价值 USD 1 000 000 的资产 A。该投资者如何对冲所有的风险因子？

表 5.5　风险因子的 β 系数

风险因子的系数	资产 A	资产 B	资产 C
β_1	1.5	0.8	-1.2
β_2	1.4	-0.6	0.2

名师解析

根据因子对冲的理念，在资产 A 的基础上，加入资产 B 和资产 C，令投资组合

的两个 β 系数都为 0。假设加入资产 B 的价值为 V_B，资产 C 的价值为 V_C，利用式（4.20），有：

$$\begin{cases}\beta_{P,1} = 1.5 \times 1\,000\,000 + 0.8 \times V_B - 1.2 \times V_C = 0 \\ \beta_{P,2} = 1.4 \times 1\,000\,000 - 0.6 \times V_B + 0.2 \times V_C = 0\end{cases}$$

解得：

$$\begin{cases}V_B = 3\,535\,714.29 \\ V_C = 3\,607\,142.86\end{cases}$$

。

风险对冲的有效性建立在对风险因子合理选择的基础上。此外，基于因子的风险对冲策略还存在以下挑战：

一是需要合理确定对冲调整的频率。随着投资组合中各资产的市值变化，需要的对冲工具数量也相应变化。如果对冲长期不调整，净风险敞口将扩大。但如果对冲调整过于频繁，将造成交易成本上升，拖累整体投资业绩。

二是模型风险，包括模型本身的错误和模型使用中的错误。模型本身的错误指模型构建时可能有数学错误或不恰当的假设。例如，变量间可能存在非线性关系，但线性的因素模型无法捕捉到这些关系；又例如，因素模型采用历史数据回归得到，事实上是基于资产收益率分布具有平稳性的假设，即假设过去的数据分布能延续到现在和将来。2007—2009 年的金融危机期间，许多市场中性型（以 β 值为 0 为目标）对冲基金策略失效、业绩大幅下降，正是因为平稳性假设失效。

第六章

风险数据整合与风险报告

知识引导

2008 年，由美国次贷危机引发的金融危机在全球范围内蔓延。许多银行，尤其是欧美银行出现巨额亏损并纷纷倒闭。对于银行业而言，在这次金融危机中得到最深刻的教训之一就是银行提高信息技术与构建数据架构的重要性。当时许多银行缺乏快速准确地采集数据并获取集团层面和不同业务领域以及不同法律实体之间的风险水平和风险集中度的能力，因而无法从集团层面对风险进行有效的管理，最终对银行自身乃至整个金融体系的稳定性带来了严重的后果。为加强银行这方面的能力，金融危机后，巴塞尔银行监管委员会提出了相关原则，旨在提高银行的风险数据整合能力和风险报告的有效性。

考点聚焦

本章分为两个部分：一是讲述风险数据整合，二是如何利用整合后的风险数据形成风险报告。本章并非重点章节，考生需要了解有效风险数据整合与报告的潜在好处；知悉与风险数据整合和风险报告做法相关的主要治理原则；理解实施强有力的风险数据整合和风险报告的挑战，以及使用劣质数据的潜在影响；辨别促进有效风险采集和风险报告做法的数据体系结构和 IT 基础结构的特征；理解强大的风险数据整合能力的特征，以及这些特征是如何相互作用的；理解有效风险报告实践的特征。

本章框架图

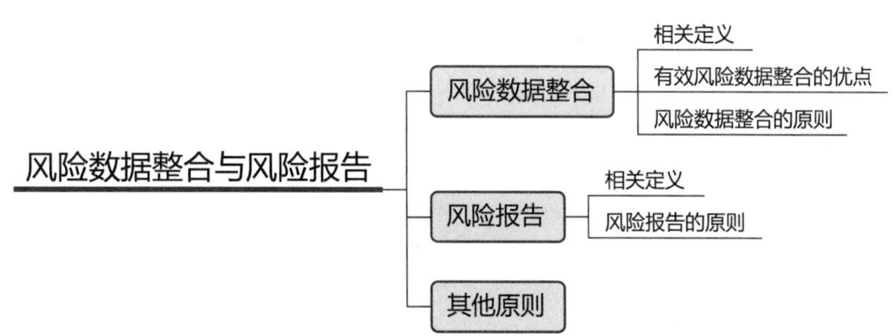

第一节 风险数据整合

解释（explain）有效风险数据整合与报告的潜在好处（★）

巴塞尔银行监管委员会（The Basel Committee on Banking Supervision，BCBS）的一个特别委员会通过审查银行的数据收集、数据存储和数据分析，得出的结论是，银行业的数据质量不足以支撑汇总和报告跨业务部门、法人实体和银行集团层面的风险敞口。

认识到这些不足之处，BCBS 发布了 14 条原则，指导银行全面改革其风险数据汇总和报告能力（BCBS 239）。

BCBS 239 中概述的原则和监督期望适用于风险管理数据和模型。这些原则包括公司治理、IT 基础设施、风险数据整合和需求、风险报告以及监管当局的考虑等。

一、相关定义

1. 数据

风险分析可以使用的数据包括内部数据和外部数据。

内部数据（internal data），如金融机构内部的交易数据或制造公司原材料的具体成本。这类数据的主要关注点是：数据是否以一种合理的方式保存，同时确保数据的真实、准确性，以便用于分析。

外部数据（external data），如关于经济或特定行业的数据。金融机构需要历史通货膨胀率、货币供应变化、主要利率、汇率等数据。一些外部数据可以从公共来源收集，一些必须从供应商处购买。

2. 风险数据整合

风险数据整合（risk data aggregation）是指根据银行风险报告的要求，定义、收集和处理风险数据，用于衡量银行在其风险容忍度/偏好下的风险管理效果，具体包括分类、合并或分解数据集。

二、有效风险数据整合的优点

如果企业完全遵循 BCBS 原则，其风险管理人员在其使用的数据的准确性、完整性、及时性和适应性方面的不确定性就会减少。简单地说，风险管理得益于公司的所有层面都拥有高质量的风险数据。

首先，有效的风险数据整合有助于更好地预防问题。如果风险数据被整合为一个整体而不是相互孤立的，那么预测企业现有和潜在的问题就会变得容易很多。

其次，稳健的风险数据整合框架将有助于银行和监管者更容易地辨别风险，并制定让公司恢复财务健康的措施。

再次，提高银行整合风险数据的能力有助于增强银行应对金融危机或倒闭风险的能力。

最后，有效的风险数据整合有助于提高银行总体运营效率，降低损失的可能性，从而提高其盈利能力。

近年来，国内兴起了互联网金融模式，其中重要的一环也是通过对风险数据的整合克服我国传统商业银行的缺点，加强风险数据存储与管理的规范性，统一风险数据标准，形成以数据为基础、计量模型为工具、风险指标为决策依据的大数据风险管理体系。

三、风险数据整合的原则

描述（describe）与风险数据整合实践相关的主要治理原则（★）

识别（identify）能促进有效风险采集和风险报告实践的数据体系结构和 IT 基础结构的特征（★）

备考小贴士

下文将介绍 11 条有关风险数据整合与撰写风险报告的相关原则。这些原则都是符合基本认知的，考生备考时无须死记硬背，有印象即可。在这 11 条原则中，有些原则对风险数据整合与风险报告都适用。

1. 强化风险治理与构建基础设施

银行必须将构建风险治理框架与基础设施建设放在重要的位置上，这是贯彻其他原则的前提保障。

原则1：治理（governance）——银行应在巴塞尔委员会规定的原则与指导意见下，加强其风险数据整合能力并规范风险报告。其中，风险数据整合应作为整个风险管理框架的一部分。

原则2：数据架构和IT基础设施（data architecture and IT infrastructure）——银行应设计、建设和维护数据架构和IT基础设施，保证其不论在正常时期还是在面临压力或危机时期都能全力支持风险数据整合和风险报告。

上述的两个原则，涉及风险数据整合和报告的管理原则，都应该纳入银行长期发展规划中。在规划中，银行应该建立完整的数据分类与结构以及统一的风险数据标准，因此需要有硬件上和制度上的支持，并且确保银行所有员工和系统都使用相同的数据、统一的模型和相同的假设。

2. 完善风险数据整合的能力

描述（describe）一个强大的风险数据整合能力的特征并展示（demonstrate）这些特征是如何相互作用的（★）

原则3：准确性和真实性（accuracy and integrity）——银行应确保其生成的风险数据不论在正常时期还是在面临压力或危险时期都准确且可靠。

具体而言，为保证风险数据的准确性与可靠性，风险数据应与会计数据相一致，还应保证数据来源的权威性与可靠性，并进行控制。风险数据整合应在高度自动化的基础上进行，以尽量减少人工操作发生错误的可能性，并记录、解释整个风险数据采集过程。

原则4：完整性（completeness）——银行应能识别并整合整个集团的所有重大风险数据。数据可来源于业务条线、法人、资产类型、行业、区域分行，用于识别和报告风险敞口、风险集中度和新产生的风险。

原则5：及时性（timeliness）——银行应能在符合准确性、真实性、完整性等原则的要求下，及时生成整合过的最新风险数据。

具体而言，及时性的标准取决于以下三个方面：

一是被测量风险的性质和潜在波动性；

二是特定风险对银行整体风险状况的影响程度；

三是满足银行在正常、面临压力或危机时期风险管理报告发布频率的要求。

原则6：适应性（adaptability）——银行整合后的风险数据应满足广泛的查询和临时风险管理报告要求，具体包括：

一是风险数据与风险报告应适应压力与危机情况发生时的特别要求；

二是风险数据与风险报告应适应不断变化的内部需求；

三是风险数据与风险报告应满足监管要求。

第二节　风险报告

描述（describe）与风险报告实践相关的主要治理原则（★）

描述（describe）有效风险报告实践的特征（★）

一、相关定义

撰写风险报告是为了有效地进行风险管理，确保正确的信息在正确的时间提交给正确的人，确保能够就风险情况做出关键决策。

具体而言，风险报告应包含准确的内容，并在适当的时间内提交给相应的决策者。此外，基于风险数据的风险报告应该是准确、清晰且完整的。

二、风险报告的原则

原则7：精确性（accuracy）——风险管理报告应当精准呈现采集的风险数据，并确切地反映风险。报告应当被核对和验证。

原则8：综合性（comprehensive）——风险管理报告应当涵盖集团内的所有重大风险领域。

报告的深度和广度应当与银行业务的规模和复杂性、风险状况以及报告使用者的要求一致。

原则 9：清晰性与实用性（clarity and usefulness）——风险管理报告呈现信息的方式应当清晰、简明。

具体而言，风险报告应既易于理解同时又内容全面以供投资决策使用。此外，风险报告提供的信息应满足不同使用者的个性化需求（tailored to the needs of the recipients）。

原则 10：频率（frequency）——董事会和高级管理层（或其他报告使用者）应当设定风险管理报告编写和发送的频率。

具体而言，风险报告的频率应当满足以下需求：报告使用者的个性化需求；符合风险报告自身的自然属性；适应风险变化的速度；与风险报告的重要性相符。

特别地，在企业出现危机期间，应增加风险报告的发布频率。

原则 11：发送（distribution）——风险管理报告应当发送给相关的人员（该给的人不能漏掉，不该给的人不能给），并且应当包含报告使用者定制的有意义信息，同时应注意保密（confidentiality）。

风险数据整合与风险报告的原则汇总如表 6.1 所示。注意，在表 6.1 中，我们将风险数据整合与风险报告类似的原则放在了同一行，便于考生比较记忆。

表 6.1　　风险数据整合与风险报告原则汇总

风险数据整合原则	风险报告原则
原则 1：治理	
原则 2：数据架构与 IT 基础设施	
原则 3：准确性和真实性	原则 7：精确性 原则 9：清晰性与实用性
原则 4：完整性	原则 8：综合性
原则 5：及时性	原则 10：频率
原则 6：适应性	
	原则 11：发送

注意：“原则 4：完整性（completeness）”和“原则 8：综合性（comprehensive）”易混淆。

第三节　其他原则

原则 12：审查（review）——监管者应定期审查和评估银行是否遵守上述 11 项原则。

原则 13：补救措施和监管措施（remedial actions and supervisory measures）——监管者应拥有并使用适当的工具和资源，要求银行采取有效和及时的补救措施，以解决其风险数据汇总能力和风险报告方面的缺陷。

原则 14：合作（home/host cooperation）——监管部门应与其他司法管辖区的有关监管部门合作，对原则进行监督和审查，并在必要时实施补救措施。

总体而言，风险数据整合与风险报告各原则之间的相辅相成，使银行能有效地管理风险，从而更好地维持银行自身以及整个金融体系的稳定。

第七章

企业风险管理

知识引导

企业风险管理（enterprise risk management，ERM），也称“全面风险管理”，是指由企业董事会、管理层和其他员工共同参与，制定企业战略，识别可能对企业造成潜在影响的风险，并在其风险偏好范围内管理风险，以达到企业最终目标的过程。

考点聚焦

本章对企业风险管理做了较为详细的介绍。通过学习，考生需要掌握企业风险管理的定义，以及其与传统风险管理的区别；了解ERM的动机、优缺点和最佳实践；理解风险文化及其特征，和建立良好风险文化的挑战；了解情景分析的优缺点及其在ERM中的角色；解释情景分析在压力测试和资本规划中的运用。

本章框架图

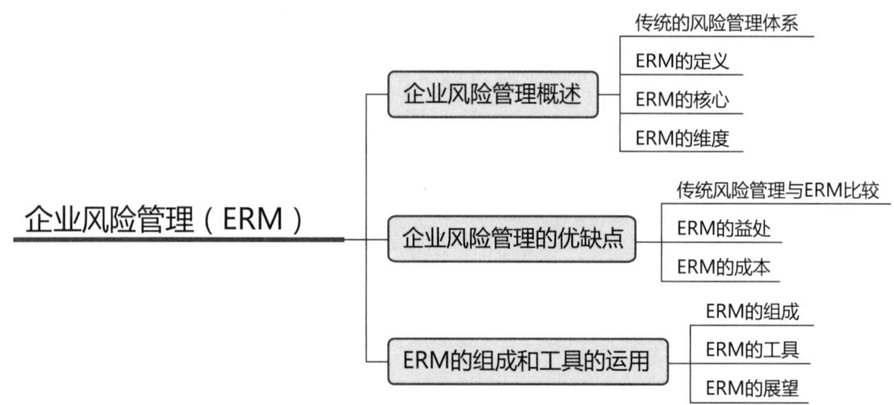

第一节　企业风险管理概述

现代金融市场瞬息万变，金融市场的风险也是动态且相互影响的，而不是静止或相互割裂的。相应地，在如今全球一体化的背景下，企业运作也需要更为全面的风险管理手段。

一、传统的风险管理体系

在传统的风险管理（traditional silo-based risk management）体系中，不同种类的风险往往由不同的部门进行评估与管理。例如，市场风险由与市场运营相关的部门管理，操作风险由合规部门管理等。这种管理体系的优点在于：相关部门仅需专注于某一类特定风险的管理，且相关部门往往比较熟悉该类风险的特性。然而，这种风险管理体系也存在许多缺陷。

（1）传统的风险管理体系忽视了风险之间的相互关联性（interdependent）。由于风险是动态且相互依赖的，某种风险发生变化往往会影响到另一种风险。

（2）传统的风险管理体系往往对风险的相互依赖性以及动态的本质不予关注，从而导致公司过度对冲。例如，某对外贸易公司计划下个月进口 100 吨氧化铜，以美元结算，在支付货款时会面临美元的汇率风险。同时，该公司恰好又计划在下个月出口 50 吨精炼铜，以美元结算，在收入货款时会面临美元的外汇风险。如果将两笔业务割裂来看，会增加风险敞口。但是，如果从公司整体的角度来看，一个业务涉及支付美元，另一个涉及收取美元，汇率风险敞口实际上是可以相互抵消的。

（3）在传统风险管理体系下，各职能部门往往会根据自身需要使用不同的方法来评估和衡量风险，从而导致管理层对公司整体面临的风险无法进行统一的度量。

二、ERM 的定义

描述（describe）企业风险管理（ERM）（★）

由于风险的不确定性，风险管理往往会与预期结果有所偏差，而企业风险管理（enterprise risk management，ERM）的目标便是使这样的偏差最小化。具体而言，企业风险管理是一种综合的（comprehensive）、一体化的（integrated），为实现经营目标而使风险最优化、企业价值最大化的风险管理框架。

例题 7.1

董事会正在评估一家资产管理公司新的 ERM 计划的实施情况。下面哪个陈述最适合公司的 ERM 定义和目标?

A. ERM 试图通过保险公司转移大部分有重大影响的风险敞口来降低成本

B. 新的 ERM 计划的主要目标应该是降低收益波动性

C. ERM 计划应与公司的操作部门分开管理

D. ERM 计划应提供一个整体战略来管理整个公司的风险

名师解析

答案为 D。一个有效的 ERM 计划应对多个层面进行整合，从公司整体的角度出发，并与公司的操作部门相结合。

三、ERM 的核心

ERM 的核心思想是一体化（integration），主要表现在以下三个方面。

（1）企业风险管理要求一个完整的、一体化的组织。它支持对整个公司（从董事会到业务条线）的企业风险采取一致的风险管理方法。这种一致性可以通过健康的风险文化和对企业风险偏好和治理的坚持来实现。缺乏这种一致性的公司可能会出现一个业务部门因为风险而拒绝一个机会，而类似的机会被另一个部门接受的情况。

（2）企业风险管理要求一体化的风险转移策略。风险转移策略是在交易的或单一的风险水平上执行，这往往会使投资组合的风险无法被充分分散。因此，会导致过度地对冲和购买保险。

（3）企业风险管理要求将一体化的风险管理融入公司的经营流程中。

一个风险在业务条线上看来可能非常小，但在公司层面有可能带来毁灭性的影响；相反，对业务条线来说，一个非常大的风险，站在公司的角度有可能被分散掉而变得微不足道。

传统的业务条线可能会面临业务集中度风险。例如，在一家银行，公司贷款部门给一家公司提供贷款，衍生品部门又与同一家公司建立交易，产生风险敞口，许多类型业务的集中化风险会在公司中间蔓延。集中度风险（concentration）包括以下三种情况：

一是地理和行业集中度。例如，制造商的主要生产设施或银行的核心业务位于某一特定地区，或者是银行的违约风险过度暴露于某一经济领域或某种行业中。

二是产品集中度。例如，公司过度地关注某个产品，造成该产品集中度过高。

三是供应商集中度，例如，一家公司过于依赖其全球供应链中的一个环节，或者金融机构过于依赖技术供应商或数据/风险分析供应商。

四、ERM 的维度

描述（describe）ERM 的重要维度、相关的战略规划（★）

1. ERM 的五个维度

我们从五个维度来实施 ERM。

一是目标（targets），包括企业的风险偏好，以及风险偏好与企业战略目标的关系（第二章内容）。ERM 要设定正确的目标，并确保不与其他战略目标相冲突。公司的目标包括：公司的风险偏好、公司的限制框架、风险敏感的业务目标和战略制定。

二是结构（structure），ERM 的组织结构包括董事会、风险委员会和其他风险委员会、首席风险官（CRO）和第三章中描述的公司治理框架。ERM 的目标是使每个组织结构对公司面临的公司级风险敏感。ERM 要求公司有详细的管理流程和组织架构，包括风险管理委员会、报告制度、报告流程等。

三是风险度量（metrics），如果公司不能识别公司级风险并度量其严重程度、影响和频率，那么再多深思熟虑的目标或 ERM 结构设定都无济于事。ERM 的度量指标具体包括公司级场景分析、压力测试、综合风险度量、VaR、总风险成本、特定风险的指标以及整个公司的风险映射。此时，ERM 的目标是确保公司拥有正确的度量体系来捕获公司风险。

四是 ERM 策略（ERM strategies），无论是在公司层面还是业务层面都需要风险管理策略，如风险转移策略、企业风险转移工具等。企业还需要阐明具体的战略，以便在企业层面或通过业务线管理企业级风险，包括避免、减轻或转移风险的基本决策，以及企业风险转移工具的选择。

五是文化（culture），强大的风险文化是指公司员工的行为建立在共同目标、实践和行为的普遍认识之上，涉及员工如何行事、关键企业风险问责制、开放和有效挑战、风险补偿、员工风险素养、举报机制等。

ERM 的成功取决于这五个维度之间的相互作用。例如，任命 CRO 可能会导致企业压力测试的重大改进，或者不会改变任何东西。与此同时，如果企业缺乏健康的风险文化，压力测试和其他风险度量的改进可能不会提高风险管理水平。

2. 风险文化

风险文化可以定义为组织内个人和群体行为的规范和传统，这些规范和传统决定了他们识别、理解、讨论和处理组织所面临的风险及其承担的风险的方式。风险文化听起来是无形的，但是强大的风险文化对 ERM 的实施有很强的促进作用，即一个公司风险文化越好，公司的风险损失相应地越小，因为员工会自觉自愿地在日常工作中管理风险。

判断公司的风险文化，可以参考风险文化指标，文化指标是站在公司角度制定的，大多数是和公司的上层建筑相关的，这里的上层建筑有：公司的组织架构、工作环境、沟通便利等。例如，问责制和运用风险监控指标来监控关键风险，并判断风险监控机制的执行效果。

风险文化可以分为内部文化和外部文化。内部文化包括涉及公司自上而下的风险汇报流程、公司的开放度等。外部文化包括经济周期、行业管理/指南、专业标准、监管标准、国家风险/腐败指数。

为了降低系统重要性金融机构所带来的风险，金融稳定委员会（Financial Stability Board）定义了四个关键风险文化指标：公司问责制度、公司有效的沟通制度、公司的激励制度以及公司高级管理层的风险态度。

例题 7.2

外部风险文化驱动因素包括（　　）。

A. 经济周期、行业实践　　　　B. 专业标准、监管标准

C. 国家风险　　　　D. 以上都对

名师解析

答案为 D。外部风险文化是指公司外部的经济形势、监管要求、行业动态等的变化对公司风险文化的冲击，所以选项 ABC 的因素全部都包括在内，故选项 D 正确。

第二节　企业风险管理的优缺点

一、传统风险管理与 ERM 比较

比较（compare）ERM 的益处以及成本，并描述（describe）公司采用 ERM 的初始动因（★★）

传统风险管理与 ERM 的比较如表 7.1 所示。

表 7.1　传统风险管理与 ERM 的比较

传统风险管理	ERM
在业务条线、风险类型和功能部门中关注风险管理，风险管理是割裂的	跨业务条线、职能部门和风险类型的风险管理，关注风险的多样化和集中化
风险管理人员独立工作	风险团队应建立全球风险管理委员会和首席风险官的组织架构
许多用不同的风险度量方法计量的风险无法进行比较	开发合理的风险管理框架和跨风险的通用度量指标（如 VaR 和情景分析），建立风险的统一视图
风险是在业务线和风险类型中汇集的，难以看到公司总体风险状况	风险管理工具和合并框架能够更准确地度量和跟踪企业风险
每种风险类型都使用特定风险的转移工具进行管理	通过风险组合工具的使用，在全公司范围内降低风险转移成本
每种风险管理策略（例如，避免/保留/减轻/转移）通常单独处理，很少能够进一步优化	风险总成本以一个币种来计量，每种风险管理方法都被视为风险总成本的一个组成部分，尽可能地优化风险/回报、成本/效益
不可能将风险管理、风险转移与资产负债表管理和融资策略结合起来	风险管理与资产负债表管理、资本管理和融资策略相结合

通过将传统风险管理与 ERM 进行比较，我们可以得出银行实施 ERM 的四大动机。

1. 从上至下，以垂直视角进行风险管理

ERM 要求银行以全面的视角看待风险，能够尽早捕捉到企业内部风险产生的迹象，提早认识到整个企业的潜在威胁，以降低后续风险管理的成本，减少时间的杠杆效应。

2. 关注集中度风险

在传统的风险管理方法下，部门风险经理负责管理具体的业务风险。因此，他们可能很难发现整个企业的风险集中度。例如，为同一个行业发放的贷款太多，银行就有可能遭受重大损失，特别是行业的衰退可能会给贷款组合带来巨大的破坏。

虽然银行在经营过程中，无法避免风险的集中度，但是 ERM 可以帮助银行根据风险偏好来识别和管理集中度风险。

3. 跳出“孤岛”式的思维方式

在传统的风险管理方法下，每个部门风险经理只负责具体的风险种类。因此，

他们对其他种类的风险并不了解，无法正确认识到不同风险之间的相关性和传导性。

ERM 要求银行进行风险管理时，以全面整体的视角看待风险，跳出传统“孤岛”式的思维方式，有助于银行了解风险类型如何相互作用，从而降低风险带来的威胁。

4. 风险自留政策

实施 ERM 后，银行能够真正认识到自身的整体风险，从而在进行风险自留政策时节省更多的成本。即在银行了解真正的风险敞口后，可以保留与风险偏好匹配的风险水平，并将资源用于真正对企业构成威胁的风险。

二、ERM 的益处

ERM 的三大益处（benefits）可以简单概括为：更高的组织效率、更优质的风险报告以及更优异的业绩表现。

1. 更高的组织效率（Increased Organizational Effectiveness）

ERM 要求任命首席风险官和建立企业风险职能来提供自上而下（top-down）的协调，从而使不同的职能部门能够协调而高效地工作。更高的组织效率意味着不仅能更好地解决公司面临的单一问题，而且还能考虑这些风险之间的相互依存关系。

2. 更优质的风险报告（Better Risk Reporting）

在传统的风险管理框架下，各部门各自为政，容易出现风险报告缺失或相互矛盾的情况。在 ERM 体系下，会对各风险报告进行定级，从整个企业范围的角度判定哪些风险报告必须优先处理，直接送到高级管理层与董事会。除此之外，ERM 体系还能提高整个组织的风险透明度。

3. 更优异的业绩表现（Improved Business Performance）

构建 ERM 体系有助于优化管理决策，如资本配置、产品开发和定价以及兼并和收购。这将促进损失的减少、收益波动性的降低、盈利的增加、股东价值提高等。

ERM 的好处不仅限于降低了风险，在构建 ERM 体系的过程中，也能进一步了解其经营过程中面临的风险与回报，从而提升企业效率和改善经营业绩。具体而言，ERM 有以下十个优点：

（1）帮助企业定义和坚持企业的风险偏好。

（2）重点监管最具威胁性的风险。

(3) 识别在业务线级别生成的企业级风险。

(4) 管理整个企业的风险集中度。

(5) 管理新兴企业风险，如网络风险（cyber risk）、反洗钱风险（anti-money laundering risk，AML）、声誉风险。

(6) 支持遵从公司法规，保护利益相关者。

(7) 帮助公司了解风险类型的相关性和交叉风险（cross-over risks）。

(8) 根据风险规模和总成本优化风险转移费用。

(9) 将压力情景中的资本成本考虑到公司产品定价和业务决策中。

(10) 将风险合并到业务模型选择和战略决策中。

三、ERM的成本

对于大多数的企业来说，ERM的成本（cost）即采用ERM体系在资本和人力资源方面都很昂贵，而且相当耗时。ERM的整个过程可能要持续几年，并需要高级管理层和董事会的持续支持。

第三节　ERM的组成和工具的运用

一、ERM的组成

辨析（distinguish）ERM项目的各组成部分（★★）

一个成功的风险管理程序可以分为七个主要部分。

(1) 公司治理（corporate governance）：从顶层角度来看，确保董事会和管理层建立适当的组织过程和公司控制流程，以衡量和管理整个公司的风险。

(2) 业务条线管理（line management）：从业务纵向上来看，将风险管理有效融入公司的整个经营活动链中（包括业务发展、产品和客户关系管理、定价等）。在追求新的业务和增长机会时，业务条线管理可确保经营战略与公司风险政策的一致性。

（3）投资组合管理（portfolio management）：在公司的投资组合管理上，ERM 要求加总风险敞口，结合多样化效应，并根据既定风险限额监控风险的集中度。在管理投资组合的过程中，只有把机构面临的所有风险视为一个整体，自然对冲的多样化效应才能被充分捕捉。更重要的是，投资组合管理功能提供了一个风险管理和股东价值最大化之间的直接链接。

（4）风险转移（risk transfer）：通过系统地评估，降低那些被认为风险过大的风险敞口，或根据成本收益分析，通过衍生品、保险等工具将风险转移至第三方机构。

（5）风险分析（risk analytics）：提供风险度量、分析和报告等工具来量化公司的风险敞口以及跟踪外部驱动因素。

（6）数据和技术资源（data and technology resources）：提供分析和报告过程的数据和技术资源。

（7）利益相关者管理（stakeholders management）：及时与公司的利益相关者沟通并报告企业的风险信息，从而确保企业的整体利益得以实现。

二、ERM 的工具

我们在第一章中介绍过敏感性测试、情景分析和压力测试，它们是 ERM 运用的有效工具。

敏感性测试，即更改风险模型中的一个参数/变量，查看模型结果对更改的敏感性。情景分析包括假定一个完整的情景，通过一个连贯的叙述来解释为什么变量会改变，并评估这对公司风险投资组合的影响。情景分析可能是定性的，但金融行业越来越多地通过建立复杂的定量模型来评估每种情景对其投资组合和业务的影响。压力测试包括改变一个或多个关键变量，以探索压力条件下的风险模型结果。

敏感性测试、情景分析，以及压力测试，已经上升为许多 ERM 程序的首要风险识别工具。这是概率风险指标在 2007—2009 年全球金融危机暴露出缺陷的结果。

当市场开始表现出异常时，风险因素之间的相关性会急剧变化，从而产生剧烈的市场波动和损失，而根据 VaR 计算去判断，得出的结果显然会有很大的偏失。

这时，就是情景分析的用武之地。它帮助企业思考异常事件和没有历史数据的事件对企业的影响。

1. 情景分析的优缺点

(1) 优点：不需要考虑风险发生的频率；场景可以采取透明和直观的叙述形式；促进公司去想象最坏的情况并衡量其影响；允许公司专注于它们的关键风险敞口、关键风险类型以及风险随时间发展的方式；允许公司识别预警信号并制定应急计划；不依赖历史数据，可将历史事件或假设事件作为分析情景；企业可以根据自己的意愿，在监管机构定义的程序之外，进行复杂或直接的情景分析；压力测试结果会影响风险偏好、风险限制和资本充足率。

(2) 缺点：难以估计事件发生的概率，难以进行风险的量化；随着选择的增多，场景可能会变得复杂；公司可能会受到限制而无法发挥他们的想象力（例如，场景可能会低估极端损失事件的影响或忽略重要的风险敞口）；只有有限数量的场景可以选择；所选择的情景往往是由上一次重大危机所引发的，想象的情景经常被认为是不可能的；场景分析在质量和复杂度方面各不相同，可信度和复杂性可能很难评估；有用性取决于公司压力测试程序的准确性、全面性。

2. 金融危机后的情景分析

全球金融危机爆发以来，情景分析一直是银行业重要的风险管理工具。在危机前，银行倾向于从一系列事件中挑选出假设场景来运行投资组合。危机过后，事实证明，银行在情景分析时，往往没有考虑到一些因素，比如多个业务部门的累计风险敞口、不同风险之间的相互作用，以及市场参与者在压力下的行为可能会发生怎样的变化等。

在金融危机后，世界各地的监管机构都开始坚持要求规模较大、具有系统重要性的银行证明自己能够承受更严峻和更现实的情况。例如，美国的监管机构要求大型银行在其企业风险敞口中采用监管机构定义的宏观经济压力情景，具体表现为GDP、就业、股市和房价等变量的下降。

在美国，美联储（FED）设定了三种由监管机构设计的宏观经济情景：基准、不利和严重不利。基准：与主要银行经济学家的共识预测相一致；不利：经济适度衰退；严重不利：严重、广泛的全球经济衰退或萧条和长期固定收益投资需求的相应下降。

美国的压力测试始于一项初步的监督资本评估计划（Supervisory Capital Assessment Program，SCAP），该计划于2009年5月实施，SCAP的实施帮助市场恢复了对银行系统稳定性的信心。从 2011 年开始，作为《多德-弗兰克法案》（Dodd-Frank Act）的一部分，美联储开始进行两项单独的年度压力测试：一是《多德-弗兰克法案》压力测试（DFAST），即在年中对所有资产超过 100 亿美元的银行进行压力测试；二是综合资本分析和审查（Comprehensive Capital Analysis and Reviews，CCAR），即在年底对资产超过 500 亿美元的银行进行压力测试。

DFAST 和 CCAR 适用于相同的管理设计场景。然而，DFAST 更具规范性，适用更多有限的资本行动假设，在报告方面要求更低。DFAST 和 CCAR 还要求银行制定自己的方案，以补充监管方案。

CCAR 要求银行预测这些情景将如何改变它们跨越 9 个季度的利润表和资产负债表。这个复杂的过程需要对收入、拨备、与违约降级相关的信贷损失、新贷款发行的管理规则、监管比率等进行动态预测。实施 CCAR 的公司还必须提交详细的资本计划，包括：在规划阶段对预期资金来源和资金使用的评估；对公司衡量资本充足性的过程和方法的描述；资本政策；讨论任何可能对资本充足率/流动性产生重大影响的商业计划变更。

在欧洲，监管机构开发了自己的压力测试程序。与 CCAR 相比，欧洲银行业管理局（European Banking Authority，EBA）的测试程序更显静态，不那么复杂，而且随着情况的发展，在改变风险和商业策略方面不太灵活。这是因为 EBA 对更大范围的银行进行压力测试。

欧洲压力测试的巨大进步可能不是由 EBA 的监管压力测试推动的，而是由欧洲央行监管审查和评估程序（Supervisory Review and Evaluation Process，SREP）下的银行监管新方法推动的。这些新方法将以行业最佳实践为指导，研究银行在压力下如何探索其商业模式的可持续性，包括资本和流动性。压力测试和场景分析将是这一过程中的关键工具。

未来几年，银行可能会从数量有限的确定性情景测试转向更动态、更随机的方法。这种方法将应用模拟技术来探索随着时间推移出现的许多不同场景，包括宏观经济和地缘政治冲击。例如，一家银行设定自己的宏观/地缘政治冲击核心范围（如某国经济增速大幅放缓或油价下跌）。这些冲击作用于利率和信用违约互换利差等。

三、ERM 的展望

第一章指出，2007—2009 年全球金融危机加速了风险管理人员对风险的多维本质、风险类型之间的联系，将统计科学的应用与商业判断相结合的必要性的认识。这三个主题也指出了未来风险管理的方向。

1. 风险是多维的，全面思考十分重要

风险管理人员需要通过一系列的风险指标来捕获风险的多个维度。到目前为止，关键的进展是开发了新的场景分析和压力测试的形式，以补充总的统计数据。

然而，情景分析有其自身的不足，在未来，将更多地强调通过开发更好的模拟技术和更严格的场景选择方法来克服这些缺点。未来的压力测试也将更加动态，持续 1~3 年，并将其纳入公司的资本规划过程。

情景分析、压力测试向更全面的方式转变，也使银行认识到风险文化的重要性。一个机构思考和谈论风险的方式驱动着企业的行为，还会影响董事会如何解读企业范围内的压力测试结果。

全面思考风险是风险管理前进的方向。然而，将传统的风险管理和 ERM 直接对立起来是错误的。

2. 风险跨越商业模式和市场中的风险类型

情景压力测试可以帮助银行了解风险在一段较长时间内是如何发展的，是如何在不同风险类型之间转变的，这种思维也必须纳入企业战略的制定。

在 2007—2009 年全球金融危机之前，有太多的机构为了追求盈利的增长，使用了高杠杆的业务模式，并且十分相信第三方信用评估的稳健性。因此，在制定增长计划时，没有征求风险职能部门或首席风险官的意见。

在 ERM 体系下，未来的风险职能部门和首席风险官必须在设定公司的风险偏好、分析每种业务模式的风险、解释风险如何相互影响，以及计划应急措施方面发挥关键作用，并且公司需要提前决定关键的预警指标和随后采取的行动。

3. 将风险管理结合商业和统计分析

从基于云的按需分析资源和机器学习技术的兴起可以看出，计算能力和数据科学的革命似乎可能改变风险分析。在未来几年，风险管理人员将能够指挥集成企业数据流，并使用机器学习技术来识别目前看来难以处理的大量不同数据的相关性。

在业务流程中实时收集信息也将变得更加容易，从而提高预测分析能力，但是，即便未来数据处理大部分是自动化的，仍需要人工参与审核。

与此同时，行为科学已经开始解释为什么投资者有时会偏离传统经济学家假定的看似合理的决策，包括羊群效应（投资者似乎像羊群一样相互追随）和本土偏见（投资者更喜欢在自己的国家投资，而不是建立多样化的全球投资组合）。这些现象需要更严格地纳入风险管理，以便更好地理解人们对风险事件的反应。

未来的风险管理人员将在风险、数据科学、对人类行为的新理解和商业判断的交集上运作。风险管理人员需要进行全面思考，并运用新的方法来制定公司的业务战略。即使风险信号是模糊的，他们也需要确保公司对风险信号做出合理反应。

第八章

金融灾难案例分析

知识引导

本章简要介绍了著名金融灾难案例。研究这些案例的目的是说明各种风险因素是如何导致企业亏损或破产的，如果忽视这些风险因素，它们就会升级为重大灾难。这些案例可以按照涉及的风险因素分类。然而，在每一个案例中，多重风险因素同时造成并加剧了危机，导致重大损失。

考点聚焦

本章根据金融灾难发生的成因，将 15 个案例分成了 9 类，如本章框架图所示。考生需要掌握导致以下风险管理案例的关键因素和从中吸取的教训。其中，德国金属公司、长期资本管理公司、巴林银行的案例需重点掌握。

本章框架图

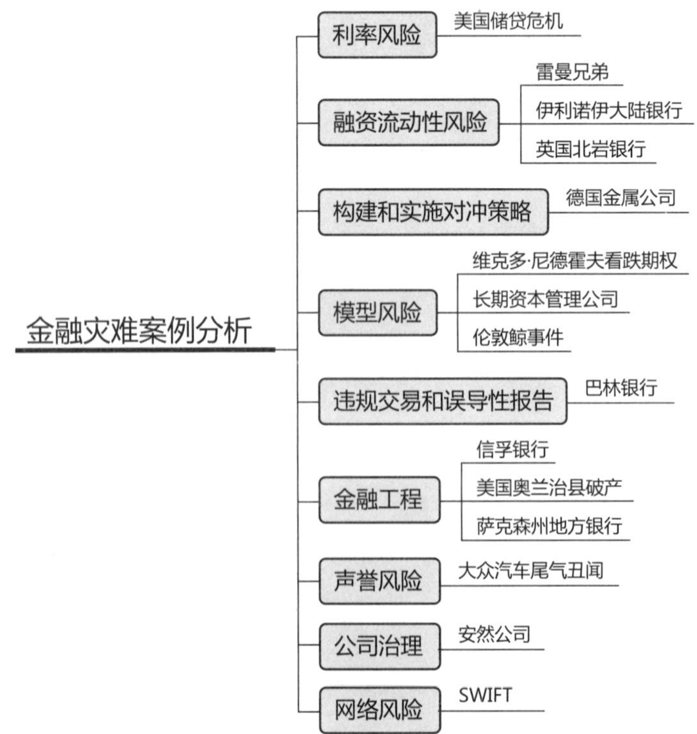

第一节　利率风险

分析（analyze）利率风险因素，以及由利率风险导致的储贷协会危机中的经验教训（★）

美国储贷危机

1. 案例简介

利率风险可能影响一个公司甚至一个行业，20 世纪 80 年代美国储蓄贷款协会的崩溃就是其中一个例子。

美国储蓄贷款协会（The Savings and Loan，S&L）在 20 世纪蓬勃发展，主要归功于政府对存款利息的监管（Q 条例）和向上倾斜的收益率曲线（upward-sloping yield curve）。向上倾斜的收益率曲线意味着，借款人为期 10 年的住宅抵押贷款的利率超过了短期储蓄和定期存款的利率，而短期储蓄和定期存款是储蓄贷款行业的主要融资来源，住宅抵押贷款是储蓄贷款协会的主要投资方向。储蓄贷款协会靠两个利率之差获利（即正利差），可以称之为骑乘利率曲线（ride the yield curve）。

然而，20 世纪 70 年代末，通胀加剧促使美联储实施了紧缩性货币政策，导致短期利率大幅上升。短期利率的上升推高了储蓄贷款的融资成本，减少甚至抵消了储蓄贷款协会赖以盈利的利差，随着短期利率的飙升，加之货币市场基金等其他有吸引力的金融投资工具不断出现，资金成本大幅提高，储蓄大量外流，储蓄贷款机构产生了负净息差。

2. 失败原因剖析

储蓄贷款机构未能管理好自己的利率风险，在利率朝不利方向波动时，遭受了巨大的损失，在美国引发了一场旷日持久的危机。

20 世纪 80 年代，储蓄贷款协会绝望地试图通过新的商业活动和利润率更高但风险更高的贷款来改善自己的资产负债管理，然而，这些努力导致该行业由于控制不当的信贷和业务风险而遭受了更大的损失。

1986 年至 1995 年间，美国 3 234 个储蓄贷款机构中有 1 043 个破产或被接管。此次危机最终使储蓄贷款机构降至不到 2 200 家，就当时来说，危机导致了世界上最昂贵的紧急援助之一——1 600 亿美元，援助的资金当然来源于美国纳税人。

3. 经验教训

企业，特别是银行，应该对利率风险进行恰当的管理。通过管理企业资产负债表结构，使利率变动对资产和负债的影响保持高度相关，甚至一致。在利率波动的环境中，资产、负债变动高度一致，企业受到利率变动的影响就会很小。

管理利率风险的工具，有利率相关的衍生品，如利率上限（interest rate cap）、利率下限（interest rate floor）和利率互换（interest rate swap）等。

第二节 融资流动性风险

分析（analyze）融资流动性风险，以及由其导致的雷曼兄弟、伊利诺伊大陆银行和英国北岩银行案例的经验教训（★）

融资流动性风险可能源于外部市场条件（如在金融危机期间）或银行资产负债表中的结构性问题，然而，大多数情况下，它源于两者的结合。

一、雷曼兄弟

1. 案例简介

20 世纪 90 年代末和 21 世纪初，投资银行雷曼兄弟（Lehman Brothers）在美国证券化的房地产市场大举投资。这家有着 150 年历史的机构开创了一种综合商业模式，给购买住宅的客户提供抵押贷款，将这些贷款的投资组合转换成评级较高的证券，然后将这些证券出售给投资者，迅速收回贷款。

2006 年开始，美国房地产市场开始恶化，房价在经历了多年的繁荣后开始下跌。然而，在此期间，雷曼兄弟继续发展其房地产证券化业务，继续增加次级抵押贷款相关资产的数量，将其作为长期投资纳入资产负债表，并进一步投资美国房地产市场。

2007 年下半年，美国房地产泡沫破裂，次级抵押贷款市场陷入困境，2008 年 9 月 15 日凌晨，雷曼兄弟被迫申请破产，引发了全球金融市场数月的恐慌。

2. 失败原因剖析

与其说雷曼的商业模式失败是因为押注美国房地产市场，不如说高杠杆率和融资策略给它带来了巨大的损失。

银行是自然的高杠杆实体（在美国，银行通过承担大量的债务，而不是发行股票为其经济活动提供资金）。在危机爆发前，雷曼过度追求杠杆。到 2007 年，该行的资产与股本比率约为 31∶1，同时，银行的融资策略，即借钱发展业务的模式给雷曼的经营带来了致命的脆弱性。

具体来说，雷曼借入短期巨额资金（如每天从回购市场借入资金），为流动性相对较差的长期房地产投资提供资金。这就意味着，该公司要在短期借款到期后，不断借入维持业务所需的资金，面临着很大的流动性问题。

3. 经验教训

（1）激进的投资模式，高风险业务占比过大，业务过于集中。

（2）杠杆率过高，且过度依赖短期融资。

（3）金融衍生品（次级贷款抵押证券化产品）过度创新，对应的风险管理相对薄弱。

二、伊利诺伊大陆银行

1. 案例简介

伊利诺伊大陆银行（Continental Illinois）曾经是芝加哥最大的银行。从 20 世纪 70 年代末开始，开始实施激进的增长战略。

相比大多数银行开展多元化业务——有大中型企业贷款、大量零售业务等，伊利诺伊大陆银行的客户主要是工商企业，这意味着它将严重依赖国家和地区的经济周期，存贷款的正息差随时可能会因经济萧条袭来时客户的违约率猛增而消失殆尽。当银行将自己的业务集中在某一行业发展时，就相当于“将所有的鸡蛋都放在同一个篮子里”，风险非常集中，不好管理。并且，伊利诺伊大陆银行还向拉丁美洲的发展中国家（如墨西哥）提供贷款来获取收益。

石油和天然气价格在1981年后开始下降，一些贷款公司开始拖欠债务，随着违约率的上升，伊利诺伊大陆银行遭受了巨大的损失。1982年墨西哥还款违约，并由此引发了20世纪80年代发展中国家的债务危机，伊利诺伊大陆银行的信贷资产一夜间变成了高风险的赌博。尽管许多其他银行在此期间也遭受了信贷损失，但伊利诺伊大陆银行的零售银行业务规模很小，核心存款相对较少，主要依靠联邦资金和发行大额存单（CDs）来为其贷款业务提供资金，这种筹资策略进一步加剧了该银行的危机。

随着市场参与者越来越担心伊利诺伊大陆银行的偿债能力，它发现自己从美国市场获得运营资金越来越难。因此，伊利诺伊大陆银行开始在国外批发货币市场（如日本）以较高的利率筹集资金。但是，1984年5月，当有关大陆银行日益恶化的财务状况的传言震惊国际市场时，该银行的外国投资者迅速开始提取存款，要求伊利诺伊大陆银行归还存款。伊利诺伊大陆银行面临着严重的流动性危机。

2. 失败原因剖析

（1）业务集中度过高，没有进行风险分散化管理。

（2）筹资策略存在弱点，主要资金来源于资金批发市场，资金来源较单一。

3. 经验教训

（1）内部信贷组合问题可能会引发融资流动性危机，应避免公司业务过度集中。

（2）筹资来源也应多元化。

三、英国北岩银行

1. 案例简介

北岩银行（Northern Rock）是一家发展迅速的抵押贷款银行，以住房抵押贷款为主营业务，总部设在英国，2007年次贷危机时破产。

20世纪90年代中期，英国房价飙升，北岩银行抓住时机，专注于深耕住房抵押贷款市场。为了支持资产抵押贷款业务的飞速发展，北岩银行将负债端的重心转向同业批发市场（wholesale banking），利用自身的信用，在金融市场上向全球金融机构批发融资，主要包括银行同业存款、同业拆借等。之后北岩银行又积极引入“贷款后分配”（originate-to-distribute）的方式，即住房抵押贷款证券化，这种金融工具盘活了北岩银行表内积压的大部分住房抵押贷款，且由于资产证券化处理后，风险资本计提减少，留出了足够的风险资本来进一步扩张资产规模。借着住房抵押贷款证券化与同业批发融资两大扩张神器，北岩银行在 1999—2003 年一路狂奔，迅速发展，成为英国五大抵押贷款银行之一。

在经历了多年的强劲经济和不断上涨的房价之后，2007 年下半年，美国次贷危机袭来，波及英国，北岩银行暗藏的风险隐患瞬间爆发，最终北岩银行接受了政府援助，被国有化。

2. 失败原因剖析

长期资产的资金来源过度集中于短期融资，资产和负债期限不匹配和市场信心的突然丧失共同触发了北岩银行的流动性危机。

根据雷曼兄弟、伊利诺伊大陆银行和英国北岩银行的案例，为更好地应对融资流动性风险，可以做好以下几点：

（1）流动性压力测试。测试的目的是确保银行拥有足够的流动性和适当的投融资策略，以应对系统性的压力。

（2）资产/负债管理（asset/liability management，ALM），需要实现两个方面的权衡：

一是融资流动性和利率风险之间的权衡。当负债的期限小于资产期限时，银行面临着更大的融资流动性风险；当负债的期限大于资产期限时，银行面临着更大的利率风险。

二是成本和降低风险之间的权衡。在收益率的斜率为正并向上倾斜时，为了降低融资流动性风险，银行可以提高其负债的期限，然而长期负债的成本肯定比短期负债高。

（3）银行可以降低其资产的期限来降低融资流动性风险。因为资产的期限通常是由借款人的需求、银行业务的性质和竞争环境所决定的，降低资产的期限并不容易实现。

（4）建立紧急流动性缓冲（emergency liquidity cushion）。流动性缓冲越大、质量越好，融资流动性风险就越低。

第三节　构建和实施对冲策略

分析（analyze）对冲策略，以及由其导致的德国金属公司案例中的经验教训（★）

对银行和其他金融企业或非金融企业来说，负责制定对冲策略的职能部门或个人需要获得相关的信息和工具，包括市场数据、公司信息、统计工具、适当的模型等，这些信息和工具可以是内部开发的，也可以从外部供应商获得。

对冲的策略有静态对冲（static hedging）和动态对冲（dynamic hedging）两种。

静态对冲指的是对冲工具与被对冲资产在构建初期比较完美地匹配。优点是相对容易实现和便于监控，且对冲成本较低。

动态对冲是通过一系列的交易来调整对冲，不断（或频繁）调整对冲头寸以适应（不断变化的）潜在风险，通常需要更多的管理工作来实施和监控，并且可能涉及更高的交易成本。

静态策略针对被对冲资产一段时间内的波动或风险进行一次性的对冲，而动态对冲则试图在较短的时间间隔内（如每天）不断平衡对冲策略。

德国金属公司

1. 案例简介

1991 年，德国金属公司（Metallgesellschaft，MG）的美国子公司 MGRM 运用石油期货进行套期保值，由于没有充分地理解套期保值策略具有的风险和收益，在石油价格暴跌后，公司没有足够的现金满足交易所要求的保证金，最终导致 13 亿美元的损失。

1993 年，MGRM 公司签订了大量的远期石油出售合约，合约内容是在未来的 5~10年以固定价格向交易对手方供应原油、燃油和汽油。由于担心未来石油价格上涨，MGRM 公司又在期货市场上买入石油期货（long oil futures），以此来减少石油价格上涨给远期石油出售合约带来的损失。

按理来说，MGRM 公司同时拥有石油远期空头头寸（short position）和石油期货多头头寸（long position），无论未来石油价格是上涨还是下跌，风险均可控。但是，由于长期期货合约的流动性很差，MGRM 采用了滚动对冲（rolling hedge）策略，即买入短期期货合约来对冲长期的石油出售合约。

1993 年，石油价格大跌，MGRM 公司在期货合约上亏损，由于期货“每日结算”的特性，公司被要求交付大量的保证金，虽然远期供货合约空头头寸盈利，但其期限长，盈利无法立即实现，公司无法满足期货交易所追加保证金的要求，损失高达 13 亿美元。

2. 失败原因剖析

该公司遭受的金融灾难源于收益与损失的期限结构不对称，最终由于流动性问题导致亏损。

（1）曲线风险（curve risk）：从现货升水（也叫期价贴水 backwardation，现货价格>期货价格）转变为现货贴水（也叫期价升水 contango，期货价格>现货价格），导致滚动对冲策略的展期成本大幅增加。

（2）基差风险（basis risk）：MGRM 的长期远期合约价格与短期期货合约价格之间存在时间错配。当现货价格与期货价格的差异（即基差 basis）出现意外波动时，会导致对冲效果不佳，甚至加剧亏损。

（3）流动性风险：由于油价大幅下跌，期货合约产生巨额损失，需要支付大量保证金（margin calls），造成严重的现金流压力。同时公司建立的仓位规模过大，市场流动性不足，导致无法有效平仓或展期，进一步加剧了亏损。

（4）会计处理问题：根据德国会计标准，公司需要在报表中记录已实现的期货亏损，但不能确认未实现的远期合约收益。这种会计处理方式使公司报表“非常难看”，导致信用评级被下调，进一步加剧了信用风险，最终引发连锁反应。

3. 经验教训

（1）公司应构建适当的流动性风险控制管理措施。

（2）风险评估应基于合理假设的压力测试，对保证金以及仓位数量加以限制。

第四节　模型风险

分析（analyze）模型风险因素，以及由其导致的尼德霍夫、长期资本管理公司和伦敦鲸案例中的经验教训（★）

复杂的金融产品通常依靠估值模型来确定价格，模型可以是理论性的（如CAPM），也可以是基于统计的（如利率期限结构），因此，金融机构会面临使用模型所带来的风险。模型风险可能源于使用错误的模型（如模型的假设问题）、不正确的模型估计量或使用不完整的数据。

一、维克多·尼德霍夫看跌期权

1. 案例简介

维克多·尼德霍夫（Victor Niederhoffer）是一个明星交易员，他管理着一个非常成功的对冲基金。该基金的一项策略——卖出大量的标准普尔500指数（S&P 500）的深度价外看跌期权（deep out-of-the-money put option），靠收取期权费来盈利（因为是深度价外期权，期权费并不高）。这些交易是单边裸头寸（uncovered or naked）的（即期权交易没有做相应的对冲）。这种策略背后的一个假设是，市场单日跌幅超过5%的情况非常罕见。事实上，如果市场回报率是服从正态分布的，那么这种幅度的下跌几乎是不可能的。

然而，1997年10月股票市场下跌超过7%，在这种冲击下，市场流动性枯竭，由于无法满足超过5 000万美元的追加保证金要求，该基金的经纪人将尼德霍夫的头寸强制平仓。

2. 失败原因剖析

从这个案例中得到的教训是，可以构建一个策略，选择在一段时间内获得少量利润。然而，即便是获利较低的策略，仍有可能发生重大损失，换句话说，竞争激烈的金融市场很少提供“免费的午餐”。

3. 经验教训

（1）不能过度依赖个人的专业知识和廉洁自律。

（2）没有“免费的午餐”，不能过度投机。

二、长期资本管理公司

1. 案例简介

长期资本管理公司（Long Term Capital Management，LTCM）成立于1994年，由原所罗门兄弟债券部门的负责人梅里韦瑟筹建，招募了两位1997年的诺贝尔奖得主、著名的期权定价公式提出人舒尔茨与莫顿，这个管理团队在当时被称为“梦幻组合”。在公司创建的起初几年，该团队也确实拿出了出色的成绩单。然而，1998年5月到9月，在短短的150天内，公司的资产净值下降90%，出现43亿美元巨额亏损。最终，经美联储出面组织安排，以美林、摩根为首的14家国际性金融机构注资35亿美元购买了LTCM的90%股权，共同接管了该公司。

与前面一个案例不同，长期资本管理公司的每一个投资决策都是由所有合伙人共同决定的，这就消除了“流氓交易员”（rogue trader）的可能性。公司的基本投资理念是“从长期来看，同一证券在不同市场间的不合理价差必然会消失”，并由此制定了“通过电脑精密计算，发现不正常市场价差，利用杠杆放大收益”的投资策略流程。具体而言，公司的主要策略如下。

（1）相对价值策略（relative value strategy）：从长期来看，相似证券之间的价差将趋于恢复至历史均值水平。如果短期之内，相似证券之间的价差偏离平均历史水平，则存在价差套利机会。

（2）信贷利差策略（credit spread strategy）：从长期来看，两个债券之间的信贷利差（不同债券收益率之差）将趋于回复到平均历史水平。如果短期之内，信用利差偏离平均历史水平，则存在信用利差的套利机会。

根据以上几种策略，LTCM认为公司债和国债之间的利差太大，偏离了正常利差水平，如美国政府债券与发展中国家债券之间的利率相差过大，利差将减小恢复至历史平均水平。然而，出人意料的事情发生了。1998 年秋，俄罗斯主权债务违约，从而信用利差进一步上升而非下降，导致 LTCM 遭受了巨大损失。

2. 失败原因剖析

（1）利差的大幅度上升造成了 LTCM 在短短一个月内损失了 44%的本金，无法满足追加保证金的要求，导致公司面临严重的现金流动性问题。

（2）尽管 LTCM 前几年的收益率看上去似乎不错，实际上这是借助高杠杆进行大规模交易的结果（28 倍杠杆）。市场未能如预期波动时，由于高杠杆的存在，LTCM 没有足够的现金维持保证金，强制清算加速了其损失。

（3）LTCM 所使用的估值模型和交易模型均有一定的缺陷。其投资模型的假设前提都是在历史统计基础上得出的，然而过去并不能代表未来。此外，同时公司采用的传统 VaR 模型低估了金融资产收益分布的肥尾现象。

（4）尽管 LTCM 的投资是全球范围的，资产类别与交易策略也是不同的，然而，策略都是以信贷利差和市场波动性会下降的假设为基础。风险多样化的缺乏使公司最终遭受了市场风险带来的损失。

3. 经验教训

（1）公司应熟悉投资策略的风险，特别是流动性风险。

（2）在建立衍生品头寸时，公司不仅应满足初始保证金的需求，还应注意潜在的清算成本与被强制平仓的风险。

（3）在评估信用风险时，应使用压力测试，特别是突出强调市场风险和信用风险的综合测试。

（4）VaR 的缺陷：VaR 的期限（horizon）太短，VaR 使用了 10 天的持有期，即计量在一定置信水平下，10 天内的最大损失，综合考虑 LTCM 获取资金的能力、正常市场下的平仓速度等因素时，期限太短。忽视了流动性风险，传统的 VaR 是静态模型，假设一般情况下市场处于正常状况，表现出完美的流动性。忽视了相关性和波动风险，LTCM 没有进行足够的压力测试，来衡量相关性和波动性的变化。例如，通过压力测试，判断相关性和波动性是否显著偏离预期情况。

三、伦敦鲸事件

1. 案例简介

2012 年上半年，摩根大通（J. P. Morgan Chase & Company）的子公司摩根大通银行（JP Morgan Chase Bank）在伦敦的首席投资办公室（Chief Investment Office，CIO）对一系列复杂的信用衍生品进行了大规模交易，其规模之大足以扰乱全球的信贷市场，因头寸巨大，得了个绰号“伦敦鲸”（London Whale）。这个事件让摩根大通亏损了至少 62 亿美元，引发了市场对于金融机构风险管理的深入思考，并对银行业监管和风险管理产生深远的影响。

2. 失败原因剖析

（1）风险敞口过大：在信用衍生品交易中，摩根大通银行衍生品的持仓量巨大，超出了市场能轻易消化的容量。

（2）操作风险：交易部门能够轻易操纵衍生品的定价，让定价更有利于银行报告更少的亏损，使银行的利润表更好看，且不同部门对于衍生品的定价存在差异。

（3）风险管理文化不到位：管理层并不重视银行的风险管理，虽然复杂信用衍生品（synthetic credit portfolio，SCP）的交易突破了银行设定的风险限额指标，但这些违规并没有引发对 SCP 的深入审查，更没有立即采取补救措施来降低风险，违规行为被忽视或以通过提高相关的风险限额而告终。

（4）模型风险：用了新建的模型，来降低对风险管理的要求。CIO 认为模型过于保守，高估了风险，因此采用了新的风险模型，使 VaR 值相对于原模型大概降低了 50%。

3. 经验教训

（1）严格管理自营交易，对持有的风险敞口进行实时的监控，严格实施风险限额制度。

（2）审慎评估交易规模对市场流动性的冲击。

第五节　违规交易和误导性报告

分析（analyze）违规交易和误导性报告，以及由其导致的巴林银行案例中的经验教训（★）

巴林银行

1. 案例简介

1993—1995 年，英国巴林银行（Barings）驻新加坡分行的尼克·李森（Nick Leeson）未经授权在日本股市的利率期货以及期权上构建了大量的投机性头寸，并在报告中以虚设的账户掩盖自己的投机行为，最终导致约 12.5 亿美元的损失。曾经风光一时的巴林银行因此事件最终宣告破产。

Leeson 先后采用了两种策略。

第一种策略：他判断当时日本股市相对平稳，即认为日经 225 指数波动较小，于是构建了关于日经 225 指数的空头跨式期权（即看涨期权空头头寸+看跌期权空头头寸）。

第二种策略：由于最初判断日本股市相对平稳，Leeson 想利用日经 225 指数（Nikkei 225）期货合约在不同交易所交易的价差进行套利（在价格相对较低的交易所进行外汇期货多头头寸交易，同时在另一个价格相对较高的交易所进行对冲的空头头寸交易）。

套利策略的基本思想非常简单，即同一种物品在不同市场上的销售价格应当相同。比如，如果同种苹果在一个市场上价格为 5 元/斤，而在另一个市场上价格 4 元/斤；那么，投资者可通过按 4 元/斤的价格在一个市场上买入，在另一个市场上按 5 元/斤价格卖出，从中获利。套利策略本身是一种相对较为稳妥的策略，然而随后 Leeson 改变了这种策略。

由于 Leeson 第一种策略的头寸遭受过巨大损失，为了弥补损失，Leeson 改变了第二种策略，即不再按照“多头头寸+空头头寸”的期货套利策略，而是赌日经 225 指数上涨，试图在短时间内弥补第一个策略带来的损失。于是，他在两地交易所同方向购买“多头头寸+多头头寸”期货，并通过多个账户的操作，同时控制了前后台部门，隐瞒亏损。1995 年 1 月日本地震，日经 225 指数持续大幅下跌，导致了两种策略最终巨额的损失。

2. 失败原因剖析

（1）巴林银行允许 Leeson 身兼两职，同时拥有交易主管和后台部门主管的双重身份。这种体制无疑为 Leeson 后来“监守自盗”创造了职权上的便利。由于掌握完全的前后台控制权，Leeson 可由自己完全决定交易策略，同时又可利用后台隐藏损失（他将所有交易产生的盈利归入标准交易账户，而将任何亏损隐藏到旧的错误账户 88888）。

（2）实际上，Leeson 伪装的“低风险策略”产生了“巨额收益”，这是非常可疑的。但公司不仅没有任何质疑或审查，伦敦总部还为其转入了 3.54 亿美元的保证金。

3. 经验教训

（1）公司必须有独立的交易后台来记录交易的损益状况，交易和结算、报告、监控、风险管理岗位必须权责分离，不允许有双重角色身份的公司职员出现。

（2）公司应构建完善的监管控制系统，对任何超预期的利润（或损失）的来源进行彻底的调查。

（3）公司还需要对大规模的未预期的现金流动进行彻底的调查。

第六节　金融工程

分析（analyze）金融工程和复杂衍生品，以及由其导致的信孚银行、美国奥兰治县破产和萨克森州地方银行案例中的经验教训（★）

金融衍生品，远期（forward）、互换（swap）、期货（futures）和期权（option）

是金融工程的主要组成。衍生品能够让投资者和机构用来分散风险，它与其他非衍生产品（如股票、债券）一样，风险并非来自产品本身，而是取决于该产品如何运用以及风险是否能够得到适当管理。

金融衍生品的作用为：一是可以用作避险工具，即规避因利率、汇率、股票价格及商品价格变动而导致的风险。如果企业建立了正确的避险观念，妥善使用金融衍生品，是可以达到兼顾避险并获得额外收益的效果的，但也不能完全规避风险。二是用来投资或投机。公司采用杠杆操作金融衍生品，成功的话可以获得高额利润，一旦失利则损失惨重。

一、信孚银行

宝洁公司（Procter & Gamble，P&G）和吉布森（Gibson Greetings）公司寻求美国信孚银行（Bankers Trust，BT）的帮助来降低它们的融资成本，美国信孚银行提供了衍生品交易策略——一个复杂的带杠杆的互换（complex leveraged swap）产品。这个衍生品交易大致为：美国信孚银行连续 5 年支付固定的利率给宝洁公司，宝洁公司支付浮动利率（floating rate）给美国信孚银行。

1994 年，美联储（Fed）提高了联邦基金利率（federal funds rate），造成宝洁公司和吉布森公司在此交易上大额亏损，两个公司因此起诉美国信孚银行，称其歪曲了这个复杂互换交易中隐含的风险，这最终给美国信孚银行带来了严重的声誉问题，导致其最后被德意志银行（Deutsche Bank）收购。

二、美国奥兰治县破产

1. 案例简介

通过在回购市场上融资来增加其杠杆（leverage），是美国奥兰治县破产的原因之一。杠杆的存在意味着任何头寸的利润或亏损的效应都是放大的，即使是市场价格的微小变化也会对投资者产生重大影响。

20 世纪 90 年代初，奥兰治县利用回购市场借入 129 亿美元，加上自己管理的 77 亿美元基金，投资了复杂的反向浮动利率债券（inverse floating-rate notes），当利率上升时，债券的票面利率会下降。1994 年，美联储提高了利率，这个衍生品产生了 15 亿美元的亏损，且奥兰治县也不能将它在回购市场的融资展期（roll over），最终奥兰治县破产。

2. 失败原因剖析

（1）投资风险大小与杠杆率成正比，公司在投资时，不应过度使用杠杆。

（2）金融衍生品可以用于避险，但由于其复杂性，公司应加强对金融衍生品交易的内部管理，充分认识其风险，将风险管理与风险偏好和整体业务战略联系起来，并将其传达给利益相关者。

三、萨克森州地方银行

1. 案例简介

萨克森州地方银行（Sachsen Landesbank）是一家德国国有银行，其传统的业务是为中小型企业提供贷款，在都柏林设立了一个部门，投资了大量高评级的美国抵押贷款支持证券，投资量远远超过了其资产负债表规模。

尽管抵押贷款支持证券利润很高，但证券化产品的复杂特性，要求投资人对其本质有深刻的了解。

2007 年次贷危机爆发时，萨克森州地方银行资本基本被消耗，最终被出售给另一家德国国有银行。

2. 失败原因剖析

（1）银行的经营规模以及风险管理应与其资产负债规模匹配。

（2）公司应熟悉所投资产品的风险。

3. 经验教训

（1）限制公司投资规模。

（2）了解投资产品的特性，及时进行风险管理。

第七节　声誉风险

分析（analyze）声誉风险因素，以及由此导致的大众汽车尾气丑闻案例中的经验教训（★）

公司的声誉建立在它能够（can）并有意愿（will）去完全履行对交易对手和债权人的承诺的基础上，并且公司是一个公平的交易商，能够遵守道德规范。

近些年，随着网络的普及，声誉问题会极快地传播，并在数小时内毁掉一个公司的声誉。因此，企业也面临着越来越大的压力，因为不道德行为的声誉损害对其而言可能是非常严重的。

大众汽车尾气丑闻

1. 案例简介

2015 年 9 月，德国汽车制造商大众（Volkswagen）遭遇涉及监管测试的重大丑闻。美国环境保护署（United States Environmental Protection Agency，EPA）宣布调查结果：大众汽车虽然已经为其柴油发动机设定了特定的排放控制程序，但只在监管测试期间激活，在实际驾驶中并不激活。因此，虽然氮氧化物含量在监管测试中符合美国标准，但当车辆实际行驶时，其排放物中的氮氧化物含量大大超过了美国标准。

2009—2015 年，大众在全球超过 1 000 万辆汽车（仅在美国就有 50 万辆）中实施了这一计划。大众德国和美国的高管在 9 月份与 EPA 和加州官员举行的电话会议上正式承认了这一欺骗行为。

2. 失败原因剖析

全球最大的汽车制造商大众的声誉，尤其是在美国市场上的声誉，受到了严重打击。随着丑闻曝光，该公司的股价下跌了 1/3 以上，并可能面临数十亿美元的罚款。

德国政府官员表示担心“德国制造”这一被广泛认可的价值，会因为这一事件而降低，这一事件对声誉的影响已经超出了该公司自身的范围，扩大到了波及市场其他公司的程度。

第八节 公司治理

分析（analyze）公司治理因素，以及由其导致的安然公司案例中的经验教训（★）

安然公司

1. 案例简介

安然公司（Enron）1985 年成立，位于美国得克萨斯州，曾是世界上最大的能源、商品和服务公司之一。其主要的业务是：能源供应者及消费者以安然为媒介签订合约，承诺在几个月或几年之后履行合约义务。安然为了提高股价，伪造公开报告的财务业绩，并对经营业绩和财务状况进行虚假和误导性的公开陈述。

2001 年 12 月，安然公司向法院申请破产保护。安达信（Arthur Andersen），曾是全球五大会计师事务所之一，负责安然公司的外部审计。安达信要么未能发现，要么默许了许多导致安然倒闭的欺诈性会计做法。丑闻曝光后，安达信被迫将其会计执照上交美国证券交易委员会（SEC），最终倒闭。

安然公司破产的原因主要是公司治理失败和不完善的风险管理。

2. 失败原因剖析

（1）公司治理。安然公司缺乏自上而下的风险管理文化，许多高级管理人员为了自身的利益，违背了股东的利益（即代理风险），董事会也未能履行对股东的受托义务。例如，安然公司董事长兼首席执行官被指控伪造安然公司公开报告的财务业绩，并对安然公司的经营业绩和财务状况进行虚假和误导性的公开陈述。

（2）外部审计。安然的外部审计公司，安达信也没有履行外审的相关责任，审计并报告安然公司财务造假的事实真相。

3. 经验教训

（1）注重公司内部管理，完善内部控制机制。从制度上着手，限制财务舞弊，加强高管部门及高管人员舞弊控制责任。

（2）加强外部监管。在美国，2002年通过的《萨班斯-奥克斯利法案》（Sarbanes-Oxley Act，SOX）是安然丑闻导致的一项关键立法改革。同时美国也对证券交易所和会计规则进行了相关改革。SOX要求创立上市公司会计监督委员会（PCAOB），该委员会在促进良好的公司治理和财务披露方面发挥了重要作用。

第九节　网络风险

分析（anaylze）网络风险因素，以及由其导致的SWIFT案例中的经验教训（★）

SWIFT

1. 案例简介

环球同业银行金融电讯协会（Society for Worldwide Interbank Financial Telecommunications，SWIFT）是全球领先的银行间电子转账系统，每天处理数十亿美元的交易。通常需要几天才能完成的交易在几秒钟内就可以通过SWIFT完成，SWIFT给市场提供了高可靠性的信号。

2016年4月，孟加拉国央行（Bangladesh Central Bank）遭黑客攻击导致8 100万美元被窃取，黑客通过网络攻击或者其他方式获得了孟加拉国央行SWIFT系统操作权限，向纽约联邦储备银行（Federal Reserve Bank of New York）发送虚假的SWIFT转账指令，成功转走盗取8 100万美元，然后删除了数据传输的记录，并禁用了可能泄露失窃交易确认的消息。

2. 失败原因剖析

近年来，网络风险已成为金融市场交易中一个至关重要的风险因素。银行的大量交易都基于系统操作，这些系统可能被黑客攻击。例如，自动取款机可能被盗用而随意取钱，客户信息、客户身份可能被盗和误用，等等。

例题 8.1

导致雷曼兄弟（Lehman Brothers）和伊利诺伊大陆银行（Continental Illinois）破产的流动性风险，并不是由以下哪种原因造成的?

A. 业务扩张太快

B. 过度依赖短期融资

C. 监管对流动性资本储备要求增高

D. 恶化的宏观经济

名师解析

答案为 C。在题目的两个案例中，流动性危机都是由更广泛的经济和信贷市场环境的变化引起的。

例题 8.2

在北岩银行（Northern Rock）的案例中，我们得到的教训之一是，风险管理要在资金流动性和利率风险之间权衡：当负债（融资）的期限比资产（贷款）的期限短时，银行将面临________的利率风险和________资金流动性风险。

A. 更低的，更高的　　B. 更低的，更低的

C. 更高的，更高的　　D. 更高的，更低的

名师解析

答案为 A。银行必须在低利率但需要频繁展期的短期融资策略（成本较低，但流动性风险更大）和利率较高（成本较高）但展期频率较低的长期融资策略之间做出重大权衡。

第九章

金融危机的背景和信用风险转移机制

知识引导

银行的核心风险是信用风险，传统的信用风险转移方法包括购买保险、要求交易对手提供担保品等，这些方法虽然能够降低信用风险，但不一定能够满足公司的个性化需求。信用衍生品应运而生，经过了多年的发展，它已经成为公司转移信用风险的新手段。

本章旨在介绍金融危机的产生背景和信用风险转移机制的变更，初步展开讨论金融危机的产生和逐步的加剧。

考点聚焦

通过本章的学习，考生可定性地了解金融危机产生的历史背景，信用风险转移方法和信用衍生品的定义。

本章框架图

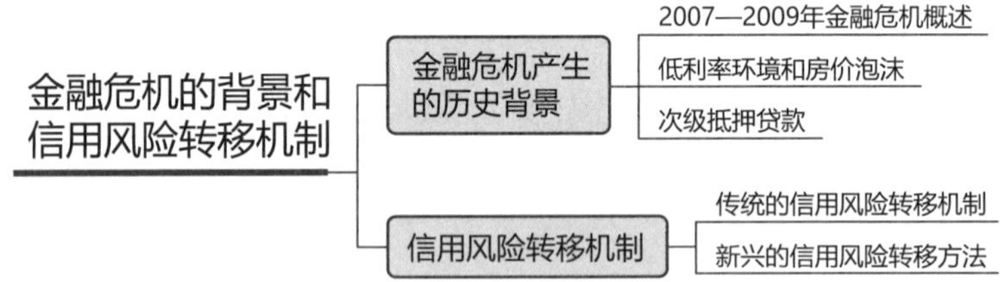

第一节　金融危机产生的历史背景

描述（describe）2007—2009 年金融危机的历史背景并概述主要事件（★）

1. 2007—2009 年金融危机概述

2007—2009 年金融危机（great financial crisis，GFC）始于 2007 年夏天美国次级抵押贷款市场（subprime mortgage market）的低迷。

与以往的美国信贷危机不同，这次金融危机严重影响了全世界的投资者。巨额损失从美国的次级抵押贷款（简称“次贷”）市场逐步蔓延到信贷市场的其他领域。随着信贷资产估值不确定性的日益增加，银行开始出现巨额亏损和流动性问题，银行间市场的交易量大幅萎缩，银行之间停止了信贷，各国政府通过提供流动性支持和对资不抵债的银行进行资本重组，以鼓励银行放贷。

危机还造成了资产支持商业票据（ABCP）和回购市场陷入停顿，导致众多对冲基金冻结赎回或倒闭，许多金融机构的结构性投资工具（SIV）也被关闭，很多银行要么倒闭，要么被接管（takeover）。次贷危机（subprime crisis）最终发展成了金融危机。

2. 低利率环境和房价泡沫

21 世纪初期以来，低利率（low interest）环境在一定程度上促使了美国住房需求的增长以及随之而来的抵押贷款市场的繁荣。低利率环境也促使投资者，尤其是机构投资者去寻求更高收益的产品，以提升收益（yield enhancement）。次级抵押贷款的出现，为投资者提供了一个更有吸引力的投资产品。

此次金融危机爆发前，包括低利率在内的众多因素导致了美国的房地产市场异常繁荣，伴随着信贷的不断增长和杠杆（leverage）的加大，出现了巨大的房价泡沫（housing price bubble）。美国房价飙升，其增速远远超过 20 世纪末的 10 年。

3. 次级抵押贷款

从 21 世纪初开始，美国银行和其他金融机构的次级抵押贷款开始增长，以次贷为标的资产的证券化产品成为金融危机前炙手可热的产品之一，其在2007—2009年全球金融危机的形成中起到了非常重大的作用。

次级抵押贷款（subprime mortgages）是向信用不良的借款人发放的住房抵押贷款。不同于寻常类型的抵押贷款，次级抵押贷款的特点有两个，一是贷款人的信用质量差；二是抵押初期贷款利率低，后期贷款利率高。

在美国，消费者信用质量是用FICO评分来衡量的，降低FICO评分因素包括有限的信用记录、大量未偿债务或拖欠付款的历史。银行在个人贷款前，会参考此项评分。按照贷款人的信用质量从高到低，住房抵押贷款有优质抵押贷款（prime mortgages）、Alt-A贷款（Alt-A mortgages）和次级抵押贷款（subprime mortgages）几大类。其中，在次级抵押贷款中，甚至有一些所谓的“三无”（no income，no job，no asset，NINJA）人员的贷款、欺骗性贷款（liar loans）、贷款/价值比率（loan to value ratios）为100%的贷款。由此可以看出，一般情况下，次级抵押贷款的违约风险比其他类型贷款的违约风险更大，利率也更高。

另外，很多的次级抵押贷款还有低诱导性利率（low teaser rates）。所谓诱导性利率指的是，贷款前几年的优惠期间内利率很低，甚至不用偿还本金，次级抵押贷款利用这个特点来吸引借款人贷款购房，但优惠期结束后，贷款利率会攀高。

第二节　信用风险转移机制

银行的传统业务主要是吸收短期存款，提供长期的非流动贷款，银行的核心风险敞口是信用风险敞口。因此，信用风险管理的发展历史也较为悠久，市场上有很多的信用风险管理工具和管理手段。

1. 传统的信用风险转移机制

解释（explain）公司可以用来帮助降低信用风险的不同传统方法或机制（★）

（1）从第三方购买保险。在美国市政债券市场（municipal bond market）和资产支持型证券（ABS）市场，单一险种保险公司（monoline insurers）的财务担保较为常见。

（2）对交易对手的风险敞口进行净额（netting）结算。净额结算降低了交易双方的结算金额，减少了因为交易对手不能结算导致的信用风险。

（3）按市值计价（marking-to-market），保证金（margining）交易。交易对手之间达成协议，定期对各自持有的头寸按照市价重新估值，根据头寸的市值对保证金金额进行调整，常见于场内的衍生品市场交易。

（4）要求交易者提供担保品。担保品可以降低交易者违约时给其交易对手带来的信用损失。

（5）终止（termination）、买入看跌期权（put option）。在交易初始，双方协定一系列的触发事件（trigger events），如果这些触发事件发生，则可以将标的资产提前交割。触发事件可能是交易者评级降级、基于资产负债表/损益表项目的度量指标达到某一限定等。在持有看跌期权的情况下，贷款人有权以预先确定的价格提前交割某项资产。

（6）在某些预先设定的触发事件中，交易者按照协议规定，可以将信用敞口重新分配给第三方。

（7）辛迪加（syndication）贷款和二级市场。辛迪加贷款又称银团贷款，银团贷款是指由一家或数家银行牵头，多家银行组成的银行集团采用同一贷款协议，按商定的期限和条件向同一借款人提供融资的贷款方式。银行通常采用银团贷款的方式来分散大额交易（如金额较大的贷款）带来的信用风险，银行也可以在二级市场上出售它们发行的或者拥有的贷款。

以上传统的信用风险转移方法要求交易双方达成具体协议后才能实施。缺点在于：一是上述方法可能无法满足交易者对于风险管理的特定需求和目标；二是这些传统的风险转移方法不一定能达到交易者的需求，没有将信用风险与产生信用风险的基础头寸隔离开，从而将信用风险重新分配给其他投资者，也没有通过对头寸或信贷组合进行微调（fine tuning）来有效地分割风险。

2. 新兴的信用风险转移方法

解释（explain）证券化的过程，描述（describe）特殊目的实体（SPV），并评价（assess）银行用于证券化产品的不同业务模式存在的风险（★★）

随着金融市场不断的发展繁荣，金融衍生品和结构性产品开始出现并迅速发展，这些产品的出现，为信用风险的管理提供了新的工具和管理思路。下文讨论的证券化产品和信用衍生品就是新兴的信用风险转移方法，能够帮助银行转移和分散信用风险敞口，使银行更好地管理信用风险。

（1）证券化

① 证券化的产生

在金融危机爆发前，美国银行业的经营模式呈现出两个趋势：一是“贷款并持有”（buy-and-hold）的传统经营模式逐渐转变为“贷款后分配”（originate-to-distribute，OTD）的经营模式；二是银行更依赖短期金融工具来为其持有的长期资产融资，这导致银行资产负债期限不匹配，一旦融资流动性出现问题，就容易陷入困境。

具体来讲，在传统模式“贷款并持有”中，发放贷款的银行将持有贷款直至贷款被收回（持有贷款的期限通常会很长），在这种模式下，银行通常持有较长期的资产，造成银行的资金流动较慢，银行会丧失很多的投资机会；新型的“贷款后分配”模式中，银行将不同贷款重新打包（repackage）后分层，然后以“证券化”的方式将其销售出去，银行得以快速收回资金，其资金的使用效率提升，融资能力增强，转移（transfer）了大量的流动性、利率和信用风险。这种将贷款打包，以证券化形式销售的交易，间接地导致很多资本流入美国，压低了利率，进而推高了房价。可见，OTD模式虽然给银行带来了很多的好处，但是它也间接地导致了2007—2009年的金融危机。

② 证券化的含义和证券化过程

证券化是指银行通过设立特殊目的实体（special purpose vehicle，SPV）将贷款和其他资产重新包装成新的证券，在市场上进行销售的过程。

以贷款资产的证券化为例，具体过程如下：

第一步，贷款人向银行申请贷款，银行将贷款产品出售给贷款人。

第二步，银行将各类贷款组合成资产池（asset pool），然后打包卖给SPV，收到现金。

第三步，SPV将打包的资产池切分成不同的层级（tranche），形成证券化产品，在金融市场上出售，因为证券产品的层级不同，即风险不同，从而可以满足不同风险偏好投资者的需求。

第四步，贷款人定期归还贷款的本金和利息，归还的现金从贷款人到SPV，最终流向证券化产品的投资者，成为了证券化产品投资者的投资收益和收回的本金。

其中，第三步证券化产品分层的层级通常可以分为三大类，安全级别从高到低分别为：优先层（senior tranche）、夹层（mezzanine tranche）与权益层（equity tranche/tox waste）。其中，优先层安全级别最高，信用评级通常较高，如AAA，但是收益率最低；权益层安全级别最低、收益率最高；夹层位于两者之间。不同层级的产品可以满足不同风险偏好投资者的投资需求。具体内容如图9.1所示。

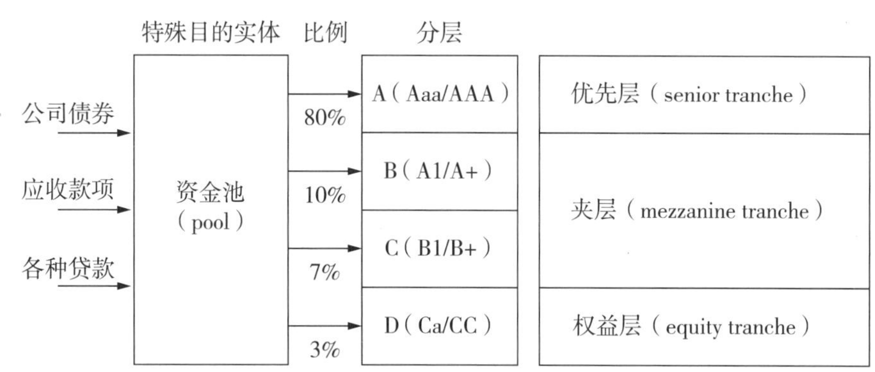

图9.1　资产证券化的分层

当打包贷款产生现金流（即贷款人的本金和利息还款）时，会以瀑布（waterfall）的形式分配给不同层级：现金流优先分配给优先层，直到该层级的所有约定回报都得到满足后才会流向夹层，在夹层的所有约定回报都得到满足后最后流向权益层。反之，当打包贷款本金产生损失时，先由权益层承担，当损失比率超过权益层占比时，损失才侵蚀到夹层，最后侵蚀到优先层。

一般情况下，权益层收到的不是固定收益，而是在满足优先层和夹层的现金收入后的剩余现金（residual cash flow）。

证券化的过程以及产品的分层情况，具体见图9.2。

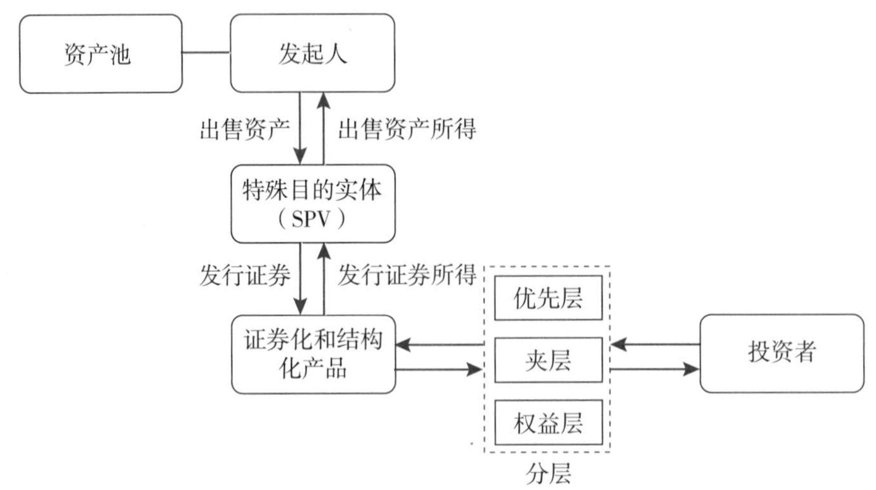

图 9.2　资产证券化的过程及产品的分层

分层也称为从属结构（subordination）或优先/次级（senior/subordinated structure）结构。分层的本质是将信用风险进行重新分配，并不是消除（eliminate）风险。

③ 证券化的参与者

证券化的主要参与者有四类：

第一类是贷款人（borrowers）。证券化产品的出现，丰富了贷款人可获得的信贷产品种类，贷款人受益于产品选择权的增多，以及这些好处带来的借款成本的降低。

第二类是发起人（originators）。证券化的发起人通常是指银行，证券化产品的出现，丰富了银行的融资渠道，分散了金融机构的信用风险和利率风险。证券化过程至少在短期内降低了发起人盈利的波动性，并帮助银行将贷款等资产移出表外，节约了银行的资本。

第三类是特殊目的实体（SPV）。特殊目的实体将由贷款等资产组成的资产池打包后，发行证券化产品。

第四类是投资者（investors）。投资者是指投资于证券化产品的市场交易者，他们根据合约规定的利息、本金的分配规则和违约的处理规则收到投资收益。证券化产品丰富了投资者的投资产品，有利于投资者分散化风险。

比较（compare）不同类型的信用衍生品，解释（explain）它们的应用，描述（describe）它们的优点（★）

④ 证券化产品

根据证券化产品标的资产或底层资产的不同，证券化产品有多种分类：

第一类是资产支持证券（asset-backed security，ABS）：通过证券化过程创建的一种以贷款和应收（receivables）产品为支持的结构化产品，如信用卡 ABS、学生贷款 ABS、汽车贷款 ABS 等。

第二类是抵押贷款支持证券（mortgage-backed security，MBS）：通过证券化过程创建的一种以居民住房抵押贷款（residential mortgage loans）为支持的结构化产品。MBS 有政府支持的 MBS（government backed MBS），如房利美、房地美发行的 MBS；私人机构支持的 MBS，如次级贷款 MBS。

第三类是担保债务凭证（collateralized debt obligation，CDO）：通过证券化过程创建的一种以债务工具（debt instruments）为支持的结构化产品。债务工具包括各种公司贷款、抵押贷款、信用卡应收等资产。

第四类是 CDO 平方（CDO squared）：SPV 通过证券化过程发行的、以一系列的 CDO 的部分分层作为支持的证券化产品。

第五类是担保贷款凭证/抵押贷款债券（collateralized loan obligation，CLO）：通过证券化过程创建的一种以商业银行贷款（commercial bank loans）为支持的结构化产品。

评估（evaluate）信用衍生品在 2007—2009 年金融危机中的作用，并解释（explain）危机导致的信用衍生品市场的变化（★）

（2）信用衍生品

信用衍生品的出现，可以弥补传统信用风险转移机制的缺陷，实现信贷组合头寸的微调。信用衍生品是表外工具，它隔离了信用风险并转移该风险，而不产生任何资金或客户管理问题。对于债券发行者、投资者和银行来说，信用衍生品是贷款出售和资产证券化之后出现的新的信用风险管理工具。

信用违约互换（credit default swap，CDS）是最受欢迎的信用衍生品之一，提供与信用相关的损失保险，它在两个交易对手之间转移信用风险，而不必交易标的资产。

在 CDS 中，信用保护买方（credit protection buyer）向信用保护卖方（credit protection seller）支付一笔费用，信用保护卖方承诺，一旦买方持有的标的资产出现了信用问题，即发生了 CDS 合约中约定的信用风险事件，信用保护卖方就要按照约定的方式和范围赔偿信用保护买方的损失。具体内容如图 9.3 所示。

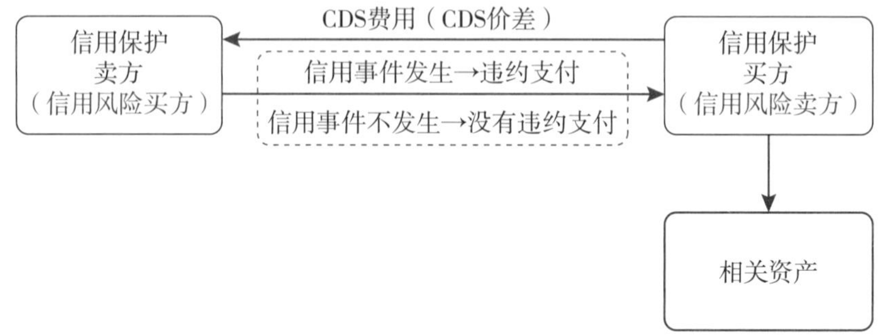

图 9.3　信用违约互换产品

投资者买入一般债券，再买入以该债券为标的资产的 CDS，就相当于买入了无风险的债券，因为 CDS 产品将债券的信用风险转移给了其他机构。

信用违约互换与商业保险合同有相似之处，都是交易一方向另一方支付固定费用，以保证在特殊情况发生时，交易一方能得到另一方的保护或补偿，从而有效规避信用风险。

信用违约互换的本质是，信用保护买方通过支付一定的费用，将其面临的信用风险转移到信用保护的卖方，从而在信用保护买方仍然持有标的资产的情况下，将标的资产的信用风险转移出去，不再承担信用风险。

信用衍生品的优点：可以隔离信用风险（将信用风险与债券或贷款等标的资产分割开来），并在不引起任何资金或客户管理问题的情况下转移信用风险；增强了资产的流动性；实现了对资产或组合的微调。当信用衍生品在一个稳健、流动和透明的市场中得到适当执行时，它有助于信用价格的发现，并提供了一种实时（real-time basis）及监控违约风险的手段（与定期的信用评级相比，由于 CDS 产品在衍生品市场上实时交易，对信用风险监控的实时性更强）。

信用衍生品的挑战：衍生品的复杂性要求交易对手对衍生品的各个特性有足够的了解，每个交易对手都有义务了解衍生品的全部性质。例如，信用违约互换存在交易对手风险（counterparty risk）、流动性问题、法律问题等。在 2007—2009 年金融危机之前，监管者就对信用衍生品市场上的流动性提供者相对较少而感到担忧，市场可能存在系统性风险集中的问题，如果任何一个主要参与者遭遇困境，这个市场可能面临崩溃。然而，在国际互换与衍生工具协会（International Swaps and Derivatives Association，ISDA）的领导下，指数 CDS 市场在金融危机最严重时期的运作还相对平稳。

第十章

剖析2007—2009年金融危机

知识引导

信用衍生品的迅速发展，虽然为公司的风险管理提供了很好的工具，但也为此后的金融危机埋下了伏笔。2007 年在美国开始的信贷危机迅速从金融市场传导到实体经济，并蔓延至全球，引发了自 1930 年美国大萧条以来最严重的金融危机。在这次金融危机中，多家大型知名金融机构倒闭，美国股市蒸发了上万亿美元的市值，对全球金融行业的后续发展与改革产生了深远的影响。

本章旨在解密此次金融危机，从危机产生的原因，金融机构、评级机构、短期市场等在危机中起的作用来解释发生在抵押贷款市场的危机是如何被放大、扩散，从而引爆全球金融危机的。此外，本章还将解析金融危机爆发后的一系列现象，包括市场的反应、政府的应对措施等。

考点聚焦

通过本章的学习，考生需要定性地描述金融机构在金融危机产生中的作用；理解银行业发展趋势如何导致流动性紧缩和流动性危机；描述导致金融危机的短期批发融资市场的趋势，包括它们对系统风险的影响。了解金融危机是如何引发一系列全球金融和经济后果的。

本章框架图

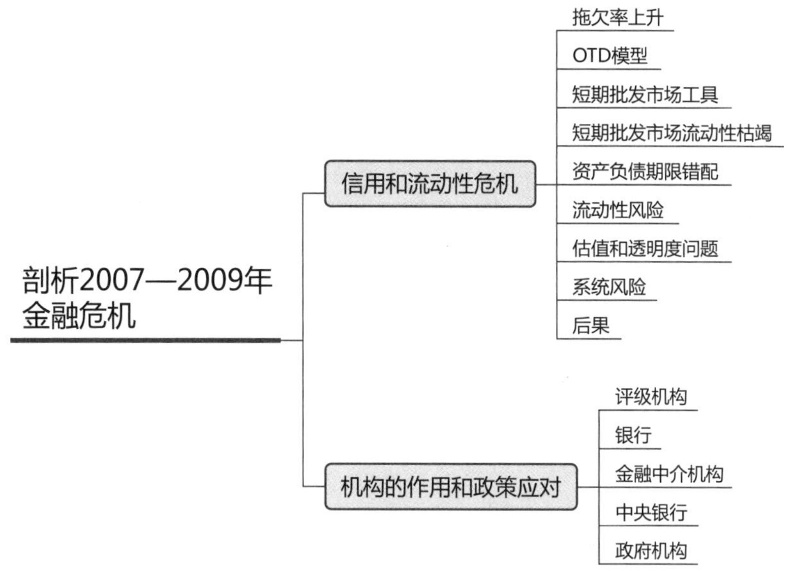

第一节　信用和流动性危机

描述（describe）金融危机的形成过程，以及发挥重要作用的因素（★）

解释（explain）次级抵押贷款和担保债务凭证（CDO）在危机中的作用（★）

在金融危机前夕，证券化产品与金融衍生品在市场上发展迅速，其主要原因包括：

第一，证券化产品可以迎合不同投资群体的需求，并促使抵押贷款的利率、公司贷款利率和其他贷款利率的下降，降低了购房人的成本，促进了房价的升高。

第二，机构投资者可以通过证券化产品间接持有那些原本根据监管要求不得持有的资产。例如，按照监管要求，一些货币市场基金和养老基金只能投资AAA级的固定收益产品，将BBB级债券打包后形成证券化产品，这些机构就可以投资于其中的优先层。

第三，银行可以获取监管套利。银行通过证券化产品把一些流动性差的资产放置表外，从而获取更高的评级，使银行能够以更少的资本满足巴塞尔资本协议的监管要求。

第四，金融机构以及评级机构对证券化产品的估值建模过于乐观。这些模型均是根据历史数据构建的。由于二战以来，美国还未经历过全国范围内的房价暴跌，因此模型认为美国地区间的房价相关性不高，从而分散化投资能降低风险；但实际上并非如此，2007 年开始，美国房地产市场的房价开始普遍下滑。

第五，证券化产品通常可以获得比公司债更高的评级。有研究表明，造成这一现象的原因可能是评级机构对证券化产品评级的收费更高，另外，评级机构之间的竞争，也导致评级机构对证券化产品的评级较高。银行通过和评级机构“合作”，可确保证券化产品刚好达到 AAA 评级的最低要求。

第六，低利率环境。低利率促使包括机构投资者在内的投资者寻找能够提高收益率的投资，他们在次级抵押贷款形成的证券化产品中发现了这个机会，这些产品通常比一般产品提供的收益率更高。

证券化金融产品的泛滥最终导致了借款标准的降低，这是由于通过证券化可以将大部分风险转嫁给其他金融机构。银行仅仅是在贷款转移出去的几个月内，面临着短期的风险，这导致银行并没有充分的动机对贷款人进行严格的审查（例如，对贷款人进行适当的信用评估、对其所购房屋进行严格的抵押评估等），而是只专注于不断通过证券化将贷款转手卖出赚钱，提高其资金流动性。

1. 拖欠率上升

2006 年美国的房地产市场开始不景气，房价大幅下跌（housing price fall sharply），导致以房贷为基础资产的抵押贷款的再融资能力下滑。2007 年，可调利率次级抵押贷款（adjustable-rate subprime mortgages）的拖欠率（delinquencies）上升到 16%，比 2005 年中期上升了近三倍；到了 2008 年 5 月，这一比率上升到 25%，导致大量次级贷款的证券化产品评级下调（downgrade）。

造成拖欠率上升的原因主要有：

（1）在次级抵押贷款交易中，贷款人的固有信用质量通常较低。次级贷款人的典型特征为：不稳定的收入和不良的支付历史，较高的债务/收入比率。

（2）抵押贷款往往抵押不足（under-collateralized）。传统上，首次住房抵押贷款需要一定比例的首付，但 2005 年，相当多的首次购房者支付方式为零首付，这大大减少了房价下跌时的抵押品缓冲（collateral cushion）。

（3）以诱导性利率（teaser rate）引诱贷款人贷款。许多次级抵押贷款都包含了诱导性利率。例如，2/28 的 30 年可调利率，意味着该贷款前两年为低利率，甚至有可能是零利率，剩下的 28 年利率较高。

（4）对次级抵押贷款产品的巨大需求鼓励了一些放贷机构的不当做法。有些贷款人和抵押贷款经纪人提交了虚假文件，使得一些没达到资质的贷款人能够以欺诈条款（fraudulent terms）获取贷款。

2. OTD 模型

（1）银行贷款的 OTD 经营模式，将贷款产生的风险转移给了证券化产品的最终持有者——证券化产品投资者。

（2）OTD 模式降低了银行对贷款尽职调查（due diligence）的积极性，导致一些贷款人的贷款资质很差。

（3）银行错误地认为市场将会有大量持续的流动性资金来支持证券化产品。

（4）银行不仅是作为证券化产品的发行人，它也投资了大量 AAA 级的证券化产品，在巴塞尔协议Ⅱ不增加监管资本的前提下，获取了更高的收益。

（5）结构性投资实体（structured investment vehicle，SIV）是一个经过破产隔离的有限责任公司，银行将其证券化的资产转移至 SIV 内，发行证券化产品，并购买证券化产品。SIV 通常以短期、中期的商业票据作为其资金来源。

在金融危机爆发前期，随着抵押贷款支持证券开始贬值，许多结构性投资实体的信用质量下降，导致其发行的商业票据的信用评级被迅速下调，使得 SIV 不能将其发行的商业票据展期（roll over）。到 2007 年夏天，包括回购市场和商业票据的短期批发融资市场开始冻结，投资者停止滚动投资即将到期的商业票据，迫使银行将 SIV 的资产负债转回其资产负债表。

描述（describe）导致金融危机的短期批发融资市场的趋势，包括它们对系统风险的影响（★）

3. 短期批发市场工具

（1）回购协议（repurchase agreement，repo）是指交易一方出售一种证券，并约定于未来某一时间以更高的价格再购回该证券的交易协议。回购协议非常类似于短期的抵押贷款交易。证券的卖方在回购开始时收到现金，因此可以被视为是抵押贷款交易中的资金借入方（以某一证券作为抵押品），在回购交易中，被称为正回购方；证券的买方在回购期开始时提供现金，然后在回购期结束时获得更高金额的现金，可以被视为资金借出方（更高的金额代表初期借出资金加利息），在回购交易中，被称为逆回购方。

在回购交易中，可以使用各种类型的证券作为抵押品。例如，政府债券、高质量的公司债券和部分证券化产品。抵押品的质量对折扣率（haircut）大小有很大的影响，折扣率是指贷款人愿意向借款人提供的借贷资金相较于抵押品初始市场价值降低的百分比，较高质量的抵押品折扣率较小，较低质量的抵押品折扣率较大。例如，折扣率10%，意味着借款人可以以价值为100美元的抵押品抵押借款90美元。折扣率是为了保护贷款人（即逆回购方），防止其在借款人（即正回购方）违约后出售抵押品时，收回的金额低于其借款的总额。

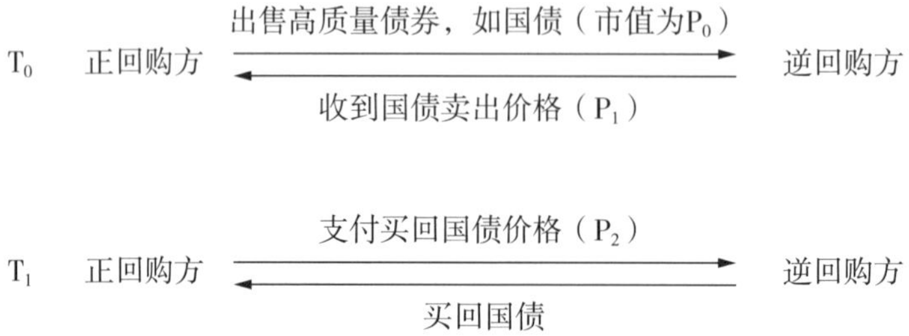

T_0　正回购方 —— 出售高质量债券，如国债（市值为P_0）→ 逆回购方

T_0　正回购方 ← 收到国债卖出价格（P_1）—— 逆回购方

T_1　正回购方 —— 支付买回国债价格（P_2）→ 逆回购方

T_1　正回购方 ← 买回国债 —— 逆回购方

其中：折扣率 $Haircut=\frac{P_0-P_1}{P_0}$；$\Delta P = P_2 - P_1$表示正回购方支付给逆回购方的利息。

图 10.1　回购流程图

回购不属于破产程序，如果一方违约，另一方可以单方面终止交易，要么保留现金，要么出售抵押品。在金融危机发生时，很多资产的折扣率都不同程度地上升。

（2）资产支持商业票据（asset-backed commercial paper，ABCP）是商业票据的一种特殊形式，发行者通过发行资产支持商业票据为其购买资产提供资金，购买的资产则作为票据的抵押品，商业票据通常是短期融资的一个重要的工具。

4. 短期批发市场流动性枯竭

直到2007年中期，交易对手信用风险都没有由市场定价，所以在所有的利率重置期（如3个月、6个月、1年），没有考虑交易对手信用风险的无担保隔夜指数互换（overnight index swap，OIS）利率与考虑交易对手信用风险的互换利率（swap rate）之间几乎没有任何差异，即利差（两种利率的差异）很小。

从2007年6月开始，市场参与者不仅开始担心资产支持证券的价值，还开始担心银行和其他金融机构在次级贷款市场的风险敞口的大小。所以，OIS-swap利差开始爆发，在金融危机中，该利差一直居高不下。与此同时，所有信贷资产的信用利差都大幅增加，降低了信贷资产的市场价格，大量机构在短期批发市场的融资缩水，产生流动性问题。机构开始大量抛售资产，造成资产价格的大幅下降。

同时，针对短期批发市场工具中的回购交易，该交易中的折扣率大幅增加，使得依赖回购融资的机构无法滚动其短期资金，导致流动性枯竭。随着金融危机的蔓延，市场开始对证券化产品的定价和评级的可靠性产生疑虑，从而导致短期 ABCP 市场发行量大幅萎缩，截至 2009 年 1 月，ABCP 市场的发行量下降将近 50%。

结构性投资实体（SIV）通常依赖能够定期滚动的短期债务为其较长期的资产融资。然而，随着抵押贷款支持证券开始贬值，许多结构性投资实体的信用质量下降了，导致这些结构性投资实体发行的资产支持商业票据的信用评级被迅速下调，从而使得 SIV 不能将其发行的资产支持商业票据进行展期，迫使银行将其 SIV 中的资产移回至表内。

这些事件的发生以及各种市场信号表明市场流动性紧张，银行间拆借利率大幅上升，金融机构彼此之间不愿意互相拆借。

5. 资产负债期限错配

银行业普遍存在期限错配（maturity mismatch），主要体现在商业银行的资产与负债端的期限错配。在银行的负债端，因为投资者通常偏爱短期资产，所以银行的大部分资金来源于短期负债，银行面临着投资者的短期提现需求；而在银行的资产端，银行贷款投资的项目期限较长，通常在几年甚至十年以上。资产负债的期限错配，就意味着银行用短期的资金来源投资于长期的项目，一旦融资渠道断裂，银行就会面临着流动性枯竭（dry-up）的问题。

6. 流动性风险

流动性风险分为融资流动性风险和市场流动性风险。所谓融资流动性风险是指企业无法通过融资获得足够的现金流或资产来履行其义务的风险。市场流动性风险是指由于市场暂时失灵或其他原因导致资产无法及时并且足额变现。

金融危机的蔓延，导致公司和银行都面临着不同程度的流动性风险。整个金融市场爆发了流动性危机。

7. 估值和透明度问题

证券化产品的底层资产为贷款或其他资产（如信用卡应收等），每份底层资产都是独一无二的，有其对应的抵押品和利率设计，对底层资产估值的模型必须契合每份底层资产的特点，所以模型具有一定的复杂性和特殊性。另外，基准价格

（benchmark price）的缺失导致了证券化产品价格没有一个可比的价格基础，也是一个很明显的问题。

因此，基于底层资产的证券化产品的估值，其复杂程度较高，除了要依据底层资产估值，还要结合评级机构以及资产池的未来价值等信息作为估值的依据。此外，相关的数据量太少，也为证券化产品估值带来了极大的困难。

另外，证券化产品的透明度也是一个很大的问题。金融市场中的大多数投资者，根本不了解他们买入的这些复杂的结构化产品，包括产品的风险程度、估值和评级，更不用说在极端压力情景下这些证券化产品的表现了。很多投资者的评估都依赖于证券化产品的评级和产品的未来现金流，然而，未来现金流并不是一个衡量证券化产品潜在回报的好办法，因为它假设资产的现金流估计都是准确的，并且所有的现金流都可以以一定的收益率进行再投资，但这些假设在金融市场中是不一定成立的。

金融危机爆发后，市场上的投资者开始怀疑证券化产品的估值，不仅如此，大型金融机构在次级市场上持有的大量次级贷款的证券化产品也受到了投资者的质疑。

8. 系统风险

系统风险（systemic risk）是指一家公司或一个市场发生的事件可能扩展到其他公司或市场的风险。系统风险在加剧金融危机的影响方面起到了重要作用。

在回购市场和资产支持商业票据中，抵押品质量对于降低借款人违约风险至关重要。市场中的投资人需要对用作抵押品的资产的性质和价值有信心，然而，随着资产支持商业票据和回购市场的恶化，这种信心消失了，投资人越来越担心抵押品是否包括次级抵押贷款，以及报告中的抵押贷款的估值是否可靠，由于这些市场缺乏透明度，即使金融机构的资产中没有次级贷款的证券化产品，其也很难再受到投资者的青睐。

资产支持票据和回购市场的崩溃产生了诸多影响。许多对冲基金借款无法展期，被迫出售资产。由于对冲基金往往持有种类繁多的资产，因而对许多市场都产生了影响。首当其冲的是CDO市场，该市场面临着巨大的抛售压力。与此同时，银行开始囤积现金，2007年8月上旬，3个月期的Libor上升了30个基点。随着信贷标准的收紧，不愿放贷的现象变得普遍起来，这对对冲基金和其他金融机构就都产生了负面影响，挤压了住房和商业抵押贷款的流动性，至此，次贷危机（subprime crisis）演变成了金融危机（financial crisis）。

9. 后果

2008年9月次贷危机（subprime crisis）迎来了一个高峰：

（1）雷曼兄弟宣告破产。美国财政部和美联储决定不使用纳税人的钱为雷曼兄弟提供担保，最终雷曼兄弟不得不申请破产。由于雷曼兄弟在全球都有交易对手方，它的倒闭使金融危机迅速蔓延到了全球。

（2）摩根士丹利和高盛转换成了银行控股公司（bank holding companies），受到了美联储的严格监管。

（3）房利美和房地美两大机构被国有化。

（4）美国国际集团（American International Group，AIG）披露其面临严重的流动性短缺问题，由于美国国际集团在信用衍生品业务中的关联太大，美联储迅速注资，对其进行了救助。

（5）市场投资者都转到了安全产品的投资（flight to quality），大量的资金出逃，转为投资美国国债。

（6）银行间市场的流动性枯竭，银行之间也不愿意互相借贷，借贷利率大幅上升。

（7）银行的信贷标准收紧，对企业正常的贷款也带来了极大的限制。

第二节　机构的作用和政策应对

比较（compare）不同类型的机构在金融危机中的角色，包括银行、金融中介机构、抵押经纪人和贷款人，以及评级机构（★）

金融危机中，涉及到的主要机构有银行、评级机构和金融中介机构。

1. 评级机构

世界三大评级机构，包括标准普尔（Standard &Poor's，简称“标普”）、穆迪（Moody's）和惠誉（Fitch）。信用评级机构收取费用，对证券化产品的各种层级进行评级。

银行监管资本的计算中需要用到资产的风险权重，由于评级机构对产品的评级决定了该风险权重的大小，故评级机构对银行的监管资本计算有着重大的影响。此外，根据监管要求，重要的金融机构都不允许持有评级较低的资产，因此，评级机构在金融危机中扮演着非常重要的角色，体现在以下几个方面：

(1) 评级机构在对证券化产品评级时，依赖的是历史数据，这些历史数据并没有反映当时资产的真实特征和变化。例如，金融危机前夕越来越多的 NINJA 贷款、欺骗性贷款，以及 100%贷款/价值比率的次级住房抵押贷款。

(2) 评级机构还依赖于从证券化产品发起人（originator）、发行人（issuers）和设计人（arrangers）那里获取抵押贷款的数据，并进行尽职调查。尽管人们普遍察觉贷款标准在下降，欺诈行为在增加，但评级机构本身并未对数据进行任何额外的尽职调查或监控。此处的发起人指的是银行，发行人指的是 SPV，设计人指的是服务于证券化过程的投资银行。

(3) 次级抵押贷款在市场上出现的时间太短，无法提供长期的数据以供风险分析提取信息。

(4) 如本章前文所述，随着金融创新，证券化产品变得非常复杂，本质上的透明度很低，评估定价的模型非常复杂，这些模型的可靠性不高。

(5) 一些证券化产品的评级收费要高于其他金融资产的评级收费，无形中导致评级机构对证券化产品的评级虚高。

以上种种因素都导致评级机构对证券化产品的评级存在很大的问题，市场对证券化产品的定价变得十分困难。

2. 银行

银行将各类贷款打包，然后再通过资产证券化，把证券卖给有不同风险偏好的投资者。从理论上讲，OTD 模型，加上证券化的广泛使用，将使得整个金融体系更广泛地分散风险，加快资金的回流速度，降低银行对信贷危机的敏感度，降低系统风险，并为银行提供额外的资金来源来支持其放贷。

然而，金融危机暴露了这一理论的缺陷，银行打包卖出的证券化产品中的 AAA 评级的层级大大降低了投资者尽职调查的积极性。投资者盲目地跟从市场，投资证券化产品成为了投资者追捧的一个潮流。

3. 金融中介机构

金融市场上的金融中介机构主要是指抵押贷款证券化产品的经纪人（mortgage brokers），它们为抵押贷款发行的证券化产品提供相关的服务。经纪人往往是指大型的投资银行，它们和银行利用宽松的利率政策和贷款标准，提交了虚假文件，使一些借款人能够以欺诈条款获取资金。此外，抵押贷款经纪人的薪酬结构也进一步加剧了这种情况，这种结构使得经纪人更关注于增加贷款的发放量，而不注重这些贷款的长期业绩，导致抵押贷款经纪人几乎没有动机进行适当的尽职调查。

另外，银行作为抵押贷款的发起机构（originator）通常比金融中介机构具有信息优势，在发行证券化产品时，金融中介机构往往对证券化产品的底层资产没有深入了解。

4. 中央银行

描述（describe）各国央行在应对危机时所做的反应（★）

为了应对不断加剧的金融危机，美联储和世界各地的央行实施了一系列的政策，包括：

（1）货币政策（monetary policy）。通过降低利率来刺激经济，但没有证据表明，降低利率对当时的财务压力有积极影响。

（2）向市场提供流动性。包括：

① 向投资银行和证券公司开放贴现窗口，允许其通过央行贴现窗口借款；向货币市场基金提供流动性。

② 提供资金以担保高质量的非流动性资产支持证券的正常交易。

③ 为购买无担保的商业票据和资产支持商业票据提供资金。

④ 购买房利美和房地美的资产。

5. 政府机构

在金融危机期间，美国政府采取了一系列的应急措施，如再注资（recapitalization）：

（1）对公司进行直接注资（capital injection），包括政府出面，购买公司的普通股、优先股和次级债。例如，2008 年 9 月接管了房利美和房地美两家公司。

（2）推出 2008 年 10 月的问题资产救助计划（troubled asset relief program，TARP）。

（3）一级经销商信贷安排（the primary dealer credit facility，PDCF）允许美联储通过回购向一级交易商提供资金。

（4）定期拍卖工具（the term auction facility，TAF）：银行可以用更多种类的抵押品进行抵押拍卖，通过拍卖资金向存款机构提供资金。

第十一章

GARP行为准则

知识引导

FRM®考试是由全球风险管理专业人士协会（Global Association of Risk Professionals，GARP）举办的。GARP 成立于 1996 年，总部位于美国，旨在提升全球范围内的金融风险管理标准。为了实现这一目的，GARP 建立了 GARP 行为准则以规范会员的行为，规定了“哪些事情可以做”“哪些事情不能做”以及“在具体情形下，该怎么做”。

考点聚焦

本章并非重点章节，考生需要掌握在风险管理中，每个 GARP 会员在职业操守和道德行为、利益冲突、信息保密性等方面的职责，以及一些被普遍接受的做法；了解各种违反 GARP 行为准则的潜在后果。

本章框架图

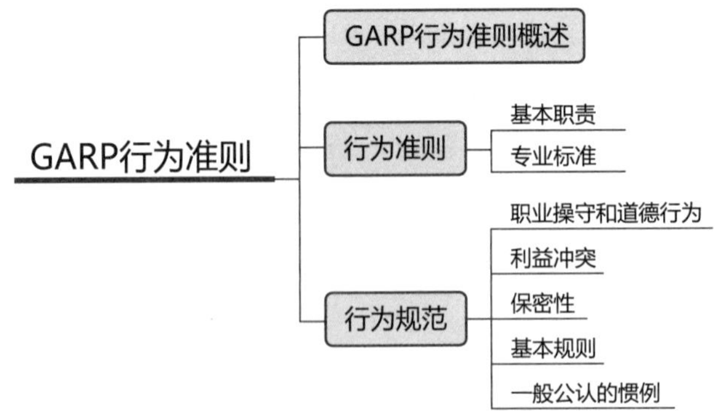

第一节　GARP 行为准则概述

描述（describe）违反 GARP 行为准则的潜在后果（★）

GARP 行为准则旨在提升行业内最高水平的道德操守和披露要求，并为个人从业者和风险管理行业人士提供指导和支持。追求高的道德标准不仅是遵守适用的规则和条例，而是按照这些法律和条例的意图行事，追求一种普遍的道德文化。

行为准则是由 GARP 会员统一坚持和实施的原则、专业标准和规范。每个 GARP 会员都应了解并遵守本守则。当地方法律或规章制度与本准则产生冲突时，GARP 会员应以地方法律或规章制度为准。一旦会员违反 GARP 准则的行为被正式确认，其后果可能是暂时或永久失去 GARP 会员资格，也可能包括暂时或永久失去已获得的 FRM 头衔或任何其他 GARP 授予资质的使用权。

GARP 行为准则是对道德层面的要求，而不是法律层面的要求。因此，GARP 行为准则一般比当地的法律法规要求更严格（业内最高水平的道德操守）。同样，会员违反 GARP 行为准则，GARP 采取的措施也仅限于取消 FRM 头衔或剥夺会员资格，不会涉及法律手段。

备考小贴士

本部分内容偏记忆型，但考生无须对所有规定死记硬背。一般情况下，考生可通过常理判断一些行为是否违反 GARP 的行为准则。对于一些相对“特别”的规定，考生可以单独记忆。下文将对一些有可能存在“陷阱”的规定进行说明。

例题 11.1

下列哪一项是会员违反 GARP 行为准则的行为被正式确认发生后的潜在后果?

A. 向发生违反行为的 GARP 会员的雇主发正式通告

B. 暂停该会员在风险管理行业的工作

C. 取消 GARP 会员使用 FRM 头衔

D. 参加道德培训

名师解析

答案为 C。根据 GARP 行为准则，一旦会员违反准则的行为被正式确认，其后果可能是导致暂时或永久失去 GARP 会员资格，也可能包括暂时或永久取消违反者的头衔使用权，包括已获得的 FRM 头衔或任何其他 GARP 授予的资质。

第二节　行为准则

一、基本职责

> 描述（describe）在风险管理中，每个 GARP 会员在职业操守和道德行为、利益冲突、信息保密性和遵守风险管理中普遍接受的做法方面的责任（★）

1. 职业操守和道德行为

职业操守和道德行为（professional integrity and ethical conduct）要求 GARP 会员的行为必须诚实、正直，并且能够胜任（competence）风险专业人员的职责，维护风险管理行业的声誉。GARP 会员必须避免在评估、测量和流程中使用变相的手段，以牺牲诚实和真实为代价来提供业务优势。

2. 利益冲突

GARP 会员有责任促进所有相关团体的利益，不能故意进行直接或间接涉及实际或潜在利益冲突（conflicts of interest）的风险管理服务，除非已经对受实际或明显利益冲突影响的各方进行了充分披露。GARP 会员应承诺充分披露并管理任何不可避免的冲突。

3. 信息保密性

信息保密性（confidentiality）是指 GARP 会员将采取一切合理的预防措施防止有意和无意的机密信息泄漏。

二、专业标准

1. 基本责任

GARP 会员必须自己努力并鼓励其他人以最高水平的专业技能操作；应该不断完善专业知识；有个人道德责任，不能将这种责任外包或委派给他人。

2. 最佳实践

GARP 会员应当促进和坚持适用的“最佳实践标准”（best practices），并将确保在其直接监督或管理下执行的风险管理活动符合这些适用标准；认识到风险管理并非形而上学。

3. 沟通和信息披露

GARP 会员代表其公司发布的任何信息都应当确保信息内容清晰、适合具体情况和目标受众，并满足适用的行为标准。

第三节　行为规范

一、职业操守和道德行为

第一，GARP 会员应当专业、道德并诚信地对待现有的或潜在的雇主、客户、公众和金融服务行业人员。

第二，GARP 会员在提供风险服务时，应运用合理的判断，保持思想和方向的独立性。GARP 会员不得提供、索取或接受任何礼物、好处、补偿，或可被合理预期会损害自己或他人独立性和客观性的报酬。

第三，GARP 会员必须采取合理的预防措施，以确保会员的服务不被用于不当、欺诈或非法的目的。

第四，GARP 会员不得故意歪曲有关分析（analysis）、建议（recommendation）、行动（action）或其他专业活动的细节。

第五，GARP 会员不得从事任何涉及不诚实或欺诈，任何对其诚信与正直、风险管理专业能力产生负面影响的行为。

第六，GARP 会员不得参与或从事任何会损害 GARP、FRM 头衔诚信的行为，或会损害获得 FRM 资格或由 GARP 提供的其他证书使用权考核的诚信或有效性的行为。

第七，GARP 会员应注意在道德行为和习俗方面的文化差异，并根据当地风俗避免任何可能出现的不道德行为。如果两者出现冲突，GARP 会员应寻求应用更高的标准。

二、利益冲突

第一，GARP 会员在任何情况下，都应公正行事，必须向所有受影响方充分披露任何实际或潜在的冲突。

第二，GARP 会员应充分公正地披露所有合理预期的、可能损害其独立性和客观性或妨碍其对雇主、客户和潜在客户行使职责的事项。

三、保密性

除非事先得到同意，GARP 会员不得利用工作的机密信息图谋不恰当的目的，必须保持其工作、雇主或客户的信息机密性。

不得利用保密信息获取个人利益。

四、基本规则

第一，GARP 会员应遵守所有适用于 GARP 的法律、规则（包括本准则）；会员不得故意参与或协助任何违反上述法律、规则或条例的行为。

第二，有道德责任，不能将道德责任外包或委托他人。

第三，应了解其雇主或客户的需求和复杂性，并应提供适当的风险管理服务和建议。

第四，应注意不要夸大结果或结论的准确性或确定性。

第五，应明确披露其在风险评估、行业惯例和适用法律法规等方面的具体知识和专业知识的相关限制。

五、一般公认的惯例

一般公认的惯例（General Accepted Practices）包括：

第一，GARP 会员应以勤奋的态度独立地执行和履行所有的服务和任务。GARP 会员应收集、分析和发布具有高水准的专业客观性风险信息。

第二，GARP 会员应熟知目前被普遍接受的风险管理做法，并应明确注明任何与其使用相偏离的信息。

第三，GARP 会员应确保沟通的所有信息均是事实数据而无任何虚假信息。

第四，GARP 会员应对陈述的分析和建议做一个事实与观点之间的明确区别。

第二部分

数量分析

FRM

考情分析

“数量分析（quantitative analysis）”是 FRM®一级考试的第二门科目，分值占比为 20%。由于“数量分析”涉及很多高等数学的知识，导致很多非理科出身或者以往数学成绩不好的考生对本部分内容望而生畏，这其实是完全没有必要的。在 FRM®中涉及的数学知识本身难度确实不低，但考试要求掌握的程度却并不高。平均不到 3 分钟就必须解出一道选择题的考试形式决定了 FRM®不可能深入考查高深的数学知识。一言以蔽之，“数量分析”部分虽然学的是理科的知识，但用的是文科的考法。考生在学习本部分内容时应注重对基本概念的理解与相似概念的辨析，掌握计算题的固定解题模式，忽略定理的证明过程。这门科目设置的根本目的是让考生掌握其他科目学习的基本数学工具，理解相关数学知识的原理与基本思想。

“数量分析”共有十五章，涉及五个知识模块：一是概率论，主要介绍事件概率以及事件之间的关系（第十二章至第十五章）；二是统计学，主要介绍如何用统计量与分布描述数据集的特征，如何通过抽样数据推断总体特征（第十六章至第十七章）；三是计量经济学，主要介绍如何运用线性回归模型研究变量之间的关系（第十八章至第二十章）；四是时间序列分析，主要介绍如何研究经济金融中的时间序列数据（第二十一章至第二十三章）；五是模拟，主要介绍如何运用计算机模拟的方法对相关问题进行情景分析（第二十四章）；六是机器学习，主要介绍了机器学习的方法和机器学习预测（第二十五章至第二十六章）。最后，本部分附录介绍了计算器的使用方法。

本部分框架图

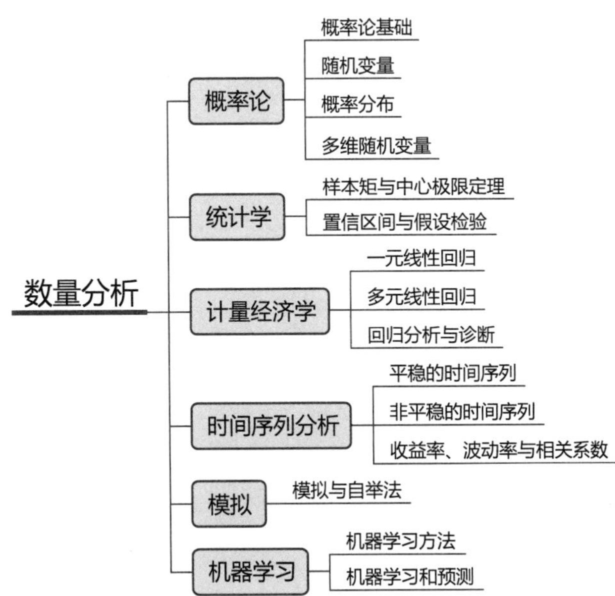

第十二章

概率论基础

知识引导

概率论是一门研究随机现象规律的学科，最早起源于 17 世纪数学家帕斯卡对赌注分配问题的思考。随着中心极限定理、大数定律的提出以及测度论方法的引入，概率论实现了公理化，成为一门严谨的数学学科。如今，概率论与以其为基础的数理统计学相结合，在风险管理领域中有着广泛的应用。

考点聚焦

本章涉及概率论的基本概念，是理解后续章节的基础。其中，贝叶斯公式是考生需要重点掌握的内容。此外，考生应熟悉独立事件、互斥事件以及遍历事件的概念，掌握条件概率、联合概率的计算。

本章框架图

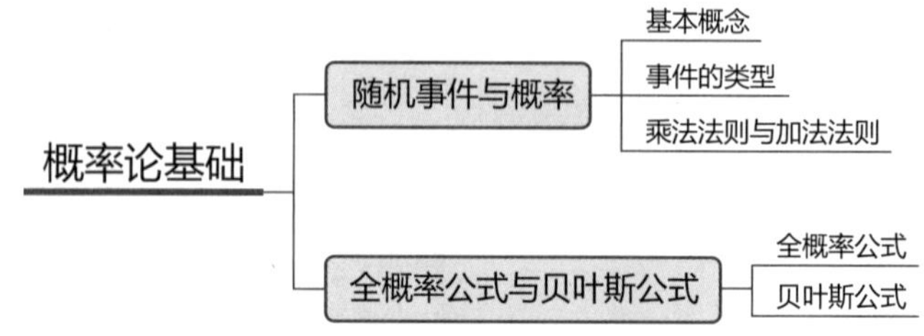

第一节　随机事件与概率

一、基本概念

描述（describe）事件与事件空间（★）

1. 随机变量

自然界与社会实践中产生的现象可分为确定性现象与随机现象两类。与确定性现象不同，随机现象所产生的可能结果不止一个，且无法事先预知哪个结果会发生。概率论的主要研究对象是随机现象。为方便研究，我们将随机现象可能产生的结果定义为一个变量，称为随机变量（random variable）。随机变量一般用大写字母 X、Y、Z 表示。例如，抛骰子得到的点数，记为 X；某一时段来银行办理业务的人数，记为 Y；一只股票第二天的收盘价，记为 Z 等。

2. 结果

随机变量的可能取值称为结果（outcome），结果的某一具体取值一般用小写字母表示。随机变量的所有可能结果组成的集合称为样本空间（sample space），用大写希腊字母 Ω 表示。

3. 事件

随机变量部分结果组成的集合称为随机事件，简称为事件（event），一般用大写字母 A、B、C 表示。注意，事件的本质是一个集合，可以是样本空间的任意子集，包括空集和全集。当这个集合中任意一个结果发生，就称该事件发生。例如，随机变量 X 表示骰子掷出来的点数，事件“掷出偶数点”可以用事件 $A=\{2, 4, 6\}$ 表示，当掷出 2 点、4 点或 6 点任一结果发生时，就代表事件 A 发生了。

4. 事件空间

事件空间（event space）通常记为 F，是指所有事件的集合。

5. 概率的定义

概率的定义是建立在事件的基础上衡量某个事件发生的可能性，事件 E 发生的

概率记为 $P(E)$。任一事件 E 的概率必须满足以下两个性质：

第一，任意事件 E 的概率必须在 0 到 1 之间：$0 \leqslant P(E) \leqslant 1$。

第二，一组互斥且遍历事件的概率和为 1：$\sum P(E_i) = 1$。

从上述定义可以看出，$P(E)$ 实际上是一个把事件映射到概率的函数，这个函数的自变量是事件，因变量是事件发生的概率值。互斥和遍历事件的概念我们将在后文学习。

二、事件的类型

描述（describe）独立与互斥事件（★★）

学习概率论时，维恩图（也称文氏图）是极其有用的工具，见图 12.1。在维恩图中，长方形方框代表整体样本空间 Ω，即所有可能结果的集合；圆形代表某个具体的事件 A，如果某个结果 w_1 落在圆形内，代表事件 A 发生了；反之，结果 w_2 落在圆圈外，代表事件 A 没有发生。圆形 A 面积的占比可以近似看成事件 A 发生的概率。了解维恩图将有助于理解与记忆接下来要学习的相关概率公式。

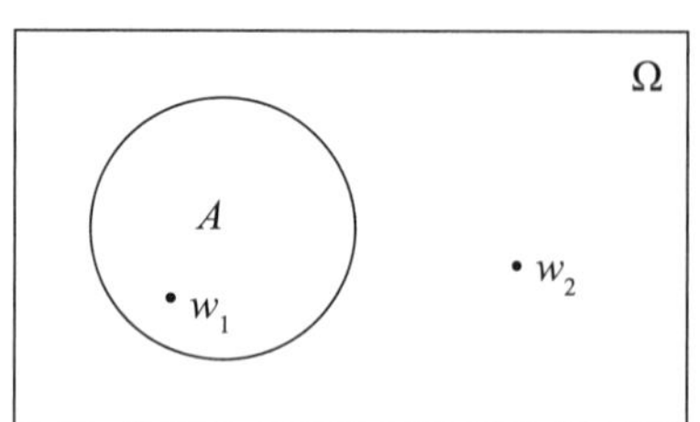

图 12.1　维恩图示意

1. 互斥事件

一组不可能同时发生的事件称为互斥事件（mutually exclusive events）。图 12.2 显示了一对互斥事件的维恩图。图中，互斥代表事件 A 与事件 B 的圆圈互不相交，表明事件 A 与事件 B 不可能同时发生。例如，掷骰子中，事件 A“掷出偶数点”与事件 B“掷出奇数点”为互斥事件，这是因为掷出的点数不可能既是奇数又是偶数。为方便理解，可以把互斥事件比喻为一对仇人，两者永不相见，一人出现时另一人绝不会出现。

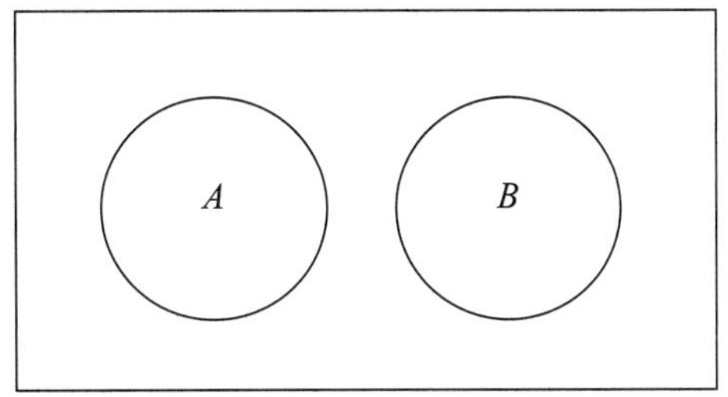

图 12.2　互斥事件的维恩图

2. 遍历事件

一组包含随机变量所有可能结果的事件称为遍历事件（exhaustive events）。图 12.3 显示了一组遍历事件 A、B 与 C。图中，事件 A、事件 B 与事件 C 涵盖了样本空间中所有的样本点。注意，图中事件 A 与事件 B 存在交集，即图 12.3 中阴影部分。事件 A 与事件 B 也可以不存在交集，例如，掷骰子中，事件 A“掷出偶数点”与事件 B“掷出奇数点”同样也为遍历事件，因为掷出的点数要么是奇数要么是偶数，不可能有其他情形。

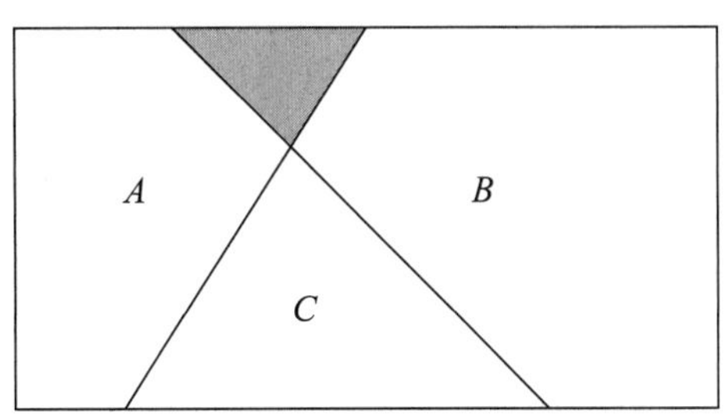

图 12.3　遍历事件的维恩图

例题 12.1

掷骰子中，若事件 A 为“掷出偶数点”，事件 $B=\{1, 2, 3, 5\}$。事件 A 与事件 B 是否为互斥事件，是否为遍历事件？

名师解析

事件 A 与事件 B 不为互斥事件，因为当掷出 2 点时，事件 A 与事件 B 同时发生；事件 A 与事件 B 为遍历事件，因为样本空间 $\{1, 2, 3, 4, 5, 6\}$ 中的任一结果都要么包含在事件 A 中，要么包含在事件 B 中。

3. 独立事件

如果一个事件的发生不会影响到另一个事件发生，则称这两个事件独立（independent events）；反之，如果一个事件的发生会影响到另一个事件发生，则称这两个事件不独立（dependent events）。

例如，把“明日华盛顿下雨”记为事件A，“明日我国A股上涨”记为事件B。从直觉上看，不考虑蝴蝶效应，事件A与事件B应该是独立的，即华盛顿是否下雨不会影响我国A股市场的涨跌。然而，如果把“明日美联储加息”记为事件C，则事件C与事件B一般就不是独立的了。美联储加息是重要的全球宏观事件，尽管发生在美国，但其影响有可能通过各种因素传导到我国的股票市场上来，从而影响当日我国股市上涨的概率。

例题 12.2

互斥事件是否为独立事件？独立事件是否为互斥事件？

名师解析

互斥事件一定不是独立事件。独立事件是指一件事情的发生不会影响到另一件事情的发生。如前所述，互斥事件就像一对仇人，如果事件A发生，事件B就肯定不会发生。因此事件A与事件B不是独立事件。

独立事件一定不是互斥事件。如前所述，独立事件就像一对陌生人，如果事件A发生，事件B可能发生，也可能不发生。即事件A与事件B有可能同时发生，因此事件A与事件B不是互斥事件。

三、乘法法则与加法法则

计算（calculate）离散随机变量的概率（★★）
定义（define）、描述（describe）并计算（calculate）条件概率（★★）
区分（differentiate）条件概率与无条件概率（★★）

1. 条件概率

条件概率（conditional probability）是指在已知某事件B发生的情况下，事件A发生的概率，记为$P(A|B)$。注意，条件概率与前文的无条件概率$P(A)$是不同的。条件概率本质上仍然是事件A的概率，只不过是估算事件B发生后事件A的概率，相

当于原先的样本空间发生了变化，事件 B 的发生为判断事件 A 发生的概率剔除掉了一些样本点。例如，事件 A 代表股票S明天上涨的概率，事件 B 代表美联储加息。无条件概率 $P(A)$ 就是指在不知道任何信息的情况下，明天股票 S 上涨的概率；而 $P(A \mid B)$ 是指已知美联储加息的情况下，明天股票 S 上涨的概率。如果按照通常的判断，加息是对股市的不利因素，那么已知美联储加息的情况下，估计股票 S 上涨的概率 $P(A \mid B)$ 应当低于没有任何信息下估算的 $P(A)$。

备考小贴士

条件概率的计算是常考点，具体计算将结合下文贝叶斯公式一起学习。

2. 联合概率与乘法法则

联合概率（joint probability）是指一组事件同时发生的概率。以两个事件为例，事件 A 与事件 B 同时发生的概率为联合概率，记为 $P(AB)$ 。计算联合概率必须用到乘法法则（multiplication rule）：

$$P(AB) = P(A \mid B)P(B) = P(B \mid A)P(A) \tag{12.1}$$

乘法法则在实际运用中更常以式（12.2）的形式出现，用于计算条件概率：

$$P(A \mid B) = \frac{P(AB)}{P(B)} \tag{12.2}$$

对于独立事件来说，事件 A 发生的概率不受事件 B 的影响，因此 $P(A \mid B) = P(A)$，于是根据式(12.2) 有 $P(AB) = P(A)P(B)$。因此，$P(A \mid B) = P(A)$ 与 $P(AB) = P(A)P(B)$ 均可以用于定义独立事件，可以视为等价。

可以借助维恩图理解与记忆式(12.2)。例如，在图 12.4 中，估算概率 $P(A \mid B)$。由于已知事件 B 发生了，于是在计算事件 A 的概率时，概率空间就不再是原先的整个概率空间 Ω，而是缩小到了事件 B 所在的不规则圆形。然而，在不规则圆形 B 中，事件 A 发生的结果实际上就是事件 A 与事件 B 交集的那些结果。因此用联合概率 $P(AB)$ 除以事件 B 的概率就可以得到条件概率 $P(A \mid B)$ 了。

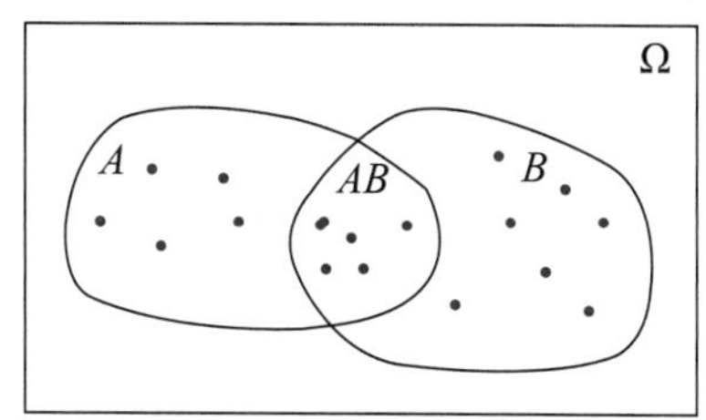

图 12.4　乘法法则与加法法则的维恩图

例题 12.3

假设美联储降息的概率为30%。如果美联储降息，则经济进入繁荣期的概率为80%。求经济进入繁荣期且美联储降息的概率。

名师解析

事件 P 表示经济进入繁荣期，事件 D 表示美联储降息。本题可以直接代公式计算，$P(PD)=P(P\mid D)P(D)=0.8\times0.3=0.24$。

需要注意的是，在解题过程中考生需要注意区分题目条件中给出的是条件概率还是联合概率。一般以“if”“given”“on the condition that”开头的句子，给出的是条件概率；而如果以“and”连接两个事件，则一般给出的是联合概率。

3. 加法法则

加法法则（addition rule）适用于计算事件 A 或事件 B 发生的概率，记为 $P(A+B)$。只要事件 A 或者事件 B 其中一个发生，就代表 $A+B$ 事件发生，其公式如下：

$$P(A+B)=P(A)+P(B)-P(AB) \tag{12.3}$$

式(12.3)也可以通过图12.4来理解。$P(A)+P(B)$ 为不规则圆形 A 与不规则圆形 B 面积相加，但是由于两个不规则圆形有重叠部分 $P(AB)$，相当于 $P(AB)$ 的面积被加了两次，故扣除掉一个后就表示 $A+B$ 的概率。

特别地，当事件 A 与事件 B 互斥时，$P(AB)=0$，此时，事件 A 或事件 B 发生的概率 $P(A+B)=P(A)+P(B)$。

4. 无条件独立与条件独立

解释（explain）无条件独立事件与条件独立事件（★★）

明确了条件概率的定义后，我们再来重新定义前面所介绍的独立事件。我们将事件独立分为两类：无条件独立（unconditional independence）与条件独立（conditional independence）。

先来看无条件独立。前文介绍的独立事件实际上是无条件独立，当事件 A 与事件 B 独立时意味着有：

$$P(A\mid B)=P(A) \text{ 或 } P(B\mid A)=P(B) \tag{12.4}$$

即事件 A 的无条件概率与条件概率相等，就意味着事件 A 与事件 B 相互独立。根据条件概率的公式，进一步将式（12.4）变形有：

$$P(A \mid B)=P(AB)/P(B)=P(A) \tag{12.5}$$

整理式（12.5）可得出两个事件无条件独立的另一个形式：

$$P(AB)=P(A)\ P(B) \tag{12.6}$$

备考小贴士

式（12.4）与式（12.6）均为两个事件无条件独立的等价定义，考生应当等同对待。尤其是式（12.6），仅当两个事件无条件独立时才成立，对于一般的一组事件是不成立的。

再来看条件独立的定义，条件独立的定义与无条件独立定义的式（12.6）非常相似，仅加上了一个条件事件 C，如下：

$$P(AB \mid C)=P(A \mid C)P(B \mid C) \tag{12.7}$$

考生需要注意的一点是，条件独立是无条件独立的既非充分也非必要条件。下文将通过一个例子来帮助考生形象地理解条件独立与无条件独立。

首先，假设 A 与 B 两人是一对情侣，两人的共同喜好是一起去逛公园。因此，A 或 B 决定是否去公园的两个事件就不是无条件独立的：即如果 A 去逛公园，大概率 B 也会去逛公园。这里我们引入第三个事件 C，代表两人分手。如果事件 C 发生，那么在两人分手的前提下，A 或 B 决定是否去公园的两个事件就变成条件独立事件了，无须再考虑对方的决策。

反之，如果 A 与 B 两人原本互不相识，那么两人决定是否去公园的两个事件就是无条件独立的。然而，如果某一天两人在公园相遇并相恋（事件 C 发生），那么从此以后，两人决定是否去公园就不再是独立事件了，必定会考虑对方去公园的可能性。

第二节　全概率公式与贝叶斯公式

一、全概率公式

学习贝叶斯公式之前，先要理解全概率公式（total probability theorem）。全概率公式的运用非常广泛。实务中，通常我们关注的某一事件可能很复杂，直接去求该事件的概率无从入手，然而通过全概率公式，可以把复杂的事件拆分为简单事件后再求解其概率。全概率公式如下：

$$P(B)=\sum_{j=1}^{n}P(A_j)P(B\mid A_j) \tag{12.8}$$

其中，事件A_1，A_2，…，A_n互斥且遍历。

全概率公式的含义也可以通过维恩图来理解，见图12.5。事件B发生的概率可以看成是椭圆形B的面积，而整个样本空间可以通过互斥且遍历的事件A_1，A_2，…，A_n来进行拆分。相应地，椭圆形B的面积也可以拆分成B分别与A_1，A_2，…，A_n交集的面积。进一步，每一部分交集的面积实际上就是联合概率$P(A_iB)$，利用乘法法则又可以将$P(A_iB)$写成$P(A_i)P(B\mid A_i)$，最后把所有$P(A_iB)$加总就可以得到(12.8)的公式了。

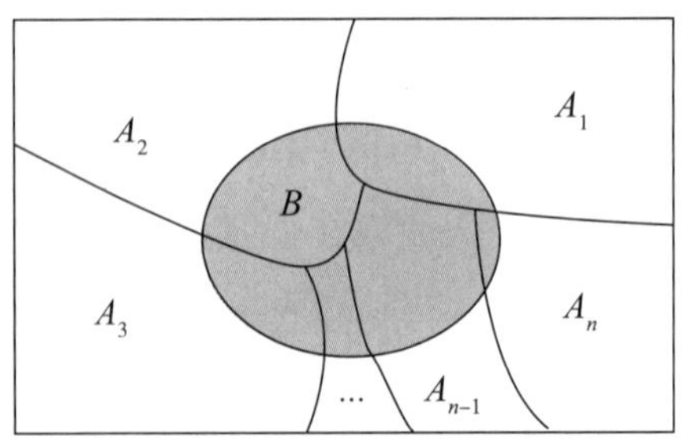

图12.5　全概率公式的维恩图

例题 12.4

假设下一季度美联储加息概率 $P(I)$ 为 0.3。如果美联储加息，经济陷入衰退的概率为 0.8；反之，如果不加息，经济陷入衰退的概率为 0.1。求经济陷入衰退的无条件概率。

名师解析

美联储加息用事件 I 表示，经济衰退用事件 R 表示。因此，题目已知条件可以转换为：$P(I)=0.3$，$P(R \mid I)=0.8$，$P(R \mid I^C)=0.1$（其中，I^C 表示事件 I 的补集，即美联储不加息）。通过公式可求得：

$$P(R)=P(R \mid I)\times P(I)+P(R \mid I^C)\times P(I^C)=0.8\times 0.3+0.1\times 0.7=0.31$$

通过例题 12.4 可体会全概率公式的含义，即分类讨论。要直接求经济衰退的概率可能无从入手，可以通过美联储是否加息，把经济衰退分成两种情况来讨论。于是，经济学家判断经济是否衰退有了前提条件，估算概率更容易些。

二、贝叶斯公式

解释（explain）贝叶斯定理并运用（apply）定理计算条件概率（★★★）

由乘法法则以及全概率公式即可推导出著名的贝叶斯公式（Bayes' rule）。贝叶斯公式由英国数学家兼神父贝叶斯得出。贝叶斯最早想用贝叶斯公式证明上帝的存在，但最终失败。在贝叶斯逝世后，贝叶斯公式却出乎意料地得到了广泛运用，其思想对统计学发展产生了深远影响。这个著名的公式如下：

$$P(A \mid B)=\frac{P(B \mid A)}{P(B)}\times P(A) \tag{12.9}$$

其中，事件 A 是研究问题中所关注的概率，如果得到了新的信息 B，可以依据新的信息来更新对事件 A 概率的估计，即 $P(A \mid B)$。于是，$P(A)$ 称为先验概率（prior probability），$P(A \mid B)$ 称为后验概率（updated probability）。公式中的分母 $P(B)$ 实际上是用全概率公式计算的。通过例题 12.5 可以对贝叶斯公式有更深入的理解。

例题 12.5

测谎仪可以用于检测嫌犯是否撒谎。已知嫌犯撒谎的概率是 0.8。如果嫌犯撒谎，测谎仪测出其撒谎的概率为 0.9；如果嫌犯没有撒谎，测谎仪测出嫌犯撒谎的概率为 0.3。问测谎仪测出嫌犯撒谎的情况下，嫌犯真的撒谎的概率是多少？

名师解析

很多同学在学习贝叶斯公式时都觉得很复杂，搞不清楚概率公式中哪个事件是条件，哪个事件是要求的概率。其实我们可以暂时忘掉公式，通过画图来进行快速解题，见图 12.6。

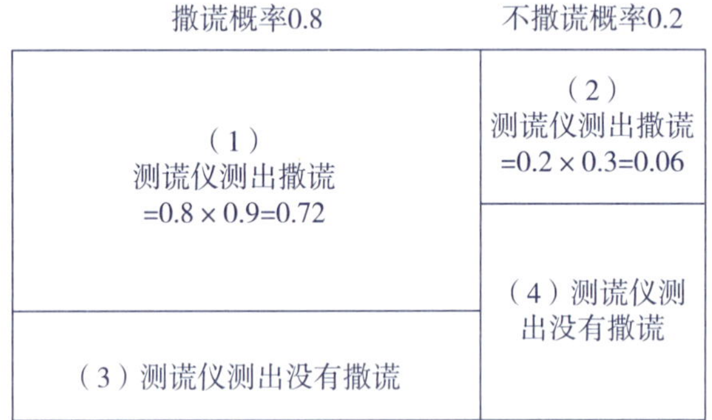

图 12.6　嫌疑犯与测谎仪的概率图

第一步，我们得知嫌犯撒谎概率为 0.8，于是把样本空间划分为两块长方形，左边面积 0.8，右边面积 0.2。

第二步，在已知嫌犯撒谎的情况下测谎仪测出嫌犯撒谎的概率是 0.9，故将左边的长方形按 9∶1 的比例分割为两块，上方的面积就是 0.8×0.9＝0.72，表示嫌犯撒谎且测谎仪测出嫌犯撒谎的概率。同理，根据条件把右侧的长方形按 3∶7 的比例分割成两块。

第三步，求已知测谎仪测出撒谎情况下嫌犯真的撒谎的概率。现已知测谎仪测出嫌犯撒谎，说明结果必然落在图 12.6 中（1）与（2）方框中，在此情形下，计算嫌犯撒谎的概率实际上就是（1）的面积占（1）+（2）面积的比重。无须利用贝叶斯公式，就可得出答案：0.72/(0.72+0.06)＝0.923。

在上述解法中，计算图 12.6 中（1）的面积时，运用的其实就是乘法法则。用事件 A 表示嫌犯撒谎，事件 B 表示测谎仪测出撒谎。那么（1）的面积实际上就是 $P(AB)$ 。根据乘法法则可以得出 $P(AB)=P(A)\times P(B|A)=0.8\times0.9=0.72$，这其实就是计算（1）的面积的过程（已知嫌犯撒谎的概率是 0.8，撒谎的前提下测谎仪测出撒谎的概率是 0.9，所以嫌犯撒谎且测谎仪测出撒谎的概率就应该是两者的乘积）。而（1）的面积除以（1）+（2）的面积，实际上就是贝叶斯公式，推导如下：

$$P(A|B)=\frac{(1)}{(1)+(2)}=\frac{P(AB)}{P(AB)+P(A^CB)}=\frac{P(A)\times P(B|A)}{P(A)\times P(B|A)+P(A^C)\times P(B|A^C)}$$

以上推导过程中，（1）与（2）的面积分别是 $P(AB)$ 与 $P(A^CB)$ ，再利用乘法法则将 $P(AB)$ 与 $P(A^CB)$ 分别展开，就可以得到最右边的式子了。而最右边的式子实际上就是贝叶斯公式，其分母就是 $P(B)$ 利用全概率公式的展开。

例题 12.6

市场上的所有基金经理可归为三类：表现不佳的、表现中等的以及表现优异的。表现不佳的基金经理业绩超过市场的概率为 25%；表现中游的基金经理业绩超过市场的概率为 50%；表现优异的基金经理业绩超过市场的概率为 75%。根据经验数据，市场上有 60%的基金经理属于中等的，20%的基金经理属于表现不佳的，20%的基金经理属于表现优异的。假设已知某基金经理连续两年业绩超过了市场，这个基金经理属于表现不佳的概率是多少？

名师解析

解答本题时既可以用例题 12.5 中的画图法，也可以用公式法。这里用公式法解析，考生可自行练习用画图法解答本题。

分别用字母 U、I、O 表示基金经理表现不佳（underperformers）、表现中等（in-line）以及表现优异（outperformers）；字母与数字组合 2B 表示连续两年业绩超过市场（beat the market）。

于是，根据题设条件有：$P(U)=20\%$、$P(I)=60\%$、$P(O)=20\%$。

此外，$P(2B|U)=0.25\times0.25=1/16$、$P(2B|I)=0.5\times0.5=1/4$、$P(2B|O)=$

$0.75 \times 0.75 = 9/16$。题目欲求 $P(U \mid 2B)$。

利用全概率公式，用 U、I、O 三个互斥且遍历的事件去拆分事件 $2B$，可以求得连续两年超过市场的概率为：

$$P(2B) = 20\% \times (1/16) + 60\% \times (1/4) + 20\% \times (9/16) = 27.5\%$$

再利用贝叶斯公式可得：

$$P(U \mid 2B) = \frac{P(2B \mid U)}{P(2B)} \times P(U) = \frac{1/16}{27.5\%} \times 20\% = 4.55\%$$

备考小贴士

例题 12.5 与例题 12.6 是考试中的常见题型，考生一定要掌握求解方法。

第十三章

随机变量

知识引导

金融市场的数据庞大且复杂。在分析海量数据时，往往需要通过概率质量函数与概率密度函数刻画随机变量的特征，并采用统计量来描述数据集的关键特征，如均值、方差等。本章探讨了随机变量的分类以及衡量数据集最常见的一些统计量，包括均值、离散程度、偏度与峰度，涵盖从一阶到四阶的原矩与中心矩。

考点聚焦

本章介绍了随机变量的分类，并分别用概率质量函数与概率密度函数来刻画其概率分布。此外，本章还介绍了描述数据的四类统计量。考生在学习过程中，需要注意体会各统计量所刻画的不同数据特征。多数考生可能已经对均值与方差的概念有所了解，备考时应多留心中位数、众数、调和平均、偏度与峰度的相关概念及性质辨析。

本章框架图

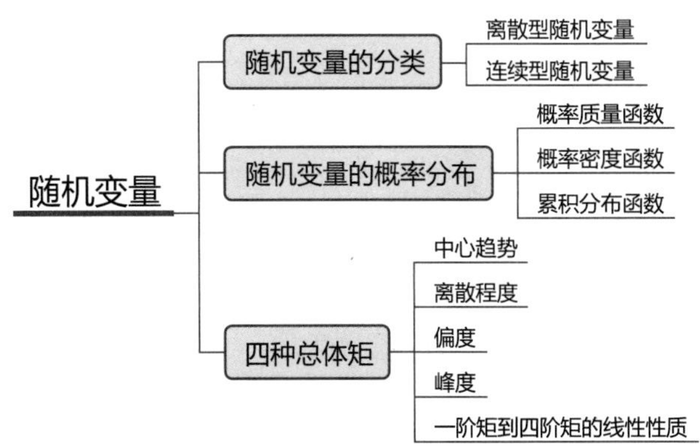

第一节　随机变量的分类

随机变量可以依据结果分布状况分为离散型随机变量（discrete random variable）与连续型随机变量（continuous random variable）。

一、离散型随机变量

当随机变量的可能取值结果是可数（countable）的时候，则称其为离散型随机变量（discrete random variable）。可数具有两层含义：随机变量的可能取值要么是有限的，要么是可列的。例如，在抛骰子实验中，骰子的点数 X 的可能取值是有限的，即$\{1, 2, 3, 4, 5, 6\}$，故随机变量 X 是离散的。又如，记某一天内来某银行办理业务的人数为随机变量 Y，Y 的可能取值虽然是无限多个的，但可以逐个列出，即 $\{0, 1, 2, \cdots\}$，因此随机变量 Y 也是离散的。这里需要注意，理论上一天内来银行办理业务的人数可以是任意大的非负整数，只是较大正整数的取值概率极小而已。严格的有关“可数”的概念是相当复杂的，涉及实变函数与拓扑学。仅就考试而言，学生只需掌握书中列示的两个“可数”例子即可。

二、连续型随机变量

当随机变量的可能取值可以充满某个区间（a，b）时，则称其为连续型随机变量（continuous random variable）。例如，某一天某地的降雨量 Z 有众多取值，Z 为连续型随机变量。

连续型随机变量有一些特殊性质：

（1）连续型随机变量的取值范围通常为某一区间，即便该区间存在上下界，其可能取值仍然为无穷多个；

（2）由于连续型随机变量的可能取值结果是无穷多个，相应地，每一点对应的概率可以近似看成为 $P(Z=z)=\frac{1}{\infty}=0$。

备考小贴士

在考试中，性质（2）是个易考辨析点。对于连续型随机变量而言，任意一点的取值概率均为0。以降雨量为例，某一天降雨量为某个特定数值如20毫米的概率应为0，但这一天降雨量刚好为20毫米是有可能的。因此，某事件的概率为0并不意味着该事件绝对不会发生。

在研究一些问题时，可以把离散变量近似看成连续型随机变量。例如，某股票当天收盘价为10元，假设设置10%的涨跌停板，第二天收盘价 P 的取值范围为[9，11]。然而，由于交易所要求股票报价的最小单位为“分”，即股票报价最多精确到两位数，不可能是10.001元。因此 P 的取值是一个有限且可列的离散随机变量，即{9.00，9.01，9.02，…，10.00}。但为了研究方便，通常将 P 看成是连续型随机变量。

第二节 随机变量的概率分布

描述（describe）并区分（differentiate）PMF、PDF、CDF（★★）

解释（explain）PMF与PDF的区别（★）

一、概率质量函数

概率质量函数（probability mass function，PMF）是对某个离散随机变量的所有可能取值及其对应概率进行描述。

对于离散型随机变量而言，描述其概率分布最简单并且最直观的方法就是通过表格的方式，把每一可能取值对应的概率逐一列出，如表13.1所示。其中，当随机变量 X 取值 x_i 时对应的概率为 $p(x_i)$，且有 $\sum p(x_i)=1$。

表 13.1　离散随机变量的概率分布

随机变量 X	$X=x_1$	$X=x_2$	…	$X=x_n$	…
取值概率	$p(x_1)$	$p(x_2)$	…	$p(x_n)$	…

有的时候$p(x_i)$可以用函数形式写出，则$p(x_i)$即为离散型随机变量的概率质量函数。例如，假定随机变量 X 的可能取值为{1，2，3，4，5}，概率质量函数为 $p(x)=x/15$。那么 $X=3$ 的概率就是 $3/15=20\%$。此外，不难看出 $p(x)$ 非负且有 $1/15+2/15+\cdots+5/15=1$，$p(x)$ 符合概率的基本定义。

二、概率密度函数

对于连续型随机变量而言，由于其取值不可列，因此无法用逐一列示的方法来描述连续型随机变量的概率分布。实际上，在研究连续型随机变量时，我们更关注的是随机变量在某一区间内的概率，而不是某一点的概率。例如，研究第二天股价恰好是 10.02 元还是 10.03 元是没有意义的，实践中往往更关注的是第二天股价在[10.00，10.30]范围内的概率是多少。因为连续型随机变量取任意一单点的概率为 0，所以在研究连续型随机变量时，区间是开区间还是闭区间是无所谓的。

要计算区间概率，就要引入连续型随机变量的概率密度函数（probability density function，PDF）。

连续型随机变量的 PDF 可参看图 13.1。例如，统计全中国人的身高分布，可以用直方图来表示。当统计身高区间间隔为 5 厘米时，总体直方图类似图 13.1 的左图；当身高间隔减少到 1 厘米时，总体直方图则变为图 13.1 的中间图，统计密度变密了；当身高间隔无限接近于 0 时，就生成了连续型随机变量的 PDF。

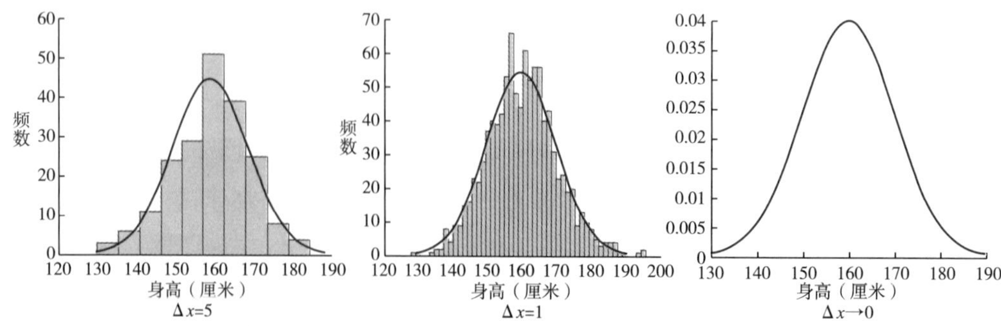

图 13.1　连续型随机变量概率密度函数的形成过程

连续型随机变量的 PDF 有两个性质需要考生注意：

（1）概率密度函数通常用$f(x)$表示，函数图像与x轴上区间$[x_1, x_2]$围成的面积即代表随机变量X在区间$[x_1, x_2]$内的概率；

（2）概率密度函数$f(x)$非负且与x轴围成的面积为1（与概率的定义相对应）。

备考小贴士

实际上，区间内的概率值或面积为$\int_{x_1}^{x_2} f(x)\,dx$，但FRM®考试不会涉及积分相关内容，考生了解即可。

PMF 是用于描述离散随机变量的概率分布的，PDF 是用于描述连续随机变量的概率分布的。

三、累积分布函数

累积分布函数（cumulative distribution function，CDF），顾名思义，代表“累积”的概率，即随机变量X小于等于某特定值x的概率，通常记为$F(x)=P(X \leqslant x)$。由累积分布函数的定义可直接得到它的三条性质：

（1）累积分布函数是有界的，即$F(-\infty)=P(X \leqslant -\infty)=0$，$F(\infty)=P(X \leqslant \infty)=1$；

（2）累积分布函数是单调非减的，即如果$x_1 \leqslant x_2$，则$F(x_1) \leqslant F(x_2)$；

（3）$P(x_1 < X \leqslant x_2)=P(X \leqslant x_2)-P(X \leqslant x_1)=F(x_2)-F(x_1)$。

这三条性质是显而易见的。对于有界性，累积概率密度函数反映的是事件$[X \leqslant x]$的概率，既然是概率取值，肯定不会超出$[0, 1]$的区间；对于单调非减性，假设对于某随机变量而言，$P[X \leqslant 5]=0.5$，那么$P[X \leqslant 6]$至少是大于等于0.5的，因为$P[5 \leqslant X \leqslant 6]$的概率是大于等于0的。

连续型概率密度函数 PDF 与累积分布函数 CDF 的关系如图 13.2 所示。

图 13.2 的上图为概率密度函数$f(x)$，下图为累积分布函数$F(x)$。其中，$F(x)$单调非减，且上界为1，下界为0。由于$F(X)=P(X \leqslant x)$，因此$F(x)$在下图中的取值实际上就是上图中$f(x)$函数与区间$(-\infty, x)$围成的面积。

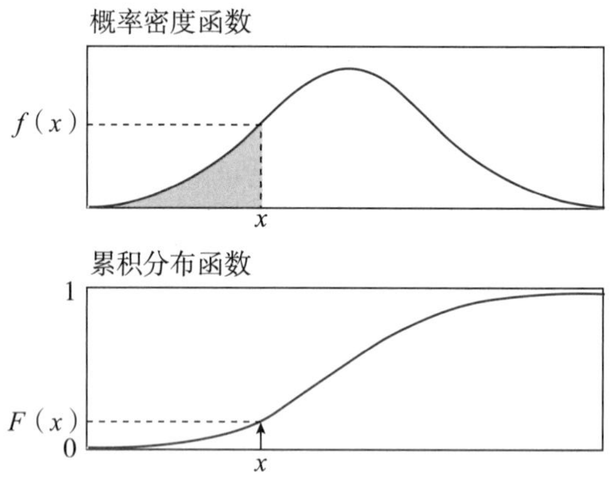

图 13.2　概率密度函数与累积分布函数的关系

第三节　四种总体矩

描述（describe）常见的四种总体矩（★★）

金融市场的数据庞大且复杂。在分析海量数据时，往往需要通过一些统计量来描述数据集的关键特征，如均值、方差等。矩（moment）是对变量分布的形态特点进行描述的一组度量。本节将探讨衡量数据集最常见的一些统计量，包括均值、离散程度、偏度与峰度，涵盖从一阶到四阶的非中心矩与中心矩。

一、中心趋势

中心趋势是常见的描述数据集特征的统计量，反映了数据的集中程度，包括算术平均、中位数、众数与期望。

1. 算术平均

算术平均（arithmetic mean）是最常见的均值计算方法，其定义非常直观，即将所有数据加总后除以数据的个数，计算公式如下：

$$\mu = \frac{\sum_{i=1}^{N} X_i}{N} \tag{13.1}$$

算术平均的优点在于易于理解，并利用了数据集中所有数据的信息；其缺点在于容易受极端值影响。例如，计算 5 只股票的平均年化收益率，假定其中 4 只股票年化收益率均为 0%，剩余 1 只为 100%。若单看算术平均值为 20%，是一个收益率不错的组合，但实际上这个算术平均值受到极端值 100%的影响较大，多数股票年化收益率仅为 0%。

2. 中位数与分位数

描述（describe）分位数函数与分位数估计量（★）

中位数（median）指一组按升序或降序排列的数据中位于中间位置的数。假定数据集中共有 n 个数据，已按升序或降序排列。当 n 为奇数时，则中位数为处于 $(n+1)/2$ 位置的数；当 n 为偶数时，则中位数为处于 $n/2$ 与 $(n+2)/2$ 两个位置上的数的平均值。

例如，对于｛2，5，7，11，14｝这组数据，由于数据总数为奇数，故位置处于第 $(5+1)/2=3$ 位的数，即位于正中间的数 7 为中位数。又如，对于｛3，7，9，10，15，20｝这组数据来说，由于数据总数为偶数，因此位于正中间的数有两个，即 9 和 10，中位数即为两者的平均值：$(9+10)/2=9.5$。

中位数只考虑位于中间位置的数，而不考虑极端值的大小，因此在数据集中存在极端值的情况下，中位数比算术平均值更能反映数据特征。

有了中位数的概念，可以将其扩展到分位数（quantiles）。某数据集的 α 分位数是指能满足 $P(X \leqslant q) = \alpha$ 的最小的 q。分位数函数可以定义为下式：

$$Q_X(\alpha) = F^{-1}(\alpha) \tag{13.2}$$

即将 α 映射到 q 的函数。

举例而言，对于数据集｛1，2，3，4，5｝来说，由于 $P(X \leqslant 2) = 40\%$，故该数据集的 40%分位数为 2。中位数是比较特殊的分位数，即 50%分位数。

3. 众数

顾名思义，众数（mode）是指数据集中出现频率最高的数。例如，数据集｛2，

4，5，5，7，8，8，8，10，12｝中，8出现次数最多，故众数为8。

众数可以有多个，如数据集｛2，4，5，7，7，7，8，8，8，10，12｝，7和8出现的次数最多，都为3次，故众数为7和8。

也可以没有众数，如数据集｛2，4，5，7，8，10，12｝，每个数字出现的次数都一样，只有1次，故这组数据集没有众数。

备考小贴士

从英文上看，“mode”的一个含义是“流行”，与“modern”同义，考生可以从这个角度来记忆“mode”的含义（最流行的就是最多的），并与“median”做区分。

4. 期望

描述（describe）并运用（apply）一个随机变量的期望（expectation）（★★）

算术平均值衡量数据集的集中程度。然而，对于随机变量来说，某一时刻的取值并不确定，已知的仅是其可能的结果及相应概率。一个很自然的想法就是以概率为权重求加权平均。

例如，假定一个彩票中奖概率是20%，如果中奖，奖金为2 000元；不中奖，奖金为0。在不考虑成本的情况下，买彩票的期望收益应该是：20%×2 000+80%×0=400元，这就是期望的内在含义。具体而言，随机变量的期望是以概率为权重，所有可能结果的加权平均，记为$E(X)$：

$$E(X)=P(x_1)x_1+P(x_2)x_2+\cdots+P(x_n)x_n \tag{13.3}$$

例题 13.1

已知经济繁荣、正常以及衰退的概率分别为0.25、0.5以及0.25。资产X在经济繁荣、正常以及衰退的情况下的收益率分别为22%、8%以及-10%，求资产X的期望收益。

名师解析

资产 X 的期望收益其实就是在经济三种状况下的收益率的加权平均，即：$0.25\times 22\%+0.5\times 8\%+0.25\times(-10\%)=7\%$。

了解了期望的定义后，我们可以更深入地了解矩（moment）的概念。期望是一个随机变量所有可能取值的加权平均，记为 $E[X]$；而矩是一个随机变量函数的期望值，即 $E[f(X)]$，用来描述随机变量的重要特征。矩可以分为非中心矩（non-central moment）和中心距（central moment）。如果 $f(X)$ 仅为随机变量 X 的次方项，如 $E[X^r]$，即为非中心矩；而如果 $f(X)$ 是关于随机变量的函数与其期望之间差值的次方项，如 $E[(X-E[X])^r]$，即为中心矩。其中，r 可以为 1，2，3，…。例如，如果 r 为 2 就是二阶（中心）矩，为 3 就是三阶（中心）矩。特别地，期望既是一阶中心矩，也是一阶非中心矩，用于体现随机变量分布的中心趋势；二阶中心矩用于衡量随机变量分布的离散程度；三阶中心矩用于衡量随机变量分布的对称性；四阶中心矩用于衡量随机变量分布极端值的情况。

二、离散程度

仅了解数据的中心位置是远远不够的。正如在进行投资时，只关注资产平均收益率而忽视资产本身的风险，就有可能遭受灾难性的后果。“天下没有免费的午餐”，高收益必然伴随着高风险。基金经理在评估某一资产时，既要关注该资产的平均收益，也要衡量该资产的风险，即资产偏离平均收益率的程度，简称离散程度（dispersion）。

1. 方差与标准差

对离散程度最常见的度量指标就是方差（variance）。方差是指数据集中每个数据与均值间距离平方的算术平均值，见式（13.4）。

$$\sigma^2=\frac{\sum_{i=1}^{N}(X_i-\mu)^2}{N} \tag{13.4}$$

总体方差的算术平方根即为总体标准差（standard deviation）：

$$\sigma = \sqrt{\frac{\sum_{i=1}^{N}(X_i - \mu)^2}{N}} \tag{13.5}$$

方差与标准差均反映了数据的离散程度，两者的区别主要体现在量纲上。由于标准差的量纲与期望均值的量纲相同，因此标准差更便于理解。例如，假定某证券公司人均年薪20万元，方差为25万元^2，标准差为5万元。显然，相比于方差的单位万元^2，标准差5万元更便于直观理解。

备考小贴士

考试中计算方差时，考生无须按照公式计算，BAII计算器可计算数据集的均值、方差与相关系数，具体使用方法可参看附录“计算器使用说明”。

2. 随机变量的方差

式（13.4）与式（13.5）刻画的是数据集的方差和标准差，而如果X是随机变量而非事先已知的数据集的话，那么随机变量X的离散程度仍然要以期望的形式来描述（即概率视角），其计算公式如下：

$$\mathrm{Var}(X) = E\,[X - E[X]]^2 \tag{13.6}$$

式（13.6）的内在含义与式（13.4）、式（13.5）的含义是相同的，即度量随机变量偏离其期望值$E[X]$的程度。

值得指出的是，方差的本质仍然是期望，只不过是随机变量$[X - E(X)]^2$的期望，即二阶中心矩。

三、偏度

仅靠均值和方差还不足以全面衡量投资收益率的分布。以方差为例，虽然方差衡量了每个数据偏离均值的程度，但并没有体现数据中大于$\overline{X}$的数多，还是小于$\overline{X}$的数多。这就需要引入偏度（skewness，S）的概念，以反映数据分布的对称性。偏度公式如下：

$$\mathrm{S} = \frac{E[(X - E[X])^3]}{\sigma^3} \tag{13.7}$$

偏度是随机变量 X 标准差的 3 阶中心矩，反映的是数据分布的对称性。因此，当偏度大于 0 时，说明相对而言 X 右边偏离均值 μ 的值较多，数据分布呈现出右偏（right skewed），也称正偏（positively skewed）；当偏度小于 0 时，说明相对而言 X 左边偏离 μ 的值较多，数据分布呈现出左偏（left skewed），也称负偏（negatively skewed）。图 13.3 中的左图与右图分别展示了左偏与右偏数据分布的图形。考生应当注意：判断数据分布是左偏还是右偏，主要是观察分布图形的"尾巴"，而不是"肩膀"。如果分布图形的左边尾巴较长即为左偏；分布图形的右边尾巴较长即为右偏。

有关偏度的另一重要考点就是判断左偏或右偏时，均值、中位数与众数的相对位置，如图 13.3 所示。[①] 左偏时，分布的均值<中位数<众数；右偏时，分布的众数<中位数<均值。

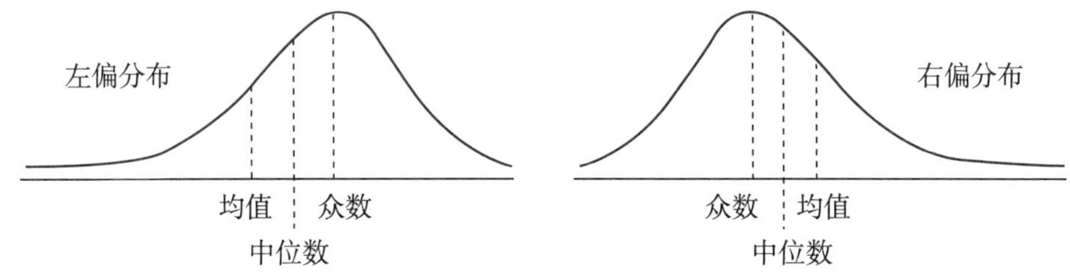

图 13.3　左偏与右偏的数据分布

知识一点通

考生可以根据分布图形来记忆这三个统计量的相对位置。以左偏为例，先画出左偏的图形。首先可以确定中位数，位于图形的正中央；然后确定均值，由于数据左偏，说明均值被极端小的数据拉低了，所以均值落在中位数的左侧；最后确定众数，由于均值落在中位数的左侧，则众数位于中位数右侧，即分布图中最高点对应数值（注意，第二步要先确定均值的位置，再确认众数的位置，因为实务中众数也有可能与中位数重合）。因此，当数据左偏时，均值<中位数<众数。类似地，可以记忆右偏时三者之间的相对位置。

① 实际上，图 13.3 中的相对位置必须要求分布是单峰才行，但一般情况下考试中不做区分。

四、峰度

偏度衡量的是尾巴的长度是偏向左边还是右边，峰度（kurtosis，K）则进一步衡量了尾部的厚度。峰度的公式如下：

$$K=\frac{E[(X-E[X])^4]}{\sigma^4} \tag{13.8}$$

同偏度一样，峰度的公式考生也无须记忆，只需要了解峰度是随机变量 X 标准差的 4 阶中心矩，衡量尾部厚度。峰度值高说明 X 偏离 μ 的极端值较多，尾部较厚；反之，峰度低说明 X 偏离 μ 的极端值较少，尾部较薄。实际运用中，通常将正态分布①的峰度作为基准。正态分布的峰度为 3，若峰度高于 3，则称为肥尾态分布（leptokurtic），在方差一样的条件下，图形上相比于正态分布呈现出肥尾（fat-tailed），见图 13.4；若峰度低于 3，则称为瘦尾态分布（platykurtic），在方差一样的条件下，图形上相比于正态分布呈现出瘦尾。

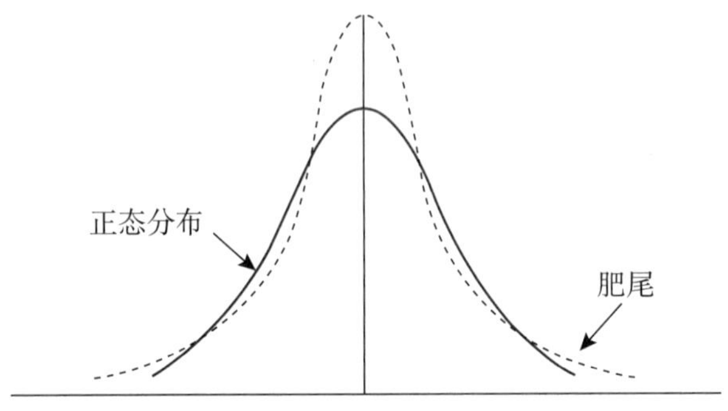

图 13.4 正态分布与肥尾态分布

很多考生不理解为什么肥尾态分布相较于正态分布是肥尾的，这个特征可以直接从肥尾态分布的图形中看出：出现极端值的概率更高。

“峰度”这个名字容易产生误解，会被误认为反映的是分布中央峰部的尖度。近年来越来越多的证据表明，峰度不一定能反映中央峰部的状态，但可以反映分布两端尾巴的状态。

此外，由于作比较时通常习惯于以 0 为基准，于是定义超峰度（excess kurtosis）=

① 正态分布是最基本的连续分布，将在下一章详细介绍。

峰度-3。正态分布的超峰度为0，称为平峰（mesokurtic）。肥尾态的超峰度大于0，瘦尾态的超峰度小于0。详见表13.2。

表13.2 高峰态与低峰态

	（肥尾）Leptokurtic	（平峰）Mesokurtic	（瘦尾）Platykurtic
样本峰度	>3	=3	<3
超峰度	>0	=0	<0

备考小贴士

在备考过程中，考生应注意两点：一是看清题目是求峰度还是超峰度，两者对应的基准点是不同的；二是专业术语“leptokurtic”“mesokurtic”“platykurtic”相对不常见，考生应正确记忆——可以通过字母表顺序记忆（l、m、p对应肥尾、平峰与瘦尾）。

例题13.2

一个分析师分析资产A与资产B的收益率分布状况，同一时期的偏度与峰度数据如表13.3所示。

表13.3 资产A与资产B的偏度与峰度数据

资产	偏度	峰度
A	-1.3	1.5
B	0.7	3.7

分析师依此判断资产A收益率分布比正态分布更加肥尾，资产B收益率分布左侧有长尾。以下哪个描述是正确的？

A. 分析师关于资产A与资产B的描述均正确。

B. 分析师关于资产A与资产B的描述仅对了一个。

C. 分析师关于资产A与资产B的描述均不正确。

名师解析

资产A的峰度为1.5（小于3），所以相比于正态分布是瘦尾。注意，如果题目给出的是超峰度，则结论完全不同，考生一定要认真读题。资产 B 的偏度大于 0，所以资产 B 收益率分布应该是右偏。因此分析师两个判断均错误，答案为 C。

五、一阶矩到四阶矩的线性性质

解释（explain）线性变化对随机变量均值、标准差、偏度、峰度及四分位矩的影响（★）

上述四个矩是确定分布特征的指标。期望可确定分布的位置，方差可确定分布的离散度，偏度可确定分布的对称性，峰度可确定分布尾部的肥厚程度。

一阶矩期望具有线性性质，即对于任意常数 a 与 b，有：

$$E(a+bX)=a+bE(X) \tag{13.9}$$

线性性质比较好理解，对随机变量 $a+bX$ 求期望时，每一个可能取值都乘以了常数 b 后再加上了常数 a，对应的概率不变，自然就有 $E(a+bX)=a+bE(X)$ 成立。

线性性质是非常好的性质，在式(13.9)中，可以直接将等式左边的期望符号放到括号里。值得指出的是，面对非线性算子时，就不能随意地处理期望符号了。例如，$E(1/X)$ 未必等于 $1/E(X)$。

二阶矩方差不具有线性性质，特别的有：

$$\mathrm{Var}(a+bX)=b^2\mathrm{Var}(X) \tag{13.10}$$

式(13.10)的含义非常直观，当把随机变量 X 平移 a 个单位，相当于把随机变量的每个可能取值都加上了 a，随机变量的变化程度是不会改变的。因此，其方差是不会变的。

此外，如果把随机变量 X 放大 b 个单位，根据方差的定义，则有下式成立：

$$\mathrm{Var}(bX)=E\left[bX-E(bX)\right]^2=b^2E\left[X-E(X)\right]^2=b^2\mathrm{Var}(X) \tag{13.11}$$

上述第二个等号利用了期望符号的线性性质。

备考小贴士

考生应注意，式（13.10）中常数项 a 在等式右边是不存在的，这是易错点。

线性变换对三阶矩的影响如式（13. 12）所示：

$$\text{Skew}\left(a+bX\right)=\begin{cases}-\text{Skew}\left(X\right), & b<0\\ \text{Skew}\left(X\right), & b>0\end{cases}\tag{13.12}$$

具体过程为：

$$\text{Skew}[a+bX]=E\left[\frac{\left(a+bX\right)-E\left(a+bX\right)}{\sigma(a+bX)}\right]^3=E\left\{\frac{b\left[X-E\left(X\right)\right]}{\sqrt{b^2\text{Var}\left(X\right)}}\right\}^3$$

$$=E\left\{\frac{b\left[X-E\left(X\right)\right]}{|b|\sigma\left(X\right)}\right\}^3=E\left\{\frac{b}{|b|}\frac{\left[X-E\left(X\right)\right]}{\sigma\left(X\right)}\right\}^3$$

而四阶矩的计算过程涉及偶次方，线性变换对四阶矩符号无影响，如式（13. 13）所示：

$$\text{Kurtosis}\left(a+bX\right)=\text{Kurtosis}\left(X\right)\tag{13.13}$$

第十四章

概率分布

知识引导

本章主要介绍常见的概率分布。概率分布的定义其实并不复杂，即用于刻画随机变量可能结果对应的概率分布状况。例如，抛硬币试验中，随机变量 X=1 表示正面朝上，对应概率为 50%；随机变量 X=0 表示反面朝上，对应概率为 50%。这其实就是一个概率分布，衡量了抛硬币所有可能结果对应的概率。然而，实际研究中许多随机变量的可能取值都是无穷多的，仅靠列举法是无法穷尽的，这就需要利用本章学习的概率分布函数来完整刻画常见随机变量类型的概率分布。

考点聚焦

本章将涉及的概率分布类型较多，包括伯努利分布、二项分布、泊松分布、均匀分布、正态分布、学生 t 分布以及对数正态分布。学习过程中，考生需要了解每种分布的定义、适用情形以及特殊性质。

本章框架图

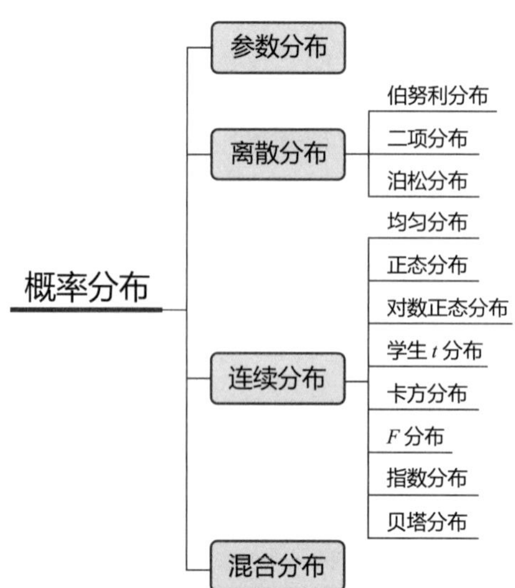

第一节　参数分布

概率分布可分为参数分布（parametric distribution）与非参数分布（nonparametric distribution，简称非参分布）两种。参数分布可以用数学解析式描述，并由相关参数完全刻画其形状。相反，非参数分布不能由数学解析式描述，其中最常见的一种形式就是根据历史数据形成的概率分布。

参数分布的优点在于比较好处理分析，缺点则是必须做出相应的假设条件，有可能和真实数据不符。非参数分布的优点在于与历史数据相符，但缺点在于根据历史数据形成的非参分布比较特殊，不易于得出一般的结论。

备考小贴士

本章接下来的内容就将介绍各种各样的参数分布。非参分布在本部分中不会深入涉及，考生对其基本思想有所了解即可。

阐明（illustrate）以下概率分布的关键特征和应用：伯努利分布、二项分布、泊松分布、均匀分布、正态分布、对数正态分布、学生 *t* 分布、卡方分布、*F* 分布、指数分布和贝塔分布（★★）

第二节　离散分布

一、伯努利分布

伯努利分布（bernoulli distribution）又称两点分布，是指随机变量 X 只有两个可能的取值结果：1 与 0。当 $X=1$ 时代表“发生”，对应概率为 p；当 $X=0$ 时代表

“不发生”，对应概率为 $1-p$。

最典型的伯努利分布就是抛硬币试验，硬币正面朝上表示“发生”，即 $X=1$ 对应概率为 50%；硬币反面朝上表示“不发生”，即 $X=0$ 对应概率为 50%。

这里的“发生”与“不发生”仅是相对而言的。例如，在抛硬币试验中，同样可以定义硬币正面朝下的事件表示“发生”，$X=1$。此外，实际上任何事件都可以被归为两类，从而被定义成伯努利分布。在掷骰子试验中，虽然掷出来骰子的可能点数有六种，但仍然可以定义成为伯努利分布。例如，将“掷出来骰子的点数为偶数”定义为“发生”，$X=1$；将“掷出来骰子的点数为奇数”定义为“不发生”，$X=0$。甚至可以定义“掷出来骰子点数为 1”为“发生”，“掷出来 1 之外的点数”为“不发生”。总之，根据研究需要可具体定义伯努利分布中的“发生”。

根据定义容易求得，服从伯努利分布的随机变量 X 的均值和方差分别为：

$$E(X)=p\times 1+(1-p)\times 0=p$$

$$\mathrm{Var}(X)=E(X^2)-E(X)^2=p\times 1^2+(1-p)\times 0^2-p^2=p(1-p)$$

二、二项分布

二项分布（binomial distribution）的定义是基于伯努利分布的。如果将伯努利分布中事件的“发生”或“不发生”看成一次试验的话，进行 n 次伯努利试验，成功的次数就是服从二项分布的。对于这 n 次试验，我们假定：

（1）不同试验是相互独立的；

（2）每次试验的成功概率均为 p。

随机变量 X 代表 n 次伯努利试验中事件发生的次数，二项分布则是度量 n 次伯努利试验事件发生次数为 $X=x$（x 为 0 到 n 之间的任意整数）的概率，通常记为 $B(n, p)$。其中，n 与 p 为二项分布的两个参数。我们接下来通过两道例题来掌握二项分布的概率计算。

备考小贴士

注意，随机变量 X 可以取 0，意味着 n 次试验一次都没有发生。考试中，如果要计算 $P(X\leqslant x)$ 的概率，切记不要漏掉 $X=0$ 的可能性。

例题 14.1

抛 n 次硬币，假定正面朝上的概率为 50%，x 次正面朝上的概率是多少？

名师解析

已知在 n 次抛硬币中，x 次正面朝上，则有 $n-x$ 次反面朝上。因此，如果不考虑成功失败的顺序，n 次事件中出现正面 x 次、出现反面 $n-x$ 次的概率为：$0.5^x 0.5^{(n-x)}$。然而，这个概率没有考虑组合。例如，抛 3 次硬币中有 1 次正面朝上，正面朝上可以出现在第一次、第二次或第三次任意一次试验中，总共有 $C_3^1=3$ 种组合。于是，考虑组合后，n 次事件中出现正面 x 次的概率应为：$C_n^x 0.5^x 0.5^{n-x}$。

一般而言，定义随机变量 X 为 n 次伯努利试验中事件发生的次数，每次成功的概率为 p，则 $P(X=x)$ 的概率为：

$$P(x)=C_n^x p^x (1-p)^{n-x}=\frac{n!}{(n-x)!\ x!}p^x (1-p)^{n-x} \tag{14.1}$$

对于伯努利分布来说，进行一次伯努利试验事件发生的概率为 p，其均值与方差分别为 p 及 $p(1-p)$。而对于二项分布来说，相当于进行 n 次伯努利试验，其均值与方差分别为 n 乘以伯努利分布的均值与方差，即 np 及 $np(1-p)$，如表 14.1 所示。①

表 14.1　伯努利分布与二项分布的均值与方差

	均值	方差
伯努利分布	p	$p(1-p)$
二项分布	np	$np(1-p)$

二项分布的应用非常广泛，很多事件的概率计算都可以转换为求 n 次伯努利试验成功 x 次的相应概率。

例题 14.2

假设有 10 道选择题，每题有 3 个选项，如果全靠猜测，考生至少答对 9 道题的概率是多少？

名师解析

在全靠猜测的情况下，做 10 道选择题相当于进行 10 次伯努利试验，每次成功

① 利用均值与方差的定义即可求得两个分布的均值与方差，考生可作为练习自行尝试计算。

的概率为1/3。考生在答此类题目时一定要注意题目所求的概率。此题是求至少（at least）答对9道题的概率，即 $P(X=9)+P(X=10)$，而不仅仅是 $P(X=9)$。

利用二项分布概率公式（14.1），可分别求得：

$$P(X=9)=\frac{10!}{(10-9)!\ 9!}(1/3)^{9}(1-1/3)^{10-9}=0.0003387$$

$$P(X=10)=\frac{10!}{(10-10)!\ 10!}(1/3)^{10}(1-1/3)^{10-10}=0.00001694$$

注意，数学上规定0!=1。故所求概率为 $P(X=9)+P(X=10)\approx 0.036\%$，是个非常小的数字。考生不妨自己求一下如果全靠猜测，通过FRM®考试的概率为多少，答案几乎是0%。

三、泊松分布

泊松分布（Poisson distribution）是一种非常常见的离散分布，通常用来度量单位时间内（也可以是单位面积、单位产品）某一事件发生次数所对应的概率。例如，泊松分布可用于度量以下事件的概率：单位时间内某银行接待客户的数量、单位时间内客服接到的电话数量。泊松分布的概率分布如下：

$$f(x)=P(X=x)=\frac{\lambda^{x}\mathrm{e}^{-\lambda}}{x!} \tag{14.2}$$

式(14.2)说明了单位时间某一事件成功 x 次的概率，其中成功次数为随机变量 X。泊松分布是由唯一参数 λ 定义的，记为 $X\sim P(\lambda)$，λ 表示单位时间内事件平均发生的次数。

可以证明服从泊松分布的随机变量的均值与方差都等于 λ，即有：

$$E(X)=\mathrm{Var}(X)=\lambda$$

很多考生容易混淆二项分布与泊松分布，因为两者的随机变量都代表成功的次数。二项分布指进行 n 次伯努利实验，事件发生 x 次的概率，x 的取值范围是0，1，2，…，n；而泊松分布指单位时间内的事件发生次数 x，x 的取值范围是0，1，2，3，…，一直到无穷大。区别两者的一个方法就是看随机变量 X 的取值是否可以到无穷大。

备考小贴士

式（14.2）是需要记忆的。这里提供一个记忆技巧：一个人（即 λ）背着 x 在跑路，突然一箭射中 λ，λ 大叫了一声 e（即 $e^{-\lambda}$），把背着的 x 扔到了地上，x 非常吃惊（分母为 $x!$）。

例题 14.3

一客服中心平均每小时接到 2 个电话，该客服中心在 8 小时内接到 20 个电话的概率是多少？

名师解析

利用泊松分布直接求概率即可得这道题目的答案。但这里有个易错点，很多考生以为一个小时就是单位时间，于是假设 $\lambda=2$ 去求解，这样是错误的。单位时间是看题目最后问的时间段。对于本题来说，单位时间是 8 个小时。已知 1 个小时平均接到 2 个电话，那么 8 个小时应当平均接到 16 个电话，故 $\lambda=16$。代入泊松分布概率公式（14.2），即可求得 $P(X=20)=\dfrac{16^{20}\,e^{-16}}{20!}=5.59\%$。

第三节 连续分布

一、均匀分布

均匀分布（uniform distribution）是最简单的连续分布。所谓“均匀”主要是针对概率密度函数（probability density function，PDF）与累积分布函数（cumulative distribution function，CDF）而言。具体而言，均匀分布的 PDF 为：

$$f(x)=\begin{cases}\dfrac{1}{b-a}, & a<x<b\\ 0，其他 & \end{cases} \tag{14.3}$$

均匀分布的 PDF 图形可见图 14.1 的左图。可以看出，均匀分布的 PDF 在

$[a, b]$间为一常数 $1/(b-a)$，超出这一范围取值均为 0。联系 PDF 的定义，如果随机变量 X 服从均匀分布，则随机变量 X 在 $[x_1, x_2]$ 之间的概率即为区间 $[x_1, x_2]$ 与 PDF 围成的面积，而这一面积实际就是长为（x_2-x_1）、高为 $1/(b-a)$ 的矩形面积，即有：

$$P(x_1 \leqslant x \leqslant x_2) = \frac{x_2 - x_1}{b - a} \tag{14.4}$$

利用式（14.4）可计算服从均匀分布的随机变量 X 落在任意区间的概率。

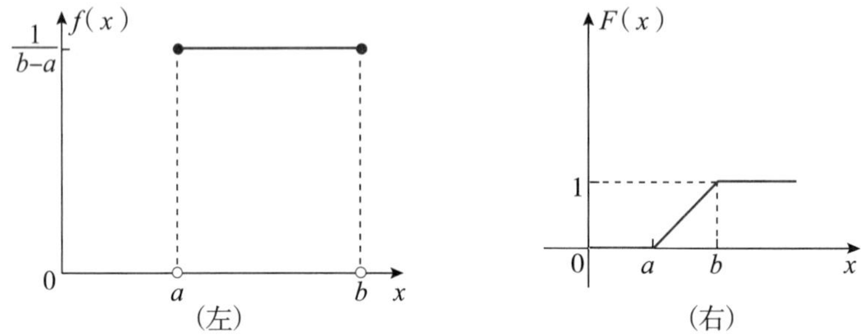

图 14.1　均匀分布的 PDF（左）与 CDF（右）

利用式（14.4）即可推导出均匀分布的 CDF。根据 CDF 的定义，$F(x)$ 即为 $P(X \leqslant x)$。当 x 在 a 与 b 之间时，$P(X \leqslant x)$ 即为 $(x-a)/(b-a)$；而随机变量 X 在 $[a, b]$ 范围之外概率均为 0，故均匀分布的 CDF 图形可见图 14.1 的右图，其表达式为：

$$F(x) = \begin{cases} 0, & x \leqslant a \\ \dfrac{x - a}{b - a}, & a < x < b \\ 1, & x \geqslant b \end{cases} \tag{14.5}$$

二、正态分布

正态分布（normal distribution）可以说是概率论与数理统计中最重要的一个分布，同时也是在金融研究中运用最广泛的一个分布。后续章节中所学的中心极限定理表明：如果一个随机变量由大量微小且独立的随机变量叠加而成，那么可以认为该随机变量近似服从正态分布。因此，在现实生活中，很多随机变量的概率分布都可以用正态分布描述或近似描述。

正态分布的 PDF 是一条钟形曲线（bell curve），中间高两端低，左右关于其均值对称，两端无限延伸，如图 14.2 所示。

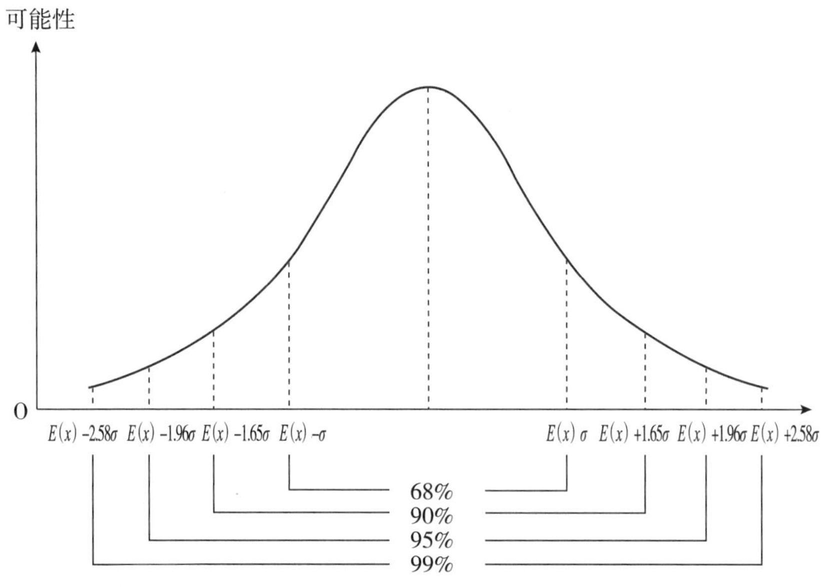

图 14.2 正态分布的 PDF

有关正态分布的 PDF，重点掌握以下性质：

（1）正态分布的 PDF 完全可由其均值和方差刻画，通常记为 $N(\mu, \sigma^2)$。其中，μ 表示均值，σ^2 表示方差。

（2）根据 PDF 图形，靠近均值 μ 附近的概率密度较大，而两端极大值或极小值的概率密度较小。

（3）正态分布的偏度为 0，峰度为 3。

（4）服从正态分布的且相互独立的随机变量的线性组合仍然服从正态分布，即如果随机变量 X 与随机变量 Y 独立且均服从正态分布，则 $Z=aX+bY$ 也服从正态分布，其中 a、b 为常数。且有：

$$Z = aX + bY \sim N(a\mu_X + b\mu_Y,\ a^2\sigma_X^2 + b^2\sigma_Y^2)$$

（5）如果随机变量 X 服从正态分布，则有：

① X 的取值落在 $[\mu - \sigma,\ \mu + \sigma]$ 的概率约为 68%；

② X 的取值落在 $[\mu - 1.65\sigma,\ \mu + 1.65\sigma]$ 的概率约为 90%；

③ X 的取值落在 $[\mu-1.96\sigma, \mu+1.96\sigma]$ 的概率约为95%；

④ X 的取值落在 $[\mu-2.58\sigma, \mu+2.58\sigma]$ 的概率约为99%（图14.2）。

备考小贴士

考生应注意，上述四个区间对应的标准差倍数1、1.65、1.96与2.58以及对应的概率是需要记忆的，并注意与第十七章学到的单尾检验做区分。

如前所述，正态分布的PDF完全可以由其均值与方差刻画。为了考查任一正态分布 $N(\mu, \sigma^2)$ 有关事件的概率，需要引入标准正态分布。定义均值为0、方差为1的正态分布为标准正态分布（standard normal distribution），通常称为 Z 分布。接下来将证明，任一正态分布 $N(\mu, \sigma^2)$ 都可以通过线性变换转换为标准正态分布。于是，通过标准正态分布表就可以计算任一正态分布 $N(\mu, \sigma^2)$ 相关事件的概率了。

例如，已知随机变量 X 服从正态分布 $N(\mu, \sigma^2)$，则可以证明 $\frac{X-\mu}{\sigma}$ 服从标准正态分布 $Z(0, 1)$。因此有：

$$P(X \leqslant x) = P\left(\frac{X-\mu}{\sigma} \leqslant \frac{x-\mu}{\sigma}\right) = \Phi\left(\frac{x-\mu}{\sigma}\right) \tag{14.6}$$

其中，$\Phi(x)$ 代表标准正态分布的CDF。式（14.6）的第一个等号利用了不等号两边同减一个数、同除以一个正数不改变不等号方向的性质；第二个等号利用了 $\frac{X-\mu}{\sigma}$ 服从标准正态分布的性质。

例题 14.4

已知上市公司的EPS服从均值为4、标准差为1.5的正态分布，即 $N(4, 1.5^2)$。如果随机抽取一家上市公司，计算该公司EPS小于3.7的概率。

名师解析

要计算正态分布相关事件的概率，第一步必须将随机变量标准化为Z分布，即标准正态分布。

$$P(\text{EPS} < 3.7) = P\left(\frac{\text{EPS}-4}{1.5} < \frac{3.7-4}{1.5}\right) = P\left(Z \leqslant \frac{3.7-4}{1.5}\right) = \Phi(-0.2)$$

第二步是查表，表 14.2 给出了标准正态分布表的部分内容。需要注意的是，表中给出的是 $P(Z \leqslant z)$ 的概率，表的第一列表示 z 的第一位小数，第一行表示的是 z 的第二位小数。例如，表 14.2 的第三行第二列的数值为 0.5793，其对应行为 0.2，对应列为 0，其含义就是 $P(Z \leqslant 0.20) = 0.5793$。

表 14.2　　部分标准正态分布表：$P(Z \leqslant x) = \Phi(x)$

z	0.00	0.01
0.1	0.5298	0.5438
0.2	0.5793	0.5832
0.3	0.6179	0.6217

此题中要求的概率是 $P(Z \leqslant -0.2)$，而查表所求的概率是 $P(Z \leqslant 0.2)$。这里需要利用正态分布的对称性来转化。由于正态分布的对称性，$P(Z \leqslant -0.2) = P(Z \geqslant 0.2)$，因此有 $\Phi(-0.2) = P(Z \leqslant -0.2) = 1 - P(Z \leqslant 0.2) = 1 - \Phi(0.2) = 1-0.5793=0.4207$。

三、对数正态分布

虽然正态分布广泛地运用于金融领域，但其并不适用于描述资产价格的分布。这是因为资产价格不可能为负数，而正态分布的取值范围却是在负无穷到正无穷之间的。这就需要引入对数正态分布的概念。

具体而言，对数正态分布（lognormal distribution）定义为：对于随机变量 X 来说，如果 $\ln(X)$ 服从正态分布，那么就称 X 服从对数正态分布。

对数正态分布的定义可以这么记忆：如果随机变量 X 取完对数后服从正态分布，那么随机变量 X 就是服从对数正态分布的。考试中有可能换一种形式定义对数正态分布，即 X 服从正态分布，则 e^X 就是服从对数正态分布的。这是因为 $\ln e^X = X$，X 是服从正态分布的。

有关对数正态分布，考试主要需要掌握以下性质：

（1）对数正态分布的 PDF 是非负的，如图 14.3 所示。

（2）对数正态分布的 PDF 是正偏的。

（3）对数正态分布是用来衡量资产价格的，而正态分布主要是用来衡量收益率的。

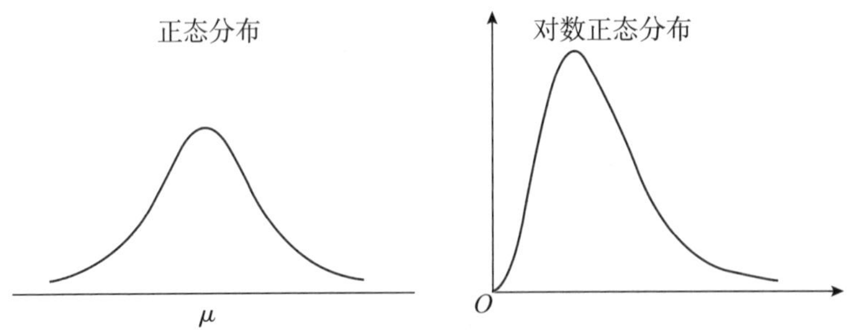

图 14.3 对数正态分布的 PDF

四、学生 *t* 分布

t 分布是统计学中的非常重要的一类分布，它是由英国统计学家哥赛特发现的。当时哥赛特在一家酿酒厂担任检验师。在对酿酒数据进行分析时，哥赛特发现当样本容量较小时，实验数据并不服从正态分布，其概率分布形状与正态分布类似但尾部更厚。哥赛特以“Student”为笔名，发表了相关研究结果，因此后人将此分布称为学生 *t* 分布（student’s t-distribution）。*t* 分布具有划时代的意义，它打破了以往人们局限于正态分布的认知，开创了小样本统计推断的时代。我们将在后面两章中深入学习 *t* 分布在抽样检验中的作用，本章先对 *t* 分布的特征做一个基本介绍。

（1）*t* 分布的概率密度函数完全可以由一个参数刻画：自由度（degree of freedom，*df*），通常记为 $t(df)$。其中 *df* 代表自由度，为正整数 $n-1$。其中，n 表示样本容量。①

（2）*t* 分布的概率密度函数也是一条钟形曲线，左右对称，但尾部比正态分布更厚（即偏度=0，峰度>3）。

（3）当 *t* 分布的自由度趋近于无穷时，*t* 分布的概率密度函数会无限趋近于正态分布的概率密度函数，如图 14.4 所示。

---

① 从考试角度看，考生无须了解 *t* 分布概率密度函数的具体表达式，只需要知道其有且仅有 1 个参数自由度即可。

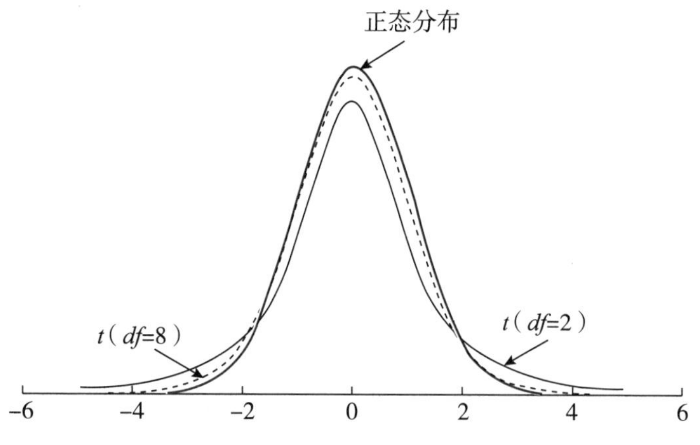

图 14.4 不同自由度的 t 分布

从图 14.4 中可以看出，当 t 分布自由度上升时，其概率密度函数尾部变薄，更接近于正态分布，这与性质（3）的结论是相符的。

五、卡方分布

假设 k 个随机变量 Z_1，Z_2，…，Z_k，独立同分布且均服从标准正态分布，则称 $\chi^2 = Z_1^2 + Z_2^2 + \cdots + Z_k^2$ 服从自由度为 k 的 χ^2 分布，记为 $\chi^2(k)$ 。

卡方分布 [chi-square（χ^2）distribution] 的图形如图 14.5 所示，为非负右偏分布，并且随着自由度的增加偏度降低，趋近于正态分布。

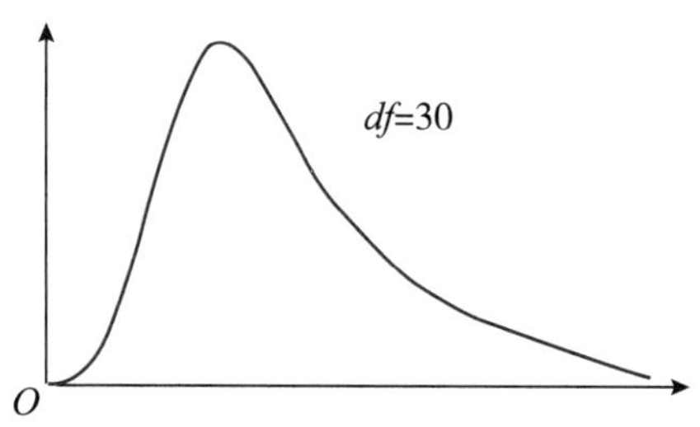

图 14.5 卡方分布的概率密度函数

与 t 分布一样，卡方分布的 PDF 也完全可由自由度一个参数刻画。在 FRM®中，有三个地方用到卡方分布：一是回归诊断中用于检验是否存在条件异方差；二是时间序列中有关白噪声的假设检验；三是测量回报率中检验资产回报率是否服从正态分布。

六、F分布

假设 X_1 服从 $\chi^2(m)$ 分布，X_2 服从 $\chi^2(n)$ 分布，且 X_1 与 X_2 独立，则称统计量 F 服从 F 分布，F 分布的公式为：

$$F(m, n) = \frac{\chi^2(m)/m}{\chi^2(n)/n} \tag{14.7}$$

注意，F 分布的参数有两个，分别是分子的自由度 m 和分母的自由度 n。此外，由于 χ^2 分布为标准正态分布的平方和，所以 F 分布非负，其概率密度函数图形如图 14.6 所示。

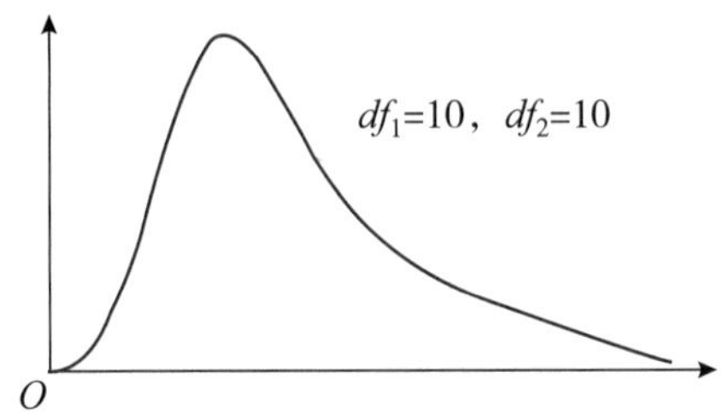

图 14.6　F 分布的概率密度函数

细心的考生会发现，对数正态分布、卡方分布以及 F 分布的概率密度函数图形非常相似，都是右偏且落在第一象限。

F 分布还具备这样一个性质：自由度为 $n-1$ 的 t 统计量的平方等于 $F(1, n-1)$ 分布。

备考小贴士

理解上述性质必须用到 t 分布构成的公式。然而，对该公式考纲并没有要求，考生只需了解此性质即可。

七、指数分布

指数分布（exponential distribution）是一种连续概率分布，用于描述“时间间隔”或“等待时间”。它主要用来表示发生某个事件所需的时间，假设事件发生的概率在每一时刻都是恒定的，且事件之间独立。

指数分布使用一个参数 β，如果 X 服从指数分布，记作 $X \sim Exponential(\beta)$，

则其均值和方差分别为 $E[X]=\beta$ 和 $V[X]=\beta^2$ 。

指数分布的概率密度函数（PDF）参见式（14.8），累积分布函数（CDF）参见式（14.9）。

$$f(x)=\frac{1}{\beta}e^{-\frac{x}{\beta}},\ x\geq 0 \tag{14.8}$$

$$F(x)=1-e^{-\frac{x}{\beta}} \tag{14.9}$$

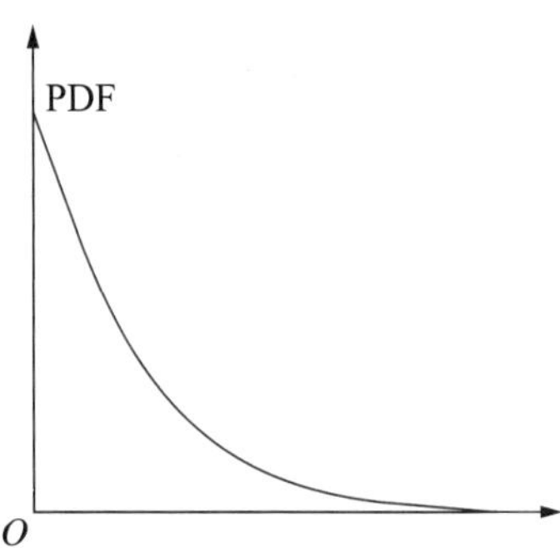

图 14.7　指数分布的概率密度函数

从图 14.7 中可看出，PDF 的最大值出现在 x 等于零时，并且随着 x 的增大而递减。

指数分布与泊松分布密切相关，泊松分布描述的是“事件发生的次数”，而指数分布描述的是“事件发生之间的时间间隔”。例如，假设某银行信用卡客户每年违约次数服从参数为 $\lambda=1/4$ 的泊松分布（即平均每 4 年 1 次违约），则两次违约之间的时间服从参数为 $\beta=4$ 的指数分布。

无记忆性（memoryless）是指数分布的一个重要特性，它是指在某个时刻，若事件还没有发生，那么未来它发生的概率与它已等待的时间无关。例如，某银行信用卡客户的违约时间服从指数分布，平均违约间隔时间为 4 年。如果某位客户已经 4 年没有违约，那么按照无记忆性特性，他在接下来的 1 年内违约的概率与他过去 4 年没有违约的事实无关，依然是基于 4 年的平均间隔时间来计算。

例题 14.5

假设某银行信用卡客户的违约时间服从指数分布，平均违约时间为 4 年。计算一个客户在第 5 年之前不会违约的概率。

名师解析

第一步确定指数分布参数，由 $E[X]=4$，可得 $\beta=E[X]=4$，

第二步计算第 5 年之前不违约概率 $P(X>5)=1-P(X\leq 5)=1-F(5)$ ，代入指

数分布累计分布函数公式（14. 9），即可求得 $P(X>5)=1-(1-e^{-\frac{5}{4}})\approx 28.7\%$ 。

八、贝塔分布

贝塔分布（Beta distribution）是一个定义在 0 到 1 之间的连续概率分布。它常用于对概率变量进行建模，即描述概率或者比率问题。

贝塔分布使用两个参数 α 和 β ，如果 X 服从贝塔分布，记作 $X\sim Beta(\alpha,\beta)$ ，则其均值 $E[X]=\dfrac{\alpha}{\alpha+\beta}$ ，参数 α 和 β 共同决定分布的形态。

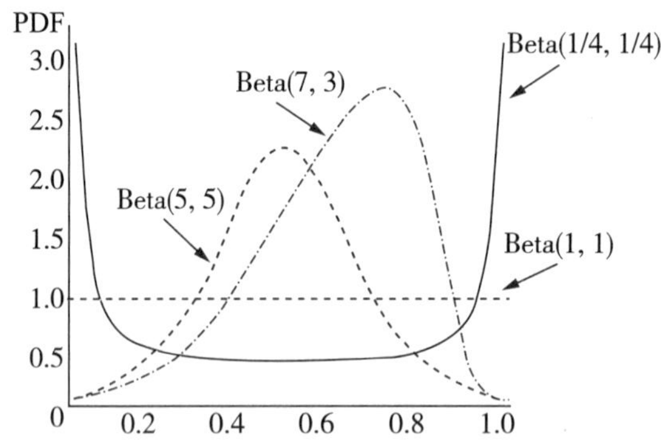

图 14.8　贝塔分布的概率密度函数

从图 14.8 中可看出，当两个参数都小于 1 时，分布的大部分概率质量集中在边界附近。随着参数值的增加，分布逐渐集中在均值附近。增加 α 会使分布向 1 靠拢，而增加 β 会使分布向 0 靠拢。成比例地增加两个参数可以减少方差，并使分布更集中于均值附近。其中：

当 $\alpha=\beta=1$ 时，贝塔分布变成在［0，1］区间上的均匀分布；

当 $\alpha=\beta$ 且值较大时（例如，α，$\beta\geqslant 10$），贝塔分布接近正态分布。

第四节　混合分布

构建（construct）混合分布并解释（explain）混合分布的构造与特征（★）

设想这样一种情形：某只股票的收益率服从正态分布。不过其在80%的情形下，服从波动率较低的正态分布；而在20%的情形下服从波动率较高的正态分布。即在一般情形下，该股票的波动率较低；而倘若出现一些极端事件，股票服从的正态分布波动率将大幅上升。此时，就可以用混合分布刻画其概率密度函数：

$$f(x)=\sum_{i=1}^{n}w_if_i(x),\quad \sum_{i=1}^{n}w_i=1 \tag{14.10}$$

其中，w_i表示概率，所有w_i求和等于1；$f_i(x)$表示对应概率下的概率密度函数。

混合分布非常灵活，同时具备参数分布与非参分布的特征。其中，式（14.10）中w_i是根据经验数据得到的，是非参的；而$f_i(x)$为参数分布。于是$f_i(x)$个数的选择就存在一种权衡：更多的$f_i(x)$可以更准确地符合历史数据，但更多的$f_i(x)$意味着更多的w_i是根据经验数据得到的，过去的数据未必能预测未来的情形。

通过混合分布可以构造出各种奇形怪状的概率密度分布，如图14.9所示。通过加权均值不同的两个分布可以得到不同偏度的分布，见图14.9左图；通过加权均值相同但方差不同的分布可以得到不同峰度的分布；此外，通过加权均值差异显著的分布可以得到双峰分布，见图14.9右图。混合分布可以用于衡量低频高损（low-frequency, high severity）的事件（如巨灾险）。

最后，应将混合分布与服从正态分布的随机变量的线性组合区分开来。前者是概率密度函数的混合，混合之后的分布可能不再是正态分布；而后者是随机变量本身的线性组合，组合以后的随机变量一定服从正态分布。

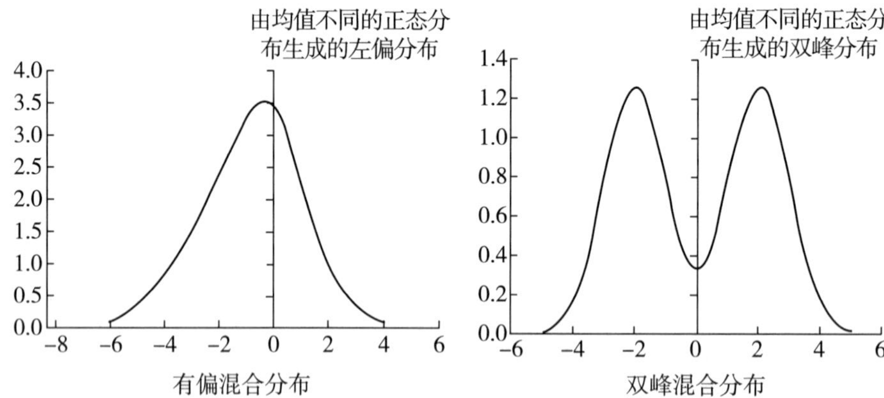
由均值不同的正态分布生成的左偏分布
4.0
3.5
3.0
2.5
2.0
1.5
1.0
0.5
0.0
−8 −6 −4 −2 0 2 4 6
有偏混合分布
由均值不同的正态分布生成的双峰分布
1.4
1.2
1.0
0.8
0.6
0.4
0.2
0.0
−6 −4 −2 0 2 4 6
双峰混合分布

图 14.9　混合分布示例

第十五章

多维随机变量

知识引导

同时考虑多个随机变量取值对应的概率即为多维随机变量分布。与简单地将单个随机变量叠加不同，多个随机变量的取值之间有可能是有关系的。这种关系可以通过多维随机变量的分布得到体现，并能通过协方差与相关系数来刻画多个随机变量之间的线性关系。

考点聚焦

考生应理解多维离散型随机变量的概率矩阵、概率质量函数、条件概率分布与独立；掌握协方差与相关系数的定义与计算。

本章框架图

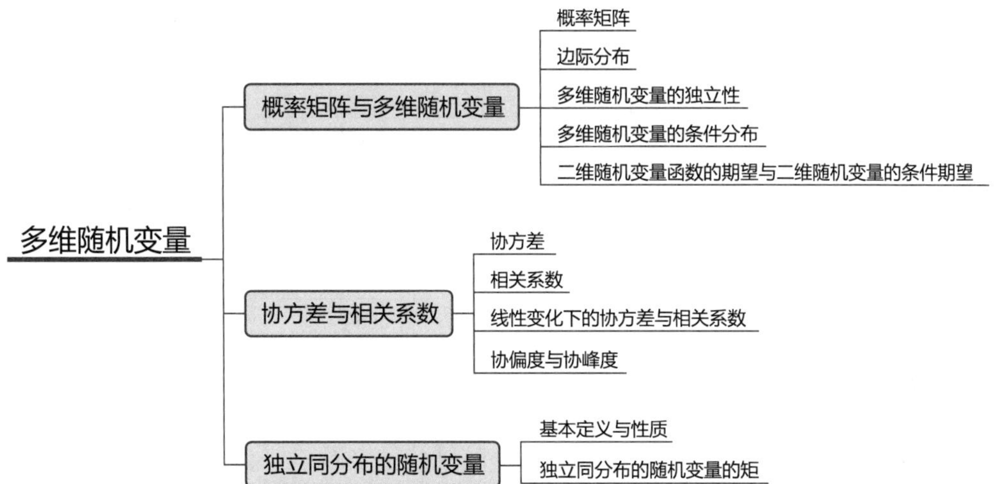

第一节　概率矩阵与多维随机变量

同时考虑多个随机变量取值对应的概率即为多维随机变量分布。

一、概率矩阵

解释（explain）概率矩阵如何被用于表达离散型多维随机变量的 PMF（★★）

对于离散型多维随机变量，我们可以用概率矩阵（probability matrices）来表示多个随机变量取值的联合概率。下面通过例题 15.1 来进行说明。

例题 15.1

某分析师预测未来经济状况与利率变化的概率如表 15.1 所示，求表中 A 与 B 的数值。

表 15.1　　未来经济状况与利率变化的概率矩阵

经济状况 X	利率变化 Y		总　计
	利率上升	利率下降	
景气	14%	B	20%
一般	A	30%	50%
较差	6%	24%	30%
总计	40%	60%	100%

名师解析

本例中，有两个随机变量——X 与 Y。随机变量 X 代表经济状况，其取值可能为“景气”“一般”“较差”；随机变量 Y 代表利率状况，其取值可能为“利率上升”“利率下降”。

在概率矩阵中，每个格子中的数字代表行列事件同时发生的联合概率。例如，经济景气且利率上升同时发生的概率为 14%，即 $P(X=\text{景气},\ Y=\text{利率上升})=14\%$。

将诸如离散多维随机变量 $P(X=$景气，$Y=$利率上升）的所有可能取值逐一列出，实际上就是离散型多维随机变量的概率质量函数（PMF）。

此外，概率矩阵中第一行数据加总表示经济景气的概率为 20%（不论利率上升还是下降），于是根据 $B+14\%=20\%$，可反解出 $B=6\%$；同理，第一列数据加总表示利率上升的概率为 40%（不论经济状况如何），根据 $14\%+A+6\%=40\%$ 可反解出 $A=20\%$。最后，表格中所有数据加总应为 100%。

二、边际分布

计算（calculate）离散随机变量的边际分布与条件分布（★★）

从例题 15.1 中可以看出，将二维随机变量中的一个随机变量的所有可能情况进行加总就得到了另一个随机变量的一维概率分布，即有：

$$f_X(x)=\sum_{y\in Y}f_{X,Y}(X,Y) \tag{15.1}$$

运用在本例即是：

$$P(X=\text{较差})=\sum_{y\in Y}f_{X,Y}(X=\text{较差},Y)=6\%+24\%=30\%$$

式（15.1）即为多维随机变量关于 X 的边际分布（marginal distribution）。值得指出的是，在此例中，边际分布本质上与一维随机变量 X 的概率质量分布（PMF）没有任何区别。

三、多维随机变量的独立性

在第十二章中，我们定义了两个事件之间的独立性，即：

$$P(AB)=P(A)P(B)$$

类似地，我们可以定义二维随机变量之间的独立性。当且仅当下式成立时，意味着二维随机变量 X、Y 独立：

$$f_{X,Y}(x,y)=f_X(x)f_Y(y) \tag{15.2}$$

仍然以例题 15.1 进行说明。通过例题 15.1 中的概率矩阵我们可以得知：$P($景气$)=20\%$，$P($利率上升$)=40\%$，$P(X=$景气，$Y=$利率上升$)=14\%$。显然，$P(X=$

景气，Y = 利率上升）$\neq P$(景气)P(利率上升)。故二维随机变量 X 与 Y 不独立。

四、多维随机变量的条件分布

在第十二章中，我们定义了条件概率，如下：

$$P(A \mid B) = P(AB)/P(B)$$

类似地，我们可以定义随机变量的条件概率分布：

$$f_{X \mid Y}(x \mid Y = y) = f_{X,\ Y}(x,\ y)/f_Y(y) \tag{15.3}$$

在例题 15.1 中，有：

$$f_{X \mid Y}(x \mid Y = \text{利率上升}) = \frac{f_{X,\ Y}(x,\ \text{利率上升})}{f_Y(\text{利率上升})} = \frac{f_{X,\ Y}(x,\ \text{利率上升})}{40\%}$$

于是，通过例题 15.1 中的概率矩阵，可以得到利率上升情况下 X 的条件概率分布（注意，条件概率下的三种情形概率相加为 1），如表 15.2 所示。

表 15.2　　　　利率上升情况下 X 的条件概率分布

景气	一般	较差
14%/40% = 35%	20%/40% = 50%	6%/40% = 15%

备考小贴士

本节介绍的条件主要都是基于离散型随机变量，连续型随机变量的相关定义是类似的，但由于涉及微积分的相关知识，考生可以不用掌握。

五、二维随机变量函数的期望与二维随机变量的条件期望

解释（explain）二维离散型随机变量函数的期望是如何计算的（★★）

计算（calculate）二维随机变量的条件期望（★★）

我们同样通过一道例题来理解二维随机变量函数的期望以及二维随机变量的条件期望。

例题 15.2

已知二维随机变量 X 与 Y 的概率矩阵及取值如表 15.3 所示，XY 的期望值为多少？当 $X=1$ 时，Y 的条件期望为多少？

表 15.3 二维随机变量 X 与 Y 的概率矩阵及取值

X	Y		总 计
	1	**-1**	
1	15%	5%	20%
0	20%	30%	50%
-1	5%	25%	30%
总计	40%	60%	100%

名师解析

从以上概率矩阵中可以得到随机变量 X 与 Y 在不同取值下的联合概率，我们只需将 X、Y 所有成对取值的乘积按概率加权求和即可得到 XY 的期望值，有：

$$E(XY)=1\times1\times0.15+1\times(-1)\times0.05+1\times0\times0.2+0\times(-1)\times0.3+(-1)\times1\times0.05+(-1)\times(-1)\times0.25=0.3$$

此外，当 $X=1$ 时，Y 的可能取值为 1 或-1，$X=1$ 的无条件概率为 20%（15%+5%），其条件概率分布如表 15.4 所示。

表 15.4 Y 的条件概率分布

$Y=1$	$Y=-1$
15%/20%=75%	5%/20%=25%

故其条件期望为：

$$E(Y|X=1)=1\times P(X|Y=1)+(-1)\times P(X|Y=-1)=0.5$$

第二节　协方差与相关系数

一、协方差

定义（define）并解释（explain）协方差（★★）

计算（calculate）两个加权随机变量和的方差（★★）

描述（describe）iid 序列的特征，并解释（explain）其在求随机变量和与方差时的作用（★）

多维随机变量的期望（expectation）的定义与一维随机变量期望的定义类似，仅仅是拓展到多维而已。有所不同的是，多维随机变量之间是有可能存在联动性的。要刻画这种联动性，就必须引入协方差（covariance）和相关系数（correlation coefficient）的概念。

在现代资产配置理论中，了解不同资产之间收益率的联动关系非常重要。我们先通过一个例子来体会资产之间联动的重要性。

例题 15.3

某基金经理考虑手头 100 万元资产的配置，可选择的公司有两个：太阳镜公司与雨伞公司。两个公司的盈利状况与来年下雨的状况密切相关，为简便分析，假定来年天气只有两种情况：下雨偏多与天晴偏多，两者概率均为 50%。如果来年下雨偏多，那么投资雨伞公司的资产将上升 60%，而太阳镜公司将下降 50%；反之，如果来年天晴偏多，那么投资雨伞公司的资产将减少 50%，太阳镜公司则将上升 60%（表 15.5）。基金经理应该如何配置才能保证稳定的收益？

表 15.5 雨伞公司与太阳镜公司的收益表

（单位：万元）

	雨伞公司	太阳镜公司
下雨偏多（50%）	160	50
天晴偏多（50%）	50	160
期望收益	105	105

名师解析

从表 15.5 中可以看出，如果将 100 万元资产全配置雨伞公司或者太阳镜公司，其期望收益均为 105 万元，但是资产价值的方差非常大，要么 160 万元，要么 50 万元。但如果基金经理选择太阳镜与雨伞公司各配置 50 万元，资产组合期望值虽然仍为 105 万元，但不论来年下雨偏多还是天晴偏多，资产的价值均为 105 万元。

为什么将资产分散投资后，就能保证来年收益稳定在 105 万元不变呢？原因在于雨伞公司与太阳镜公司的收益率是完全负相关的。来年如果下雨偏多，虽然太阳镜公司亏损，但是雨伞公司是盈利的；同理，如果来年天晴偏多，虽然雨伞公司亏损，但太阳镜公司是盈利的。因此，两家公司各投 50 万元，来年不管下雨偏多还是天晴偏多，基金经理的收益都是确定的，避免了单独投资一家公司带来的巨大风险。

协方差度量的就是上述不同随机变量之间的联动性，其公式如下：

$$\mathrm{Cov}(X,\ Y)=E\{[X-E(X)][Y-E(Y)]\}=E(XY)-E(X)E(Y) \quad (15.4)$$

如果随机变量 X 与 Y 之间是正相关的，那么当 X 大于其均值时，Y 也倾向于大于其均值，协方差为正数；相反地，当 X 小于其均值时，Y 也倾向于小于其均值，两个负数相乘，协方差还是正数。反之，如果 X 与 Y 之间是负相关的，协方差为负数，那么当 X 大于其均值时，Y 倾向于小于其均值。当 $X=Y$ 时，协方差公式实际上就是方差公式。

有了协方差的概念后，我们就可以衡量资产组合的方差了。根据方差的定义不难得出，对于随机变量 X 与 Y，随机变量 $X+Y$ 的方差为：

$$\mathrm{Var}(X+Y)=\mathrm{Var}(X)+\mathrm{Var}(Y)+2\mathrm{Cov}(X,\ Y) \quad (15.5)$$

相应地，某资产组合配置了两种资产：资产 X 与资产 Y，其配置比例分别为 w_1 与 w_2，则资产组合的方差为：

$$\mathrm{Var}(w_1X+w_2Y)=w_1^2\mathrm{Var}(X)+w_2^2\mathrm{Var}(Y)+2w_1w_2\mathrm{Cov}(X,\ Y) \quad (15.6)$$

从式（15.5）与式（15.6）中不难看出，两个随机变量和 $X+Y$ 的方差不仅取

决于两个随机变量 X 与 Y 自身的方差，还取决于两者之间的协方差。如果两者之间的协方差为负数，那么同时配置 X 与 Y 两种资产就能起到风险分散的作用。这与例题 15.3 的思想是类似的。

备考小贴士

式（15.4）的两个等式的形式都需要考生从计算题的角度进行记忆。式（15.6）也需要考生记忆，是各种涉及计算考点的基础公式。

iid 是"independently and identically distributed"的缩写，含义是独立同分布，即随机变量序列中的任意两个随机变量之间是独立的且服从相同分布的。

特别地，对于满足 iid 特征的随机变量序列，由于相互之间的协方差为 0，式（15.5）可以进一步简化为：

$$\mathrm{Var}(X+Y)=\mathrm{Var}(X)+\mathrm{Var}(Y)$$

二、相关系数

解释（explain）相关系数以及相关系数与协方差的关系，并说明相关系数与独立之间的区别（★★★）

协方差作为资产之间联动性的度量衡仍然存在一些缺陷。协方差的取值范围是负无穷到正无穷，没有做标准化。例如，基金经理想比较股票 A 与股票 B 之间的联动性高，还是股票 C 与股票 D 之间的联动性高。然而，股票 A 与股票 B 是小盘次新股，收益率波动较大，股票 C 与股票 D 是传统行业的大盘股，收益率波动较小。如果计算协方差，极有可能股票 A 与股票 B 之间的协方差高于股票 C 与股票 D 之间的协方差，但并不能因此说明股票 A 与股票 B 之间的联动性就一定高于股票 C 与股票 D 之间的联动性，前者数值高有可能只是因为股票 A 与股票 B 方差较大。因此，需要引入相关系数的概念。

相关系数改进了协方差的缺点，将协方差除以资产 i 与资产 j 的标准差，通过标准化可以直接用于比较两组资产组合之间联动性的高低。相关系数的具体公式如下：

$$\rho_{X,Y}=\frac{\mathrm{Cov}(X,Y)}{\sigma_X\sigma_Y} \tag{15.7}$$

考生在准备考试时，需要重点掌握相关系数的以下性质。

（1）由于除以了 X 与 Y 的标准差，所以相关系数的取值范围在-1 到+1 之间。当相关系数为 1 时，称为完全正相关（perfect positive correlation），表示 X 与 Y 之间存在斜率为正的线性关系①；当相关系数为-1 时，称为完全负相关（perfect negative correlation），表示 X 与 Y 之间存在斜率为负的线性关系。值得注意的是，相关系数不是斜率，只要相关系数绝对值为 1，那么两个变量之间就存在线性关系，而斜率可以是负无穷到正无穷之间的任意数。

（2）相关系数绝对值越高，意味着 X 与 Y 的线性关系越强，但并没有达到完全的线性关系，见图 15. 1 中相关系数为 0. 8 的情形。

（3）如果变量 X 与 Y 的相关系数为 0，意味着 X 与 Y 之间不存在线性关系。这里需要特别注意，相关系数为 0 时，实际上有两种情形：第一，X 与 Y 之间不存在任何关系，见图 15. 1 中相关系数为 0 的情形；第二，X 与 Y 之间存在非线性关系。例如，$Y=X^2$，此时 X 与 Y 的相关系数仍然为 0。换言之，相关系数为 0 只能说明变量之间不存在线性关系，但变量间是否有非线性关系是不确定的。

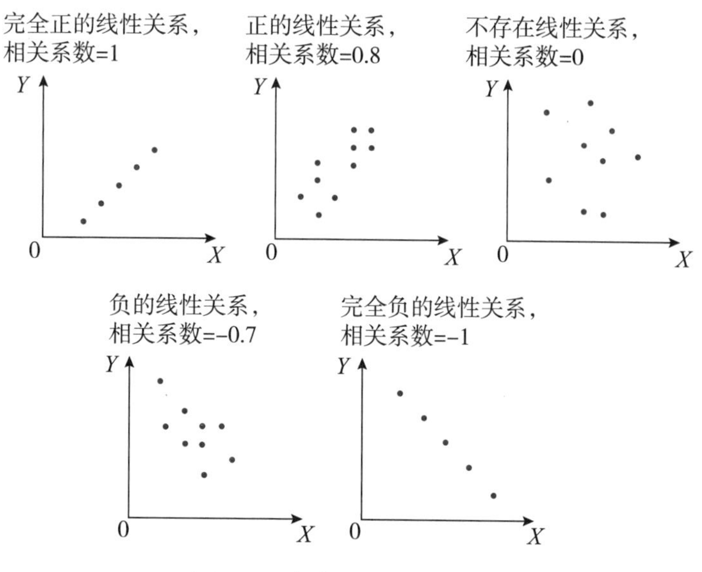

图 15. 1　相关系数的不同情形

因此，通过图 15. 1 以及上文的分析可以得出：如果两个随机变量是独立的，那么随机变量之间的相关系数一定为 0；反之，如果两个随机变量之间的相关系数为

① 如果 Y 与 X 之间存在线性关系，则有 $Y=aX+b$，其中 a 为斜率。

0，两个随机变量之间不一定独立。

三、线性变换下的协方差与相关系数

解释（explain）并阐明（illustrate）两个随机变量线性组合下的协方差与相关系数（★★）

对于随机变量 X、Y 以及常数 a、b、c、d，有：

$$\mathrm{Cov}(a+bX,\ c+dY)=bd\mathrm{Cov}(X,\ Y) \tag{15.8}$$

式（15.8）的成立可以通过协方差的定义来进行证明。根据协方差定义，可得：

$$\mathrm{Cov}(a+bX,\ c+dY)=E\{[a+bX-E(a+bX)][c+dY-E(c+dY)]\}$$

将上式中的系数 a 与 c 消掉，把系数 b 与系数 d 提出来，就可以得到：

$$\mathrm{Cov}(a+bX,\ c+dY)=bdE\{[X-E(X)][Y-E(Y)]\}=bd\mathrm{Cov}(X,\ Y)$$

如前文所述，当 $X=Y$ 时，协方差实际上就是方差。因此，协方差的性质与方差类似。回忆方差的类似性质：$\mathrm{Var}(a+bX)=b^2\mathrm{Var}(X)$ 。这与式（15.8）是类似的，单个常数项 a 会被“吃掉”，而常数项 b 提出来要平方（在协方差中 b 是与 d 相乘的，类似于一个二次项）。

类似地，对于相关系数来说有：

$$\mathrm{Corr}(aX,\ bY)=\frac{ab\mathrm{Cov}(X,\ Y)}{\sqrt{a^2\mathrm{Var}(X)}\sqrt{b^2\mathrm{Var}(Y)}}=\frac{ab}{|a||b|}\frac{\mathrm{Cov}(X,\ Y)}{\sqrt{\mathrm{Var}(X)}\sqrt{\mathrm{Var}(Y)}}$$

$$=\mathrm{sign}(a)\mathrm{sign}(b)\mathrm{Corr}(X,\ Y) \tag{15.9}$$

四、协偏度与协峰度

解释（explain）协偏度与协峰度与偏度、峰度的联系（★）

正如我们可将方差的概念推广到 3 阶（偏度）与 4 阶（峰度），同样也可将协方差的概念推广到 3 阶与 4 阶，即协偏度（coskewness）与协峰度（cokurtosis）。下面通过一个实例说明协偏度所度量的随机变量特征。

假设基金 A、B、C、D 在不同时期的收益率如表 15.6 所示。

表 15.6　　基金 A、B、C、D 在不同时期的收益率

时期	A	B	C	D
1	0.10%	-3.70%	-15.00%	-15.00%
2	-3.70%	-15.00%	-7.00%	-7.00%
3	-15.00%	3.90%	0.10%	-3.70%
4	-7.00%	-7.00%	-3.70%	15.00%
5	3.90%	0.10%	3.90%	0.10%
6	7.00%	7.00%	7.00%	7.00%
7	15.00%	15.00%	15.00%	3.90%

这个表格中的数据是刻意设置的，目的是表明协偏度的作用。实际上，基金 A、B、C、D 在 7 个时期的收益率数据是相同的，只不过打乱了顺序，使其发生在不同的时期。因此，对于 4 个基金来说，均值、方差、偏度与峰度都是相等的，并且基金 A 与基金 B 之间的协方差等于基金 C 与基金 D 的协方差。

如果分别以等权重比例配置基金 A 与基金 B，构成一个资产组合，以等权重比例配置基金 C 与基金 D，构成另一个资产组合。加权平均后，可以得到如表 15.7 所示的收益率。

表 15.7　　基金 A+B 与基金 C+D 在不同时期的收益率

时期	A+B	C+D
1	-1.80%	-15.00%
2	-9.35%	-7.00%
3	-5.55%	-1.80%
4	-7.00%	5.65%
5	2.00%	2.00%
6	7.00%	7.00%
7	15.00%	9.45%

注意，进行这样的资产配置后，基金 A+B 与基金 C+D 的均值与方差仍然相同，但是偏度与峰度是不同的。例如，基金 A+B 的最差收益率是-9.35%，而基金 C+D 的最差收益率达到了-15.00%。这是因为基金 C 与基金 D 在时期 1 同时经历了最差收益率；而基金 A 与基金 B 虽然最差收益率也都是-15.00%，但是发生的时期是错开的。从这个角度来看，基金 A+B 的组合相对更优。

将基金 A+B 的收益率与基金 C+D 的收益率分别绘制如图 15.2 与图 15.3 所示。从图中可以看出基金 A+B 呈现出右偏，因为基金 A 与基金 B 的最好收益率发生在同一时期，而最差收益率发生在不同时期；基金 C+D 呈现出左偏，因为基金 C 与基金 D 的最好收益率发生在不同时期，而最差收益率发生在同一时期。

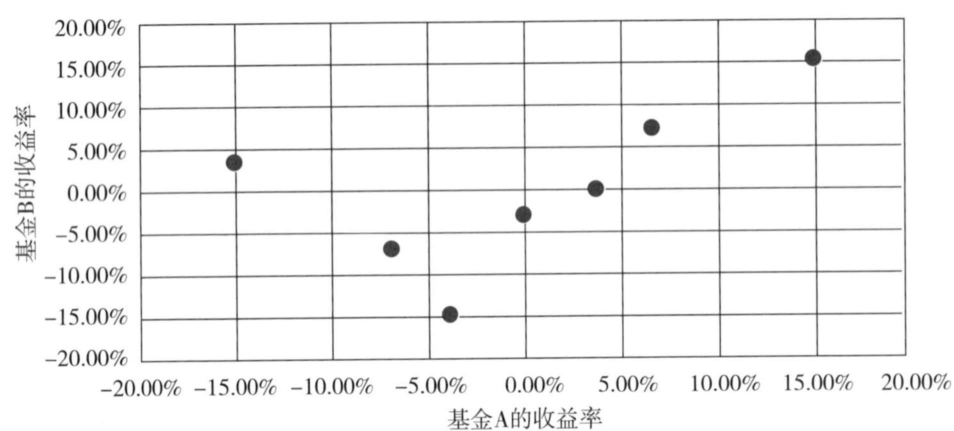

图 15.2　基金 A+B 的收益率

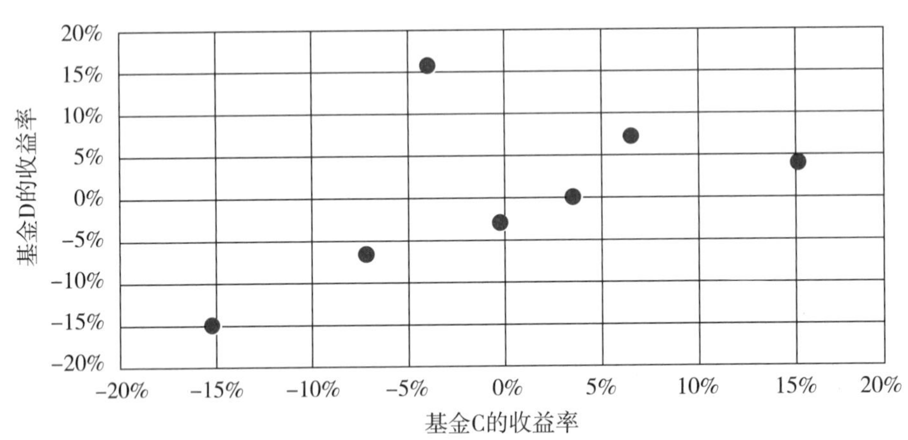

图 15.3　基金 C+D 的收益率

基金 A+B 与基金 C+D 的这种不同特征可以用协偏度刻画。以基金 A 与基金 B 为例，其协偏度有两个，计算公式如下：

$$S_{AAB} = E[(A-\mu_A)^2(B-\mu_B)]/\sigma_A^2\sigma_B \tag{15.10}$$

$$S_{ABB} = E[(A-\mu_A)(B-\mu_B)^2]/\sigma_A\sigma_B^2 \tag{15.11}$$

通过式（15.10）与式（15.11）可以分别计算出基金 A+B 与基金 C+D 的协偏度，如表 15.8 所示。

表 15.8　　基金 A+B 与基金 C+D 之间的协偏度

	A+B	C+D
S_{XXY}	0.99	-0.57
S_{XYY}	0.57	-0.99

从表 15.8 可以看出，基金 A+B 的协偏度大于 0，基金 C+D 的协偏度小于 0；与偏度一样，我们更偏好协偏度为正的基金而不是协偏度为负的基金。

协偏度与协峰度有一个致命的缺点：当自变量个数增加时，需要计算的协偏度与协峰度数量呈几何倍增加。因此这两个概念在实务中较少使用。

备考小贴士

很多考生对协偏度和协峰度的概念非常陌生，实际上这两个概念在实务中也使用得较少，原版教材对协峰度的概念甚至没有过多的介绍。因此，从备考角度来说，考生只需要对上述实例有初步了解即可。

第三节　独立同分布的随机变量

一、基本定义与性质

描述（describe）独立同分布的随机变量的特征（★）

如果多个随机变量具有相同的概率分布，并且这些随机变量之间相互独立（变量之间的协方差和相关系数都为 0），那么这组随机变量序列就满足独立同分布（independently and identically distributed，iid）的特征。如果随机变量是离散的，那么它们具有相同的概率质量函数；如果随机变量是连续的，那么它们具有相同的概率密度函数；同时，它们的累积分布函数也保持一致。假设有 n 个随机变量，其中每个变量都服从于正态分布，并且变量之间相互独立，即这组变量满足独立同分布的特征，可记为：

$$X_i^{iid} \sim N\left(\mu, \sigma^2\right),\ i = 1,\ 2,\ \cdots,\ n, \tag{15.12}$$

二、独立同分布的随机变量的矩

解释（explain）独立同分布特征在计算多个独立分布随机变量之和均值和方差的应用（★★）

如果有 n 个独立同分布的随机变量 X_1，X_2，…，X_n，假设每个变量具有同样的均值 μ、方差 σ^2 和标准差 σ（也称为波动率）。令变量 $Y = \sum_{i=1}^{n} X_i = X_1 + X_2 + \cdots + X_n$，则有：

（1）Y 的期望值为：

$$E[Y] = E\left[\sum_{i=1}^{n} X_i\right] = \sum_{i=1}^{n} E[X_i] = \sum_{i=1}^{n} \mu = n\mu \tag{15.13}$$

（2）Y 的方差为：

$$V[Y] = V\left[\sum_{i=1}^{n} X_i\right] = \sum_{i=1}^{n} V[X_i] + 2\sum_{j=1}^{n} \sum_{k=j+1}^{n} \mathrm{Cov}[X_j,\ X_k] = n\,\sigma^2 \tag{15.14}$$

（3）Y 的标准差为：

$$\sigma[Y] = \sigma\left[\sum_{i=1}^{n} X_i\right] = \sqrt{n}\,\sigma \tag{15.15}$$

式（15.15）称为平方根法则（square root rule），其应用会在“第二十三章收益率、波动率与相关系数”内容中详细介绍。比如已知每天的回报是独立同分布的，根据每天的回报数据计算的日波动率为 $\sigma_{1\text{-}day}$，要将日波动率转化为年波动率 $\sigma_{1\text{-}year}$，只需将日波动率乘以 $\sqrt{252}$（1 年有 252 个交易日）即可：

$$\sigma_{1\text{-}year} = \sqrt{252} \times \sigma_{1\text{-}day} \tag{15.16}$$

注意“多个独立同分布的随机变量的和的方差”和“多个同一随机变量加和的方差”的差别。例如：

（1）如果 X_1 和 X_2 是独立同分布的，并且它们的方差都是 σ^2，那么它们之和的方差为：

$$V[X_1+X_2]=2\sigma^2$$

（2）如果是同一个随机变量加和的方差为：

$$V[2X_1]=4\sigma^2$$

$$V[2X_2]=4\sigma^2$$

备考小贴士

这一部分知识点通常来说不会独立考查，但是会结合其他知识点一并考查。考生需注意，只要说到满足独立同分布的随机变量就隐含描述了不同随机变量服从的是同一分布，并且两两随机变量之间相互独立的条件。平方根法则需要掌握如何对不同时间跨度的标准差进行转换的方法。

第十六章

样本矩与中心极限定理

知识引导

本章的主题在于如何运用样本矩来对未知的总体矩进行估计。其中，需要特别关注的是如何选取统计量来对总体均值进行估计。虽然，从直觉上不难判断用样本均值来估计总体均值是合乎常理的，但在实际运用中，样本统计量必须满足什么标准才能被用于估计总体参数是需要深入讨论的。此外，本章还要引入概率论中最重要的一类定理：大数定律与中心极限定理。中心极限定理有广泛的实际应用背景，其核心思想为：如果某一自然或社会现象受到许多相互独立的随机因素的影响，且每个因素所产生的影响都很微小时，总的影响可以看作是服从正态分布的。

考点聚焦

从知识点讲述的逻辑上考虑，我们将原版教材中有关协偏度与协峰度的相关讲述放在了第十五章。本章中考生重点掌握统计量选取的原则、中心极限定理即可。

本章框架图

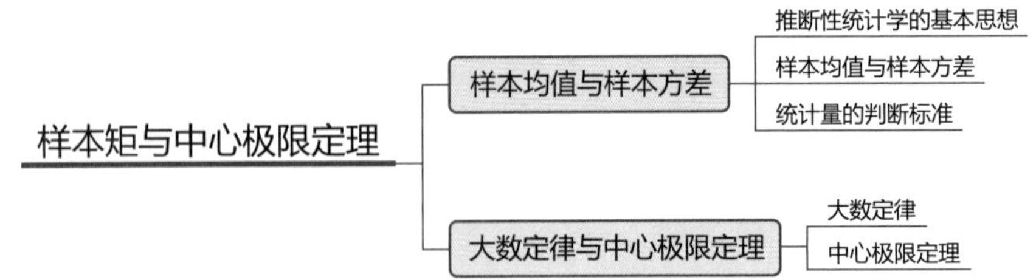

第一节 样本均值与样本方差

一、推断性统计学的基本思想

利用样本估计（estimate）样本均值、样本方差与样本标准差（★★）
解释（explain）总体矩与样本矩之间的区别（★★）
区分（differentiate）统计量与估计量（★）

在概率论中，我们通常假设概率分布是已知的，相关推断均是基于已知分布进行的。然而，在研究实际问题时，由于各种原因，总体分布通常是未知的。例如，研究中国人的身高分布，出于对成本的考虑，不大可能对研究对象全体逐一进行调查。又如，某灯泡厂想检验产品的平均寿命，如果调查对象是该厂生产的所有灯泡，这意味着每个灯泡都要用到坏为止才能知道其寿命，那就没有产品可供出售了。于是，在这种情况下就必须运用抽样统计的方法来推断总体参数，其过程如图 16.1 所示。

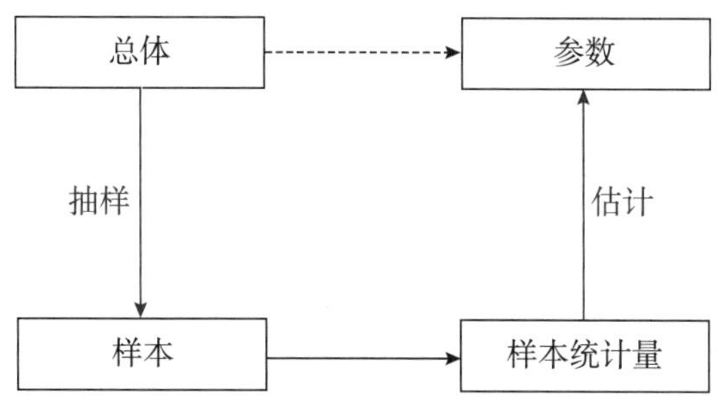

图 16.1 抽样估计的过程

在统计问题中，通常把研究对象的全体称为总体（population）。例如，研究中国人的身高，那么所有中国人的身高就是总体。用于衡量总体特征的统计量称为参数（parameter），通常用希腊字母表示。比如，全中国人的平均身高记为 μ 。如果抽样（sampling）1 000 万个中国人的身高，这 1 000 万个身高数据整体被称为样本

（sample），由样本数据计算出来的平均身高称为样本统计量（sample statistic），通常用大写字母表示，记为 $\overline{X}$，并以此来估计总体的参数 μ 。

数据抽样后，下一步就要利用样本统计量对总体参数进行估计。这里有必要再次强调总体参数与样本统计量的区别。首先，总体参数是一个未知的常数。例如，全中国人的平均身高是总体参数，一般情况下是未知的，否则也就不需要抽样来估计了。虽然未知，但全中国人的平均身高这是客观存在的常数，不会因为我们采用不同的抽样与估计方法而改变。相反，样本统计量（sample statistic）是一个随机变量，随着抽样数据的不同而不同，因而存在概率分布。而一旦确定了抽样数据，样本统计量的取值就是确定的了，这就是总体参数的估计值（estimate）。这对理解区间估计、中心极限定理等概念至关重要。

二、样本均值与样本方差

最常用的总体参数就是均值与方差，而样本统计量就是对均值和方差的估计。

最常见的均值计算方法就是算术平均，即将所有数据加总后除以数据的个数。总体均值与样本均值的公式分别如下：

$$\mu = \frac{\sum_{i=1}^{N} X_i}{N} \tag{16.1}$$

$$\overline{X} = \frac{\sum_{i=1}^{n} X_i}{n} \tag{16.2}$$

其中，式（16.1）为总体均值（population mean）的计算公式，式（16.2）为样本均值（sample mean）的计算公式。

备考小贴士

一般而言，总体参数用希腊字母表示，如总体均值 μ；总体个数用大写字母 N 表示；样本统计量用英文大写字母加上横线表示，如样本均值 $\overline{X}$；样本容量用小写字母 n 表示。考生在考试中应注意从符号表示上判断统计量是对应总体还是样本。

方差是指个体数据与总体均值间距离平方的算术平均值，度量数据的离散程度。总体方差与样本方差公式如下：

$$\sigma^2 = \frac{\sum_{i=1}^{N}(X_i - \mu)^2}{N} \tag{16.3}$$

$$S^2 = \frac{\sum_{i=1}^{n}(X_i - \overline{X})^2}{n-1} \tag{16.4}$$

考生应注意总体方差与样本方差公式的区别。样本方差用S^2表示，其分母为$n-1$而不是n。分母为$n-1$的原因可以从两个方面来理解：一方面是为了确保样本统计量的无偏性，另一方面是为了调整自由度。有关无偏性和自由度的概念会在后续章节中讲解，考生注意公式即可。

总体方差与样本方差各自取算术平方根即可得总体标准差与样本标准差：

$$\sigma = \sqrt{\frac{\sum_{i=1}^{N}(X_i - \mu)^2}{N}} \tag{16.5}$$

$$S = \sqrt{\frac{\sum_{i=1}^{n}(X_i - \overline{X})^2}{n-1}} \tag{16.6}$$

点估计方法是指利用样本统计量来估计总体参数。例如，估计所有中国人的平均身高（即总体参数μ），通过抽样调查 1 000 万中国人的身高取平均，以样本均值$\overline{X}$来估计μ。其中，$\overline{X}$就是通过点估计方法计算出来的样本统计量，其计算公式为$\sum_{i=1}^{n} X_i/n$。

三、统计量的判断标准

描述（describe）并解释（explain）统计量的偏误（★★）

解释（explain）统计量 BLUE 的含义（★★）

描述（describe）统计量一致性的概念并解释（explain）其用途（★★）

在谈及均值时，我们很自然地认为是用样本均值$\overline{X}$去估计总体均值。其实，点估计并没有限制如何构造样本统计量。举一个极端的例子，假定只抽样了 2 个数据，如果按照之前的思路，应该用样本均值即（X_1+X_2）/2 去估计总体均值。然而，为什么不能用样本统计量 $\frac{1}{3}X_1+\frac{2}{3}X_2$ 来估计总体均值呢？这一问题就涉及样本统计量的判断标准（desirable properties of estimators）。

判断不同统计量的优劣可以从以下三个维度出发。

1. 无偏性

无偏性（unbiasedness）指样本统计量的期望值等于总体参数。例如，假设用 $\overline{X}$ 去估计总体均值 μ，无偏性是指：

$$E(\overline{X})=\mu \tag{16.7}$$

更一般地，$\hat{\theta}$ 是对总体参数 θ 估计的统计量。我们可以将其估计偏误（bias）用下式表示：

$$\text{Bias}(\hat{\theta})=E(\hat{\theta})-\theta \tag{16.8}$$

对于无偏估计量来说，偏误应当为 0。

满足无偏性的统计量是相对较好的样本统计量。前文已指出，$\overline{X}$ 是一个随机变量。因此，如果 $\overline{X}$ 是无偏的，表明虽然一次抽样计算出来的样本均值 $\overline{X}$ 可能会与总体均值 μ 有差异，但总体来说随机变量 $\overline{X}$ 的期望值等于总体参数 μ。例如，抽样 1 000 万个中国人计算出来的平均身高 $\overline{X}$ 一般不会恰好等于 14 亿中国人的平均身高，但随机变量 $\overline{X}$ 的期望值是等于真实平均身高的。

2. 有效性

满足无偏性的样本统计量通常有很多，若要在所有无偏、线性的统计量中进一步筛选就需要引入有效性（efficiency）的概念。有效性是指在所有无偏、线性样本统计量中，方差最小的样本统计量。以 $\overline{X}$ 为例，如果 $\overline{X}$ 是有效的，则表明：

$$\text{Var}(\overline{X})\leqslant \text{Var}(\hat{X}) \tag{16.9}$$

其中，$\hat{X}$ 表示其他任意满足无偏性的样本统计量。

考生需要注意，有效性是建立在无偏性和线性基础上的，即最有效的样本统计量是在所有无偏且线性样本统计量中方差最小的，而不是所有样本统计量中方差最小（即有可能存在有偏的或非线性样本统计量的方差更小）。仍然以估计全中国人平均身高为例，如果 $\overline{X}$ 是最有效的样本统计量即表明：尽管抽样 1 000 万个中国人计算出来的平均身高 $\overline{X}$ 可能不会恰好等于 14 亿中国人的平均身高，但是如果进行多次反复抽样，在所有无偏统计量中，$\overline{X}$ 偏离全中国人真实平均身高的程度最小。

3. 一致性

一致性（consistency）指随着样本容量的上升，样本统计量逼近总体参数的概率也会上升。例如，抽样调查 100 个中国人计算出来的平均身高会与全中国人平均身高差很多。但如果增加样本容量，抽样 100 万人、1 000 万人甚至 1 亿人计算出来的样本平均身高肯定会越来越接近全中国人的真实平均身高。

一致性通常是对样本统计量最基本的一个要求。如果某个样本统计量即便在抽样范围不断扩大时也不能趋近总体参数，那么说明这个样本统计量的构造方法本身有误。

理解判断样本统计量优劣的三个标准（表 16.1）之后，我们再来看本节开始提出的问题：为什么样本均值 $\overline{X}$ 是估计总体参数 μ 的最优统计量？详细证明这一点超出了本书的范围，但我们可以通过一个极端的例子来体会三个判断标准的含义，见例题 16.1。

表 16.1　　样本统计量的三大判断标准

判断标准	含义
无偏性（Unbiasedness）	样本统计量期望等于总体参数
有效性（Efficiency）	在无偏且线性的统计量中，方差最小
一致性（Consistency）	当样本容量增大时，样本统计量逼近总体参数的概率上升

例题 16.1

抽样 2 个数据，依据样本统计量的判断标准，$\frac{1}{2}X_1+\frac{1}{2}X_2$ 与 $\frac{1}{3}X_1+\frac{2}{3}X_2$ 哪个样本统计量估计总体均值 μ 更优？假定 X_i 独立同分布，即 $E(X_i)=\mu$，$\mathrm{Var}(X_i)=\sigma^2(i=1,\ 2)$。

名师解析

分别从无偏性、有效性两个角度来判断。[①]

从无偏性上看：

① 由于只抽样了 2 个数据，在这里无须考虑一致性。

$$E\left(\frac{1}{2}X_1+\frac{1}{2}X_2\right)=\frac{1}{2}E(X_1)+\frac{1}{2}E(X_2)=\frac{1}{2}\mu+\frac{1}{2}\mu=\mu$$

$$E\left(\frac{1}{3}X_1+\frac{2}{3}X_2\right)=\frac{1}{3}E(X_1)+\frac{2}{3}E(X_2)=\frac{1}{3}\mu+\frac{2}{3}\mu=\mu$$

因此，两个样本统计量都是无偏的，从无偏性上区分不出优劣。

然而，从有效性上看：

$$\mathrm{Var}\left(\frac{1}{2}X_1+\frac{1}{2}X_2\right)=\frac{1}{4}\mathrm{Var}(X_1)+\frac{1}{4}\mathrm{Var}(X_2)=\frac{1}{4}\sigma^2+\frac{1}{4}\sigma^2=\frac{1}{2}\sigma^2$$

$$\mathrm{Var}\left(\frac{1}{3}X_1+\frac{2}{3}X_2\right)=\frac{1}{9}\mathrm{Var}(X_1)+\frac{4}{9}\mathrm{Var}(X_2)=\frac{1}{9}\sigma^2+\frac{4}{9}\sigma^2=\frac{5}{9}\sigma^2$$

因此，$\mathrm{Var}\left(\frac{1}{2}X_1+\frac{1}{2}X_2\right)$小于$\mathrm{Var}\left(\frac{1}{3}X_1+\frac{2}{3}X_2\right)$，从有效性上看前者更优。实际上，如果每个个体都是独立同分布且随机抽样，就没有理由赋予第二个抽样的样本点更多的权重。推广到样本容量为 n 的情形，用样本均值$\overline{X}$ 估计总体参数 μ 更有效。

最后，如果一个统计量同时满足无偏性、有效性，且关于样本数据是线性的，我们称该统计量是 BLUE 的（best linear unbiased estimator，BLUE）。其中，“best”的含义即是有效的，L 代表线性，U 代表无偏（注意，BLUE 中没有一致性）。

第二节　大数定律与中心极限定理

一、大数定律

解释（explain）大数定律与中心极限定理及其运用在样本均值上的含义（★★★）

我们将大数定律（the law of large numbers，LLN）运用到样本均值的统计量上。顾名思义，大数定律描述了满足什么条件时，在大样本下样本均值会收敛到总体期望。我们可以用如下数学符号来表示：

$$\overline{X}=\frac{1}{n}\sum_{i=1}^{n}X_i\xrightarrow{a.s}\mu \tag{16.10}$$

式（16.10）表明，当样本容量趋近于无穷时，样本均值会逼近于总体均值。换言之，当样本容量上升时，样本均值满足一致性（consistency）。

式（16.10）中的“a. s”表示“几乎处处收敛”，这是微积分中的一个术语，从备考角度，考生无须掌握。

二、中心极限定理

中心极限定理（central limit theorem，CLT）是概率论中最重要的定理之一，它为置信区间构建与假设检验奠定了理论基础。中心极限定理有许多形式，这里介绍其中最简单的一种形式：林德伯格–列维中心极限定理（Lindberg-Lévy CLT）。

由于样本均值 $\overline{X}$ 是一个随机变量，因而也存在概率分布。中心极限定理就是对 $\overline{X}$ 的概率分布进行描述的。

林德伯格–列维中心极限定理：对于任意均值为 μ、方差为 σ^2 的总体，假设简单随机抽样计算出的样本均值为 $\overline{X}$，样本容量为 n，当 n 较大时（$n \geqslant 30$），$\overline{X}$ 近似服从均值为 μ、方差为 $\frac{\sigma^2}{n}$ 的正态分布。

中心极限定理成立的条件非常弱，但结论却非常强。中心极限定理可被归纳为三个条件与三个结论。

条件 1：抽样必须是简单随机抽样。

条件 2：总体的均值与方差均有限，不是无穷大。

条件 3：样本容量超过 30。

结论 1：样本统计量 $\overline{X}$ 服从正态分布。

结论 2：样本统计量 $\overline{X}$ 的均值为 μ。

结论 3：样本统计量 $\overline{X}$ 的方差为 $\frac{\sigma^2}{n}$。

我们可以将中心极限定理的结论简单地用数学符号表示，即当条件 1 到条件 3 满足时，有：

$$\overline{X}\sim N\left(\mu,\ \frac{\sigma^2}{n}\right)$$

或将随机变量 $\overline{X}$ 减去总体均值 μ 后乘以系数 $\sqrt{n}$ 等同的有：

$$\sqrt{n}(\overline{X}-\mu) \sim N(0,\ \sigma^2)$$

注意，$\overline{X}$ 的方差为 $\frac{\sigma^2}{n}$，而不是 σ^2。这个性质可通过方差的性质证明，但考试对证明不做要求，这里就不再赘述了。考生可以这样理解记忆：$\overline{X}$ 是抽样的平均数，是已经经过求平均平滑后的随机变量。因此，$\overline{X}$ 的方差肯定低于总体本身的方差 σ^2，由于是 n 个数求平均，其对应系数为 $\frac{1}{n}$。

第十七章

置信区间与假设检验

知识引导

本章是关于推断性统计学的相关内容。与描述性统计学不同，推断性统计学的基本思想是“以小见大”，即通过分析抽样样本的特征来推断总体的特征。具体而言，抽样分析分为点估计和区间估计两种方法，本章重点介绍如何构造置信区间。此外，假设检验是推断性统计学的另一重要内容。在进行经济金融分析时，基金经理通常根据自己的分析框架，形成对市场的观点或判断。与自然科学不同，在社会科学研究中不存在绝对成立的规律。因而，在检验基金经理的假设是否成立时，主要是从统计意义上判断原假设是否成立。换言之，假设检验的基本思想就是“小概率事件不会发生”，考生在学习过程中应用心体会这一点。

考点聚焦

置信区间计算与假设检验是历年考试的重点内容。考生应掌握在给定显著性水平及相应条件下，如何选择统计量并构建置信区间。关于假设检验，考生不仅要掌握假设检验的基本思想与步骤，而且要熟知相关概念并进行辨析，如原假设与备择假设的设立、如何判断是否拒绝单尾检验与双尾检验、第一类错误与第二类错误的区别等都是重要考点。

本章框架图

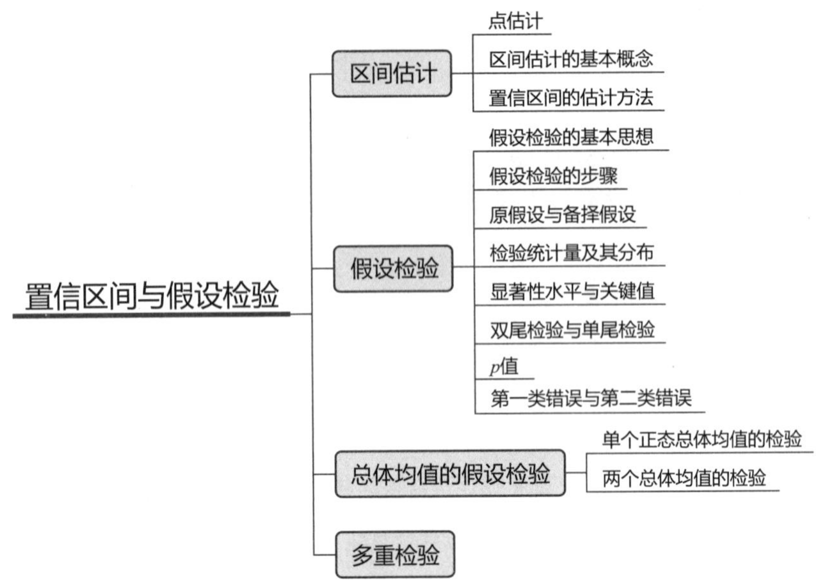
置信区间与假设检验
区间估计
点估计
区间估计的基本概念
置信区间的估计方法
假设检验
假设检验的基本思想
假设检验的步骤
原假设与备择假设
检验统计量及其分布
显著性水平与关键值
双尾检验与单尾检验
p值
第一类错误与第二类错误
总体均值的假设检验
单个正态总体均值的检验
两个总体均值的检验
多重检验

第一节　区间估计

构建（construct）并理解（interpret）置信区间（★★★）

解释（explain）假设检验与置信区间的关系（★★）

参数估计的方法包括点估计（point estimate）与区间估计（confidence interval estimate）两种。

一、点估计

点估计方法是指利用样本统计量来估计总体参数。例如，估计所有中国人的平均身高（即总体参数μ），通过抽样调查了n个中国人的身高取平均，以样本均值$\overline{X}$来估计μ。其中，$\overline{X}$就是通过点估计方法计算出来的样本统计量，其计算公式为$\sum_{i=1}^{n} X_i/n$。

二、区间估计的基本概念

点估计给出了总体参数的一个具体估计数值，但并没有回答这个数值的估计精度如何。例如，抽样调查全中国人平均身高，点估计方法计算出样本均值为170 cm。然而，全中国人的平均身高有可能是170.01 cm，那么170.01算是估计准确还是不准确呢？点估计方法并没有告诉我们任何有关估计量精度的信息。引入置信区间的概念可以判断样本统计量的精度。

区间估计是指估计未知总体参数的区间范围。例如，给定概率水平$(1-\alpha)$，估计出来的置信区间（confidence interval）以$(1-\alpha)$的概率覆盖未知的总体参数。其中，α称为显著性水平（significance level），$(1-\alpha)$称为置信水平（confidence level）。

例如，估计中国人平均身高，假设5%显著性水平下的置信区间为[168，172]。这个置信区间的含义是：区间[168，172]有95%的概率覆盖了全中国人的真实平均身高。考生应注意置信区间关于置信水平与显著性水平的两种表述，95%置信水平的置信区间与5%显著性水平的置信区间是完全等价的。

置信区间的宽度与置信水平正相关，与显著性水平负相关。例如，无须任何估计，我们就能以100%的把握确定中国人的平均身高在（0，+∞）之间。但这个100%置信水平的置信区间没有任何意义，无法提供任何有关总体参数的信息。随着置信水平的降低，置信区间宽度变窄，但其代价是置信区间覆盖总体参数的把握度下降了。例如，假定90%与99%置信水平下的置信区间分别为[170，171]与[165，175]。显然，99%的置信区间[165，175]给我们的信息太模糊了，身高波动范围高达10 cm。然而，要让置信区间提供的信息更精确，范围由[165，175]缩小到[170，171]，就必须以降低把握度为代价。

很多辅导书中对置信区间定义描述是这样的：95%置信水平的置信区间意味着总体参数有95%的概率落在该区间内。这种描述其实是不准确的。总体参数是一个客观存在的确定常数，因而不存在以95%的概率落进某个区间的说法（要么100%落入，要么100%不落入）。事实上，从下文的公式中可以看出，置信区间的上下限是基于样本统计量计算而得的随机变量。每次抽样计算出来的置信区间都是不同的（随机变动的是置信区间而不是总体参数）。故95%置信水平下的置信区间含义是：基于抽样数据构造的置信区间有95%的概率覆盖总体参数。换言之，如果进行了100次抽样，相应构造了100个置信区间，其中大约有95个区间包含了总体参数。

三、置信区间的估计方法

置信区间的一般公式为：

$$\text{点估计量} \pm \text{置信因子} \times \text{标准误} \tag{17.1}$$

其中，置信因子（reliability factor）的取值取决于总体分布与置信水平 $1-\alpha$。在考试中，考生只需要计算总体分布为正态分布时总体均值 μ 的置信区间即可。具体而言，根据总体方差是否已知来分类讨论。

1. σ^2 已知时，计算 μ 的置信区间（假设总体服从正态分布）

此时，式（17.1）变为：

$$\overline{X} \pm z_{\alpha/2}\frac{\sigma}{\sqrt{n}} \tag{17.2}$$

其中，$z_{\alpha/2}$ 表示标准正态分布下 $\alpha/2$ 的分位数。

可以这样理解式（17.2）：通过中心极限定理已知 $\overline{X}$ 服从 $N\left(\mu,\ \frac{\sigma^2}{n}\right)$，将其标准化后服从标准正态分布 Z。利用正态分布的对称性，$\overline{X}$ 有 $1-\alpha$ 的概率落在以 μ 为中心点，分别向上和向下移动 $z_{\alpha/2}\frac{\sigma}{\sqrt{n}}$ 单位的区间内。将上述区间写成不等式后经过变化即可得置信区间。

对应第十四章关于标准正态分布的几个关键值，如表 17.1 所示。

表 17.1　　正态分布的置信因子

置信区间	置信因子
90%置信区间	$z_{\alpha/2}$ = 1.65
95%置信区间	$z_{\alpha/2}$ = 1.96
99%置信区间	$z_{\alpha/2}$ = 2.58

2. σ^2 未知时，计算 μ 的置信区间（假设总体服从正态分布）

此时，式（17.2）变为：

$$\overline{X} \pm t_{\alpha/2}\frac{s}{\sqrt{n}} \tag{17.3}$$

其中，$t_{\alpha/2}$ 表示自由度为 $n-1$ 的 t 分布下 $\alpha/2$ 的分位数。

当总体方差未知时，按照式（17.2）就无法计算置信区间了。此时，只能用样本方差代替总体方差。用样本方差代替总体方差后，标准化后的 $\overline{X}$ 就不再服从正态分布，而是服从学生 t 分布，因而改用式（17.3）构建置信区间。

备考小贴士

对式（17.2）与式（17.3），考试中是会要求计算的，考生在记忆公式时应注意以下四点。

（1）根据总体方差是否已知，判断用正态分布还是 t 分布构造置信区间。

（2）分位数是 $\alpha/2$ 而不是 α。

（3）标准误是 $\frac{\sigma}{\sqrt{n}}$ 或 $\frac{s}{\sqrt{n}}$ 而不是 σ 或 s。题目中如果给出总体标准差（standard deviation），则计算置信区间时必须除以 $\sqrt{n}$；而如果题目中给出的是标准误（standard error），则给出的值已经是 $\frac{\sigma}{\sqrt{n}}$ 或 $\frac{s}{\sqrt{n}}$，计算置信区间时无须再除以 $\sqrt{n}$。

（4）当 t 分布自由度变大时，概率密度函数趋近于正态分布。因此，有些时候考题中并不会直接给出 t 分布的分位数，只要 $n \geqslant 30$ 时就可利用标准正态分布的分位数代入置信区间公式近似计算。

从表 17.2 可以看出，判断应该采用 z 统计量还是 t 统计量可以从 3 个维度出发，一共八种情况。3 个维度包括：总体是否为正态分布、总体方差是否已知、样本容量是否大于等于 30。后两个维度前文已有描述，现对第一个维度进行简要讨论。根据中心极限定理，即便 X 分布非正态，当总体方差已知且样本容量超过 30 时，$\overline{X}$经标准化后仍然服从正态分布；但若总体方差未知，则服从 t 分布。当然，当样本容量不足 30 时，则无法运用中心极限定理，置信区间不可得。

表 17.2　置信因子的选择

总体分布	总体方差	样本容量<30	样本容量≥30
正态分布	已知	z 统计量	z 统计量
正态分布	未知	t 统计量	t 分布 *
非正态分布	已知	不可得	z 统计量
非正态分布	未知	不可得	t 分布 *

注：表中 * 表明，此情形下 z 统计量理论上也可行，但用 t 统计量更好。

例题 17.1

某研究机构对上市公司的市盈率进行抽样调查，样本容量为 41。市盈率样本均值为 19.0，样本均值的标准误为 6.6。计算总体均值置信水平为 95%的置信区间。

名师解析

计算置信区间的第一步为判断总体方差是否已知。此题中仅给出了标准误为 6.6，而对总体方差只字未提，因而要用式（17.3）计算置信区间。

第二步，计算 t 分布的分位数。本题样本容量为 41，超过了 30，可以认为此时 t 分布接近于正态分布，95%置信水平下 t 分布分位数近似为 1.96。

最后，代入式（17.3）计算：19 ±1.96×6.6，即 95%置信水平下上市公司市盈率的置信区间为 [6.06, 31.94]。（注意，本题给出的是标准误，因此无须再除以 $\sqrt{41}$。）

利用式（17.2）与式（17.3）可以判断置信区间宽度的影响因素，如表 17.3 所示。

表 17.3　　影响置信区间宽度的因素

影响因素	置信区间宽度	
	z 分布	t 分布
显著性水平 α	负相关	负相关
样本容量 n	负相关	负相关
自由度	无	负相关
总体/样本标准差	正相关	正相关

从公式可以看出，置信区间宽度即 2 倍的 $z_{\alpha/2}\frac{\sigma}{\sqrt{n}}$ 或 $t_{\alpha/2}\frac{s}{\sqrt{n}}$。故有：

（1）当显著性水平 α 上升时，z 分布或 t 分布落在中间区域 $1-\alpha$ 的概率就越小，因此分位数的绝对值也就越小，置信区间也越窄。

（2）当样本容量 n 上升时，$\frac{\sigma}{\sqrt{n}}$ 或 $\frac{s}{\sqrt{n}}$ 就越小，置信区间就越窄。

（3）当 t 分布自由度上升时，t 分布逼近正态分布，由于原本 t 分布更加肥尾，逼近正态分布后则尾部变薄，分位数绝对值变小，置信区间越窄。

（4）总体或样本标准差变大，则 $\frac{\sigma}{\sqrt{n}}$ 或 $\frac{s}{\sqrt{n}}$ 就越大，则置信区间变宽。

第二节　假设检验

构建（construct）合适的原假设与备择假设，并辨析（distinguish）它们的区别（★★★）

理解（interpret）在给定置信水平下假设检验的结果（★★★）

一、假设检验的基本思想

我们直接从一个例子出发来体会假设检验的基本思想与步骤。

例题 17.2

某牛奶生产商在其一份研究报告中声称“中国人的平均身高不高于 160 cm，因而必须向大众普及日常饮用牛奶的习惯”。假设所有中国人的平均身高服从正态分布 $N(\mu, \sigma^2)$，如何检验牛奶商关于中国人身高的观点是否成立？

名师解析

本题是一个关于假设检验的问题，接下来我们就会围绕本例题来介绍假设检验的基本思想与步骤。

首先，例题 17.2 不是一个参数估计问题，必须采用假设检验的方法。假设检验（hypothesis test）与参数估计（parameter estimation）的思想是不同的。参数估计是指利用抽样数据对总体参数进行直接估计，并得出总体参数的具体估计值；**而假设检验则分为假设与检验两步**，先形成一个对总体参数的假设，然后再利用抽样数据判断这个假设是否成立。

在例题 17.2 中，参数估计是通过抽样调查部分中国人身高，计算出样本均值 $\overline{X}$，并以此估计全中国人平均身高 μ；而假设检验则是先形成一个命题，如“中国

人平均身高 μ 不高于 160 cm”，然后通过抽样数据判断该命题是否成立。

如何检验例题 17.2 中的命题是否成立呢？一个“笨”方法就是把所有中国人的身高都量一遍，然后计算平均值，就可以准确判断命题是否成立了。显而易见，这个方法的成本太高了，还是要利用抽样数据来判断。**假设检验的基本思想是“单次抽样中小概率事件不会发生”**。这是什么意思呢？假定抽样调查了 1 万个中国人，计算出来平均身高为 180 cm。根据这组抽样数据，我们基本可以判断“中国人平均身高不高于 160 cm”的命题是“错误”的。因为，如果中国人的平均身高真的低于 160 cm，抽样 1 万人的平均身高是 180 cm 就应该是个小概率事件，而假设检验的基本思想是“在单次抽样中小概率事件不会发生”，因此只能是假设本身错了。

在真实世界中小概率事件当然是有可能发生的，假设检验仅是从统计学意义上判断假设是否成立。在抽样过程中，有可能抽样的 1 万人刚好是身高偏高的人，但这样的概率实在是太小了，因而我们更倾向于认为是假设本身不成立。

在上述过程中，我们假设抽样样本均值为 180 cm，这可以很显然地判断出牛奶商的命题不成立。然而，如果抽样样本的均值是 161 cm 时，结论就没有那么显然了。161 cm 仅仅高出命题中的假设数据 1 cm，这 1 cm 的差距完全有可能是抽样误差所导致的。在类似情况下，如何判断命题是否成立就必须利用概率分布与显著性的其他相关信息，这将在下文中详细讨论。

二、假设检验的步骤

通过前文描述，我们可将假设检验的步骤归纳如下：

（1）建立需检验的假设。

（2）选择合适的检验统计量，并确定其服从的概率分布。

（3）选择判断假设是否成立的显著性水平。

（4）给出决策准则（decision rule），即拒绝域（rejection region）的形式。

（5）收集数据，并计算样本统计量。

（6）做出判断。

（7）根据判断进行投资决策。

上述每一步骤的具体内容，将在下文展开介绍。

三、原假设与备择假设

假设检验的第一步就是建立假设。通常将被检验的假设称为原假设（null hypothesis），记为 H_0；当原假设 H_0 被拒绝时而接受的假设称为备择假设（alternative hypothesis），记为 H_a 或 H_1。原假设与备择假设通常成对出现。在例题 17.2 中，原假设与备择假设可以用如下方式表示：

$$H_0: \mu \leq 160 \quad \text{vs} \quad H_a: \mu > 160$$

假设检验一般有两种结果：第一种是原假设不正确，称为拒绝（reject）原假设；第二种是原假设正确，称为无法拒绝（can not reject）原假设。

在建立原假设与备择假设时，需要留意以下细节：

（1）当原假设正确时，一般称“无法拒绝原假设”而不是“接受原假设”。这是因为此时原假设并不是数学意义上的恒成立，而只是统计意义上的成立。

（2）如果假设涉及不等式时，习惯将等号放在原假设中（由于 FRM®经常涉及 VaR 的检验，因此有的时候把等号放在备择假设中也是没有错的）。

（3）在构建原假设和备择假设时，习惯将想要得到的结论放在备择假设。

四、检验统计量及其分布

利用抽样样本检验原假设是否成立通常是通过一个统计量来完成的，这个统计量称为检验统计量（test statistic）。检验统计量通常服从某个概率分布，于是可以通过计算检验统计量是否超过某一关键值判断是否拒绝原假设。在本书中，检验统计量通常以式（17.4）的形式出现：

$$\text{检验统计量} = \frac{\text{样本统计量} - H_0\text{ 成立时的总体参数}}{\text{样本统计量的标准误}} \tag{17.4}$$

如例题 17.2 中，检验统计量就可以通过样本均值 $\overline{X}$ 来构建。由中心极限定理可知，$\overline{X}$ 服从正态分布 $N(\mu, \sigma^2/n)$，按照式（17.4）标准化后就服从标准正态分布。

五、显著性水平与关键值

有了检验统计量后，结合显著性水平（significance level）就可以计算出关键值（critical value）及拒绝域（rejection region）。关键值是指判断是否拒绝原假设的临界值。拒绝域是使原假设被拒绝的样本观测值所组成的区域。

在例题 17.2 中，假设显著性水平为 5%，$\overline{X}$ 标准化后服从标准正态分布，那么检验统计量的关键值就是 1.65。

备考小贴士

许多考生在这里会产生疑惑，正态分布的 95% 置信水平下的置信区间对应的标准差不是 1.96 倍标准差吗？为什么这里的关键值是 1.65 而不是 1.96？这需要结合下面的相关知识点来理解，即双尾检验与单尾检验。

六、双尾检验与单尾检验

区分（differentiate）单尾与双尾检验并识别（identify）何时运用（★★★）

构建（construct）并运用（apply）单尾和双尾检验的置信区间（★★★）

假设检验通常有三种基本形式：

（1）H_0：$\theta=\theta_0$　vs　H_a：$\theta\neq\theta_0$；

（2）H_0：$\theta\leq\theta_0$　vs　H_a：$\theta>\theta_0$；

（3）H_0：$\theta\geq\theta_0$　vs　H_a：$\theta<\theta_0$。

其中，θ 表示总体参数，θ_0 表示当 H_0 成立时总体参数的取值。

第一种形式称为双尾检验（two-tailed test），第二种与第三种形式称为单尾检验（one-tailed test）。无论是单尾还是双尾检验，它们所采用的检验统计量都是相同的，差别主要体现在拒绝域上。因此，区分单尾检验与双尾检验对确定关键值（critical value）以及拒绝域（rejection region）至关重要。

先来看双尾检验的拒绝域。同样以调查中国人身高为例，如果原假设是 $\mu=160$，那么在 5% 的显著性水平下的拒绝域应该是什么呢？既然我们假设中国人身高等于 160 cm，那么抽样调查计算而得的 $\overline{X}$ 与 160 相比，既不能太高也不能太低，否则就要拒绝原假设。于是，拒绝域应该落在 x 轴左右两边的。那么，究竟偏离 160 多少才算高呢，这就要利用检验统计量的分布和显著性水平了。$\overline{X}$ 标准化后服从标准正态分布，5% 显著性水平意味着两个极端的面积各为 2.5%，中间区间 $[160-z_{2.5\%}\sigma/\sqrt{n},\ 160+z_{2.5\%}\sigma/\sqrt{n}]$ 与概率密度函数围成的面积就应该是 95%，关

键值是 $z_{2.5\%}=\pm1.96$。换言之，如果根据式(17.2)计算出来的检验统计量大于1.96或小于 -1.96 时，就应该拒绝原假设，如图17.1所示。

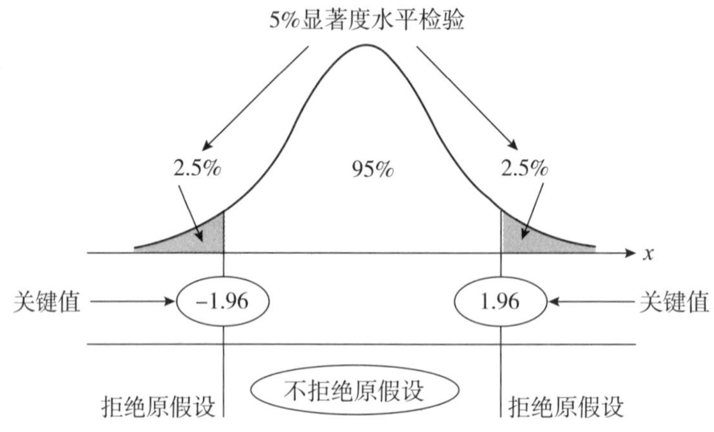

图17.1　双尾检验示意图

细心的考生可能已经发现，双尾检验本质上和置信区间是一回事。双尾检验中，区间 $[160-z_{2.5\%}\sigma/\sqrt{n},160+z_{2.5\%}\sigma/\sqrt{n}]$ 实际上就是基于抽样数据计算的置信区间。

再来看单尾检验的拒绝域。例题17.2中的原假设是 $\mu\leqslant160$，是单尾检验的一种，那么在5%的显著性水平下的拒绝域应该是什么呢？既然我们假设中国人身高不高于160 cm，那么抽样调查计算而得的 $\overline{X}$ 与160相比就不能太高，否则就要拒绝原假设，但较低的 $\overline{X}$ 是符合原假设的。因而拒绝域的形式应该是落在 x 轴右边的。$\overline{X}$ 比160高多少才算高呢？由于显著性水平是5%，这意味着拒绝域面积应该是5%。值得注意的是，单尾检验拒绝域的形式是落在 x 轴右侧，即右侧的面积是5%，其对应分位数点是 $z_{5\%}=1.65$ 而不是 $z_{2.5\%}=1.96$（1.96对应的是左右两侧面积和为5%），这与双尾检验是不同的，如图17.2所示。

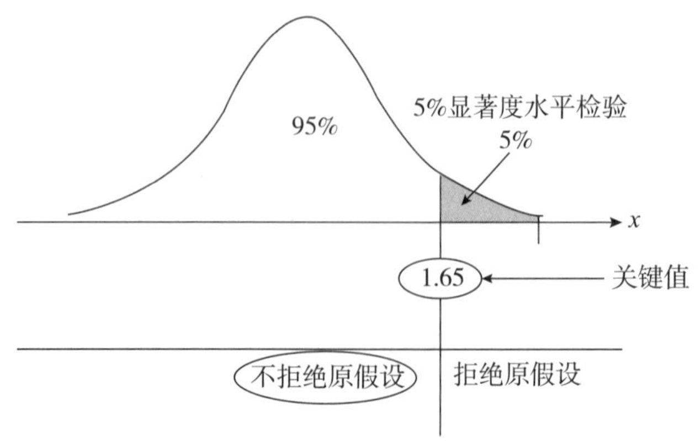

图17.2　单尾检验示意图

备考小贴士

在计算单尾检验时，很多考生都会在选择分位数点时犯这类错误，应特别关注。

七、p值

解析（explain）p值的含义（★★）

除了比较检验统计量与关键值，另一种判断是否拒绝原假设的方法就是 p 值（p-value）。p 值指基于抽样结果可以拒绝原假设的最小显著性水平。换言之，p 值实际上就是检验统计量与 x 轴和 PDF 围成的面积。根据 p 值定义，如果 p 值很小，说明检验统计量与 x 轴和 PDF 围成的面积很小，即检验统计量的绝对值很大，就越有理由拒绝原假设。简言之，p 值越小，就越要拒绝原假设。在给定显著性水平 α 的情况下，如果 $p \leqslant \alpha$，则拒绝原假设；如果 $p>\alpha$ 则无法拒绝原假设。

例如，我们要进行显著性水平为5%的双尾检验（图 17.3）。已知 p 值=2.14%，这就意味着关键值在左侧（右侧）对应的尾部面积为 1.07%，即检验统计量的绝对值大于 $z_{2.5\%}$，应该拒绝原假设。当然，我们也可以直接利用 p 值进行判断，p 值=2.14%<5%，因此应该拒绝原假设。

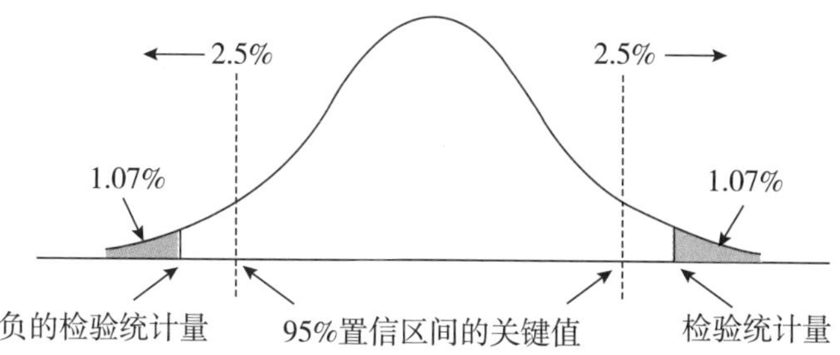

图 17.3　利用 p 值判断是否拒绝原假设

在实操中，计算机统计软件会直接计算出 p 值。可以看出，采用 p 值的方法无须计算检验统计量，并且可以更加直观地判断在各种显著性水平下是否需要拒绝原假设。

八、第一类错误与第二类错误

解释（explain）检验统计量、第一类错误与第二类错误、样本容量与统计检验力的关系、置信区间与假设检验的关系（★★）

虽然假设检验的基本思想是“单次抽样中小概率事件不会发生”，但在真实世界中，小概率事件当然是有可能发生的。因而，我们在判断假设检验是否成立时就有可能犯错误。检验时可能犯的错误可归为两类：一是当原假设 H_0 真实成立时，我们却拒绝了原假设，称为第一类错误（Type I Error），也称为拒真概率；二是当原假设 H_0 不成立时，我们却接受了原假设，称为第二类错误（Type II Error），也称为受伪概率。

为方便考生区分这两类错误，我们可以通过一个形象的例子来进行记忆理解。首先，区分两类错误的口诀是“拒真受伪”。其中，“拒真”代表第一类错误，“受伪”代表第二类错误。我们可以想象这样一个场景：一个男孩向一个女孩表白，女孩是否应该接受男生呢？女生之所以犹豫，是担心犯两种错误：第一，如果这个男孩是真心人却拒绝了他，即“拒真”，犯了第一类错误；第二，如果这个男孩并非真心却接受了他，即“受伪”，犯了第二类错误。

两类错误的判断可归纳为表 17.4。

表 17.4　　假设检验的两种错误

决策	真实情形	
	H_0 正确	**H_0 错误**
没有拒绝 H_0	正确决策	第二类错误 （犯错概率 = β）
拒绝 H_0 接受 H_a	第一类错误 （犯错概率 = α）	正确决策 [统计检验力（power of test）= $1-\beta$]

表 17.4 中，有几个关于概率的标识考生需要特别注意。通常我们将犯第一类错误的概率记为 α，这里的 α 实际上就是假设检验中的显著性水平；犯第二类错误的概率记为 β。此外，当原假设 H_0 正确时决策者不拒绝原假设，当原假设 H_0 错误时拒

绝原假设都表明决策者做出了正确的抉择，没有犯错。特别地，我们将决策者不犯第二类错误的概率称为统计检验力（power of test），记为 $1-\beta$ 。

犯第一类错误的概率（α）与犯第二类错误的概率（β）是此消彼长的关系。当犯第一类错误的概率（α）增大时，犯第二类错误的概率（β）会下降；反之亦然。特别地，当样本容量增大时，犯第一类错误的概率（α）和犯第二类错误的概率（β）同时下降。

备考小贴士

考生在考试中遇到“power of test”的描述时，应当注意其指的是 $1-\beta$ 而不是 β 或 $1-\alpha$，这是易错点。

第三节　总体均值的假设检验

识别（identify）检验两个总体间均值差的步骤（★）

在实务中，对总体均值的检验非常常见。在本节中，均假设总体服从正态分布。考生应重点掌握单个正态总体和两个正态总体下分别应使用什么类型的检验统计量去检验有关均值的假设。

一、单个正态总体均值的检验

单个正态总体均值的检验（hypothesis test concerning a single mean）即将总体均值与某一常数做比较，原假设与备择假设如下：

$$H_0: \mu = \mu_0 \quad \text{vs} \quad H_a: \mu \neq \mu_0$$

$$H_0: \mu \leqslant \mu_0 \quad \text{vs} \quad H_a: \mu > \mu_0$$

$$H_0: \mu \geqslant \mu_0 \quad \text{vs} \quad H_a: \mu < \mu_0$$

前文已经指出：

（1）当总体方差已知时，检验单个总体均值采用 z 统计量；

（2）当总体方差未知时，用样本方差替代总体方差，采用 t 统计量；

（3）当总体方差未知，但样本容量足够大时也可以采用 z 统计量。

上述三种情形下，z 统计量与 t 统计量的计算公式如下：

$$z=\frac{\overline{X}-\mu_0}{\frac{\sigma}{\sqrt{n}}} \tag{17.5}$$

$$t_{n-1}=\frac{\overline{X}-\mu_0}{\frac{S}{\sqrt{n}}} \tag{17.6}$$

$$z=\frac{\overline{X}-\mu_0}{\frac{S}{\sqrt{n}}} \tag{17.7}$$

二、两个正态总体均值的检验

两个正态总体均值的检验（hypothesis test concerning difference of means），如检验两个随机变量 X 与 Y 对应总体的均值是否相等时，原假设与备择假设如下：

$$H_0: \mu_X=\mu_Y \quad \text{vs} \quad H_a: \mu_X \neq \mu_Y$$

检验上述原假设，我们可以直接考察随机变量 $Z=X-Y$ 的分布。从而原假设与备择假设可以转变为：

$$H_0: \mu_Z=0 \quad \text{vs} \quad H_a: \mu_Z \neq 0$$

即检验如下样本统计量（服从 t 分布）：

$$T=\frac{\hat{\mu}_z}{\sqrt{\hat{\sigma}_Z^2/n}} \tag{17.8}$$

由于 $Z=X-Y$，因此式（17.8）又可以写成下式：

$$T=\frac{\hat{\mu}_X-\hat{\mu}_Y}{\sqrt{(\hat{\sigma}_X^2+\hat{\sigma}_Y^2-2\hat{\sigma}_{XY})/n}} \tag{17.9}$$

特别地，当 X 和 Y 相互独立时，可能出现 X 和 Y 的样本容量不同，式（17.9）就变为：

$$T=\frac{\widehat{\mu}_X-\widehat{\mu}_Y}{\sqrt{\frac{\widehat{\sigma}_X^2}{n_X}+\frac{\widehat{\sigma}_Y^2}{n_Y}}} \tag{17.10}$$

其中，$\widehat{\mu}_X$ 与 $\widehat{\mu}_Y$ 分别代表随机变量 X 与 Y 的样本均值；$\widehat{\sigma}_X^2$ 与 $\widehat{\sigma}_Y^2$ 分别代表随机变量 X 与 Y 的样本方差；n_X 与 n_Y 代表随机变量 X 与 Y 的样本容量。

第四节　多重检验

解释（explain）多重检验存在的问题及如何导致的有偏差的结果（★）

多重检验（multiple testing）是实务中一个常见的问题，有可能导致得出虚假的结论。具体而言，同一样本仅适用于一次检验。如果对同一样本重复检验，会导致犯第一类错误的概率上升。

例如，令显著性水平 $\alpha=1\%$，做一次假设检验，犯第一类错误的概率等于 1%，不犯第一类错误的概率为 99%。若基于相同的数据集，重复 100 次检验，则不犯第一类错误的概率为 $0.99^{100}=36.6\%$，此时犯第一类错误的概率高达 63.4%（1-36.6%）。这样的错误率如果出现在医院的疾病检测、金融交易当中，显然是不可接受的。

第十八章

一元线性回归

知识引导

从本章至第二十章，都属于计量经济学的范畴，主要介绍线性回归的方法。在客观世界中，变量之间的关系通常可以分为两类：一类为函数关系，另一类为相关关系。存在函数关系的变量可以用明确的数学公式来表示，是恒定不变的。例如，在勾股定理中，直角三角形的两条直角边的平方和等于斜边的平方。又如，电路中的欧姆定律 $U=IR$ 等。然而，在社会科学中，变量之间往往呈现的是相关关系而非明确的函数关系。例如，收入与消费之间的关系——我们大概知道收入越高的人往往消费越多，但这两个变量之间无法用确定的函数解析式表达。线性回归方法从均值意义上确定变量之间的线性表达式，寻求隐藏在数据背后的相关关系。

考点聚焦

本章有关一元线性回归得出的结论多数都可以扩展到多元线性回归。回归系数的含义与公式、模型的基本假设条件均是常考点，考生应给予高度重视。

本章框架图

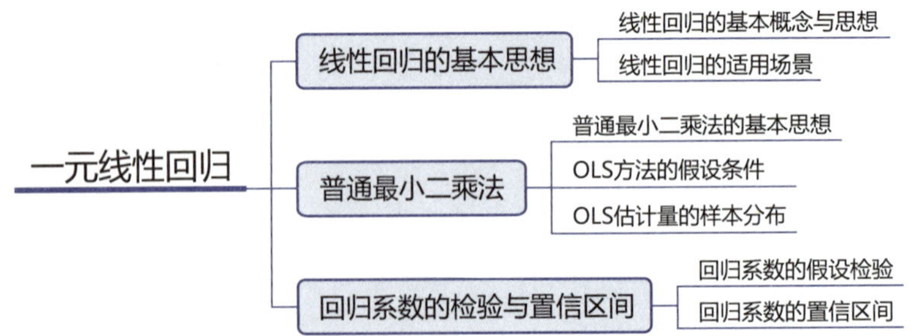

第一节 线性回归的基本思想

一、线性回归的基本概念与思想

在经济或社会研究中，经常面对这样一类的问题：如何评价宏观经济政策的效果、预测宏观经济变量或是检验经济理论。例如，提高个人所得税税率对财政收入的影响，工作经验对工资收入的影响。诸如此类问题，均可以归结为这样一个一般的问题：考察自变量 X 的变化对因变量 Y 的影响。本章学习的线性回归方法即假设 Y 与 X 之间存在线性关系，那么线性方程中的斜率即反映了 X 变化一个单位对 Y 的影响。回归分析主要围绕如何估计、解读这个斜率展开。

关于本章以及后续章节的相关概念，我们都将通过一个实例来说明：GD 教育集团需要对是否扩大培训师资团队做出决策。如果增加聘用老师数量，就会降低每个老师需要教授的学员数量，实现小班授课。此时，培训机构就面临这样一个权衡，增加培训老师数量无疑要增加公司成本，然而小班授课可能可以大幅提升学员成绩。因此，公司管理层需要知道减少班级规模对于学员成绩的影响究竟如何，以判断是否值得增聘培训老师，即：

$$\beta_{\text{Class size}}=\frac{\text{Change in Test score}}{\text{Change in Class size}}=\frac{\Delta\text{Test score}}{\Delta\text{Class size}} \tag{18.1}$$

式（18.1）表示每一单位的班级规模变化对学员最终考试分数的影响，即线性关系中的斜率，也是分子对分母变化敏感度的测量。然而，影响学员最终考试成绩的因素并不仅仅只有班级规模，两个同样规模的班级最终的平均成绩极有可能不同。这可能受到学员背景的影响，也有可能受到考试当天学员发挥状态的纯随机因素影响。因此，我们在线性方程中加入“Other factors”，表示其他因素，见式（18.2）。

$$\text{Test score}=\beta_0+\beta_{\text{Class size}}\times\text{Class size}+\text{Other factors} \tag{18.2}$$

一般地，总体一元线性回归方程（population regression function）可写成如下表达式：

$$Y_i=\beta_0+\beta_1X_i+u_i \tag{18.3}$$

其中，Y_i为因变量（dependent variable），也称被解释变量（explained variable），或回归子（regressand）；X_i 为自变量（independent variable），也称解释变量（explanatory variable）或回归元（regressor）；β_0是截距项（intercept）；β_1是斜率项（slope）；u_i为误差项或残差项（error term 或 residual）。

根据总体线性回归方程（18.3），可以预测班级规模为 X_i 的考试成绩，即为 $Y_i = \beta_0 + \beta_1 X_i$。这个预测可能与最终真实考试成绩有误差，即为 u_i，见图 18.1。在图 18.1 中，横轴为班级规模，纵轴为考试成绩。可以看出，总体上班级规模越小，考试成绩越高。也存在一些特殊班级，如图 18.1 右下角班级规模为［40，45］范围内的三个点，虽然班级规模不大，但总体成绩也不好。这也说明预测值 $\widehat{Y_i} = \beta_0 + \beta_1 X_i$ 是会存在误差 u_i的。当 u_i大于 0 时，真实值 Y_i大于预测值，考试成绩被低估；反之，真实值Y_i小于预测值，考试成绩被高估。

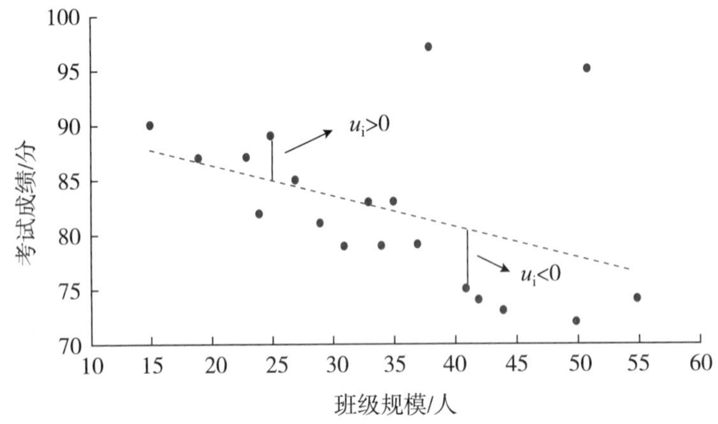

图 18.1　总体线性回归线与实际数据的散点图

备考小贴士

考生应注意，变量上加“小帽子”符号的都表示预测值。例如，$\widehat{Y_i}$ 表示利用总体回归直线预测的值，与真实 Y_i存在差异。

实际中，总体回归函数（population regression function）是固定而又未知的（否则就无须做回归了），理解这一点很重要。每通过采集一次样本，就可估计出一个样本回归函数（sample regression function），即通过估计截距项$\widehat{\beta}_0$与斜率$\widehat{\beta}_1$确定样本回归线，最终确定总体回归函数。

总体回归线与样本回归线的区别类似于总体与样本的区别。基于抽样估计出来的样本回归线肯定是与总体回归线不同的。抽样不同，估计出来的斜率与截距也是不同的。因此，$\widehat{\beta}_0$ 与 $\widehat{\beta}_1$ 本质上也是随机变量，与总体回归线的 β_0 与 β_1 存在着误差。

二、线性回归的适用场景

描述（describe）线性回归模型适用的场景（★）

在实际运用中，我们通常假定使用线性回归模型时，必须满足以下三个基本条件（不论自变量个数是一个还是多个）。

第一，因变量 Y 与自变量 X 之间的关系必须关于系数是线性的。这里需要注意的是，我们要求的是关于系数是线性的，而不是关于 X 是线性的。例如，$Y=\beta_0+\beta_1 X^2$ 也是可以用线性回归模型估计的。虽然解释变量 X^2 是非线性的，但我们只要令一个新的自变量 $X'=X^2$，就可以将其变为线性模型。然而，模型 $Y=\dfrac{1}{\beta_0+\beta_1 X^2}$ 则是关于系数的非线性模型，其系数是不能够通过线性回归模型来进行估计的。

第二，残差项必须是可加的。这个条件严格排除了一些残差项取值会随着自变量变化而变化的情形（即一些异方差的模型，详见下文）。

第三，所有自变量都是可观测的。这个条件限制排除了存在缺失值的情况。

第二节　普通最小二乘法

一、普通最小二乘法的基本思想

理解（interpret）OLS 方法计算出来的结果（★★★）

估计样本回归函数最常用的方法就是普通最小二乘法（ordinary least squares method，OLS Method），其基本思想是：寻找一条直线均匀地穿过实际数据，使直线上的点与实际数据之间的误差平方和最小，即：

$$\min_{\beta_0,\ \beta_1}\sum u_i^2=\min_{\beta_0,\ \beta_1}\sum\ [Y_i-\beta_0-\beta_1X_i]^2 \quad (18.4)$$

确定一条直线，只需知道截距项和斜率系数。因此，普通最小二乘法就是要找到β_0与β_1，使直线上的点$\beta_0+\beta_1X_i$与实际值Y_i之差的平方和最小。通过求导可得，使$\sum u_i^2$最小的$\widehat{\beta}_0$与$\widehat{\beta}_1$公式为：

$$\widehat{\beta}_1=\frac{\sum_{i=1}^{n}(X_i-\overline{X})(Y_i-\overline{Y})}{\sum_{i=1}^{n}(X_i-\overline{X})^2}=\frac{\mathrm{Cov}(X,\ Y)}{\mathrm{Var}(X)} \quad (18.5)$$

又因为估计的直线一定过点（$\overline{X}$，$\overline{Y}$），所以：

$$\widehat{\beta}_0=\overline{Y}-\widehat{\beta}_1\overline{X} \quad (18.6)$$

于是利用普通最小二乘法估计出来的$\widehat{Y}_i=\widehat{\beta}_0+\widehat{\beta}_1X_i$为实际值$Y_i$的估计值或称为拟合值，两者之间存在的误差记为残差项$\widehat{u}_i$。通常，通过调整截距项$\widehat{\beta}_0$始终可以保证$E(u_i)=0$，即回归直线均匀穿越实际值，高估与低估的误差可以相互抵消。

式（18.5）是通过求导而得的。在已经计算出$\widehat{\beta}_1$的情况下，利用回归直线一定穿越点（$\overline{X}$，$\overline{Y}$）的性质可得式（18.6）。实际上，对式（18.3）两边同时求期望，利用E（u_i）$=0$即可发现回归直线穿越点（$\overline{X}$，$\overline{Y}$）。

备考小贴士

考生无须掌握式（18.5）与式（18.6）的推导过程，但一定要记住这两个公式，此处是一个重要考点。

例题 18.1

某分析师想要研究股票A与沪深300指数收益率之间的关系。根据历史数据，该分析师得到以下数据：

沪深300指数的年化平均收益率为3%；

股票A的年化平均收益率为7%；

沪深300指数的年化波动率为12%；

股票A与沪深300指数收益率之间的协方差为6%。

假设分析师用同样的历史数据进行了回归，回归方程为：

$$R_A = \beta_0 + \beta_1 R_{300} + u_i$$

根据最小二乘法，分析师得到的具体回归方程应该是以下哪一个？

A. $R_A = -0.051 + 4.17R_{300} + u_i$　　B. $R_A = -0.051 + 0.43R_{300} + u_i$

C. $R_A = 0.051 + 4.17R_{300} + u_i$　　D. $R_A = 0.051 + 0.43R_{300} + u_i$

名师解析

答案为 A。本题考查普通最小二乘法的斜率与截距公式。考生在解题时应注意题目中的波动率（volatility）是标准差的概念而非方差，故有：

$$\widehat{\beta}_1 = \frac{\text{Cov}(X, Y)}{\text{Var}(X)} = \frac{0.06}{0.12 \times 0.12} \approx 4.17$$

然后，利用回归直线一定通过（$\overline{X}$，$\overline{Y}$）点的性质有：

$$0.07 = \widehat{\beta}_0 + 4.17 \times 0.03$$

因此有：

$$\widehat{\beta}_0 = -0.051$$

考生应注意，有的时候考题中给出的不是年化波动率而是日波动率，此时必须先利用平方根法则将日波动率转化为年化波动率后再计算。

二、OLS 方法的假设条件

描述（describe）OLS 方法关于参数估计的假设条件（★★★）

任何模型都有其成立的假设条件。为了保证 OLS 方法估计出来的回归系数 $\widehat{\beta}_0$、$\widehat{\beta}_1$ 具有良好性质，还必须对回归模型加上如下五个假设条件：

假设 1（零条件均值）：给定解释变量的任何值，残差项的期望值为 0，即：

$$E(u_i \mid X = x_i) = 0 \tag{18.7}$$

考生应了解假设 1 中的条件均值为 0 与前文所说的 $E(u_i) = 0$ 是不同的。前者是条件均值，后者是无条件均值。假设 1 可以通过图 18.2 来理解。图中横轴为班级规模，纵轴为考试成绩。回归直线表明，班级规模越小考试成绩越好。然而，对于某个给定班级规模而言，比如 $X = 25$，同样 25 人的小班，不同班级的考试成绩仍然有可能不同(与当天的考试发挥有关)。假设1表明，尽管不同的25人制班级考试成绩可能有所不同，但总体来看，误差的条件期望$E(u_i \mid X_i = 25) = 0$。换言之，25人制班级的期望分数是落在回归直线上的，即$E(Y \mid X_i = 25)$，可以把$X_i = 25$代入回归直线来预测。

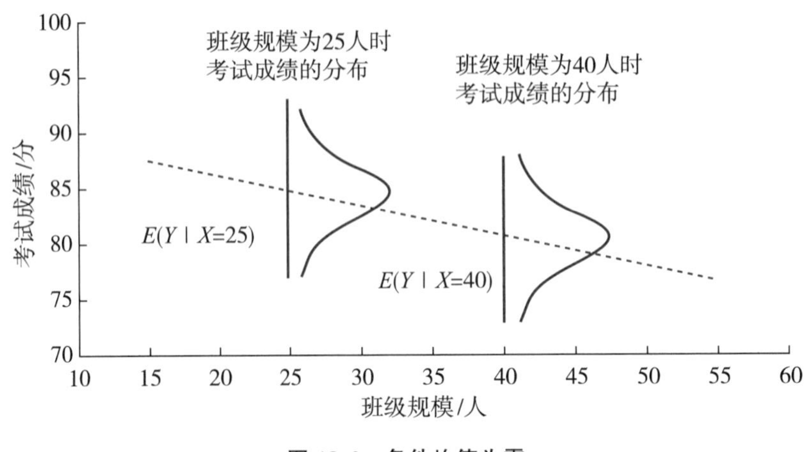

图 18.2　条件均值为零

假设2（独立同分布）：观测值（X_i，Y_i）是独立同分布（independently and identically distributed，iid）的。

如果样本观测值来源于同一个总体，那么观测值（X_i，Y_i）就是独立同分布的。假设2要求在进行抽样调查时，抽取的样本观测值必须是完全随机不相关的，并且是来源于同一总体，这样利用OLS方法估计出来的回归系数才是可靠的。

不妨设想这样一个不随机的抽样：我们非随机地抽取重点学校重点班级（班级规模较多）的考生以及非重点学校的小班考生。将两者成绩一对比，得出结论：班级人数越多，考生成绩越好。这个结论显然是错误的，因为成绩好不是因为班级规模大，而是因为重点学校的学生底子相对好。造成这个错误的原因就是非随机抽样，即违反了假设2。

假设3：自变量X的方差是严格大于0的。

该假设条件保证了我们抽取的样本点X的取值至少有一个是不同的，从而在估计回归系数时是有意义的（式18.5中分母不会为0）。

假设4：残差项的条件方差为常数，即有$\text{Var}(u_i \mid X) = \sigma^2$（$\sigma^2$为常数）。

该假设条件又可称为同方差假设，我们会在后文详细讨论。

假设 5：样本中不存在极端异常值（large outliers）。

极端异常值会导致 OLS 方法估计出来的回归系数有误。这个假设是比较好理解的。如果我们恰好随机抽样了一个班级规模较大，但该班级所有考生当天全部超常发挥的观测点，就有可能得出错误结论（班级规模越大分数越高），见图 18.3。图 18.3 中，坐标轴右上方存在一个极端异常值。在使用 OLS 方法时，为了让回归线均匀穿过各观测值，回归直线不得不向上倾斜。然而，倘若去掉了这个单一的异常值，回归直线实际上是略微向下倾斜的。因此，使用 OLS 估计回归线时必须假定样本中不存在极端异常值。

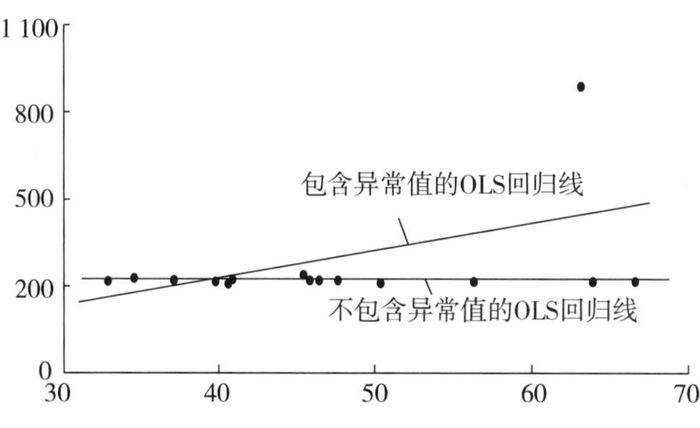

图 18.3　极端值对 OLS 回归系数估计的影响

三、OLS 估计量的样本分布

描述（describe）OLS 估计量的特点以及估计量服从的抽样分布（★）

如前文所述，每采集一次样本，利用 OLS 方法均可估计出一个不同的样本回归函数。因此，样本估计量 $\widehat{\beta}_0$ 与斜率系数 $\widehat{\beta}_1$ 本质上也是随机变量，因而也存在样本分布。回归系数的样本分布比较复杂，但当样本容量足够大时，逼近正态分布。

如果模型满足 OLS 方法的假设条件，则估计量 $\widehat{\beta}_0$ 与 $\widehat{\beta}_1$ 是无偏的，即有：

$$E(\widehat{\beta}_0)=\beta_0,\ E(\widehat{\beta}_1)=\beta_1 \tag{18.8}$$

此外，$\widehat{\beta}_0$ 与 $\widehat{\beta}_1$ 的方差 $\sigma^2(\widehat{\beta}_0)$ 与 $\sigma^2(\widehat{\beta}_1)$ 会随着 n 与自变量 X 的方差 $\sigma^2(X)$ 的增大而减小。

考生无须掌握原版教材上关于 $\sigma^2(\widehat{\beta_0})$ 与 $\sigma^2(\widehat{\beta_1})$ 的公式，但需要了解样本估计量的方差会随着样本容量与自变量方差的增大而减小这个性质。前者较好理解，样本容量增加，回归直线的估计自然更加准确，估计量的方差也自然会减少。

然而，自变量方差 $\sigma^2(X)$ 增大为什么会减小样本统计量的方差呢？当自变量 X 变异较小时，散点较为集中，比较不容易确定直线斜率；而当 X 变异程度较大，散点较为分散时，斜率相对较为容易确定，估计量也相对较为准确。例如，考察中国人收入对消费的影响。这里 Y 为消费，X 为收入。如果 X 方差较小，这意味着回归结果只反映了某个收入层次人群的收入与消费关系。只有 X 方差较大时（低收入、中产阶级、富裕阶级都包含在内），才能反映全中国人收入与消费的关系，由此估计出来的斜率系数的方差也会较小。

第三节　回归系数的检验与置信区间

构建（construct）、运用（apply）及理解（interpret）回归系数的假设检验（★★）

描述（describe）t统计量、p值与置信区间的关系（★★）

一、回归系数的假设检验

同前文的例子，当 GD 教育集团在决策是否缩小班级授课规模时，集团需要考察的是回归方程中斜率 β_1是否显著不为零。要回答这个问题，要用到假设检验相关的知识。

一般有：

$$H_0: \beta_1 = \beta_{1,0} \quad \text{vs} \quad H_1: \beta_1 \neq \beta_{1,0} \tag{18.9}$$

上一节中，我们学到当样本容量增大时，$\widehat{\beta_1}$ 的样本分布趋近于正态分布。然而，一般情况下 β_1 的标准差是未知的，改用样本标准误替代总体标准差后服从 t 分布，构建统计量即：

$$t = \frac{\widehat{\beta_1} - \beta_{1,0}}{SE(\widehat{\beta_1})} \tag{18.10}$$

用这个统计量与关键值比较判断是否拒绝原假设。同样可计算该统计量的 p 值，表示给定 t 统计量，能拒绝原假设的最小显著性水平：

$$p\text{-value} = \Pr\left(|Z| > |t|\right) \tag{18.11}$$

在线性回归中，我们最常关注的是 β_1 是否为零，即选取的自变量对因变量是否具有最基本的解释作用。此时，式（18.10）中 t 统计量的计算可以简化为 $t = \dfrac{\widehat{\beta}_1 - 0}{SE(\widehat{\beta}_1)} = \dfrac{\widehat{\beta}_1}{SE(\widehat{\beta}_1)}$。对于 p 值来说，p 值越小，说明回归系数越显著不为零。

备考小贴士

在线性回归中的假设检验与 p 值的含义与前面章节学过的概念是完全一样的，只不过将其运用在了 β_1 上。考生需掌握 t 统计量的计算以及 p 值的含义。

例题 18.2

GD 教育集团对其全国 30 个分校近 5 年间 528 个班级的班级规模与考试成绩进行了统计，得到如下回归方程：

$$\widehat{\text{Test score}} = 334.2 - 3.14\text{Class size} \tag{18.12}$$

$$(24.4)\quad(0.25)$$

缩小班级规模是否能在 5%的显著性水平上提高最终成绩？

名师解析

考生应注意，式（18.12）为通常统计软件显示线性回归结果的方式。回归系数下方的括号代表对应回归系数的标准误。例如，Class size 对应的回归系数为 -3.14，其对应标准误为 0.25，则 t 统计量为 $(-3.14-0)/0.25=-12.56$。由于样本容量大于 30，t 分布接近正态分布，而 $|-12.56|>1.96$，说明在 5%的显著性水平下，减少班级规模可以有效提高考生成绩。

回归系数 β_1 的单尾检验与回归系数 β_0 的检验与 β_1 的双尾检验类似，这里不再赘述。

二、回归系数的置信区间

以 95%置信水平下 $\hat{\beta}_1$ 的置信区间为例，根据式（18.11）可计算置信区间如下：

$$[\hat{\beta}_1 - 1.96SE(\hat{\beta}_1),\ \hat{\beta}_1 + 1.96SE(\hat{\beta}_1)] \tag{18.13}$$

其中，关键值取 1.96 是因为当样本容量足够大时，t 分布逼近正态分布。

以上置信区间包括两层含义：一是置信区间包括了所有 $\hat{\beta}_1$ 在 5%显著性水平下双尾检验无法拒绝的数值；二是如果反复进行随机抽样，每次都计算出 $\hat{\beta}_1$ 及置信区间，那么其中 95%的置信区间会包含总体参数的真值 β_1 。

第十九章

多元线性回归

知识引导

一元线性回归最大的缺陷就是只考查了一个自变量 x 对 y 的影响，而把其他相关因素都放入了残差项，并假设残差项条件均值为零，这通常是不现实的。多元线性回归允许引入多个影响因变量的因素，考查控制其他影响因素不变的情况下，某个自变量对因变量的偏效应。对于经济金融研究来说，多数情况下只有有限的数据，因而多元线性回归的偏相关效应就显得至关重要。实务中，多元线性回归一般按照：建模→分析（分析模型整体解释力度强弱）→检验（检验模型参数是否正确）→预测（预测因变量及其置信区间，此处考纲不要求掌握）四个步骤进行。本章将以前3个步骤为顺序展开，详细介绍多元回归。

考点聚焦

多元线性回归的许多概念是一元线性回归的拓展，本章列举了多元回归与一元回归的四大区别，如斜率系数的偏效应、R^2 和调整 R^2 等，都是常见考点，考生尤其需要注意对比学习。

本章框架图

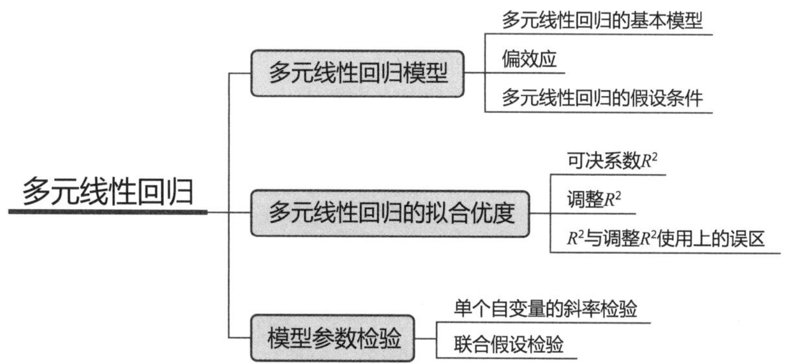

第一节　多元线性回归模型

一、多元线性回归的基本模型

区分（differentiate）一元与多元线性回归的假设条件（★）

多元线性回归模型就是在一元线性回归模型的基础上增加自变量的个数，其模型如下：

$$Y_i = \beta_0 + \beta_1 X_{1i} + \beta_2 X_{2i} + \cdots + \beta_k X_{ki} + u_i \tag{19.1}$$

其中，自变量 X_{ki} 有两个下标，第一个下标用于对自变量进行标号，第二个下标用于对数据观测值进行标号。

为了便于研究与理解，我们也可以将式（19.1）写成以下形式：

$$Y_i = \beta_0 X_{0i} + \beta_1 X_{1i} + \beta_2 X_{2i} + \cdots + \beta_k X_{ki} + u_i \tag{19.2}$$

其中，X_{0i} 恒取 1，称为常数回归元（constant regressor）；β_0 称为常数项（constant term）。

式（19.1）与式（19.2）这两种形式其实是等价的。但式（19.2）有助于我们理解为什么多元线性回归模型残差项的自由度是 $n-k-1$。（k 个自变量加 1 个常数项被限制住了，故样本中还剩 $n-k-1$ 个可以自由变动。）

二、偏效应

理解（interpret）多元线性回归斜率系数的含义（★★★）

多元线性回归中的许多概念都是一元线性回归的拓展，比如 OLS 的基本思想、同方差与异方差的概念，仅需将一元的情况变成多元即可，这里不再赘述。

区别 1：在多元回归中，对自变量斜率的解释与一元回归有所不同。例如，在式（19.1）中，β_1 的含义为：在保持 X_2，X_3，…，X_k 不变的情况下，考察 X_1 变动一

单位对因变量 Y 的影响，并把这种效应称为偏效应（partial effect）。

偏效应的重要特征在于保持其他自变量不变的情况下，考察一自变量对因变量的影响。这一特性非常重要！与自然科学不同，在经济研究中我们是不能做实验的。例如，在自然科学领域，想要研究一种肥料对产出的影响，可以用两块试验田做对照实验，保证两块试验田的土壤、降雨、光照等因素相同，仅在施肥这一因素上有所不同。但在社会科学领域，我们无法对人做实验。例如，想要考察学历对收入的影响，我们无法找到两组人，满足除了学历不同之外，工作经验、年龄等其他影响收入的因素都相同的条件。因此，多元线性回归偏效应的这一特性使我们能在非实验环境中，去实现自然科学家在可控实验中能做的事情——保持其他因素不变。

三、多元线性回归的假设条件

区别 2：多元线性回归中 OLS 的假设条件实际上就是一元线性回归的五个假设条件（将一元拓展到多元）再加上不存在完全共线性一条，具体如下：

（1）每个自变量的方差都大于 0；

（2）残差项的条件均值为 0，即 $E(u_i \mid X_{1i}, X_{2i}, \cdots, X_{ki}) = 0$；

（3）数据 $X_{1i}, X_{2i}, \cdots, X_{ki}, Y_i (i = 1, \cdots, n)$ 是独立同分布（independently and identically distributed, iid）的；

（4）不存在极端异常值；

（5）残差项的条件方差是常数，即有 $\mathrm{Var}(u_i \mid X_{1i}, X_{2i}, \cdots, X_{ki}) = \sigma^2$；

（6）不存在完全共线性。

备考小贴士

下一章中将详细介绍有关完全共线性的概念，此处考生记住这是多元线性回归的假设条件之一即可。

第二节　多元线性回归的拟合优度

理解（interpret）评判一元线性回归和多元线性回归模型拟合优度的指标：R^2和调整R^2（★★★）

使用一元线性回归方程中的R^2估计（estimate）相关系数（★★★）

使用 TSS、ESS、RSS 计算（calculate）R^2（★★★）

一、可决系数R^2

模型构建完成后，我们较为关注的一个问题是：模型能否很好地表征数据和拟合数据的散点图？基于该问题，我们引入可决系数R^2（coefficient of determination）这一指标来判断模型的好坏。本节以一元线性回归模型为切入点，讲述如何构造R^2，以及如何运用R^2判断模型的好坏。

运用 OLS 方法，可将实际观测值Y_i写成拟合值与残差项之和，即：

$$Y_i = Y_i + u_i \tag{19.3}$$

类似地，将样本的总变异也进行分解，分别定义总平方和（total sum of squares，TSS）、解释平方和（explained sum of squares，ESS）与残差平方和（residual sum of squares，RSS），如下：

$$\text{TSS} = \sum_{i=1}^{n}\left(Y_i - \overline{Y}\right)^2 \tag{19.4}$$

$$\text{ESS} = \sum_{i=1}^{n}\left(\widehat{Y}_i - \overline{Y}\right)^2 \tag{19.5}$$

$$\text{RSS} = \sum_{i=1}^{n}\left(\widehat{u}_i\right)^2 = \sum_{i=1}^{n}\left(Y_i - \widehat{Y}_i\right)^2 \tag{19.6}$$

如图 19.1 所示。

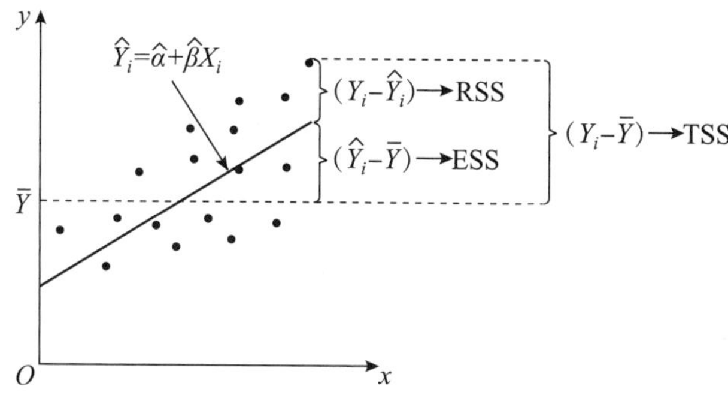

图 19.1　总平方和、解释平方和与残差平方和图示

其中，TSS 表示样本总体的变异程度，度量实际值Y_i的分散程度（实际上如果将 TSS 除以 $n-1$ 就是因变量的方差）；同理，ESS 度量拟合值$\hat{Y}_i$的分散程度，RSS 度量残差项u_i的分散程度。TSS，ESS 和 RSS 各自有对应的自由度，分别是 $n-1$，k 和 $n-k-1$。可以证明，实际值Y_i的分散程度可以分解为$\hat{Y}_i$的分散程度与残差项u_i的分散程度之和，即：

$$\text{TSS}=\text{ESS}+\text{RSS} \tag{19.7}$$

将式（19.7）两边同时除以 TSS，可得 $1=\frac{\text{ESS}}{\text{TSS}}+\frac{\text{RSS}}{\text{TSS}}$，由此可定义可决系数$R^2$（coefficient of determination）如下：

$$R^2=\frac{\text{ESS}}{\text{TSS}}=1-\frac{\text{RSS}}{\text{TSS}} \tag{19.8}$$

R^2表示拟合值$\hat{Y}_i$的变异程度与总变异程度之比，其含义为因变量Y_i可以被模型中自变量 x 解释的程度（注意，$\hat{Y}_i=\beta_0+\beta_1 x_i$）。根据定义可以看出，$R^2$ 位于[0，1]内。如果$R^2=1$，意味着在 OLS 方法下估计的模型获得了一个完美的解释；如果$R^2=0$，意味着在 OLS 方法下样本总体的变异完全得不到解释。一般来说，R^2在 0 到 1 之间，越接近于 1 说明模型被解释得越好。

R^2越高意味着 ESS 在 TSS 中的占比越高，相应地，RSS 在 TSS 中的占比越低。换言之，我们将原先放在“垃圾桶”残差项u_i部分的信息纳入模型的自变量中，进而导致 ESS 上升，从而增强了模型的解释力，模型“变好”。

区别 3 ：对于一元线性回归，R^2有一个重要的结论：

$$R^2=\rho^2 \tag{19.9}$$

其中，ρ 表示 Y 与 X 的相关系数。式（19.9）只在一元线性回归中成立，在多元线性回归中没有该结论。

备考小贴士

考生无须掌握式（19.9）的推导过程，但该结论较为重要，是常见的考查点。

例题 19.1

假定分析师对同一个因变量 Y 分别选取了两个不同的自变量 X 进行了两个简单线性回归。第一个回归方程得到的结果中R^2为 0.5，斜率系数估计值为 1.5；第二个回归方程得到的结果中R^2为 0.8，斜率系数的估计值为 0.8。以下哪个选项的描述是正确的？

A. 与第二个回归方程相比，第一个回归方程的解释力度更强

B. 第一个回归方程中，自变量与因变量之间的相关系数为 1.5

C. 第二个回归方程中，自变量与因变量之间的相关系数为 0.8

D. 以上均不正确

名师解析

答案为 D。R^2反映回归模型的解释力度，R^2越大，解释力度越强。根据两个模型的R^2，第二个模型解释力度更强，故选项 A 错误。此外，R^2同时等于自变量与因变量之间的相关系数的平方。回归方程的斜率系数不代表相关系数（考生应注意这点），故选项 B 错误。R^2开根号后才是相关系数（符号与斜率系数的符号相同），故选项 C 错误。

在多元线性回归中，R^2的定义及公式与一元线性回归的情形完全相同，即：

$$R^2=\frac{\text{ESS}}{\text{TSS}}=1-\frac{\text{RSS}}{\text{TSS}} \tag{19.10}$$

尽管R^2表示 Y 的变异被 X 所解释的部分，但在多元线性回归中有这样一个陷

阱：在回归模型中增加任意一个自变量，R^2一定不会下降，通常都是上升的。这是因为，增加一个自变量相当于把原来存放在残差项中的一个因素“倒了出来”，残差项的平方和肯定不会上升，根据定义，R^2肯定不会下降。例如，在回归模型中，学员身份证号码的最后一位数字与其最终考试成绩毫无关联，但如果把这个自变量加入回归模型中，仍然可能提高R^2。由此可见，R^2不适合作为判断模型是否应该增加自变量的标准。

二、调整 R^2

由于只要将新的自变量加入模型 R^2 就会上升，因此一种纠错方法就是当新的自变量加入时，应给予 R^2 一定的惩罚。于是我们引入调整 R^2(adjusted R^2) 的概念(有的时候简记为$\bar{R}^2$)，其公式如下：

$$\text{Adjusted } R^2 = 1 - \frac{n-1}{n-k-1} \times (1 - R^2) = 1 - \frac{n-1}{n-k-1} \times \frac{\text{RSS}}{\text{TSS}} \quad (19.11)$$

其中，k 代表自变量个数。

与 R^2 的定义相比，调整 R^2 多了一项因子$\frac{n-1}{n-k-1}$(相当于 TSS 与 RSS 分别根据自由度进行调整)，具有以下三个特征：

(1) 由于 $\frac{n-1}{n-k-1}$ 始终大于 1，因此调整 R^2 一定比 R^2 小。

(2) 在特定情况下，调整 R^2 有可能小于零。

(3) 加入新的自变量后，会同时产生两方面的效应，调整 R^2 既有可能上升也有可能下降。只有当加入新自变量的正效应超过负效应时，调整 R^2 才会上升，加入新自变量才是可取的。

三、R^2 与调整 R^2 使用上的误区

如前所述，如果 R^2 与调整 R^2 接近 1，表明模型对因变量预测比较好。对于初学者来说，往往过度关注或依赖 R^2 与调整 R^2。在使用 R^2 与调整 R^2 时，应注意其有以下四个潜在的缺陷：

(1)R^2 与调整 R^2 上升并不意味着新增变量一定在统计上显著。

(2) 较高的 R^2 与调整 R^2 并不意味着自变量与因变量之间存在真正的因果关系。

(3) 较高的 R^2 与调整 R^2 并不意味着模型就不存在遗漏变量偏误。

(4) 较高的 R^2 与调整 R^2 并不意味着选取的自变量就是最合适的；同理，较低的 R^2 与调整 R^2 也并非意味着选取的自变量就是不合适的。

实操中，R^2 与调整 R^2 大小与具体数据及数据特征有关。对于有些横截面数据而言，0.4 的 R^2 可能已经足够大，而对于时间序列来说，自回归模型的 R^2 通常都会大于 0.9。

例题 19.2

在多元线性回归中，关于 R^2 或调整 R^2 的说法哪一个正确？

A. 如果 R^2 超过 0.9，意味着模型已选取了所有相关自变量

B. 如果在模型中新增一个自变量后，R^2 上升，意味着这个自变量的系数显著

C. 如果 R^2 超过 0.9，意味着自变量与因变量之间存在因果关系

D. R^2 的高低不能为模型的自变量选择得是否正确提供参考

名师解析

正确答案为 D。本题即考查对 R^2 与调整 R^2 的正确解读。依据前文中 R^2 与调整 R^2 的四个缺陷即可选出正确答案。

第三节　模型参数检验

构建（construct）、运用（apply）并理解（interpret）多元回归中多个变量系数的联合假设检验与置信区间（★★）

一、单个自变量的斜率检验

区别 4：一元线性回归只需要做 1 次 t 检验，多元线性回归需要做 k 次 t 检验

（k 表示自变量个数）。

对于多元线性回归方程来说：

$$Y_i=\beta_0+\beta_1x_{1i}+\beta_2x_{2i}+\cdots+\beta_kx_{ki}+u_i \tag{19.12}$$

对式（19.12）中的所有斜率进行 t 检验时，需要做 k 次检验，即：

$$\begin{cases}H_0: \beta_1=0, \\ H_a: \beta_1\neq0;\end{cases}\begin{cases}H_0: \beta_2=0, \\ H_a: \beta_2\neq0;\end{cases}\cdots\cdots\begin{cases}H_0: \beta_k=0, \\ H_a: \beta_k\neq0。\end{cases}$$

多元线性回归中的单个自变量的斜率系数检验及其置信区间的构建与一元线性回归完全相同，此处不再赘述。

二、联合假设检验

在多元线性回归中，最常见的联合假设检验的原假设为所有斜率系数均为零，见式（19.14）。如果拒绝原假设，说明从总体来看，即便可能有部分自变量不显著，但整个回归模型至少对因变量有一定的解释力度。例如，对于多元线性回归方程来说：

$$Y_i=\beta_0+\beta_1x_{1i}+\beta_2x_{2i}+\cdots+\beta_kx_{ki}+u_i \tag{19.13}$$

$$H_0: \beta_1=\beta_2=\cdots\beta_k=0 \tag{19.14}$$

$$H_a: at\ least\ one\ \beta_i\neq0 \tag{19.15}$$

多元回归方程的联合假设检验必须采用 F 统计量。根据 F 分布的定义，F 统计量可以写成 RSS 或 ESS 的形式，表达式如下：

$$F=\frac{\frac{\text{ESS}}{k}}{\frac{\text{RSS}}{\left(n-k-1\right)}} \tag{19.16}$$

F 检验的步骤可归纳如下：

（1）做出假设：H_0：$\beta_1=\beta_2=\cdots\beta_k=0$；$H_a$：$at\ least\ one\ \beta_i\neq0$（$i=1, 2, \cdots, k$）。

（2）计算检验统计量：$F=\frac{\frac{\text{ESS}}{k}}{\frac{\text{RSS}}{\left(n-k-1\right)}}$。

（3）画出分布（图 19.2），确定关键值：

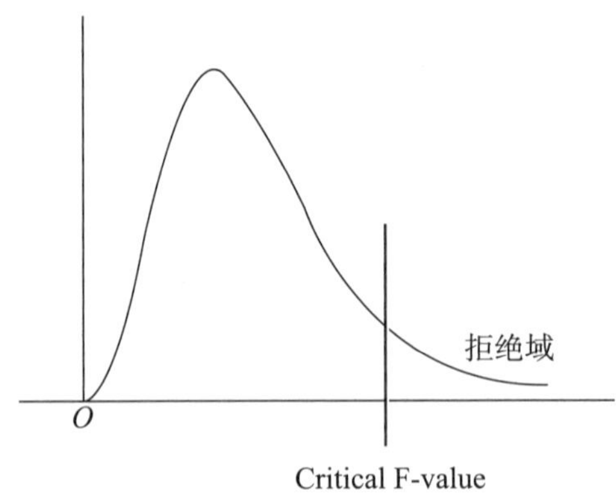

图 19.2　F 分布及其拒绝域

（4）做出统计决策：如果 F 检验统计量大于关键值，落在拒绝域中，应拒绝原假设，接受备择假设，认为至少有一个斜率系数不等于零，模型整体上对因变量具有显著的解释力；如果 F 检验统计量落在非拒绝域中，不能拒绝原假设，模型整体上对因变量的解释力不显著。

t 检验只能检验单个斜率系数是否显著，上述 F 检验是检验所有斜率系数作为整体（as a whole）是否显著，而实务中往往需要检验部分斜率系数是否显著，此时应引入非限制模型（unrestricted model）和限制模型（restricted model）来构建 F 检验统计量。

假设某多元回归模型包含 5 个自变量，模型方程式如下：

$$Y_i=\beta_0+\beta_1 x_{1i}+\beta_2 x_{2i}+\beta_3 x_{3i}+\beta_4 x_{4i}+\beta_5 x_{5i}+u_i \tag{19.17}$$

如果想要检验x_4和x_5作为整体对因变量是否具有解释力，可检验x_4和x_5的斜率系数是否同时为零，构建的原假设和备择假设分别如下：

$$H_0: \beta_4=\beta_5=0; \; H_a: \text{at least one } \beta_i \neq 0 (i=4, 5) \tag{19.18}$$

该假设相当于给原回归方程添加了 2 个限制条件，因此原回归方程变为：

$$Y_i=\beta_0+\beta_1 x_{1i}+\beta_2 x_{2i}+\beta_3 x_{3i}+u_i \tag{19.19}$$

我们将原模型（19.17）称为非限制模型，而将添加了限制条件后的模型（19.19）称为限制模型。

一般来说，增加自变量会导致R^2增大，因此，非限制模型的可决系数（R_U^2）大于限制性模型的可决系数（R_R^2），进而得出限制模型的RSS_R大于非限制模型的RSS_U。

若RSS_R与RSS_U的差值很小，表明增加自变量x_4和x_5后模型的解释力并没有显著提升；若RSS_R与RSS_U的差值较大，表明增加自变量x_4和x_5后模型的解释力显著提升，x_4和x_5作为整体对因变量具有显著的解释力。

基于上述分析，可构建 F 检验统计量如下：

$$F=\frac{\frac{\left(RSS_R-RSS_U\right)}{2}}{\frac{RSS_U}{\left(n-5-1\right)}} \tag{19.20}$$

通过上式可知，F 检验统计量可直观度量限制模型与非限制模型之间的 RSS 差异是否过大，若该差异过大，计算的 F 检验统计量也较大，很有可能表明增加的自变量对模型具有显著的解释力。进而得出，如果 F 检验统计量大于关键值，落在拒绝域中，应拒绝原假设，认为至少有一个斜率系数显著地不等于零，x_4和x_5作为整体对因变量具有显著的解释力。如果 F 检验统计量小于关键值，不能拒绝原假设，则认为x_4和x_5作为整体对因变量不具有显著的解释力。

一般而言，可以将上述回归方程拓展到 k 个自变量和 q 个限制条件的情形上，具体如下：

$$Y_i=\beta_0+\beta_1x_{1i}+\beta_2x_{2i}+\cdots+\beta_kx_{ki}+u_i \tag{19.21}$$

$$F=\frac{\frac{\left(RSS_R-RSS_U\right)}{q}}{\frac{RSS_U}{\left(n-k-1\right)}} \tag{19.22}$$

有些考生可能会想到对这 q 个自变量的斜率系数分别进行 t 检验。但是，如果这 q 个自变量之间存在多重共线性，则 t 检验的结果不可靠，此时可应用 F 检验来避免多重共线性问题。

第二十章

回归分析与诊断

知识引导

本章是对回归模型的进一步说明，主要讲述了回归过程中构建模型、分析模型时应注意的事项，并对一些细节问题的处理进行了交代，如二值变量、遗漏变量与异方差。其实，这些讨论背后的逻辑是基于 OLS 方法某个假设条件不满足时应该怎么做而展开的。本章的最后还讲述了高斯-马尔科夫定理，以说明为什么会采用 OLS 得到的估计量而不是别的估计方法。

考点聚焦

本章知识点较为零碎，以定性结论为主，需要考生记忆。考生重点掌握异方差的定义及影响、多重共线性、遗漏变量、高斯-马尔科夫定理的结论及其局限性。极端值的识别是今年考纲新增知识点，但不作为重点掌握。

本章框架图

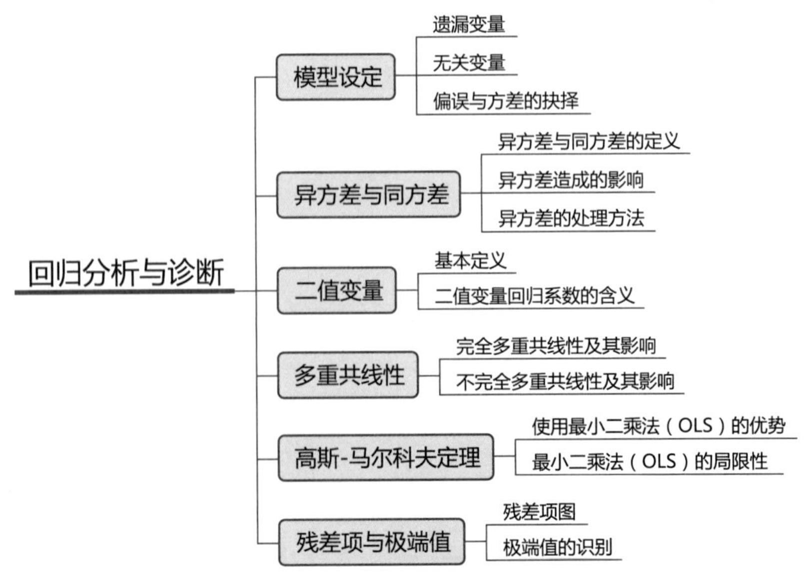

第一节　模型设定

描述（describe）在模型中遗漏相关变量或加入不相关变量可能带来的后果（★★）

一、遗漏变量

遗漏变量（omitted variable）是指在回归方程中回归系数显著不为0，却没有被加入模型的变量。这里我们仍然利用前两章举过的影响学生考试成绩的例子进行分析。

前两章中，在考察班级成绩时，我们只考虑班级规模大小，而把其他影响分数的重要因素都归入了残差项。这样的处理方式是有可能产生问题的。假设GD教育的某个零基础班，所有学员在报班之前都没有任何金融背景知识。在进行线性回归时，如果遗漏了这个影响因素，就有可能会导致模型对班级规模大小回归系数的估计有偏误。这是因为从数据上看，零基础班学员的最终成绩通常低于有专业背景的学员。如果零基础班班级规模较大的话，就有可能错误估计缩小班级规模对提高分数的影响。实际上，并不是由于较小的班级规模导致学员成绩平均较高，而是因为班级规模小的学员都具有金融学专业背景，才导致平均分较高。

一般地，对于回归方程（20.1）而言，假设遗漏了变量x_2，从而模型变为了回归方程（20.2）：

$$y_i = \beta_0 + \beta_1 x_1 + \beta_2 x_2 + u_i \tag{20.1}$$

$$y_i = \beta_0 + \beta_1 x_1 + u_i \tag{20.2}$$

随着样本容量的增加，我们对模型（20.2）中β_1的估计值$\widehat{\beta_1}$会趋近于下式：

$$\beta_1 + \beta_2\delta \tag{20.3}$$

其中，$\delta = \dfrac{\mathrm{Cov}(x_1, x_2)}{\mathrm{Var}(x_1)}$。

从式（20.3）可以看出，遗漏变量带来的系数估计偏误大小主要取决于以下两个方面。

（1）遗漏的变量 x_2 与解释变量 x_1 的相关性，即 δ 的大小。

（2）遗漏的变量 x_2 对被解释变量 y 的影响，即β_2 的大小。

这里要注意的是，上述两个方面的影响必须都不为 0 才会产生遗漏变量偏误（omitted variable bias）。

我们可以通过一个实例来说明。例如，假设遗漏的变量 x_2 表示考生考试当天的状态。显然此时遗漏变量 x_2 满足条件 2，但不满足条件 1，因而不会产生遗漏变量偏误。这是因为虽然考试当天状态会影响最终考试成绩，但和班级规模 x_1 没有任何联系。在这种情况下，遗漏 x_2 变量不会导致回归方程对班级规模的斜率系数 β_1 估计有误。

又如，如果遗漏的变量 x_2 表示每个班级学员的人均停车位。此时遗漏变量 x_2 满足条件 1，但不满足条件 2，因而不会产生遗漏变量偏误。这是因为班级规模大会导致人均停车位少，但人均停车位与考生最终的考试成绩毫无任何因果关系，因此遗漏 x_2 变量不会导致回归方程对班级规模的斜率系数 β_1 估计有误。

遗漏变量偏误带来的影响分为以下两个方面。

（1）如果存在遗漏变量偏误，即便不断扩大样本容量，估计量 $\widehat{\beta}_1$ 仍然无法收敛到总体回归方程的 β_1，即不满足一致性。具体而言，当我们遗漏变量 x_2 时，遗漏变量 x_2 对因变量的影响被误归功于变量 x_1 了。如果存在遗漏变量偏误，意味着模型本身是错误的，故无论怎么扩大样本容量，估计量都是有偏且不一致的。

（2）由于被遗漏的变量相当于被扔进模型中的残差项了，回归模型中估计残差的变动范围比真实情况要大。

解决遗漏变量偏误的方法非常简单，把原本遗漏的变量纳入回归模型即可。

二、无关变量

无关变量（extraneous included variables）是指包含在模型中但其真实的回归系数为 0 的变量。在多元回归模型中加入无关变量，RSS 保持不变，k 却增加了，根据前面所学的$\overline{R^2}$的性质，可知这会导致$\overline{R^2}$更小。

此外，如果新加入的自变量与模型已有自变量的相关性较高，则回归系数的标准误会上升。在金融数据中，多数变量之间的相关性都很高，因此加入无关变量极有可能导致回归系数的标准误上升。

三、偏误与方差的抉择

解释（explain）在选择模型时如何在偏误与方差间进行抉择（★★）

在进行模型设定时，如何平衡遗漏变量与加入无关变量呢？这实际上是在偏误（bias）与方差（variance）之间进行抉择。一个包含众多变量的模型，无疑存在遗漏变量的可能性较小，从而系数估计出现偏误的概率较小。但由于有可能包含了无关变量，估计系数的标准误自然就上升了。反之亦然。因此，在为模型选择变量时，我们必须在偏误与方差之间进行抉择。

实际操作中，通常有两种确定模型变量的方法：一般到特殊法（general-to-specific，GtS）以及 m 展开交叉验证法（m-fold cross-validation）。一般到特殊法的思想非常简单：首先，先建立一个包含大量变量的模型进行回归；其次，将回归模型中系数不显著的变量删除；最后，将剩余变量构建为一个新的模型进行回归，反复重复上面两个步骤，直到所有变量的回归系数都显著为止。

m 展开交叉验证法的思想如下：首先，构建一组备选模型。其次，随机将样本数据分为 m 份。其中，$m-1$ 份数据作为估计系数的训练集，而第 m 份数据作为验证集。最后，利用第 m 份数据作为样本外数据去验证所有模型的估计结果，从中选取使残差项的平方和最小的模型。

第二节　异方差与同方差

解释（explain）如何识别模型中的异方差（★★）

描述（describe）处理异方差数据的方法（★）

一、异方差与同方差的定义

目前，我们有关回归分析的假设仅涉及残差的条件均值，即 $E(u_i \mid X) = 0$。更进一步，如果残差关于 X 的条件方差是常数，即 $\mathrm{Var}(u_i \mid X) = \sigma^2$（$\sigma^2$ 为常数），则称回归分析符合同方差（homoskedasticity）假设条件；否则，如果 $\mathrm{Var}(u_i \mid X)$ 不是常数，而是关于 X 的函数，则称残差项是异方差的（heteroskedastic）。

异方差的含义可以利用图 20.1 说明。在经验数据分析中，很多情况下数据都是不满足同方差假设的。例如，图 20.1 中横轴代表个人收入，纵轴代表个人消费。一般而言，收入越高，消费越多，这也反映在图 20.1 中的线性回归直线上。然而，在不同收入水平下，个人消费的变动幅度是不同的，即给定 X 的情况下，$\mathrm{Var}(u_i \mid X)$ 并非常数。当收入较低的情况下，消费波动较小，这是因为对于“穷人”来说，不论个体情况如何都必须有一定的基本日常消费；而当收入较高的情况下，消费的波动较大，这是因为不同“富人”消费习惯差异很大，“有钱任性”。既有很“败家”乱消费的“富二代”存在，也有吝啬至极的“葛朗台”存在。因此，从散点图中可以很明显地看出异方差存在。

如何判断一个模型是否存在异方差呢？一个最直观的方法就是“看图说话”，如图 20.1 所示。此外，我们也可以通过回归来进行判断：首先，通过回归获取残差项平方的拟合值；其次，将残差平方的拟合值对所有自变量之间的交乘项、平方项进行回归。如果模型不存在异方差，那么该回归方程的所有回归系数都无法拒绝系数为 0 的原假设。

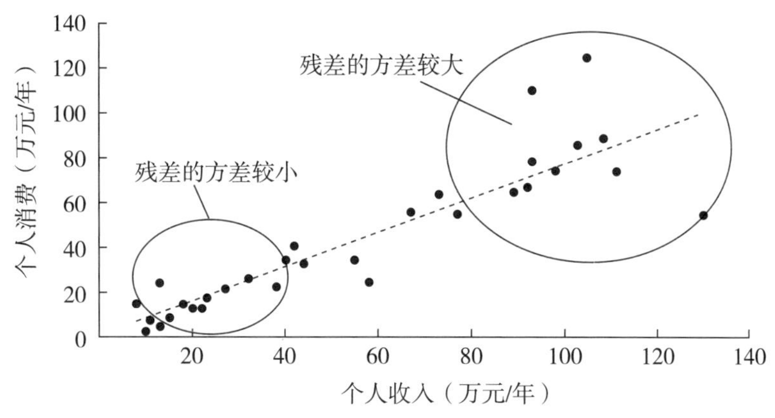

图 20.1 异方差示意图

二、异方差造成的影响

如果回归数据中存在异方差性的话，对回归系数有什么影响呢？以下两个结论至关重要。

（1）即便存在异方差，OLS 方法得到的回归系数仍然是无偏（unbiased）、一致（consistent）且渐进服从正态分布的。

（2）只有在同方差的情况下，OLS 方法得到的回归系数是有效的；如果存在异方差，则回归系数不是有效的。

此外，由于异方差的存在，将导致对回归系数的方差估计不准确，进而导致 t 统计量估计有误（参看第十八章的公式 $t=\dfrac{\widehat{\beta}_1-\beta_{1,0}}{SE(\widehat{\beta}_1)}$，回归系数的方差位于分母）。因此，异方差将导致对回归系数的假设检验不准确。

具体而言，如果回归系数的标准误较小，则更容易犯第一类错误；反之，如果回归系数的标准误过大，则更容易犯第二类错误。如果回归系数标准误过小，则根据公式计算出来的 t 统计量就会过大。较大的 t 统计量更容易得出拒绝原假设的结论，于是增加了犯“拒真”错误的可能性，从而加大了犯第一类错误的概率。反之，如果回归系数标准误过大，则根据公式计算出来的 t 统计量就会过小。较小的 t 统计量更容易无法拒绝原假设，于是增加了犯“受伪”错误的可能性，从而加大了犯第二类错误的概率。

可以利用怀特检验（White Test）检测是否存在异方差。可以先构建一个以残差项为因变量，以所有原有的自变量、自变量的平方以及自变量的交叉乘积为新的自变量的回归模型。计算这个回归模型的 R^2 并计算卡方检验统计量 $\chi^2 = nR^2$。如果 χ^2 大于关键值，则拒绝原假设——无条件异方差。

三、异方差的处理方法

异方差的处理方法有三种。第一种是在估计参数时忽略异方差，然后在假设检验中使用异方差稳健协方差估计量（heteroskedasticity-robust covariance estimator）。虽然这种方法很简单，但与直接处理异方差的方法相比，它通常产生的模型参数估计值的精确度要低得多。第二种方法是转换数据（transform the data），例如将数据取对数或者除以另一个为正的变量（用每股股息除以股价就得到了股票的收益率）。第三种方法是使用加权最小二乘法（weighted least square，WLS），即 OLS 方法的加强版，通过对不同观测值赋予不同权重，剔除异方差的影响。

备考小贴士

以上三种方法的具体操作比较复杂，从备考角度来说，考生对其名称有所熟悉即可。

第三节　二值变量

一、基本定义

到目前为止，我们接触到的解释变量都是连续的。实际上，对于一些定性的变量也可以运用回归模型。例如，调查对象性别是男还是女，属于城市户口还是农村户口等。此类二值信息可以用二值变量（binary variable）来刻画，二值变量也被称为虚拟变量或哑变量（dummy variable）。

例如，GD 教育集团想判断是否在中国香港地区考试的考生成绩显著比内地高，可假设 D_i 哑变量：

$$D_i = \begin{cases} 1，如果该考生属于中国香港地区 \\ 0，如果该考生不属于中国香港地区 \end{cases}$$

二、二值变量回归系数的含义

一般地，含有哑变量的总体回归方程为：

$$Y_i = \beta_0 + \beta_1 D_i + u_i \tag{20.4}$$

其中，D_i 表示二值变量。这里需要指出的是，由于 D_i 是非连续的，因此 β_0 与 β_1 的含义与之前所学有所不同，考生需要注意。

具体而言，我们可以利用上例解释系数 β_0 与 β_1 的含义：

当 $D_i = 0$ 时，表示考生属于非香港地区，式（20.4）变为：

$$Y_i = \beta_0 + u_i \tag{20.5}$$

线性回归的基本假设 $E(u_i \mid D_i) = 0$，故式（20.4）两边取期望值可得 $E(Y_i \mid D_i = 0) = \beta_0$，即 β_0 表示非中国香港地区考生的平均成绩。

同理，当 $D_i = 1$ 时，式（20.4）可简化为：

$$Y_i = \beta_0 + \beta_1 + u_i \tag{20.6}$$

故 $E(Y_i \mid D_i = 1) = \beta_0 + \beta_1$，即 $\beta_0 + \beta_1$ 表示中国香港地区考生的平均成绩。因此，系数 $\beta_1 = E(Y_i \mid D_i = 1) - E(Y_i \mid D_i = 0)$，表示中国香港地区考生的平均分与非中国香港地区考生平均分之差。如果 β_1 显著大于 0，就表明中国香港地区考生成绩显著高于内地考生。

备考小贴士

考生应注意，β_1 并不代表中国香港地区考生的平均分，而是中国香港地区考生平均分与内地考生平均分之差。考试中有可能针对这一点出辨析题。

例题 20.1

一分析师想通过以下模型判断职场上是否存在对女性的性别歧视。其中，因变量为年收入，自变量 D_i 为性别的二值变量，取 1 时表示女性，取 0 时表示男性。

$$\text{Income}_i = \beta_0 + \beta_1 D_i$$

以下哪个说法是正确的?

A. 当 β_1 显著大于 0 时表示职场上不存在对女性的性别歧视

B. β_1 表示职场上女性的平均收入

C. β_1 表示职场上女性与男性平均收入的差异

D. $\beta_0 + \beta_1$ 表示职场上男性的平均收入

名师解析

答案为 C。注意本题中二值变量取 1 时表示女性，取 0 时表示男性。故 β_0 表示男性的平均收入，而 $\beta_0 + \beta_1$ 表示女性的平均收入，β_1 表示女性平均收入与男性平均收入的差异。

第四节　多重共线性

区分（differentiate）完全共线性与不完全多重共线性（★★★）

一、完全共线性及其影响

在多元线性回归中，如果一个解释变量能由其他解释变量的线性组合所表达，则存在完全共线性（perfect collinearity）。

在二元线性回归模型（20.7）中，如果选取的自变量 X_2 恰好是 X_1 的 2 倍，那么该模型就存在完全共线性。

$$Y_i = \beta_0 + \beta_1 X_{1i} + \beta_2 X_{2i} + u_i \tag{20.7}$$

在存在完全共线性的情况下，无法使用 OLS 估计系数。

需要特别注意，当自变量非连续时，如何选取二值变量来避免完全共线性的发生。例如，如果将考生所在区域分为东北、东南、西北、西南 4 个区域。每个考生都属于其中一个区域，因此可设置 4 个二值变量：$Northeast_i$、$Southeast_i$、$Northwest_i$、$Southwest_i$。如果某考生属于东北地区，则 $Northeast_i=1$ 时，其余 3 个二值变量都等于 0；类似地，如果考生属于东南地区，则 $Southeast_i=1$ 时，其余 3 个二值变量都等于 0。由此可见，无论考生属于哪个地区，4 个二值变量之和必然为 1。

若回归模型中存在截距项，再将 4 个二值变量同时加入模型，就会存在完全共线性（相当于常数回归元 X_{0i} 可以写成其他 4 个二值变量的线性组合）。此时，对于 n 个二值变量，我们只能将 $n-1$ 个二值变量加入具有截距项的线性回归模型中，否则就会出现完全共线性。我们将这种现象称为哑变量陷阱（dummy variable trap）。若无截距项，可以将 n 个二值变量都加入线性回归模型中。

如果回归模型中不含截距项，则把 n 个哑变量都放入模型不会出现完全共线性。因为只有当截距项出现在回归模型中时，才会有常数回归元可以写成其他变量的线性组合，即有 $X_{0i}=1=X_{1i}+X_{2i}+\cdots+X_{ni}$。

二、不完全多重共线性及其影响

不完全多重共线性（multicollinearity）指两个或两个以上自变量之间高度相关，但相关系数不为 1。与完全共线性不同，不完全多重共线性不会影响 OLS 方法的使用，也不会影响系数估计的无偏性，但会导致至少一个自变量的系数估计量有较大的方差。

由于不完全多重共线性会导致较大的 $\mathrm{Var}(\beta_1)$，因此 t 统计量相应会较小，不容易拒绝原假设，更容易犯第二类错误。

检验模型是否存在不完全多重共线性，主要从以下两个方面判断。

（1）单个系数的 t 检验不显著，但是 F 检验显著并且 R^2 较高。从单个变量上看不显著，但从总体模型上来看 F 检验显著且 R^2 高，说明几个变量之间高度线性相关，必须放在一起才能对模型有所解释，而将其强行拆分，单个系数的 t 检验都不显著。

(2) 将其中一个自变量 X_j 作为因变量，和其余自变量做回归，然后算出该回归模型的R_j^2，再计算出方差膨胀系数(variance inflation factor，VIF)，$VIF = \frac{1}{1 - R_j^2}$。如果 $VIF > 10$，说明存在多重共线性，X_j 不应该放在模型中。

当模型存在不完全多重共线性时，可以通过去掉部分相关性较高的自变量或逐步回归分析（stepwise regression）的方法进行处理。

备考小贴士

对于不完全多重共线性的检验与解决方法，考生了解即可，一般情况下考试在这方面不会考得太深。

表 20.1　　遗漏变量、无关变量、异方差和多重共线性的总结

诊断的问题	无偏性	一致性	有效性
遗漏变量偏误	会受到影响	会受到影响	—
无关变量	—	—	会受到影响，标准误被高估
异方差	不会受到影响	不会受到影响	会受到影响，如果标准误被低估，易犯一类错误
多重共线性	不会受到影响	不会受到影响	会受到影响，标准误被高估，易犯二类错误

注：“—”表示非考试要求，不做讨论

例题 20.2

某分析师针对股票 S 的收益率、大宗商品黄金收益率以及美国 1 年期国债收益率这三个变量，分别进行了三次回归（均采用 OLS 方法估计系数），相关数据如表 20.2 所示。

表 20.2　　三次回归的相关数据

模型	回归方程	β_0	β_1
回归 1	Stock = β_0 + β_1 ×Gold	−0.0003	0.57
	Standard error	0.0002	0.028
	t-statistic	−1.5	20.36
	R^2	0.45	
回归 2	Stock = β_0 + β_1 ×Bill	−0.0003	2.28
	Standard error	0.0004	0.053
	t-statistic	−0.75	43.02
	R^2	0.7	
回归 3	Gold = β_0 + β_1 ×Bill	0.0002	0.054
	Standard error	0.0004	0.015
	t-statistic	0.50	3.6
	R^2	0.37	

根据表 20.2 的信息，以下哪个选项是正确的？

A. 由于存在遗漏变量，回归 1 中黄金收益率的系数被高估了

B. 由于存在异方差，回归 2 中国债的系数被高估了

C. 回归 3 中的截距项显著不为 0

D. 由于多重共线性，导致回归 2 中的 R^2 较高

名师解析

答案为 A。违反同方差假设只会影响到 OLS 估计系数的有效性，而不会影响无偏性，从而不存在高估低估的说法，故选项 B 错误。判断回归系数是否显著，考察的是 t 检验量。根据表格，回归 3 中截距项对应的 t 统计量值为 0.5，因此无法拒绝截距项为 0 的原假设，选项 C 错误。多重共线性的概念是在多元线性回归中才有的，指的是自变量之间相关性较高，而不是因变量和自变量之间的相关性，故选项 D 错误。

为什么选项 A 是正确的呢？回归遗漏变量偏误要满足两个条件：一是遗漏变量与自变量之间相关性较高；二是遗漏变量对因变量有影响。因此，我们需要判断两个条件：一是遗漏变量 Bill 与回归 1 中的自变量 Gold 高度相关（回归 3 中 Gold 对 Bill 的回归系数显著，由此可以看出该条件成立）；二是遗漏变量 Bill 对回归 1 中的

因变量 Stock 有影响（回归 2 中 Stock 对 Bill 的回归系数显著，由此可以看出该条件也成立）。因此，Bill 是遗漏变量。

最后，为什么遗漏变量 Bill 导致回归 1 中 Gold 系数被高估呢？通过回归 2 得知，遗漏变量 Bill 对股票收益率的影响是正的。而通过回归 3 得知，Gold 收益率与 Bill 收益率正相关。因此，当 Gold 收益率上升时，实际上对股价收益率上升的影响可分为两方面：一方面是 Gold 收益率上升促使股票收益率上升；另一方面是 Gold 收益率上升伴随着 Bill 收益率上升，而 Bill 收益率上升促使了股票收益率上升。因此，如果遗漏了 Bill 变量，相当于把 Bill 的因素归于了 Gold，导致 Gold 系数被高估。

第五节　高斯-马尔科夫定理

一、使用最小二乘法（OLS）的优势

决定（determine）OLS 估计量满足 BLUE 的条件（★★）

高斯-马尔科夫定理（Gauss-Markov theorem）说明了为什么我们会使用 OLS 方法而不是其他方法来估计回归系数。高斯-马尔科夫定理证明了，当 OLS 的假设条件满足的情况下，用 OLS 方法估计出来的 $\widehat{\beta}_1$ 是最优线性无偏估计量（best linear unbiased estimator，BLUE）。其中，“best”表示有效性（efficient），“unbiased”表示无偏性，“linear”表示线性。该定理表明，在所有线性估计量中，OLS 估计量是无偏的，且方差最小的。

关于无偏性与有效性，前文已有详细说明，这里解释一下线性（linear）的含义。如果估计量 $\widehat{\beta}_1$ 是线性的，则一定能表示成因变量数据的一个线性函数，即：

$$\widehat{\beta}_1 = \sum_{i=1}^{n} w_i Y_i \tag{20.8}$$

其中，权重 w_i 可以是所有自变量样本值的一个函数。

二、最小二乘法（OLS）的局限性

高斯-马尔科夫定理的局限性主要体现在以下两个方面。

（1）在实务中经常不满足同方差假设，高斯-马尔科夫定理的假设条件往往不成立。

（2）即便所有假设条件都满足，仍然可能存在非线性的估计量比 OLS 估计量更有效的情况。高斯-马尔科夫定理仅说明了 OLS 估计量在所有线性估计量中是最有效的，并没有排除有可能有比 OLS 更有效的非线性估计量。

知识一点通

考生一定要注意第二个局限性。在考试中一定要注意辨析这一性质。

例题 20.3

某分析师利用 OLS 方法对以下模型进行线性回归：

$$\widehat{Y}_i = \widehat{\beta}_0 + \widehat{\beta}_1 X_i + \widehat{u}_i$$

关于通过 OLS 方法得到的统计量 $\widehat{\beta}_1$ ，以下哪些描述是正确的？

A. $\widehat{\beta}_1$ 在所有的估计量中方差最小

B. $\widehat{\beta}_1$ 有可能是一个一致但有偏的估计量

C. 在所有有偏的线性估计量中，$\widehat{\beta}_1$ 方差最小

D. 以上表述均有误

名师解析

答案为 D。根据高斯-马尔科夫定理，OLS 方法得到的 $\widehat{\beta}_1$ 是 BLUE 的。但考生一定要注意，$\widehat{\beta}_1$ 方差最小是有前提条件的，即 $\widehat{\beta}_1$ 在无偏和线性估计量中方差最小。换言之，有可能存在有偏或者非线性的估计量方差比 $\widehat{\beta}_1$ 更小。

第六节　残差项与极端值

描述（describe）将残差项可视化的方法及优劣（★）

描述（describe）识别极端值的方法及优劣（★）

一、残差项图

残差项图（residual plots）是检测模型是否存在异方差最直观的方法。对于一个理想的模型来说，残差项应该与任何一个解释变量都是无关的。此外，残差项的绝对值应该不大，多数在4个残差项样本标准差之内。基础的残差项图是以残差项 $\widehat{\varepsilon_i}$ 为 y 轴，自变量 x_j 为 x 轴的。更进一步，我们可以使用标准化残差 $\frac{\widehat{\varepsilon_i}}{s}$，以使偏差的大小更明显。异常值和模型规范问题（如非线性关系）都可以通过残差项图发现。

二、极端值的识别

直观上，可以将极端值定义为：如果去掉该样本点，回归系数的估计值会有很大的差异。不过，从定量的角度来看，多大的差异才算大呢？我们可以引入Cook距离（Cook's distance）的概念对此进行度量，其公式如下：

$$D_j = \frac{\sum_{i=1}^{n}(\widehat{Y}_i^{(-j)} - \widehat{Y}_i)^2}{kS^2} \tag{20.9}$$

其中，$\widehat{Y}_i^{(-j)}$ 代表丢弃该样本点后模型的拟合值，k 代表回归系数的个数，S^2 代表残差项的样本方差（使用所有样本估计而得的）。

从式（20.9）不难看出，如果样本点不是极端值，那么 D_j 的值应当很小；反之，如果根据式（20.9）计算的 D_j 数值大于1，则说明样本点是极端值。

第二十一章

平稳的时间序列

知识引导

本章开始介绍时间序列方面的知识。数据可以分为时间序列数据和横截面数据两大类，两者的本质区别在于：时间序列数据是按照时间顺序排列的。时间序列的变化通常可分解为两类：平稳时间序列和非平稳时间序列。其中，平稳时间序列的状态并不随时间点的改变而改变，只与时间的位移（间隔）有关；非平稳时间序列的状态是因时间点不同而不同的。通过分析时间序列数据的状态，合理地构建时间序列模型，能够为我们利用历史数据预测未来提供依据。

考点聚焦

本章内容中，考纲涉及了时间序列平稳的条件，AR 模型、MA 模型、ARMA 模型的定义、性质和应用，考生应掌握几个模型的区别及其应用。

本章框架图

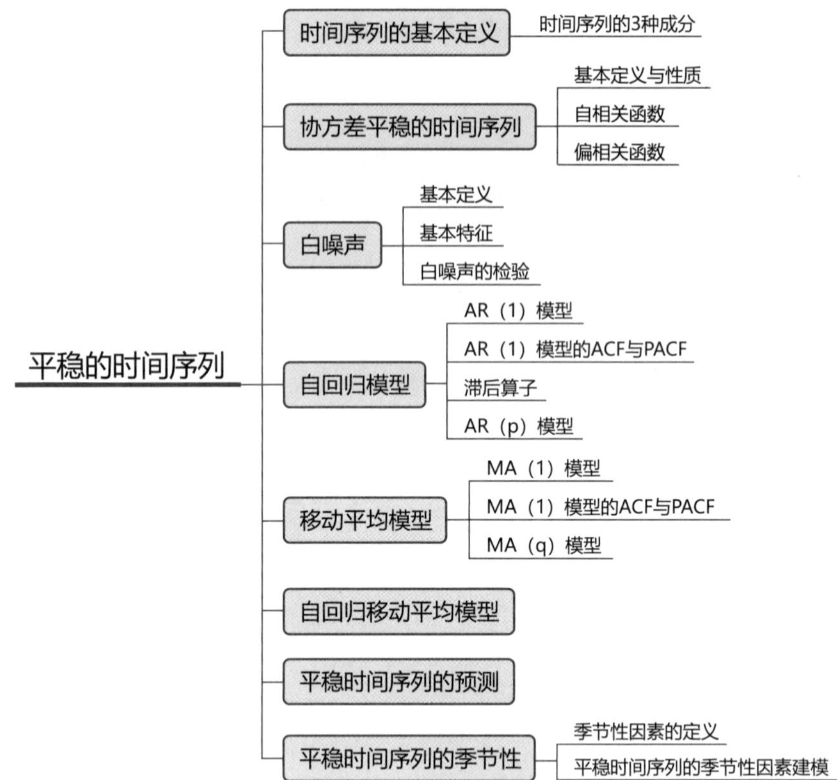
平稳的时间序列
时间序列的基本定义
时间序列的3种成分
协方差平稳的时间序列
基本定义与性质
自相关函数
偏相关函数
白噪声
基本定义
基本特征
白噪声的检验
自回归模型
AR（1）模型
AR（1）模型的ACF与PACF
滞后算子
AR（p）模型
移动平均模型
MA（1）模型
MA（1）模型的ACF与PACF
MA（q）模型
自回归移动平均模型
平稳时间序列的预测
平稳时间序列的季节性
季节性因素的定义
平稳时间序列的季节性因素建模

第一节　时间序列的基本定义

从本章开始到第二十二章我们将探讨时间序列的相关知识。在此章节之前涉及的数据主要是横截面数据，即不同个体在相同时间点上的截面数据，如某年全体中国人的身高数据。而时间序列数据是按照时间顺序排列的，即同一个体在不同时间点上的时间序列数据，比如一个人从小到大的身高数据。时间序列 $\{Y_t\}$ 是以时间为下标的一组随机变量，记为$\{\cdots, Y_{-2}, Y_{-1}, Y_0, Y_1, Y_2, \cdots, Y_t, \cdots\}$。标注时间的一个随机变量序列被称为随机过程（stochastic process）。当我们得到一组时间序列数据时，就得到该组随机变量一组可能实现的结果，记为$\{\cdots, y_{-2}, y_{-1}, y_0, y_1, y_2, \cdots, y_t, \cdots\}$。

时间序列是按时间顺序排列的一组变量，这些变量分别表示一个个体在不同时间点的状态；即 Y_t是时间点 t 上的随机变量，它表示该个体在时间点 t 上的状态，而 y_t只是其中某一个具体的结果。比如研究一只股票过去十天的股价，事实上，每天的股价都是一个随机变量。站在十天前的角度，你不会知道这十天的股价会怎样变化；但站在今天的角度，你可以获得的过去十天的股价数据，其实只是那十个随机变量的一组具体取值而已。如果时间可以倒流，重新过一遍这十天，你可能会得到完全不同的一组股价数据。但时间终究不能倒流，我们只能获得已经实现的一组时间序列数据，再据此来预测未来随机变量的变动趋势。

时间序列可以分为三个方面来看：

（1）趋势（trend）：它显示了时间序列随时间变化的水平，如长期增长或长期下降。

（2）季节性（seasonal）：根据一年中的时间序列捕捉可预测的变化。季节性总是一个已知且固定的频率。

（3）周期性（cyclical）：显示了数据存在不固定频率的上升或下降。这些波动经常由经济活动引起，可能与商业周期有关。

第二节　协方差平稳的时间序列

一、基本定义与性质

描述（describe）时间序列协方差平稳所需满足的条件（★★）

对于时间序列而言，我们最感兴趣的话题就是预测，如预测未来股票价格走势、经济增长趋势等。这就需要我们去发现时间序列的规律，选择合理的模型体现时间序列的特征，再利用历史的数据对未来的时间序列做出预测。平稳性是确定时间序列结构，并使用历史数据构建模型的依据。

满足以下三个条件的时间序列，称之为协方差平稳的时间序列（covariance stationary series）：

（1）均值有限且为常数，即 $E(Y_t)=\mu$；

（2）方差有限且为常数，即 $\mathrm{Var}(Y_t)=\sigma^2$；

（3）自协方差只与滞后阶数 h 有关，与时间点 t 无关，即 $\mathrm{Cov}(Y_t,\ Y_{t-h})=\gamma(h)$。

自协方差是时间序列当中特有的一个概念，表示一个时间序列中不同时间点上变量之间的协方差，和我们以前学过的协方差的概念是类似的。间隔 h 阶的两个变量 Y_t 和 Y_{t-h} 之间的协方差表示为 $\gamma(h)$，则：

$$\gamma(h)=E\{[Y_t-E(Y_t)][Y_{t-h}-E(Y_{t-h})]\} \tag{21.1}$$

特别地，当 $h=0$ 时，$\gamma(0)$ 其实就是这个时间序列上随机变量的方差：

$$\gamma(0)=E\{[Y_t-E(Y_t)]^2\} \tag{21.2}$$

实际上，由于方差是协方差的特殊情况，协方差平稳的三个条件中，条件（3）的成立隐含了条件（2），只不过我们通常习惯写成三个条件而已。

为什么要引入平稳的概念呢？这是因为时间序列数据与一般的横截面数据有所不同：若对未经处理的非平稳时间序列直接做回归建模容易出现“伪回归”的现象。例如，有人曾将全球经济增长速度与全球老鼠数量进行回归。由于两者都存在上升趋势，回归结果不仅显著，还有很高的 R^2，但老鼠数量的增长显然不能够解释经济的增长。出现这种背离逻辑的结果的原因，就在于未经处理的非平稳时间序列是不能直接进行回归的。拿到一组时间序列，第一步就要判断其是否平稳。对于平稳和非平稳时间序列，我们建模的思路是不同的。

根据定义中的条件（3），我们可以得到平稳时间序列的自协方差函数具有对称性，是有限的（finite），不随时间变化，只依赖于观测值之间的时间间隔，即：

$$\gamma(h)=\gamma(-h) \tag{21.3}$$

根据定义还可以看出，如果一个时间序列的均值、方差等会随时间点的变化而变化（不为常数），那这个时间序列就是不平稳的。

二、自相关函数

定义（define）自相关函数、偏相关函数与自回归（★★）

定义 Y_t 与 Y_{t-h} 之间的相关系数为自相关函数 $\rho(h)$（autocorrelation function, ACF），则有：

$$\rho(h)=\frac{\mathrm{Cov}(Y_t,\ Y_{t-h})}{\sqrt{\mathrm{Var}(Y_t)\times \mathrm{Var}(Y_{t-h})}}=\frac{\gamma(h)}{\gamma(0)}\ (h=0,\ 1,\ 2,\ \cdots) \tag{21.4}$$

其中，分子 $\gamma(h)$ 表示 Y_t 与 Y_{t-h} 之间的自协方差，分母 $\gamma(0)$ 表示随机变量的方差。

根据自协方差的对称性，我们可以看到自相关系数也是具有对称性的，即 $\rho(h)=\rho(-h)$。

三、偏相关函数

偏相关函数 $p(h)$（partial autocorrelation function, PACF）定义如下：将 Y_t 对 Y_{t-1}，Y_{t-2}，…，Y_{t-h} 做线性回归[称为自回归（autoregression）]，回归模型中自变量 Y_{t-h} 的系数即为偏相关系数。

时间序列中，“自”（auto）通常用于表示 Y_t 与 Y_{t-h} 之间的关系，即现在的自己与过去的自己之间的关系。如自回归就是同一时间序列不同时间点上变量的回归，自相关系数就是同一时间序列不同时间点上变量的相关系数。

注意 ACF 与 PACF 的区别：ACF 是相关系数定义的延伸，即变量 Y_t 与Y_{t-h} 之间的相关系数；PACF 与多元线性回归中所说的偏效应类似，即 Y_t 对Y_{t-1}，Y_{t-2}，…，Y_{t-h} 做多元线性回归后自变量 Y_{t-h} 的回归系数，即在控制 Y_{t-1}，Y_{t-2}，…，Y_{t-h-1} 不变的情况下，Y_{t-h} 变动 1 个单位对 Y_t 的影响（ACF 只考虑了 Y_t 与 Y_{t-h} 两个变量，没有要求 Y_{t-1}，Y_{t-2}，…，Y_{t-h-1} 不变）。

我们可将每一阶滞后的自相关系数 ACF 和偏相关系数 PACF 绘制成图形，从而可以一目了然地看出 Y_t 与跟 Y_t 相距不同滞后阶数 h 的变量 Y_{t-h} 之间的相关性，如图 21.1 所示。图中横轴表示滞后阶数 h，纵轴表示对应滞后阶数下 Y_t 与 Y_{t-h} 的 ACF 数值。

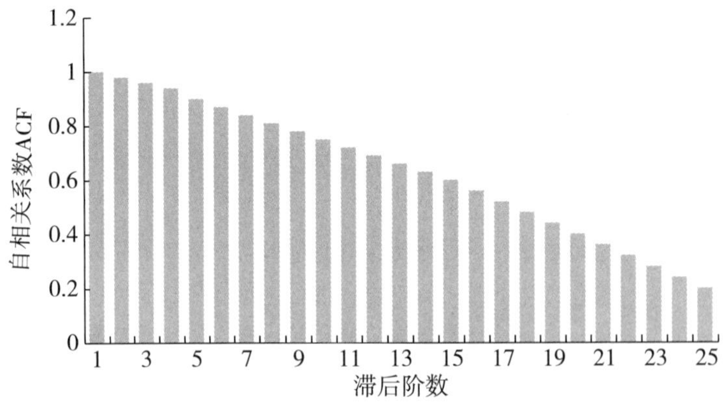

图 21.1　各阶 ACF 函数

第三节　白噪声

一、基本定义

定义（define）白噪声并描述（describe）独立白噪声与高斯白噪声（★★）

在预测时间序列之前，我们有必要对构建时间序列模型的基本元素有所了解，即白噪声（white noise）。白噪声是一种特殊的时间序列，其定义如下。

假定时间序列 $\{\varepsilon_t\}$，满足三个条件：

（1）均值为 0；

（2）方差有限且为常数 $\sigma^2(\sigma^2 < \infty)$；

（3）序列不相关，自协方差和自相关系数均为 0，即：

$Cov(\varepsilon_t, \varepsilon_{t-h}) = 0$ 且 $Corr(\varepsilon_t, \varepsilon_{t-h}) = 0\ (h \neq 0)$。

此时，我们则称时间序列 $\{\varepsilon_t\}$ 是白噪声，记为 $WN(0, \sigma^2)$。

白噪声实际上就是一种特殊的协方差平稳时间序列。此外，白噪声仅要求序列不相关。序列不相关并不等同于相互独立，独立是更强的条件。而且白噪声也并未要求时间序列上的变量服从正态分布。

如果白噪声是独立的，则称为独立白噪声（independent white noise）；如果白噪声是独立且服从正态分布的，则称为高斯白噪声（Gaussian white noise）。

二、基本特征

图 21.2 显示了一组白噪声时间序列走势。从图中可以看出，由于序列不相关，白噪声的走势完全没有任何模式可循，是无法对其进行预测的。

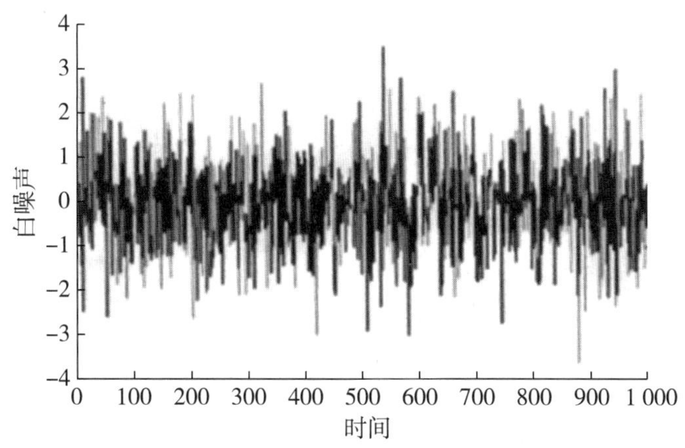

图 21.2　一组白噪声示意图

在时间序列章节中，我们建立的回归模型中仍然会有残差，即 $\{\varepsilon_t\}$，但与线性回归（截面数据的回归模型）中的残差不同的是，时间序列模型中的残差也是按照时间顺序排列的，因此是时间序列的概念。

一个好的时间序列回归模型中的残差项应该是白噪声。因为如果残差项不是白噪声，就说明残差项中还包含可以预测的部分，原回归模型就还有改善的空间。这也是我们为什么之后需要做白噪声检验的实际意义。

例题 21.1

关于时间序列，以下哪个描述正确？

A. 对于协方差平稳的时间序列，任意 Y_t 与 Y_{t-h} 的协方差均为不变的常数

B. 白噪声是非平稳的时间序列

C. 白噪声一定独立且服从正态分布

D. 以上描述均不正确

名师解析

答案为 D。对于协方差平稳的时间序列，任意 Y_t 与 Y_{t-h} 的协方差只有当滞后阶数给定时才为常数，故选项 A 错误。白噪声是特殊的平稳时间序列，故选项 B 错误。白噪声只强调序列不相关，并没有说要独立，且对分布并没有要求，故选项 C 错误。因此，只有选项 D 表述正确。

三、白噪声的检验

描述（describe）Box-Pierce Q 统计量与 Ljung-Box Q 统计量（★）

前面我们提到，一个好的时间序列模型，其残差应当是白噪声。当我们建立了时间序列模型后，如何确定模型是否建立成功？一个直接的方法就是检验残差是否为白噪声。而如何判断一个时间序列是否为白噪声要用到 Q 检验统计量，其基本思想是：由于白噪声是序列不相关的，当滞后阶数大于 1 时，其任意阶的 ACF 都应当同时为 0。在此基础上，我们可以构造出 Box-Pierce Q 统计量，其服从卡方分布：

$$Q_{BP} = T\sum_{i=1}^{h} \hat{\rho}_i^2 \tag{21.5}$$

稍作调整，我们可以得到 Ljung-Box Q 统计量，其同样服从卡方分布且更适用于小样本的检验：

$$Q_{LB} = T\sum_{i=1}^{h}\left(\frac{T+2}{T-i}\right)\hat{\rho}_i^2 \tag{21.6}$$

两个 Q 统计量的构造本质上是去做一个关于时间序列 $\{\varepsilon_t\}$ 的 ACF 的联合检验。其原假设是：$\{\varepsilon_t\}$ 所有 ACF 均为 0，即 $\{\varepsilon_t\}$ 是白噪声；而备择假设是：$\{\varepsilon_t\}$ 至少有一个 ACF 不为 0，即 $\{\varepsilon_t\}$ 不是白噪声。当检验统计量大于关键值时，可以拒绝原假设。但我们不太可能检验所有滞后阶数的 ACF 是否同时为 0 做检验，通常只能选取 h 阶进行判断。h 大小的选择对最终检验的结果很重要，一般情况下，在后续我们要学习的 ARMA 模型中，h 的选择应该满足 $h > \max(p, q)$ 。

备考小贴士

考生无须记忆复杂的式（21.5）与式（21.6），只需要了解两个用于检验时间序列的 Q 统计量是否均为白噪声，原假设为时间序列是白噪声，并且统计量均是服从卡方分布的即可。

例题 21.2

某分析师利用 Q 统计量检验上证综指收益率的时间序列是否为白噪声。Box-Pierce Q 统计量值为 25.9，自由度为 24；Ljung-Box Q 统计量为 39.6，自由度为 24。已知置信水平 95%时，自由度为 24 的卡方分布的关键值为 36.41。以下哪个描述是正确的？

A. 95%的置信水平下，两个 Q 统计量都认为收益率为白噪声

B. 95%的置信水平下，Box-Pierce Q 统计量认为是白噪声，Ljung-Box Q 统计量认为不是白噪声

C. 95%的置信水平下，两个 Q 统计量都将拒绝原假设

D. 95%的置信水平下，Box-Pierce Q 统计量认为不是白噪声，Ljung-Box Q 统计量认为是白噪声

名师解析

答案为 B。Q 统计量对应的原假设为被检验的时间序列是白噪声，拒绝原假设得出的结论为时间序列不是白噪声。本题中 Box-Pierce Q 统计量的取值小于关键值，不能拒绝原假设，即该时间序列是白噪声；而 Ljung-Box Q 统计量的取值大于关键值，应该拒绝原假设，即该时间序列不是白噪声。故选项 B 正确。

第四节　自回归模型

定义（define）并描述（describe）AR 模型（★★）

一、AR（1）模型

自回归模型（autoregressive models，AR）是研究同一时间序列上 t 时刻变量和之前时刻变量关系的模型。具体而言，滞后一阶的 AR（1）模型如下：

$$Y_t = \delta + \varphi Y_{t-1} + \varepsilon_t \tag{21.7}$$

其中，δ 是截距项，φ 是 AR 模型的参数，ε_t 是残差项且 $\varepsilon_t \sim WN(0,\ \sigma^2)$。

在 AR（1）模型当中，当且仅当 $|\varphi|<1$ 时构建的时间序列才是收敛且协方差平稳的。当 $\varphi=1$ 时协方差是不平稳的。

当 $|\varphi|<1$ 时 AR（1）模型可以构建平稳的时间序列，其均值、方差和自协方差的推导如下。

（1）均值有限且为常数，假设 $E[Y_t]=E[Y_{t-1}]=\mu$，则有：

$$E[Y_t] = \delta + \varphi E[Y_{t-1}] + E[\varepsilon_t]$$

$$\mu = \delta + \varphi\mu + 0$$

$$\mu = \frac{\delta}{1-\varphi} \tag{21.8}$$

（2）方差有限且为常数，假设 $V[Y_t]=V[Y_{t-1}]=\gamma_0$，则有：

$$V[Y_t] = V[\delta + \varphi Y_{t-1} + \varepsilon_t]$$

$$V[Y_t] = \varphi^2 V[Y_{t-1}] + V[\varepsilon_t] + 2\mathrm{Cov}[Y_{t-1},\ \varepsilon_t]$$

$$\gamma_0 = \varphi^2\gamma_0 + \sigma^2 + 0$$

$$\gamma_0 = \frac{\sigma^2}{1-\varphi^2} \tag{21.9}$$

（3）自协方差只与滞后阶数相关，假设 $\mathrm{Cov}[Y_t, Y_{t-1}] = \gamma_1$，则有：

$$\begin{aligned}\mathrm{Cov}[Y_t, Y_{t-1}] &= \mathrm{Cov}[\delta + \varphi Y_{t-1} + \varepsilon_t, Y_{t-1}] \\ &= \varphi\mathrm{Cov}[Y_{t-1}, Y_{t-1}] + \mathrm{Cov}[Y_{t-1}, \varepsilon_t] \\ &= \varphi\gamma_0 \end{aligned} \tag{21.10}$$

备考小贴士

对于 AR（1）模型，上述关于时间序列均值、方差和自协方差的公式推导中，我们主要关注均值的表达形式，Y_t 的期望值为常数，即 $E[Y_t] = E[Y_{t-1}] = \mu$。而方差和自协方差的内容仅需了解即可。

二、AR（1）模型的 ACF 与 PACF

1. AR（1）模型的 ACF

我们可以将式（21.10）中的协方差做进一步扩展，并计算 AR（1）模型的 ACF：

$$\begin{aligned}\gamma_h &= \mathrm{Cov}[Y_t, Y_{t-h}] \\ &= \mathrm{Cov}[\delta + \varphi Y_{t-1} + \varepsilon_t, Y_{t-h}] \\ &= \varphi\mathrm{Cov}[Y_{t-1}, Y_{t-h}] + \mathrm{Cov}[Y_{t-h}, \varepsilon_t] \\ &= \varphi\gamma_{h-1}\end{aligned} \tag{21.11}$$

式（21.11）称为 Yule-Walker 等式，将其继续展开直到第 0 阶：

$$\varphi\gamma_{h-1} = \varphi \times \varphi\gamma_{h-2} = \varphi \times \varphi \times \varphi\gamma_{h-3} = \cdots\cdots$$

继续这个迭代过程，我们最终可以得到：

$$\gamma_h = \varphi^{|h|}\gamma_0 \tag{21.12}$$

由此可得 AR（1）模型的 ACF：

$$\rho(h) = \frac{\varphi^h\gamma_0}{\gamma_0} = \varphi^{|h|} \tag{21.13}$$

根据式（21.13），当 $|\varphi| < 1$ 时，$\rho(h)$ 会随着滞后阶数的增加而逐渐减小至 0，即 AR（1）模型的 ACF 是衰减的，见图 21.3。

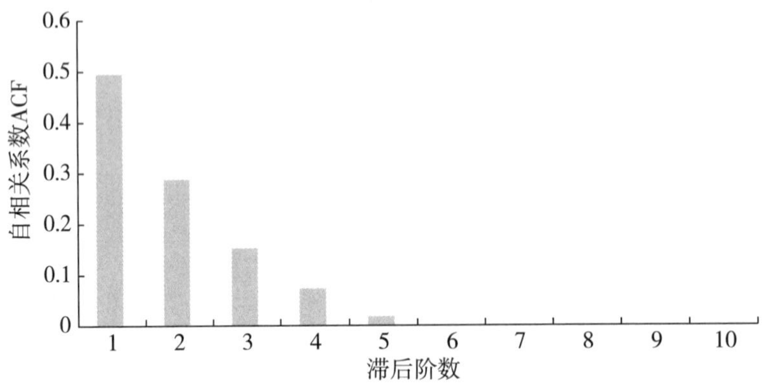

图 21.3　AR（1）模型的 ACF

2. AR（1）模型的 PACF

PACF 是时间序列做自回归后，回归模型中对应自变量的系数。从 AR（1）模型的式（21.7）中直接可以看出其 PACF：即除了滞后一阶的 Y_{t-1} 系数为 φ 不等于 0 外，其他滞后阶数的系数均为 0，即 AR（1）模型的 PACF 呈现出截尾特性，见图 21.4。

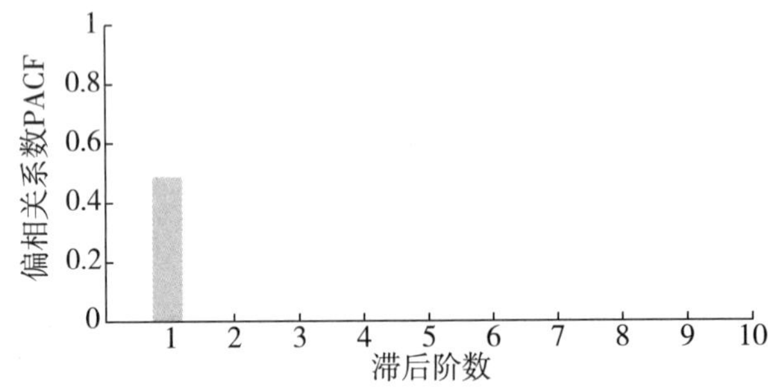

图 21.4　AR（1）模型的 PACF

三、滞后算子

解释（explain）滞后算子的使用（★）

滞后算子 L 可以被看成一种特殊的运算符，其作用是可以将时间序列的变量 Y_t

滞后 P 阶，如：

$$L^P Y_t = Y_{t-P} \tag{21.14}$$

有的时候，我们可以利用滞后算子把时间序列写成关于滞后算子的多项式（lag polynomial）的形式，如：

$$a(L) = 1 + a_1 L + a_2 L^2 + \cdots + a_p L^P \tag{21.15}$$

$$a(L) Y_t = Y_t + a_1 Y_{t-1} + a_2 Y_{t-2} + \cdots + a_p Y_{t-p} \tag{21.16}$$

若滞后多项式是可逆的（invertible），即满足 $a(L)a(L)^{-1}=1$，则 AR 模型是协方差平稳的。

四、AR（p）模型

AR（p）模型即 AR（1）模型的扩展，由滞后 1 阶到 p 阶的时间序列变量构成：

$$Y_t = \delta + \varphi_1 Y_{t-1} + \varphi_2 Y_{t-2} + \cdots + \varphi_p Y_{t-p} + \varepsilon_t \tag{21.17}$$

如果用滞后算子来表达，有：

$$(1 - \varphi_1 L - \varphi_2 L^2 - \cdots - \varphi_p L^p) Y_t = \delta + \varepsilon_t \tag{21.18}$$

AR（p）的 ACF 仍呈现衰减特征，PACF 仍呈现截尾特征。不过 AR（p）是从第 $p+1$ 阶开始 PACF 为 0，而 AR（1）模型从第 2 阶开始 PACF 即为 0。

第五节　移动平均模型

定义（define）并描述（describe）MA 模型的特征（★★）

一、MA（1）模型

据研究发现，任何协方差平稳的时间序列都可以写成无穷多项白噪声变量的线性组合。移动平均模型（moving average models，MA）则体现了这种形式。另一种理解 MA 模型的方式是，时间序列的变动是由现在以及过去每期的冲击（shocks）累积而成的。我们先从最简单的滞后一阶 MA（1）过程来体会 MA 模型的特点。MA（1）模型如下：

$$Y_t = \mu + \theta\varepsilon_{t-1} + \varepsilon_t \tag{21.19}$$

其中，μ 和 θ 均为常数，$\varepsilon_t \sim WN(0,\ \sigma^2)$ 是白噪声。

由式（21.19）可以看出，在 MA（1）模型中，第 t 期的情况会受到当期预期之外的冲击（ε_t）以及上期冲击（ε_{t-1}）的影响。

MA 模型是用白噪声变量的线性组合去构建时间序列，这样的时间序列是始终协方差平稳的。这个性质我们可以基于 MA（1）模型的分析去验证。

（1）均值为有限常数：

$$\begin{aligned} E[Y_t] &= \mu + \theta E[\varepsilon_{t-1}] + E[\varepsilon_t] \\ &= \mu + \theta \times 0 + 0 \\ &= \mu \end{aligned} \tag{21.20}$$

当 $\theta>0$ 时，MA（1）是持续的（persistent），因为两个连续值的均值是正相关的；当 $\theta<0$ 时，MA（1）有激进的均值回归（aggressively mean revert），因为前一期冲击的影响在当期会被逆转。

（2）方差为有限常数：

$$\begin{aligned} V[Y_t] &= V[\mu + \theta\varepsilon_{t-1} + \varepsilon_t] \\ &= \theta^2 V[\varepsilon_{t-1}] + V[\varepsilon_t] \\ &= (1 + \theta^2)\sigma^2 \end{aligned} \tag{21.21}$$

因为冲击是白噪声，它们之间是没有相关性的。

（3）自协方差只与滞后阶数相关：假设 $\mathrm{Cov}[Y_t,\ Y_{t-h}] = \gamma_h$，则有：

$$\gamma_h = \mathrm{Cov}[Y_t,\ Y_{t-h}] = \mathrm{Cov}(\mu + \theta\varepsilon_{t-1} + \varepsilon_t,\ \mu + \theta\varepsilon_{t-h-1} + \varepsilon_{t-h}) \tag{21.22}$$

在式（21.22）中，当 $h=0$ 时，$\gamma_h=\gamma_0$；当 $h=1$ 时，$\gamma_h=\theta\sigma^2$；当 h 为其他取值时，γ_h 均为 0。

备考小贴士

对于 MA（1）模型，上述关于时间序列均值、方差和自协方差的公式推导中，考生主要关注均值的表达形式，而方差和自协方差的内容仅需了解。

另外，移动平均模型构建的时间序列是协方差平稳的，这个性质不需要附加任何其他条件，考生应注意与 AR 模型和 ARMA 模型区分开来。

二、MA（1）模型的 ACF 与 PACF

1. MA（1）模型的 ACF

前面我们讨论过，ACF 是 Y_t 与 Y_{t-h} 之间的相关系数。我们已经求解出了 Y_t 与 Y_{t-h} 之间的自协方差 γ_h，在此基础上，我们可以得到 Y_t 与 Y_{t-h} 之间的自相关系数：

$$\rho(h)=\frac{\gamma_h}{\gamma_0}=\begin{cases}1, & h=0\\ \dfrac{\theta}{1+\theta^2}, & h=1\\ 0, & h\geqslant 2\end{cases} \tag{21.23}$$

由此可见，MA（1）模型的 ACF 在滞后阶数超过一阶时均为零，我们称 MA（1）模型的 ACF 呈现出截尾（cut off）的特性，见图 21.5。

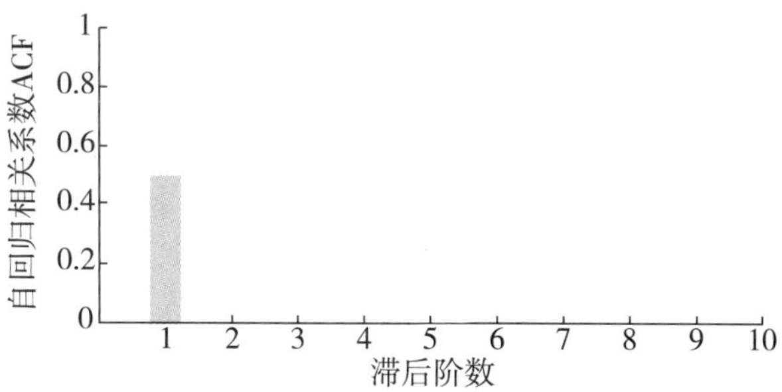

图 21.5　MA（1）模型的 ACF

2. MA（1）模型的 PACF

PACF 是时间序列自回归后，回归模型中对应自变量的系数。为了方便表示，我们可以将式（21.19）去掉常数项后写成如下形式：

$$\varepsilon_t=Y_t-\theta\varepsilon_{t-1} \tag{21.24}$$

而 $\varepsilon_{t-1}=Y_{t-1}-\theta\varepsilon_{t-2}$，将其代回式（21.24）并不断迭代，可以得到：

$$Y_t=\varepsilon_t+\theta Y_{t-1}-\theta^2 Y_{t-2}+\theta^3 Y_{t-3}\cdots\cdots \tag{21.25}$$

PACF 即为式（21.25）中自变量前的系数。随着滞后阶数的增加，系数均不为 0，但逐渐趋近于 0，我们把这种性质称为 MA（1）模型 PACF 的衰减（decay），见图 21.6。

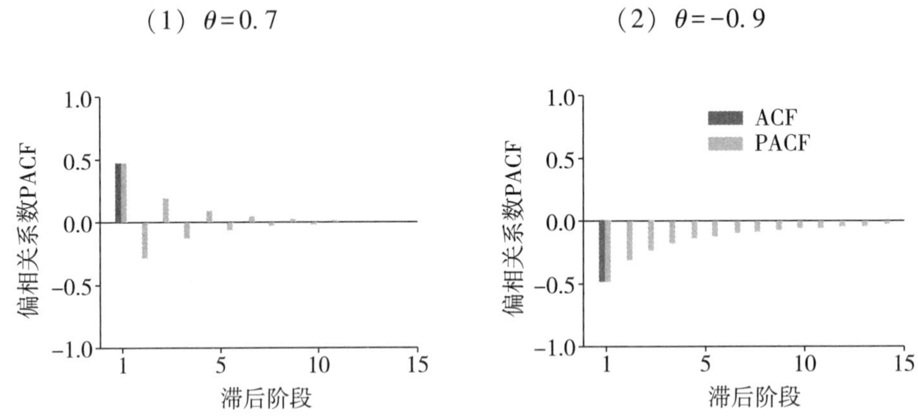

图 21.6　MA（1）模型的 ACF 和 PACF

在一些教材中，MA（1）模型定义为：$Y_t = \theta\varepsilon_{t-1} + \varepsilon_t$，少了常数项$\mu$（即其均值可以为0）。这一常数项的变化并不会改变有关 MA（1）模型的任何性质。为简便起见，在上述讨论中我们没有考虑常数项，但这不会影响 MA（1）模型 PACF 的结论。

备考小贴士

上述推导只为理解知识点而作，考生无须掌握，重点把握 MA（1）模型的 ACF 有截尾特征，PACF 有衰减特征即可。

MA（1）与 AR（1）模型的 ACF 与 PACF 的特性总结如表 21.1 所示。

表 21.1　MA（1）与 AR（1）模型的 ACF 与 PACF

	ACF	PACF
MA（1）模型	截尾（cut off）	衰减（decay）
AR（1）模型	衰减（decay）	截尾（cut off）

备考小贴士

再次强调，从备考角度而言，考生只需要记住表 21.1 的结论即可，推导过程可以忽略。我们建议考生从 AR（1）模型的 PACF 开始记忆，因为该结论可以直接从 AR（1）模型的公式看出。

AR（1）模型的 ACF 结论与 PACF 结论对立，MA（1）模型的 ACF 结论与 AR（1）模型的 ACF 结论对立，MA（1）模型的 PACF 结论又与 ACF 结论对立，从而可以记住整张表格。

例题 21.3

以下关于 AR（1）和 MA（1）模型描述中，正确的有：

Ⅰ. MA（1）模型 $Y_t = \mu + \theta\varepsilon_{t-1} + \varepsilon_t$ 当且仅当 $\theta < 1$ 时是协方差平稳的。

Ⅱ. AR（1）模型 $Y_t = \delta + \varphi Y_{t-1} + \varepsilon_t$ 当且仅当 $|\varphi| < 1$ 时是协方差平稳的。

Ⅲ. MA（1）模型的 PACF 呈现出截尾现象。

Ⅳ. AR（1）模型的 ACF 呈现出衰减现象。

A. Ⅰ和Ⅱ　　B. Ⅰ和Ⅲ　　C. Ⅱ和Ⅲ　　D. Ⅱ和Ⅳ

名师解析

答案为 D。MA（1）过程是平稳的时间序列，并没有 $\theta < 1$ 才平稳的先决条件，而 AR（1）模型则必须在 $|\varphi| < 1$ 时才平稳。此外，MA（1）模型的 PACF 呈衰减现象，AR（1）模型的 ACF 图象呈衰减现象。

三、MA（q）模型

MA（q）模型即 MA（1）模型的扩展，由滞后 1 阶到 q 阶的白噪声构成：

$$Y_t = \mu + \varepsilon_t + \theta_1\varepsilon_{t-1} + \cdots + \theta_q\varepsilon_{t-q} \tag{21.26}$$

其中，$\varepsilon_t \sim WN(0, \sigma^2)$。

MA（q）是从第 q+1 阶开始 ACF 为 0，而 MA（1）模型从第 2 阶开始 ACF 即为 0。

备考小贴士

MA（q）模型在考试中出现概率不高，考生需重点掌握 MA（1）模型。对于 MA（q）模型考生只需要知道，和 MA（1）模型一样，MA（q）模型的 ACF 仍然呈现出截尾的特征，而 PACF 仍然是衰减即可。

第六节　自回归移动平均模型

定义（define）并描述（describe）ARMA模型的特征（★）

自回归移动平均模型（autoregressive moving average，ARMA）即将 AR 过程与 MA 过程合并起来，记为 ARMA（p，q）。其中，p 表示 AR 模型部分的滞后阶数，q 表示 MA 模型部分的滞后阶数，其模型如下：

$$Y_t = \delta + \varphi_1 Y_{t-1} + \varphi_2 Y_{t-2} + \cdots + \varphi_p Y_{t-p} + \theta_1 \varepsilon_{t-1} + \theta_2 \varepsilon_{t-2} + \cdots + \theta_q \varepsilon_{t-q} + \varepsilon_t \tag{21.27}$$

特别地，ARMA（1，1）模型如下：

$$Y_t = \delta + \varphi Y_{t-1} + \theta \varepsilon_{t-1} + \varepsilon_t \tag{21.28}$$

均值为

$$\mu = \frac{\delta}{1 - \varphi} \tag{21.29}$$

ARMA 模型具有以下两个特征。

第一，ARMA 模型的 ACF 与 PACF 都是衰减的，没有一个呈现出截尾。这是 ARMA 模型的重要特征，见图 21.7。

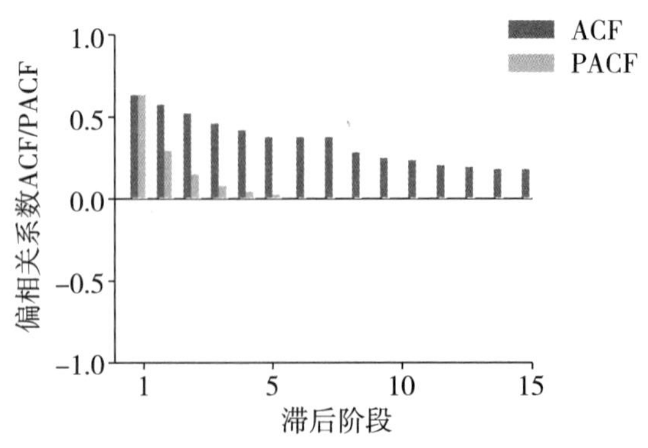

图 21.7　ARMA 模型的 ACF 和 PACF

第二，ARMA（p，q）要是平稳的，当且仅当其 AR 部分是平稳的。对于

ARMA（1，1）模型而言，$|\varphi| < 1$ 时 AR 平稳，此时 ARMA（1，1）也是平稳的。这是因为 MA 模型本身就是平稳的，不需要任何前提条件，因而 AR 部分平稳就意味着 ARMA 模型是平稳的。

ARMA 模型其实就是 AR 和 MA 的合并，两者共用一个常数项 δ，同时共用一个残差项 ε_t。前面我们介绍 ACF 和 PACF 时就提到，对一个协方差平稳的时间序列建模时可以依据样本的 ACF 和 PACF 的特征来选择模型。原因就是 MA、AR 和 ARMA 模型的 ACF 和 PACF 特征是不同的，这为我们确定模型提供了一个非常有效的方法。

在使用 Box-Pierce 和 Ljung-Box 进行针对白噪声的检验中，关于滞后阶数 h 的选择会影响检验的结果，一般会使 $h>\max(p, q)$，这里考生可以联系记忆。

备考小贴士

对于 ARMA 的特征，考生应给予一定的重视。

第七节　平稳时间序列的预测

解释（explain）并计算（calculate）均值复归（★★）

我们基于历史数据构建出时间序列的模型，最本质的原因还是希望能够研究变量过去运动的内在规律，并依据模型对未来进行预测。

关于预测，有三条普遍适用的原则。

（1）每一时刻变量 Y_t 的期望值 $E[Y_t]$ 本身就是该变量的一个取值，也就是说变量 Y_t 可以取到 $E[Y_t]$ 这个值。

（2）过去的残差期望为 0，即 $E[\varepsilon_t]=0$；并且未来的残差期望也为 0，即 $E[\varepsilon_{t+h}]=0$（$h=1, 2, 3\cdots\cdots$）。

（3）预测过程是可以递推的（generated recursively）。

基于预测的三条原则，我们可以利用估计好的参数进行外推一步的预测，如对

AR（1）模型，有：

$$E[Y_{t+1}]=E[\delta+\varphi Y_t+\varepsilon_{t+1}]=\delta+\varphi Y_t \tag{21.30}$$

进一步，我们可以利用估计出的 $E[Y_{t+1}]$ 再去估计 $E[Y_{t+2}]$，如此循环可以外推到 $t+h$ 期：

$$E[Y_{t+2}]=\delta+\varphi\delta+\varphi^2 Y_t \tag{21.31}$$

$$E[Y_{t+h}]=\delta+\varphi\delta+\varphi^2\delta+\cdots+\varphi^{h-1}\delta+\varphi^h Y_t=\sum_{i=0}^{h-1}\varphi^i\delta+\varphi^h Y_t \tag{21.32}$$

当 h 趋于无穷时，可对式（21.32）求极限：

$$\lim_{h\to\infty}\sum_{i=0}^{h-1}\varphi^i\delta+\varphi^h Y_t=\frac{\delta}{1-\varphi} \tag{21.33}$$

式（21.33）中，$\varphi^h Y_T$ 随 h 增大趋于0，$\lim_{h\to\infty}\sum_{i=0}^{h-1}\varphi^i\delta$ 可以利用等比数列求和公式，故其值整体趋于 $\frac{\delta}{1-\varphi}$。由此可见，长期来看，AR（1）模型具有均值复归（mean-reversion）的特性。

利用同样的思路，我们可以得出 MA（1）模型以及由 AR（1）、MA（1）组合成的 ARMA（1，1）模型都有均值复归的特性。事实上，当我们不断去扩展，可以得到所有的 AR、MA 和 ARMA 模型都有此特性。

这里反映出协方差平稳时间序列的一个性质：当前的值 Y_T 个对于遥远未来的取值 Y 的影响是可以忽略不计的。

备考小贴士

考生应掌握 AR（1）模型与 MA（1）模型的均值复归值，其实就是我们在自回归模型和移动平均模型的知识点中介绍过的模型均值的值：

（1）对于 AR（1）模型，均值复归值为 $\frac{\delta}{1-\varphi}$；

（2）对于 MA（1）模型，均值复归值为常数项 μ。

第八节　平稳时间序列的季节性

解释（explain）季节性因素是如何在平稳的 ARMA 模型中建模的（★）

本章开篇的时候我们讲过，时间序列的变化通常可分解为两类：平稳时间序列和非平稳时间序列。同时将其变化分解为三个部分：趋势性（trend）因素、季节性（seasonality）因素与周期性（cycle）因素。这三个因素中，有一些是平稳的，有一些是不平稳的。通常而言，趋势性因素是相对确定但不平稳的；季节性因素中，确定的季节性因素是不平稳的，而随机的季节性因素是平稳的；周期性因素中大部分是冲击与时间序列自身的记忆（周而复始地发生）造成的平稳成分。在分析整个时间序列时，我们通常会先单独描述趋势性因素和季节性因素，再对周期性因素的平稳成分依据其 ACF 和 PACF 的特征确定选择 AR、MA 还是 ARMA 模型。

本节内容我们会先讨论平稳时间序列的季节性，而不平稳时间序列的季节性以及趋势性因素等我们会在下一章非平稳的时间序列当中展开介绍。

一、季节性因素的定义

如果时间序列是基于每月或每季度等时间间隔获得的，就有可能表现出季节性。这里并不一定要按季度变化，也可以是以月、周等为时间间隔。具体而言，季节性因素往往源于气候、偏好和风俗习惯。例如，许多农作物的生产技术受制于气候变化的影响，产量呈现出明显的季节性特征；又如，人们偏好夏天出门度假，于是旅游企业的收入呈现出季节性特征；再如，企业普遍习惯在春节前停产，于是 GDP 也呈现出季节性特征。

如图 21. 8 所示，黑线代表了我国从 2004 年起历年水力发电的月度数据。

从图 21. 8 中不难看出，每年 7 月、8 月都是水力发电的高峰，这有可能和 7 月、8 月多洪涝或多种因素相关。

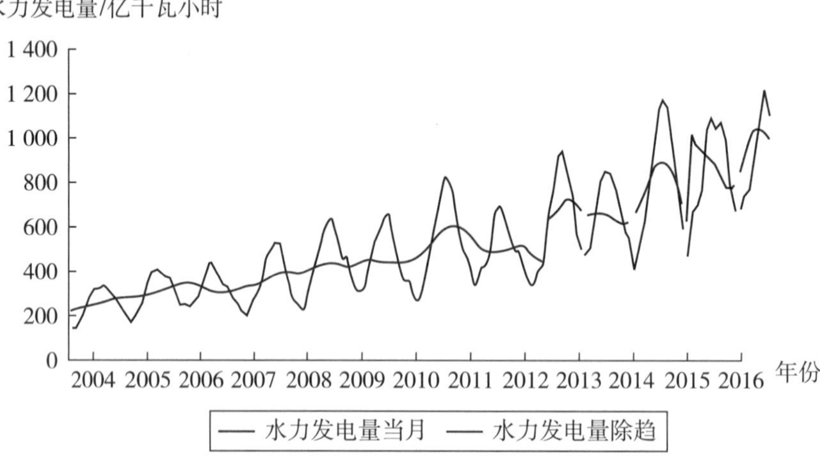

图 21.8 我国历年水力发电量（月度数据）

由此可见，季节性因素就是时间序列每年在同一时期都会重复出现的类似走势，可分为确定的季节性因素与随机的季节性因素。

确定的季节性因素（deterministic seasonality）往往与时间点有关，比如夏天买房的人会比冬天的多；对于随机的季节性因素（stochastic seasonality），往往是每一期的情况与上年同期的情况相联系，随机的季节性因素往往与时间的间隔有关，而与时间点无关，所以是平稳的。

处理季节性因素的最直接方法是将时间序列的季节性变动剥离，称为季节性调整，简称为季调。需要注意的是，并不是具有季节性因素的时间序列都必须季调。一般而言，商业数据预测时不进行季调，而宏观经济数据一般要季调。

例如，预测服装销售量，对于商家来说肯定希望把季节性因素包含在内，从而推测出什么时候是旺季与淡季。因此，数据无须季调。然而，对于宏观经济来说一般需要季调。比如，考察 GDP 的环比增速，由于国庆节的影响，每年十月份 GDP 环比增速一般较低。如果分析师不对数据进行季调，由此得出结论“过去的十月份我国经济陷入泥潭，应当执行刺激性政策”，显然是错误的。

二、平稳时间序列的季节性因素建模

如何对平稳的时间序列季节性因素建模呢？我们需要引入季节性的滞后变量，

比如 Y_t 表示 t 时刻的状态，如果我们收集的是季度数据，那季节性的滞后变量可以表示为 Y_{t-4}；如果我们收集的是月度数据，那季节性的滞后变量可以表示为 Y_{t-12}。于是，我们可以将 AR（1）模型变为 AR（4）模型，从而反映上一年度同季度取值对当年同一季度的影响；将 AR（1）模型变为 AR（12）模型，从而反映上一年度同月份取值对当年同月份的影响。如：

$$(1-\varphi L^4)Y_t=\delta+\varepsilon_t$$

$$Y_t=\delta+\varphi Y_{t-4}+\varepsilon_t \tag{21.34}$$

$$(1-\varphi L^{12})Y_t=\delta+\varepsilon_t$$

$$Y_t=\delta+\varphi Y_{t-12}+\varepsilon_t \tag{21.35}$$

不过，在实际情况中，当期 Y_t 除了受去年同一季度值的影响之外，还会受上一期取值的影响，即 Y_t 会同时受季节性因素与短期因素的影响。于是，在更一般的模型中，我们会同时考虑短期因素和季节性因素，比如对于月度数据，有：

$$(1-\varphi_1 L)(1-\varphi_{12}L^{12})Y_t=\delta+\varepsilon_t$$

$$Y_t=\delta+\varphi_1 Y_{t-1}+\varphi_{12}Y_{t-12}+\varphi_1\varphi_{12}Y_{t-13}+\varepsilon_t \tag{21.36}$$

同理，我们可以将季节性因素引入 ARMA 模型，并用 ARMA $(p, q)\times(p_s, q_s)_f$ 表示。其中，(p, q) 表示短期滞后阶数，$(p_s, q_s)_f$ 表示季节滞后阶数。例如，式（21.36）就可以表示为：ARMA $(1, 0)\times(1, 0)_{12}$。

备考小贴士

式（21.36）中涉及滞后算子的运算：$L^a\times L^b=L^{a+b}$，即 $\varphi_1 L\times\varphi_{12}L^{12}=\varphi_1\varphi_{12}L^{13}$，考生简单了解即可。

第二十二章

非平稳的时间序列

知识引导

上一章中，我们介绍了平稳时间序列的定义和特征。然而，在经济金融领域，我们遇到的多数时间序列都是非平稳的。在第二十一章的开篇我们提到，平稳时间序列和非平稳时间序列的最主要差别是，平稳时间序列的均值和方差恒定、自协方差只与时间位移有关，与变量具体属于哪个时间点并没有关系；而非平稳时间序列的状态因时间点不同而不同。最常见的非平稳的时间序列主要有三类：趋势性时间序列、确定的季节性时间序列与单位根时间序列（也称为随机游走的时间序列）。本章将分别针对这三种非平稳时间序列进行建模。

考点聚焦

单位根与随机游走的内容考生应注意理解其概念和特征。趋势性和季节性因素的建模考生同样应保持关注。

本章框架图

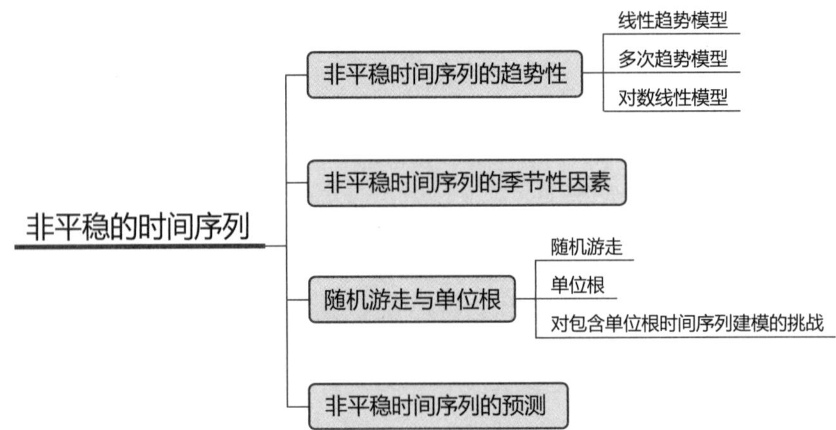

第一节　非平稳时间序列的趋势性

描述（describe）线性与非线性趋势模型（★★）

计算（calculate）时间序列的估计趋势项并构建置信区间（★）

在经济金融中，趋势（trend）是由偏好、技术、机构与人口共同作用产生的。我们主要关注确定性趋势（deterministic trend）即可以被预测到的趋势的建模。趋势模型可以分为线性与非线性两种。其中，非线性的趋势模型又分为多次模型与对数线性模型。

一、线性趋势模型

有线性趋势的时间序列是最简单的一种非平稳时间序列的情况。线性趋势模型（linear trend model）实际上就是将时间序列作为因变量，将时间 t 作为自变量进行回归得出的模型：

$$Y_t = \delta_0 + \delta_1 t + \varepsilon_t \tag{22.1}$$

其中，截距项 δ_0 和斜率项 δ_1 是常数，δ_1 大于零时为上升趋势，δ_1 小于零时为下降趋势；$\varepsilon_t \sim WN(0,\ \sigma^2)$；$t$ 代表不同的时期，取值为 1，2，…。在经济金融中，线性时间序列通常都呈现出向上的趋势。线性时间序列的均值为：

$$E[Y_t] = \delta_0 + \delta_1 t \tag{22.2}$$

通过式（22.2）可以看到，线性时间序列的均值并不是一个确定的常数，而是与时间序列变量所处的时间点 t 相关，这与我们所说的平稳时间序列的定义并不符合，因此是非平稳的时间序列。

线性趋势模型度量的是平均增长量为常数的时间序列，即：

$$Y_{t+1} - Y_t = \delta_1 \tag{22.3}$$

式（22.3）反映出时间序列相邻两个时间点上平均增长量保持恒定。

二、多次趋势模型

多次趋势模型（polynomial time trend model）实际上就是关于时间 t 的高阶多项式函数，即：

$$Y_t = \delta_0 + \delta_1 t + \delta_2 t^2 + \cdots + \delta_m t^m + \varepsilon_t \tag{22.4}$$

其中，δ_i（$i=0, 1, 2, \cdots, m$）均为常数，$\varepsilon_t \sim WN(0, \sigma^2)$。

三、对数线性模型

对数线性模型（log-linear trend model），也称指数趋势模型（exponential trend model），在经济、金融以及商业中非常常见，用于度量增长率为常数的时间序列，其模型为：

$$\ln Y_t = \delta_0 + \delta_1 t + \varepsilon_t \tag{22.5}$$

其中，截距项 δ_0 和斜率项 δ_1 是常数，$\varepsilon_t \sim WN(0, \sigma^2)$。

由式（22.5）不难看出，“对数线性模型”名称的由来就是时间序列的对数形式是线性的。

对数线性模型可以变形为：

$$Y_t = e^{\delta_0 + \delta_1 t + \varepsilon_t} \tag{22.6}$$

其均值、方差等必然与时间点 t 相关，因而也不是平稳的时间序列。

对数线性模型度量的是平均增长率为常数的时间序列，即：

$$E\left[\ln\left(\frac{Y_{t+1}}{Y_t}\right)\right] = E\left[\ln Y_{t+1} - \ln Y_t\right] = \delta_1 \tag{22.7}$$

式（22.7）反映出相邻两个时间点上时间序列的平均增长率是恒定的。

备考小贴士

当时间序列平均增长量保持不变时，我们选择线性时间趋势模型进行建模；而当时间序平均增长率保持不变时，我们选择对数线性模型进行建模。两个模型的适用场景考生应注意区分。

例题 22.1

分析师研究发现，世界经济的增长率可以近似看成每年以固定增长率增长。则以下哪个时间序列趋势模型适用于估计 GDP？

A. $GDP_t = \delta_0 + \delta_1 t + \delta_2 t^2$

B. $\ln GDP_t = \ln(\delta_0) + \delta_1 \ln t$

C. $GDP_t = \delta_0 + \delta_1 t$

D. $\ln GDP_t = \delta_0 + \delta_1 t$

名师解析

答案为 D。对数线性模型适用于估计增长率为常数的时间序列。考生应注意记忆对数线性模型的公式，并与线性时间趋势模型区分。

第二节　非平稳时间序列的季节性因素

解释（explain）如何利用回归分析对时间序列的季节性因素建模（★）

在第二十一章我们已经讨论过平稳时间序列的季节性因素了，本节中，我们将探讨非平稳时间序列的季节性因素如何建模。最简单方法就是在回归模型中加入季节性哑变量（seasonal dummies）。值得指出的是，为了避免出现完全共线性，即出现哑变量陷阱（dummy variable trap）的问题，对于存在截距项的模型，如果时间序列每隔 s 期重复一次，则加入哑变量时数量只能有 $s-1$ 个。具体而言，对于季度数据，只能引入 3 个季度哑变量；对于月度数据，只能引入 11 个月份哑变量；对于周数据，只能引入 51 个周哑变量。纯季节性哑变量模型（pure seasonal dummy model）如下：

$$Y_t = \delta + \gamma_1 I_{1t} + \gamma_2 I_{2t} + \cdots \gamma_{s-1} I_{s-1t} + \varepsilon_t \tag{22.8}$$

其中，δ 和 γ_i（$i=1, 2, \cdots, s-1$）均为常数，I_{it}（$i=1, 2, \cdots, s-1$）为季节性哑变量，$\varepsilon_t \sim WN(0, \sigma^2)$。

I_{it} 是哑变量，当时间序列位于第 i 期时取值为 1，而在其他时期，其取值均为

0。时间序列到底体现哪一期的特征，取决于所在时间点 t 与重复间隔期 s 相除后的余数，表示为 $t\left(mod\ s\right)$。比如 $t=109$，$s=4$，$\frac{t}{s}=\frac{109}{4}=27$ 余 1，则 t 时间点的时间序列会重复第 1 期的状态，式（22.8）中除 $I_{1t}=1$ 外，其他所有季节性哑变量均为 0。而第 s 期是式（22.8）中所有季节性哑变量均为 0 时的情形，由于并没有用一个专门的哑变量表示，第 s 期也被称为“遗漏掉的时期”（omitted period）。

需要注意式（22.8）中截距项的含义。以季度数据为例，我们对 3 个季度建立模型，并且加入代表第一季度、第二季度、第三季度的 3 个哑变量，我们可以构建的模型为：

$$Y_t=\delta+\gamma_1 I_{1t}+\gamma_2 I_{2t}+\gamma_3 I_{3t}+\varepsilon_t \tag{22.9}$$

第一季度的期望值为：

$$E[Y_1]=\delta+\gamma_1 \tag{22.10}$$

第四季度的期望值为：

$$E[Y_4]=\delta \tag{22.11}$$

则第一季度哑变量对应的斜率 γ_1 为：

$$\gamma_1=E[Y_1]-E[Y_4] \tag{22.12}$$

那么，第一季度对应的斜率含义为：相对于第四季度（即没加入哑变量的基准组），第一季度 Y_t 的期望值会高多少（而不是第一季度的期望值）。对第二、第三季度的斜率 γ_2 和 γ_3 的解读可以以此类推。

由式（22.10）和式（22.11）也可看出，有确定季节性因素的时间序列均值并不是一个常数，而是取决于具体处于哪一个时期，因而也不是平稳的时间序列。

另外，如果我们引入 4 个季节性哑变量，则模型为：

$$Y_t=\delta+\gamma_1 I_{1t}+\gamma_2 I_{2t}+\gamma_3 I_{3t}+\gamma_4 I_{4t}+\varepsilon_t \tag{22.13}$$

此时，季节性因素建模过程中会出现完全共线性问题，常数项 δ 可以看作乘了一个取值恒为 1 的变量 X，则必然有 $X=I_{1t}+I_{2t}+I_{3t}+I_{4t}=1$，从而出现完全共线性，模型无法构建。因此，在有常数项的时候，我们只能引入 3 个季节性哑变量。如果没有常数项，那我们需要用 4 个季节性哑变量来体现 4 个季度的情况。

例题 22.2

某分析师打算应用线性回归模型分析月份对某纸业公司销售额的影响。对应一年 12 个月，以下哪种模型会导致多重共线性？

A. 在不含截距项的模型中加入 12 个哑变量

B. 在含截距项的模型中加入 11 个哑变量

C. 在含截距项的模型中加入 12 个哑变量

D. 以上模型都不会导致多重共线性

名师解析

答案为 C。考生应注意，假设季节性因素的重复间隔期为 s 期，如果线性回归模型中含截距项，那么模型中只能包含 $s-1$ 个哑变量，加入 s 个哑变量会导致多重共线性。而如果模型中不包含截距项，则加入 s 个哑变量不会导致多重共线性。

只包含时间趋势和季节性模型的残差往往不是白噪声，当残差不是白噪声，而是协方差平稳时，则可以与 AR 或 MA 相结合来捕获时间序列的三个组成部分：趋势、季节性和周期性。

若模型 $Y_t=\delta_0+\delta_1 t+\varepsilon_t$ 中的残差项不是白噪声而服从 AR（1）模型，那我们可以将它从残差项中拿出，得到：$Y_t=\delta_0+\delta_1 t+\varphi Y_{t-1}+\varepsilon_t$。如果仍然存在季节性成分，那么可以加入季节性哑变量，得到：

$$Y_t=\delta_0+\delta_1 t+\sum_{i=1}^{s-1}\gamma_i I_{it}+\varphi Y_{t-1}+\varepsilon_t \tag{22.14}$$

其中，$\delta_1 t$ 为代表长期的趋势变化；$\gamma_i I_{it}$ 代表季节性变动；φY_{t-1} 属于 AR 模型中捕捉周期性的部分。

第三节　随机游走与单位根

描述（describe）随机游走和单位根（★★）

描述（describe）如何检测时间序列包含单位根（★★）

一、随机游走

随机游走是时间序列不平稳的另一重要原因。上一章中，我们探讨了 AR（1）模型在满足 $|\varphi| < 1$ 时有均值复归特性，并可用于构建协方差平稳的时间序列。而如果 $\varphi = 1$，我们可以得到实务中另一类时间序列，其在 t 时间点的变量 Y_t 是在前一期值 Y_{t-1} 的基础上加上一个不可预测的随机扰动项 ε_t 得到的，即：

$$Y_t = Y_{t-1} + \varepsilon_t \tag{22.15}$$

其中，$\varepsilon_t \sim WN(0, \sigma^2)$。

由于这类时间序列的走势完全没有固定的模式，我们称其特性为随机游走（random walk）。

t 时刻的变量 Y_t 不仅受到初始值 Y_0 的影响，也会受到各期不可预测的残差的影响，并且，各期残差对于 Y_t 的影响都是均等并且不会衰减的，因此，随机游走是没有均值复归特性的。

随机游走的时间序列的方差仍然会受到时间点 t 的影响，事实上，服从随机游走的时间序列的均值也是无穷大的。无论从哪个角度，都可看出随机游走并不符合平稳时间序列的定义，因而是不平稳的。

通俗地讲，随机游走的时间序列就是基于上一期的值，随机“迈一步”得到下一期的值。随机游走的时间序列在实际中也非常常见。有研究表明，汇率走势实际上服从随机游走，甚至一些股指或个股股价在某段时期内也服从随机游走。这意味着，构造一些很复杂的预测模型实际上并没有比随机游走模型效果更好。从这个角度看，如果股价随机游走，任何基本面和技术分析都是无效的。

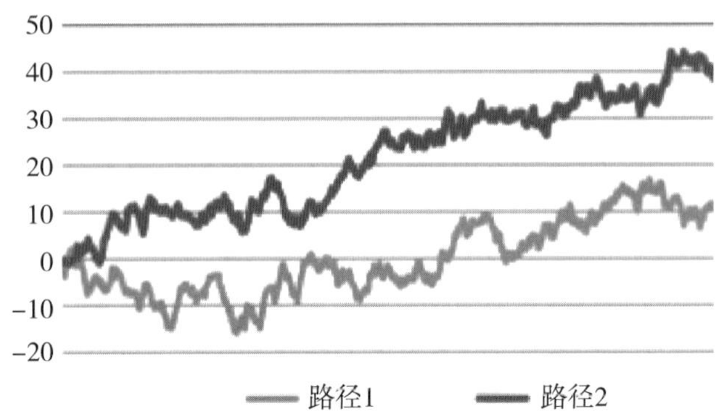

图 22.1　随机游走时间序列形成的路径

图 22.1 显示了两条从零点出发、残差项服从标准正态分布的随机游走路径。

从图 22.1 中可以看出虽然每期的残差的期望为 0，但随着残差项每期的累加，两条路径的走势越来越不相同。

二、单位根

前面我们探讨过随机序列是不平稳的，接下来我们来了解下单位根。当我们说一个时间序列有单位根，就意味着其是非平稳的。简单而言，在第二十一章我们曾介绍过滞后算子多项式的概念，如果滞后算子多项式中有（1-L）这样一个因式，我们称时间序列存在单位根（unit root）。比如对 $Y_t = 1.8Y_{t-1} - 0.8Y_{t-2} + \varepsilon_t$，我们可将其写成滞后算子多项式的形式：

$$\left(1 - 1.8L + 0.8L^2\right)Y_t = \varepsilon_t$$

$$\left(1 - L\right)\left(1 - 0.8L\right)Y_t = \varepsilon_t \tag{22.16}$$

式（22.16）中，等式左边的滞后算子多项式可分解出（1-L）的因式，即该时间序列有单位根。

有了单位根的概念后，我们要判断时间序列是否平稳，就可以做单位根检验。单位根检验的基本思想是判断式 AR（1）模型中的回归系数 φ 的绝对值是否等于 1。如果 φ 的绝对值等于 1，则说明该时间序列不平稳。

为什么我们没有专门讨论 $|\varphi| > 1$ 的情况呢？事实上，当 $|\varphi| > 1$ 时，时间序列也是不平稳的。这里我们抛开复杂的数学证明，用一个简单的反例进行说明。如前文所述，当 $\varphi = 1$ 时，时间序列为随机游走不平稳。不妨假设 $\varphi = 2$，$Y_0 = 2$。根据 AR（1）模型，不考虑残差项，不难推出 $Y_1 = 4$，$Y_2 = 8$，$Y_3 = 16$，…。这显然是一个均值不断上升、发散而非平稳的时间序列。所以 $|\varphi| > 1$ 和 $\varphi = 1$ 的结论是相同的，我们就不再单独讨论，只考虑 $|\varphi| \leq 1$ 的情况。

在式（22.15）中，既然时间序列 Y_t 本身非平稳，那么就不能利用 t 检验得出有关 φ 显著性的结论。此时，我们可以用一阶差分的方法。如果差分后的时间序列平稳，那么通过 AR（1）模型得到的统计推断结论就是可靠的。这就是 Augmented Dickey-Fuller 检验（简称 ADF 检验）的基本思想。具体而言，对一个基本的 AR（1）模型左右两边同时减去 Y_{t-1}，有：

$$Y_t - Y_{t-1} = (\varphi - 1)\ Y_{t-1} + \varepsilon_t$$

$$\Delta Y_t = (\varphi - 1)\ Y_{t-1} + \varepsilon_t \tag{22.17}$$

从式（22.17）可以看出，判断 φ 是否显著不等于 1，实际上等价于判断新回归模型中的 $\gamma = \varphi - 1$ 是否显著不为 0。如果差分后的时间序列 ΔY_t 是平稳的，新回归模型中有关系数的统计推断就是有效的。

根据上文描述，ADF 检验的原假设是：$\gamma = 0$（时间序列非平稳，具有单位根）；备择假设是：$\gamma < 0$（时间序列平稳，没有单位根）。

备考小贴士

实际上，ADF 检验中使用的 t 统计量的关键值和一般的 t 检验还是有所不同的。细心的考生也不难发现上文的叙述与严格的数学证明也是有差异的。但从备考的角度来说，最主要应掌握的还是 ADF 检验的用途及其原假设与备择假设的对应结论，技术上的细节可以忽略。

三、对包含单位根时间序列建模的挑战

解释（explain）对包含单位根时间序列建模的挑战（★★）

我们之所以要做单位根的检验，判断时间序列是否存在单位根，是因为对于包含单位根的时间序列，在建模时可能面临以下挑战。

第一，包含单位根的时间序列有可能存在伪回归（spurious relationship）的现象。当用一个包含单位根的时间序列与其他具有时间趋势或单位根的时间序列进行回归时，可能会发现它们之间产生了一个很大的且统计上显著的回归系数，但是这样一个具有高度显著性的模型可能完全是一种误导，所产生的是较大的样本外预测误差。如第二十一章用全球经济增长速度与全球老鼠数量做回归的例子，尽管回归模型的 R^2 很高，但老鼠数量增长并不能够解释经济增长。究其原因就在于未经处理的非平稳时间序列是不能直接做回归的。

第二，包含单位根的时间序列不具备均值复归的特性。回顾第二十一章AR（1）

模型的相关内容，假设随机游走的时间序列也有均值复归的特性，那么当 Y_t 处于均值水平时，再对 Y_t 进行迭代时应当保持不变，即有 $Y_t = \delta + \varphi Y_{t-1} + \varepsilon_t = \dfrac{\delta}{1-\varphi}$。然而，如前文所述，对于随机游走的时间序列而言，$\delta = 0$，$\varphi = 1$，即均值的分母 $1 - \varphi = 0$，故其均值为无穷，即不存在。

第三，当利用 ARMA 模型对包含单位根时间序列进行建模时，时间序列服从 Dickey-Fuller 分布（简称 DF 分布）。DF 分布是非对称的、其关键值取值依赖于样本容量及模型中是否包含确定性的时间趋势。一般来说，DF 分布的尾部比正态分布更肥，因此 DF 的关键值的绝对值也会更大。这种特征给模型的选择带来了困难。

第四节　非平稳时间序列的预测

非平稳时间序列的预测与平稳时间序列的 ARMA 预测并没有根本不同，比如，对于线性趋势模型 $Y_t = \delta_0 + \delta_1 t + \varepsilon_t$，我们可以预测 Y_{t+h}：

$$E[Y_{t+h}] = \delta_0 + \delta_1(t+h) \tag{22.18}$$

再比如，对于有季节性因素的时间序列模型 $Y_t = \delta + \gamma_1 I_{1t} + \gamma_2 I_{2t} + \cdots \gamma_{s-1} I_{s-1t} + \varepsilon_t$，我们可以预测 Y_{t+h}：

$$E[Y_{t+h}] = \delta + \gamma_j \tag{22.19}$$

在式（22.19）当中，$j = \left(t+h\right)\left(mod\ s\right)$，即 j 是 $(t+h)$ 除以重复期 s 的余数，即第 $t+h$ 期会重复第 j 期的情况；特别地，当余数为 0 时表示重复被遗漏掉的第 s 期的情况。假设是季度数据，$s = 4$，我们当前时间点 $t = 125$，则：

$$E[Y_{t+3}] = \delta + \gamma_{(125+3)(mod\ 4)} = \delta \tag{22.20}$$

$$E[Y_{t+4}] = \delta + \gamma_{(125+4)(mod\ 4)} = \delta + \gamma_1 \tag{22.21}$$

有些时候，我们直接预测出一个具体的数值或许并不准确，此时，我们也可以应用在统计学章节当中学习过的置信区间的概念做出更为准确的预测。而构造置信区间，我们需要知道预测误差（forecasting error）的方差。预测误差是真实值和我们预测期望值之前的差异，即：$Y_{t+h} - E[Y_{t+h}]$，其实就是模型当中的残差部分。在前面的章节当中我们讨论过，好的时间序列模型的残差应当是白噪声。如果我们同时知道残差这个白噪声的分布，就可以找到关键值构造置信区间。比如，如果残差是高斯白噪声，即 $\varepsilon_t \sim N(0,\ \sigma^2)$，则95%的置信区间可以表示为 $E[Y_{t+h}] \pm 1.96\sigma$。无论回归过程是否平稳，都可以为任意模型的预测构建置信区间。置信区间只依赖于 $Y_{t+h} - E_t[Y_{t+h}]$ 的方差。在包含AR或MA成分的模型中，预测误差方差取决于噪声方差以及AR和MA参数。

备考小贴士

关于预测的置信区间的构造，考生仅作一般了解即可。

第二十三章

收益率、波动率与相关系数

知识引导

本章主要探讨了收益率、波动率与相关系数。首先，本章从收益率出发，说明资产收益率多数情况下并不服从正态分布，而是肥尾且有偏的。其次，资产收益率的波动率通常情况下并非常数，可以利用 BSM 模型中的隐含波动率或 VIX 指数来进行衡量。最后，在前文相关系数的概念基础之上，引入了斯皮尔曼相关系数与 Kendal 相关系数的概念。相关系数可以用于衡量两种资产之间的线性相关性，然而在实务中，很多资产之间的相关结构并非线性的。此时，线性相关系数就不足以刻画这种非线性的相关结构，因此需要引入斯皮尔曼相关系数与 Kendal 相关系数的概念。

考点聚焦

考生在学习本章时，掌握最基本的概念、计算及辨析即可。

本章框架图

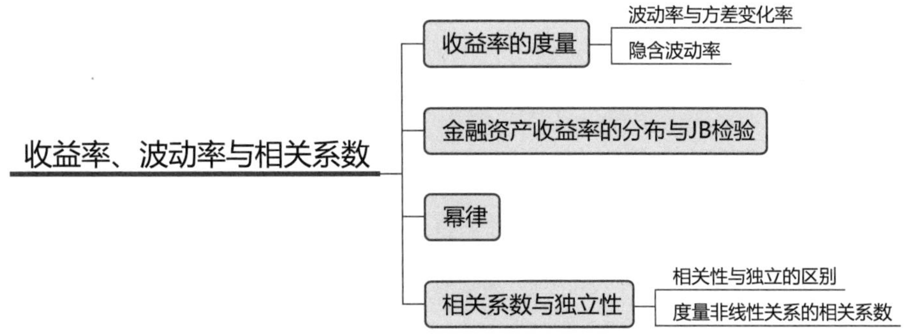

第一节　收益率的度量

计算（calculate）、区分（differentiate）并转化（convert）单利与复利（★）

收益率单利（simple return）的定义非常简单且直观。假设我们在 $t-1$ 时期以 P_{t-1} 的价格买入资产，并在 t 时期以 P_t 的价格卖出，那么在这个时期获得的回报为：

$$R_t = \frac{P_t - P_{t-1}}{P_{t-1}} \tag{23.1}$$

其中，R_t 即为单利。类似地，持有资产在多期获得的回报为单利回报的累乘，即为：

$$1 + R_T = \prod_{t=1}^{T}(1 + R_t) \tag{23.2}$$

除了单利，我们还可以定义对数收益率，也称为连续复利收益率（continuously compounded returns），其公式如下：

$$r_t = \ln P_t - \ln P_{t-1} \tag{23.3}$$

利用对数的基本性质，很容易得到从 $t=1$ 期到 $t=T$ 期的累积对数收益率：

$$r_T = \ln P_T - \ln P_1 = \ln P_T - \ln P_{T-1} + \ln P_{T-1} - \ln P_{T-2} + \cdots + \ln P_2 - \ln P_1 = \sum_{t=1}^{t=T} r_t \tag{23.4}$$

最后，同样利用对数的基本性质，可以得到单利与连续复利之间的转换公式：

$$1 + R_T = \exp(r_t) \tag{23.5}$$

当有效年利率相同时，连续复利下的利率低于单利下的利率。

定义（define）并区分（differentiate）波动率、方差变化率与隐含波动率（★★）

一、波动率与方差变化率

波动率（volatility）定义为单位时间内收益率的标准差（注意不是方差）。

方差变化率（variance rate）定义为波动率的平方，即收益率的方差。因此，每日方差变化率实际就是每日收益率的方差，并且在 T 日内方差变化率与时间 T 成正比，波动率与 $\sqrt{T}$ 成正比，即“独立同分布的随机变量”章节中提及的平方根法则（square root rule）。

一般我们假设一年中有 252 个交易日，于是有：

$$\sigma_{年} = \sqrt{252}\,\sigma_{日} \tag{23.6}$$

式（23.6）实际上假定了每日收益率是独立同分布的。于是利用方差求和公式 $\mathrm{Var}(X+Y)=\mathrm{Var}(X)+\mathrm{Var}(Y)$ 即可得式（23.6）。同理可得，$\sigma_{年}=\sqrt{12}\,\sigma_{月}$。

备考小贴士

考试中，考生一定要看清题目给出的是方差变化率还是波动率，否则计算很容易出错。

二、隐含波动率

波动率通常是根据历史数据计算而得的，但有的时候风险管理者同样需要关注隐含波动率（implied volatilities）。隐含波动率不能直接被观测到，可以通过 BSM 模型反解得到，即将市场上交易的实际期权价格代入 BSM 公式反求出隐含波动率。VIX 指数是另一种反映标准普尔 500 指数未来 30 天隐含波动率的指标，使用执行价格区间较大的期权构建。

知识一点通

我们将在第三部分中详细学习 BSM 模型。芝加哥交易所的 VIX 指数是目前最流行的隐含波动率期权指数。

第二节　金融资产收益率的分布与 JB 检验

计算（calculate）并解释（explain）JB 检验是如何用于判断收益率是否服从正态分布的（★★）

我们在前文已经学过，正态分布是对称的、薄尾的。然而，实证分析证明，许多金融资产收益率的分布都是非对称的、肥尾的，即其偏度通常小于 0 且峰度大于 3。

具体而言，我们可以利用 Jarque-Bera statistic（简称 JB 统计量）来检验某一样本统计量的偏度或峰度是否与正态分布相同。换言之，JB 统计量的原假设为H_0：$S=0$ 且 $K=3$（统计量服从正态分布），备择假设为H_1：$S\neq0$ 或 $K\neq3$（统计量不服从正态分布）。JB 检验统计量服从卡方分布，自由度为 2。当原假设被拒绝时，代表被检测对象不服从正态分布。其统计量公式为：

$$JB=(T-1)\left[\frac{s^2}{6}+\frac{(k-3)^2}{24}\right] \tag{23.7}$$

其中，s 代表样本偏度，k 代表样本峰度，T 代表样本容量。

如果收益率服从正态分布，其偏度为 0，峰度为 3，式（23.7）应当接近于 0；反之，式（23.7）应当显著不为 0。

备考小贴士

考生需掌握 JB 检验统计量的计算、相应假设及检验结果的含义。

第三节　幂律

描述（describe）幂定律及其对非正态分布的作用（★）

幂律（power law）提供了除假设正态分布外的另一种选择，可以考察非正态分布收益率分布尾部的特征。该定律指出在实际中许多变量都具备如下性质。

对于变量 X，其大于 x 的概率为：

$$\text{Prob}(X > x) = Kx^{-\alpha} \tag{23.8}$$

其中，K 与 α 为常数。

正态分布的尾部薄，随着 K 的增加，变量取值大于偏离均值 $K\sigma$ 的概率会迅速下降；其他肥尾的分布，随着 K 的增加，变量取值大于偏离均值 $K\sigma$ 的概率下降的速度会慢一些。

现实中，式（23.8）已被证实对诸多随机变量都成立，如个人收入、城市规模以及网页的日点击量等。

例题 23.1

对于某金融变量 X 而言，根据实际经验，已知 $\alpha=3$，并且观察到该变量大于 10 的概率为 0.03，求该金融变量大于 20 的概率。

名师解析

根据已知条件及式（23.8）有：

$$0.03 = K \times 10^{-3}$$

于是，可反求出 $K=30$。那么，$X > 20$ 的概率应为：

$$30 \times 20^{-3} = 0.375\%$$

第四节　相关系数与独立性

一、相关性与独立的区别

描述（describe）为何一阶矩与二阶矩不足以描述非正态分布（★）

定义（define）相关系数与协方差，区分（differentiate）相关系数与非独立性（★★）

我们在前面的章节中已经学过了有关相关系数与协方差的定义。对于随机变量X与Y，两者的协方差定义为：

$$\mathrm{Cov}(X, Y)=E\{[X-E(X)][Y-E(Y)]\} \tag{23.9}$$

两者的皮尔逊相关系数定义为：

$$\rho_{XY}=\frac{\mathrm{Cov}(X, Y)}{\sqrt{\mathrm{Var}(X)}\sqrt{\mathrm{Var}(Y)}} \tag{23.10}$$

此外，前面的章节也已指出，若两个变量之间皮尔逊相关系数为0，存在两种情形：一是两个变量之间不存在任何线性关系；二是两个变量之间存在非线性关系。由此可见，皮尔逊相关系数无法刻画两个随机变量之间的非线性关系。存在线性关系或非线性关系统称为非独立性（dependence），非独立性包含了皮尔逊相关系数所描述的线性关系。

二、度量非线性关系的相关系数

定义（define）并比较不同相关系数之间的特点（★）

如前文所述，皮尔逊相关系数无法刻画两个随机变量之间的非线性关系。因此，我们需要引入两个新的相关系数来度量非线性关系。

首先，我们引入斯皮尔曼相关系数（spearman correlation）的概念。斯皮尔曼相关系数度量的是有关排名的相关系数，即随机变量 X 的排名与随机变量 Y 的排名之间的相关系数。需要注意的是，以随机变量 X 为例，最小取值的排名为 1，而最大取值的排名为 n（总共可能的取值为 n 个）。具体而言，斯皮尔曼相关系数的公式如下：

$$\rho_s = 1 - \frac{6 \times \sum_{i=1}^{n} (Rank_{Xi} - Rank_{Yi})^2}{n(n^2 - 1)} \tag{23.11}$$

其中，$Rank_{Xi}$ 和$Rank_{Xi}$ 代表随机变量 X 和随机变量 Y 的排序序号。通过上式可以看出，式（23.11）实际上就是排名的相关系数。故斯皮尔曼相关系数度量的是随机变量 X 与 Y 的排名之间的线性关系，而 X 与 Y 自身之间的关系可以是非线性的。

相比于皮尔逊相关系数，斯皮尔曼相关系数具有以下的优点：

第一，由于度量的是排名的相关系数，斯皮尔曼相关系数对极端值不敏感。

第二，对于任何单调递增的变换，斯皮尔曼相关系数是不会改变的。上述性质是显然的，因为单调递增变化只会改变随机变量的值，而不会改变随机变量的排名。

我们再来看第二种度量非线性关系的相关系数——Kendal's τ（Kendal 相关系数）。其公式如下：

$$\tau = \frac{n_c - n_d}{n(n-1)/2} \tag{23.12}$$

其中，n_c 代表随机变量 X 与 Y 中协调（concordant）的对数，n_d 代表随机变量 X 与 Y 中不协调（disconcordant）的对数，n 代表随机变量 X 或 Y 的所有可能取值的个数。

这里协调的含义如下：对于两个随机变量 X 与 Y 而言，当且仅当如果 $X_i > X_j(X_i < X_j)$，则有 $Y_i > Y_j(Y_i < Y_j)$ 时我们称（X_i，Y_i）与（X_j，Y_j）是协调的。通俗地讲，X 与 Y 是协调的，即意味着两者排名是同向变动的；反之，则称两者排名不是协调的。

通过式（23.12）可以看出，如果 X 与 Y 中所有的点都是协调的，那么$\tau = 1$；如果所有的点都是不协调的，那么 $\tau = -1$。τ 衡量的是协调点与非协调点之间的占比差异。Kendall's τ 只取决于排序，而不取决于数据的大小，因此 X 和 Y 单调递增或递减的变化对其结果没有影响。

最后，我们来了解一下斯皮尔曼相关系数与 Kendal 相关系数的性质。特别地，对于正态分布随机变量，其线性相关系数和排序相关系数几乎是相同的。Kendal 相关系数是随着线性相关系数 ρ 上升而上升的，但这种上升关系不是线性的。并且在大部分情况下，Kendall's τ 比线性相关系数 ρ 产生的值更接近于零。

第二十四章

模拟与自举法

知识引导

在经济金融研究中，很多情形是无法预估的，这就限制了传统统计学方法的分析范围，因而需要引入模拟的思想。本章主要介绍了蒙特卡洛模拟方法的基本思想，并由此展开介绍减少模拟方差的几种基本方法。除此之外，本章还介绍了近年较为流行的自举法以及随机数生成的基本思想。本章的最后对模拟方法的缺点进行了归纳总结。

考点聚焦

单从知识的角度上看，模拟分析是一个很难的专题，并且涉及很多数学知识。然而，从考试的角度来看，几乎不可能考查需要运用到高深数学知识的计算题，更多的是从基本概念以及相关性质辨析的角度考查考生。因此，考生在学习过程中，应注重对各种模拟方法基本思想的理解，了解其适用情形与失效情形。

本章框架图

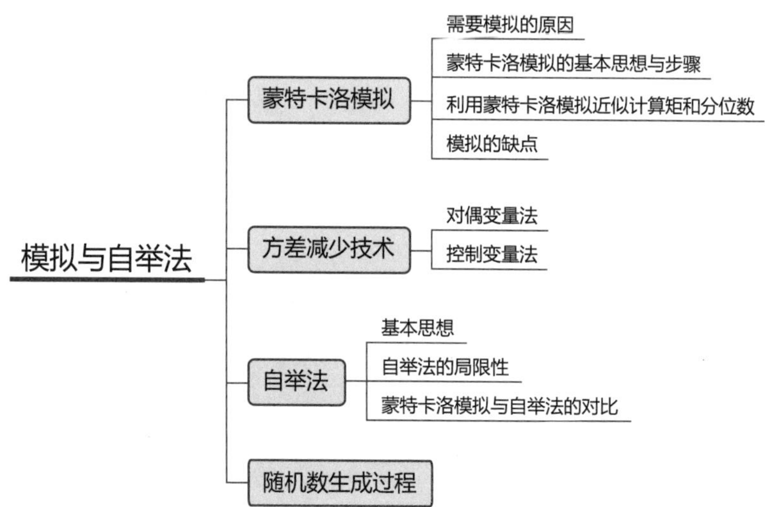

第一节　蒙特卡洛模拟

一、需要模拟的原因

在经济金融研究中，很多情形是无法预估的，这就限制了传统统计学方法的分析范围。例如，1999 年 1 月 1 日欧元诞生，导致欧洲许多国家股票市场之间的相关系数大幅上升。为了防范系统性风险，许多经济金融学家会关注这样一个问题：如果欧洲一体化趋势持续，股票市场间相关系数上升到 99%，对整个金融市场影响如何？反之，如果脱欧浪潮兴起，欧盟瓦解，相关系数急剧下降，对金融市场与资产配置的影响又如何？由于此类历史上未曾发生过的事件，用历史数据的方法来进行分析是行不通的，只能引入模拟（simulation）的方法来进行情景分析。

二、蒙特卡洛模拟的基本思想与步骤

描述（describe）构建蒙特卡洛模拟的基本步骤（★）

实务中最常使用的模拟方法就是蒙特卡洛模拟（Monte Carlo simulation）。蒙特卡洛模拟的基本思想是：首先，从假定的数据生成过程（data generating process，DGP）中生成随机变量；其次，根据指定的函数，将生成的随机变量映射到新的随机变量上，并形成新的随机变量的取值；最后，反复重复上述步骤 N 次，从而得到我们关注统计量的近似分布。

值得指出的是，通过设定重复步骤的次数 N，我们可以调整模拟的精确度。

例如，某基金经理现有 1 000 万元资金，全部投资于上证 50ETF。已知上证 50ETF 日收益率为 x，一个交易日后资金的价值将变为多少？如果按照传统的方法解决这个问题，将根据历史数据估算出上证 50ETF 的日均收益率 x_0，以此数值代入函数$1\ 000(1+x)$，即可求得期望资金终值。然而，如果利用蒙特卡洛模拟法则，则

是先假设收益率 X 服从某个特定的分布，例如正态分布。之后步骤如下：

(1) 生成数据(DGP)：依据正态分布的特征模拟从 X 中抽取独立样本 x_i。

(2) 计算目标函数值：根据模拟生成的样本 x_i 计算出对应的资产终值 $1\,000(1+x_i)$ (利用函数将随机变量 X 映射到资产终值)。

(3) 重复步骤1和步骤2 b 次，生成 b 个独立同分布的资产终值样本，其中 b 表示模拟中的重复次数。

(4) 估计目标统计量：当 b 足够大时就可以画出资产终值在各个区间内的直方图，并用计算出资产终值的概率分布，进而可以估计我们感兴趣的统计量。

(5) 评估精度：计算标准误差以评估估计的精度。如果精度不足，增加 b 的值，直到达到所需的精度水平。

通过上述步骤可以看出，蒙特卡洛模拟与传统方法的最大区别在于：传统模拟的方法只会计算出一个资产终值，而蒙特卡洛模拟可以计算出资产终值的概率分布。因此，在假定分布正确的情况下，蒙特卡洛模拟可以依据资产终值的概率分布进行情景分析。

当模拟次数 N 越大时，模拟得越精确，但对计算机的性能要求也相当高。此外，蒙特卡洛模拟结论的准确性极其依赖于假设分布是否准确。如果对风险因子服从的分布假设不准确，则由蒙特卡洛模拟得出的结论也是不准确的。

三、利用蒙特卡洛模拟近似计算矩和分位数

阐明（illustrate）蒙特卡洛模拟方法如何用来近似计算矩或其他量（★）

结合上一节案例，假设收益率 X 服从正态分布，我们通过蒙特卡洛模拟近似计算以下统计量：

(1) $g(X)=1\,000(1+X)$ 的均值（一阶矩，$E[g(X)]$）

(2) $g(X)=1\,000(1+X)$ 的方差（二阶矩，$Var[g(X)]$）

(3) $g(X)$ 的 5%分位数

生成数据：

根据标准正态分布，随机生成 $b=10\,000$ 个样本 x_1，x_2，…，$x_{10\,000}$。

计算目标函数值：

对于每个样本 x_i，计算 $g(X_i)=1\ 000(1+X_i)$。这会生成一组结果 g_1，g_2，…，$g_{10\ 000}$。

估计目标统计量：

（1）估计均值（一阶矩）

通过目标函数值估计 $g(X)$ 的期望值：

$$\widehat{E}[g(X)]=\frac{1}{b}\sum_{i=1}^{b}g(X_i)$$

（2）估计方差（二阶矩）

通过目标函数值估计 $g(X)$ 的方差：

$$\widehat{Var}[g(X)]=\frac{1}{b}\sum_{i=1}^{b}(g(X_i)-\widehat{E}[g(X)])^2$$

（3）估计5%分位数

将 g_1，g_2，…，$g_{10\ 000}$ 按从小到大顺序排列，选择排序后5%分位数位置对应的值，即第500个数（$b\times5\%=500$）的值，作为 $g(X)$ 的5%分位数。

评估精度：

用标准误衡量估计的精度，如果标准误过大，需要增加样本量 b，例如从10 000增加到20 000。

备考小贴士

关于蒙特卡洛模拟的应用，考生重点定性掌握其步骤内容。

四、模拟的缺点

描述（describe）模拟方法在解决金融问题中的缺点（★）

模拟方法具有以下缺点：

（1）结果未必准确。如果数据生成过程 DGP 不符合真实数据的特征，那么所得出的结论必然也是不准确的。导致 DGP 不准确的因素很多，如概率分布的假设不正确、估计参数选取不准确等。

（2）执行模拟是耗时耗力的。尽管随着计算机技术的进步，执行简单模拟的速度越来越快，但是实务中模型的复杂程度也是呈几何倍数上升的。一般情况下，如果能得到模型的解析解，还是应尽量避免使用模拟技术。

第二节　方差减少技术

描述（describe）减少蒙特卡洛模拟抽样误差的方法（★★）

在模拟分析中，估算期望值的标准方法依赖于大数定理（LLN）。估计出的期望值的标准差与 $\frac{1}{\sqrt{b}}$ 成比例，b 为模拟的次数。因为每次模拟都是独立的，所以它只取决于模拟值的方差。

若要减少蒙特卡洛模拟的抽样误差有多个途径：最简单的方法是增加模拟次数 N。然而，如果模拟很复杂，计算速度就会很慢。因此，最常见的方差减少技术（variance reduction techniques）包括：对偶变量法与控制变量法。

一、对偶变量法

解释（explain）如何用对偶变量减少蒙特卡洛模拟抽样误差（★★）

对偶变量法（antithetic variates）增加了第二组变量，这组变量与模拟中使用的变量呈负相关，会降低总体的方差，进而降低标准误。

具体而言，假设一次实验在 [0，1] 之间随机抽取了 u_i，那么第二次实验的随机数就取 $1-u_i$。u_i 和 $1-u_i$ 的取值均在 [0，1] 之间，将其作为 2 个概率值，求对应分布

的反函数值 $F^{-1}_{(u_i)}$ 和 $F^{-1}_{(1-u_i)}$，即可得一组对偶变量，可以证明，对偶变量法可以减少总体方差。我们可以通过一个简单实例来说明。为方便说明，假定蒙特卡洛模拟考察参数 x 的平均值由两次模拟计算而得，即：

$$\bar{x} = (x_1 + x_2)/2 \tag{24.1}$$

于是有：

$$\mathrm{Var}(\bar{x}) = \frac{1}{4}[\mathrm{Var}(x_1) + \mathrm{Var}(x_2) + 2\mathrm{Cov}(x_1, x_2)] \tag{24.2}$$

若 u_i之间相互独立则 x_i之间也是相互独立的，则此时方差为：

$$\mathrm{Var}(\bar{x}) = \frac{1}{4}[\mathrm{Var}(x_1) + \mathrm{Var}(x_2)] \tag{24.3}$$

然而，由于我们刻意地选择了对偶变量，故有：

$$\mathrm{Corr}(F^{-1}_{(u_i)}, F^{-1}_{(1-u_i)}) < 0 \tag{24.4}$$

于是式(24.2)一定小于式(24.3)，方差得以减小。

二、控制变量法

解释（explain）如何运用控制变量去减少蒙特卡洛模拟的抽样误差以及该方法何时是有效的（★）

控制变量法（control variates）的思想是引入一个与原变量 x 的性质高度相关的变量 y（即控制变量），且变量 y 的构建成本不能太高，否则不如直接增加模拟次数 b。

备考小贴士

关于对偶变量法与控制变量法，考生掌握其基本思想即可。

例题 24.1

以下有关蒙特卡洛模拟的描述，正确的是：

A. 模拟中一个由纯随机生成器生成的随机数能够完全避免抽样聚集效应

B. 蒙特卡洛模拟只能用于模拟由线性组合产生的头寸

C. 蒙特卡洛模拟的一个缺点是结果准确性取决于分布的假设是否正确

D. 蒙特卡洛模拟不可以被用于分析 t 分布

名师解析

答案为 C。一个完全随机的随机数是不能很快地布满整个概率空间的，因而当“运气”不太好时，是有可能出现随机数“扎堆”的现象，即抽样聚集（cluster observations）。“对偶法”能迅速让“随机数”布满整个概率空间，从而避免抽样“扎堆”，故选项 A 错误。蒙特卡洛模拟可用于分析诸如期权等非线性头寸，故选项 B 错误。蒙特卡洛模拟中分布可根据实际情况假设，并不局限于正态分布，故选项 D 错误。

第三节 自举法

描述（describe）自举法及其相比于蒙特卡洛模拟的优点（★）

描述（describe）自举法不适用的情形（★）

一、基本思想

自举法（bootstrapping）与模拟有一个本质性的区别：在模拟方法中，数据是人工生成的；而在自举法中，是将实际抽样数据当作总体，再进行反复抽样。总体的分布是未知的，通过从观测数据中抽样，可以从生成的样本中获取类似总体的分布。自举法经常被用于检测数据挖掘偏差（data snooping bias）。数据挖掘偏差指仅在统计意义上成立的结论，只适用于某些特殊抽样，但不适用于所有数据。

具体而言，自举法有两类：

（1）独立同分布（iid）自举法：从观测到的原始样本中有放回地进行 N 次抽样，每次抽样的样本容量为 T。

（2）圆块自举法（circular block bootstrap）：针对非独立的 N 个数据，以 n 个一组分为若干个“blocks”，然后有放回地从中抽取“blocks”组成新的样本。

二、自举法的局限性

自举法在以下两种情形下是不适用的。

（1）如果目前金融市场的数据与正常情况下的数据很不相同，自举法可能会不可靠。换言之，样本数据存在极端异常值（outlier）时自举法是失效的：当样本中存在异常值时，反复抽样中有可能会涵盖极端异常值，从而影响最终得出的估计量。

（2）如果数据发生了显著的结构变化，则自举法可能失效。例如，我国改革开放前与改革开放后，显然经济制度与结构发生了显著变化。在研究相关问题时，如果没有区分两个样本区间就有可能得出不准确的结论。

三、蒙特卡洛模拟与自举法的对比

蒙特卡洛模拟与自举法本质上是类似的，都是通过模拟来得到我们感兴趣统计量的期望值。两者的不同之处包括以下三个方面。

第一，模拟数据的来源不同。在蒙特卡洛模拟中，我们是通过数据生成过程DGP来得到模拟值；而在自举法中，我们是以观测数据样本作为总体，对此进行再抽样从而得到模拟值的。

第二，蒙特卡洛模拟需要对随机变量的分布做出假设，而自举法无须对模型做出特别的假设。

第三，蒙特卡洛模拟和自举法都在预测黑天鹅事件上存在局限。这是因为当过去数据不能代表未来情况时，蒙特卡洛模拟与自举法都将失效。根据定义不难看出，自举法对黑天鹅事件尤其敏感。

第四节　随机数生成过程

描述（describe）伪随机数生成方法（★）

许多计量经济学软件包中都自带随机数（pseudo-random number）生成器。最常见的例子就是通过连续均匀分布生成在区间（0，1）内的随机数。用于生成随机数的函数被称为随机数生成器（pseudo-random number generators，PRNGs）。

我们大多数时候接触的随机数都是伪随机数（pseudo-random numbers），是通过事先既定的公式生成的。此外，初始值的选取会对序列中的前几个数字的数值产生影响，导致其不那么“随机”，但这种影响会逐渐减弱。因此，在实际运用中，为保证生成的随机数足够随机，我们会将随机数的前面一些值去掉。例如，利用PRNGs 生成了 1 200 个随机数，我们将前 200 个随机数去掉，使用后 1 000 个数字作为随机数，以确保数字足够随机。

伪随机数生成器是通过种子值（seed value）初始化的。使用相同的种子值会每次生成一组相同的随机值。这种可重复性有两个用处：

（1）实验可重复性：它允许在多个实验中复制结果，因为使用相同的种子值始终可以生成相同的随机值序列。

（2）跨计算机一致性：例如分析师团队成员在不同的电脑上评估投资组合的风险，风险的计算依赖于一些随机因素。为了让大家的结果一致，该团队分析师们可以在每台电脑上都使用相同的种子值，这样每个人生成的随机数都一样，得出的结论也会一致。

第二十五章

机器学习方法

知识引导

机器学习（machine learning，ML）是近年来炙手可热的技术，在各领域中都得到了广泛的应用。在传统的程序范式中，程序设计犹如菜谱设计。在完成菜谱设计后只要将食材和调味料（数据）输入计算机程序就能得到预定的菜肴（输出结果）。然而，固定的算法是难以有效解决许多特殊问题的，如人脸识别、垃圾邮件分类、广告智能推送等。机器学习算法则有所不同，其核心思想是让机器去学习。对于机器学习模型来说，菜谱（程序）不是事先设定好的，而是先将数据提供给机器学习模型，让机器处在不断更新学习的过程中，最终设计出一个最佳程序。本章初步介绍机器学习的基本逻辑和常见的模型方法。

考点聚焦

学习本章，考生应能理解机器学习技术和传统的古典经济学的区别；掌握数据清洗的方法；理解和区分监督式学习、非监督式学习、增强学习的概念，以及对应的工具和算法；理解什么是过拟合和欠拟合，以及对应的样本分割方法；了解自然语言处理的流程。由于机器学习是一门多学科融合的复杂技术，我们很难通过一章的篇幅深入介绍各种模型的使用。从备考角度来说，考生对于各种模型构建的技术细节只需简单了解即可。

本章框架图

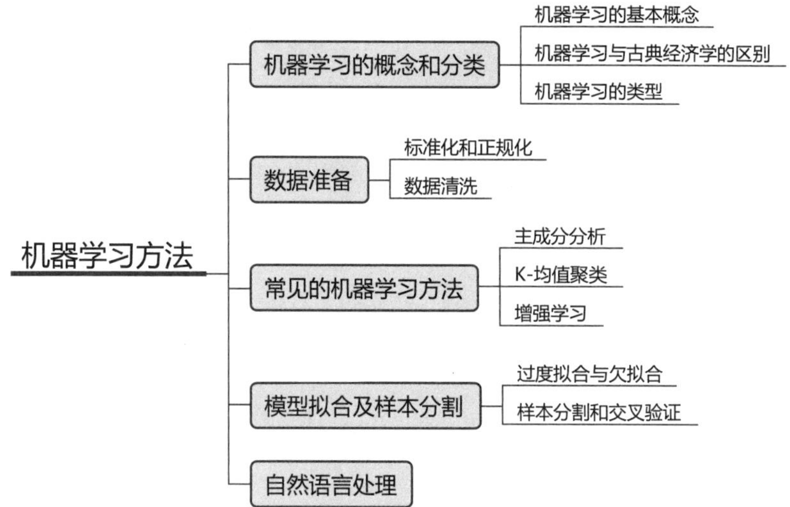
机器学习方法
机器学习的概念和分类
机器学习的基本概念
机器学习与古典经济学的区别
机器学习的类型
数据准备
标准化和正规化
数据清洗
常见的机器学习方法
主成分分析
K-均值聚类
增强学习
模型拟合及样本分割
过度拟合与欠拟合
样本分割和交叉验证
自然语言处理

第一节　机器学习的概念和分类

一、机器学习的基本概念

机器学习（machine learning，ML）是指通过一些训练方法，使计算机学会自主识别数据集中的模式和规律，以满足不同应用场景下的分类、预测乃至决策的需要。机器学习作为人工智能（artificial intelligence，AI）的核心，近年来获得了极大关注和迅速发展。这一方面得益于计算机技术进步带来的算力大幅提升，另一方面也离不开大数据的发展。海量的可供研究分析的数据信息是机器学习不断提升和被广泛应用的大前提。

二、机器学习与古典经济学的区别

讨论（discuss）机器学习方法与古典经济学在理论和实践上的区别（★）

1. 在大样本处理方面的区别

传统的统计学方法在面对巨量数据时往往会呈现出明显的缺陷。例如，在进行假设检验时，当样本容量足够大时，参数抽样分布的标准误就会降低，使得假设检验更容易拒绝原假设。

在大数据的世界里，数据量往往都是百万级、千万级，那么计算出来的标准误就会趋近于0，使得几乎所有的原假设都被拒绝，对模型进行显著性检验的方法在大数据面前就会完全失效。而机器学习采用完全不同的方法和模型，需要海量的数据进行不断的训练和验证，因此在大数据时代展现出了其独特优势。

2. 在非线性关系处理方面的区别

传统的统计学方法更擅长处理线性问题，但机器学习无须提前对变量之间是否存在线性关系或非线性关系进行判定，在处理更复杂的非线性变量关系时具有更高的灵活性。

例如，在传统的计量经济学中，我们会使用线性回归模型，找到对应的自变量来对因变量进行解释：$y=\beta_0+\beta_1X_1+\beta_2X_2+u$。但是在这种线性模型中，不同的自变量之间的交互作用往往容易被忽略，如果要把变量之间的交互性体现在模型中，则会使模型变得过于复杂而使其适用性降低。

机器学习则可充分发挥其优势，自动抓取变量间的交互作用，无须进行复杂的建模，甚至对于变量间的其他非线性关系也可以灵活地通过多维模型和算法进行解释。

3. 在理论基础方面的区别

对于传统的计量经济学方法，我们在进行数据处理时常常以经济学或金融学的理论和假设为基础，选择适合的模型和变量。计算机遵循我们提前输入的标准模型进行估计和检验，在这个过程中往往会涉及诸多假设。例如，在构建线性回归模型时，我们会假设残差之间是不相关的，并且是正态分布的，而这些过于严苛的假设条件往往会使模型的适用性受到很多限制。

机器学习则并不专注于模型构建中的理论基础，而是更关注输出结果的准确率。通过大量的训练、验证和试错，机器能够自行决定最优的分类方式或决策路径。

三、机器学习的类型

区分（differentiate）监督学习、非监督学习和增强学习模型（★★）

机器学习无论在日常生活还是金融活动中的应用都极为广泛，如常见的图像识别处理、网络游戏开发、自动驾驶等，在金融领域则常用于个股筛选、信用评级、风险管理等。根据机器学习的方法差异以及输出数据的模式不同，可将其分为三种类型。

1. 监督学习

监督学习（supervised learning）主要适用于结果预测。一方面是对一个变量的具体数值进行预测，既可以对时间序列的变量进行预测，如预测明年的 GDP 数据或预测明天的股票价格，也可以对横截面的变量进行预测，如根据周边的住房成交数据对在售住房的价格进行预测；另一方面也用于对数据的类别进行预测，例如根据债券的相关特征预测其是否会违约。

监督学习的输出数据顾名思义是被“监督”的，即输出数据的类别是事前确定并被打上标签（label）的。例如，判断一个债券是否会违约，其中输入变量可以是债券的评级、发行人的财务状况、抵押物质量、求偿顺序等，输出变量为“违约”“不违约”。这里输出变量的类别是被事先打上标签的，要么为“违约”，要么为“不违约”。对于房价预测而言也是一样，输入变量可以为房子的面积、地段、是否带电梯等，输出的变量也是有标签的，也就是对应的房价。机器算法通过对这些数据进行学习来进行预测。

2. 非监督学习

非监督学习（unsupervised learning）与监督学习相反，它的输出变量并没有被事先打上标签。例如，在笔迹识别技术中可以使用非监督学习的算法。这时输入变量可以是千百万种人的笔迹，而输出变量的类别并没有事先确定。计算机会根据笔迹输入数据的不同特征将其自行归类。

不同于监督学习主要适用于结果预测，借助非监督学习，机器通过不断学习和归纳，能够自主抓取一个数据集的结构特征。例如，银行想要识别可疑交易时，并不能事前对一个交易打上“可疑”或者“不可疑”的标签，这时就可以通过非监督学习方法，将交易数据中呈现出明显差异性的特征标记出来，从而可以充分利用这些特征信息，构建出能精确识别可疑交易的模型。

3. 增强学习

增强学习（reinforcement learning）是机器通过反复试错法（trial-and-error approach）在不确定的环境中做出一系列的决定。关于增强学习的具体方法将在后文展开详细叙述。

第二节　数据准备

一、标准化和正规化

比较（compare）和应用（apply）数据准备中调整数据的两种方法（★）

在使用数据之前，很多机器学习方法需要先对样本数据的量纲进行一些预处理，使得所有数据遵循同样的标准。常见的调整（rescaling）方法包括标准化和正规化。

标准化（standardization）的方法，简单来说，就是将样本数据减去样本均值，再除以样本标准差，从而将数据规模缩减为均值为 0、方差为 1 的数据集。

假定变量X_i的均值和方差分别为$\widehat{\mu_i}$和$\widehat{\sigma_i}$，将X_i的第 j 个观测值记为X_{ij}，则其标准化的结果为：

$$\widetilde{X_{ij}}=\frac{X_{ij}-\widehat{\mu_i}}{\widehat{\sigma_i}} \tag{25.1}$$

正规化（normalization）也称最小最大转换法（min-max transformation），就是将每个数据与数据集的最小值作差，再除以整个数据集的极差，从而将数据映射到一个［0，1］的区间范围内。

假定$X_{i,\max}$和$X_{i,\min}$分别为X_i的最大值和最小值，则将X_{ij}正规化的结果为：

$$\widetilde{X_{ij}}=\frac{X_{ij}-X_{i,\min}}{X_{i,\max}-X_{i,\min}} \tag{25.2}$$

由于正规化对数据原始信息压缩较多，对于数据原始信息跨度较大且含有极端值/异常值的数据集，通常采用标准化的处理方式。

二、数据清洗

在将所有的样本数据输入到机器学习模型之前，除了要对数据进行量纲调整，还需要将数据进行清洗并整理为规整的格式。这一步骤至关重要，在实操中通常是所有步骤中最花时间的，而将清洗整理后的数据输入已经构建好的机器学习模型则是相对简单的。好的数据清洗对于机器学习模型能否成功发挥作用往往起到至关重要的作用。

数据需要清洗的常见原因包括以下几点：

第一，不一致的数据（inconsistent recording），即前后数据的提取自相矛盾，存在不一致的现象，需要进一步审查数据的准确性。

第二，无关数据（unwanted observations），即在执行任务中无须用到的数据。

第三，重复数据（duplicate observations），即重复出现的样本，需要从数据集中移除。

第四，异常值（outliers），通常指与均值差异过大的数据。异常值对输出结果往往影响极大，在数据清洗的过程中需要慎重对待。

第五，遗漏信息（missing data），即数据中有部分信息丢失。如有少量数据的信息不完整，可直接将这些数据从样本中剔除。如大量信息丢失，则可将这些信息通过其他方式补齐，通常可使用均值或中位数来补齐数据。

第三节　常见的机器学习方法

一、主成分分析

解释（explain）如何使用主成分分析方法对数据特征进行降维处理（★★）

在机器学习中，数据的维度就是解释变量的个数。在进行机器学习建模时，大量的解释变量之间往往会存在相关性，因此提供了过多的重复信息。使用这种多维模型会增加运算的复杂程度，同时也使得真正的影响因子很难通过模型被有效观察到，因此在构建模型时常常需要对数据进行降维处理。降维就是在不影响数据解释能力的情况下降低数据维度的过程。

例如，我们想要研究估值和盈利能力对股票收益率的影响，选取的解释变量可以包含以下6个（即数据维度为6）：市盈率、市净率、市销率、毛利率、净利率和净资产收益率。其中，前3个指标均与估值相关，后3个均与盈利能力相关。与估值相关的3个指标具有比较高的相关性，即市盈率较高的股票大概率也是市净率和市销率较高的股票。因此，或许可以在原有的6个变量中生成2个新的变量分别表示估值和盈利能力。基于以上分析，可以将数据的维度从6降低到2，从而减少数据中的噪声并降低研究的复杂度。

主成分分析（principle component analysis，PCA）是一种常用的降维方法，是非监督学习的一个重要工具。主成分分析将相关性较强的解释变量聚合成成分变量，从而降低数据的维度。

PCA 的一个重要应用就是对影响利率曲线变动的因子进行主成分分析。例如，在研究不同期限的美国国债受利率曲线变化的影响时，就可通过 PCA 方法对这些影响因子进行降维，使用更少的、没有相关性的因子来对国债的价值变动进行解释，具体如表 25.1 所示。

表 25.1　　2012 年 1 月—2021 年 12 月美国国债利率变化主成分表

序列	主成分						
	1	2	3	4	5	6	7
1 月期	0.410	0.264	0.300	−0.568	−0.151	0.499	−0.279
3 月期	0.415	0.253	0.227	−0.194	0.590	−0.492	0.289
6 月期	0.420	0.234	0.093	0.258	−0.722	−0.410	0.069
1 年期	0.424	0.201	−0.100	0.699	0.297	0.422	−0.122
5 年期	0.405	−0.226	−0.757	−0.269	−0.062	0.114	0.351
10 年期	0.310	−0.541	−0.050	−0.016	0.107	−0.319	−0.704
30 年期	0.210	−0.654	0.514	0.108	−0.066	0.218	0.447

由上表可知，共有 7 个不同的因子会影响债券价格的变动，但它们的影响权重会有差异。在对所有影响因子进行主成分聚合后，可以看到，影响国债价格变动最重要的因子是利率期限结构的平行移动（parallel shift），即主成分 1；第二重要的因子是利率期限结构的扭动（twist）变化，即主成分 2；第三重要的因子是利率期限结构的弓伸（bow）变化，即主成分 3。平行移动这一因子对债券价格变动的解释力可达到 73.3%，而前 3 名的因子（即主成分 1、2、3）合计可解释超过 99% 的债券价格变动。由此可得，利率期限结构的平行移动、扭动和弓伸变化是影响债券价格变动最重要的 3 个因子。

二、K-均值聚类

描述（describe）K-均值聚类方法如何将样本分为不同的类别（★）

1. K-均值的聚类方法

K-均值（K-means）算法是一个简单直接的非监督学习算法，它将数据集分成不同的簇（clusters），帮助我们确定数据集的结构形态。使用K-均值算法需要提前给定簇数K，即想要将数据分为多少个类别。K-均值算法的步骤如下：

第一步：随机选择K个初始点作为质心（centroids），它们将作为簇的中心。

第二步：计算每个数据点到这K个质心的距离，并将每个数据点划分到距离最近的质心对应的簇中，即形成聚类。

第三步：重新计算质心，即选择每个簇的中心点（即均值）作为新的质心。

第四步：重复第二步和第三步，直至质心不再发生变化。

通过以上步骤不断重复对质心进行更新，直至最终形成稳定的簇，即完成了对数据集的分类。

第二步和第三步需要计算每一个数据点与质心之间的距离。对于距离的定义和计量，常采用的有欧几里得距离（Euclidean distance）和曼哈顿距离（Manhattan distance）两种计量方式。

下面通过一个简单情形来具体解释。如图25.1所示，假设在一个二维空间中有两个特征，分别是x_1和x_2，两个数据点P和Q的坐标分别为（x_{1P}，x_{2P}）和（x_{1Q}，x_{2Q}）。在二维空间中，欧几里得距离衡量的就是两个点之间的直线距离，其计算公式为：

$$d_E=\sqrt{(x_{1Q}-x_{1P})^2+(x_{2Q}-x_{2P})^2} \tag{25.3}$$

在多维空间中，欧几里得距离也可通过上述公式来进行计量。假设P和Q拥有m个特征，则它们之间的距离为：

$$d_E=\sqrt{\sum_{i=1}^{m}(x_{iQ}-x_{iP})^2} \tag{25.4}$$

曼哈顿距离则是两个点在坐标系上的绝对距离，又称“出租车距离”。在纽约曼哈顿区，其街区是由很多横平竖直的街道切分而成的，当出租车司机计算从一个位置到另一个位置的距离时，无论选择何种路径行驶（在不故意绕路的前提下），都只需将街区的横纵坐标差相加，就可得到行驶距离。

如图25.1所示，P和Q之间的曼哈顿距离计算为：

$$d_M=|x_{1Q}-x_{1P}|+|x_{2Q}-x_{2P}| \tag{25.5}$$

对于m维空间，则有：

$$d_M=\sum_{i=1}^{m}|x_{iQ}-x_{iP}| \tag{25.6}$$

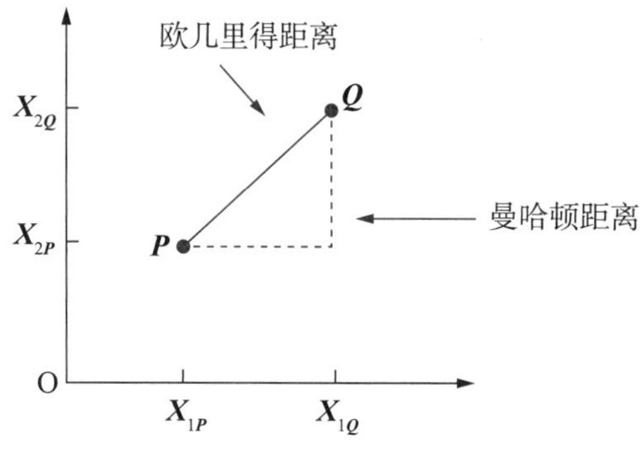

图 25.1 欧几里得距离和曼哈顿距离

2. K-均值性能评估

K-均值算法的目标并不是最小化数据点之间的距离，而是通过重复计算，使得每个数据点到达质心的距离最小。

我们将聚类中每一个数据点与质心之间的距离记为d_j，聚类的惯量（inertia）就是所有距离的平方和，记为I，则有：

$$I = \sum_{j=1}^{n} d_j^2 \tag{25.7}$$

聚类的惯量越小，那么这个聚类模型的拟合度就越高。所以K-均值算法的目标就是通过重复的计算，找到最小的惯量。

3. K值的选择

使用K-均值聚类算法时，不同的质心数量常常会导致完全不同的聚类结果。正如我们在计量经济学里面使用决定系数R^2来衡量回归模型的解释力度一样，随着自变量个数不断增加，虽然决定系数会变大，但是新的自变量对模型解释能力的边际贡献越来越小，甚至影响到模型的适用度。对于K-均值聚类也是一样，随着质心数量K不断增大，惯量往往只降不增，甚至在极端状况下，当K等于数据量n时，惯量将降到0，虽然模型做到了完全拟合，但是对于数据的结构分析没有任何意义。

所以，质心数量K值的选取至关重要。选取K值有以下两种方法。

方法一：寻找拐点

选取不同的K值，分别计算出对应的惯量I，通过绘制碎石图（scree plot），观察当K值变大时对应I值的下降趋势，找出I值下降速度明显减慢的“拐点”，这个点对应的K值就被认为是最优的K值。

如图25.2所示，使用K-均值算法将1927—2021年美国股票市场和国债市场的收益数据进行聚类分析。在这个计算中，设定初始K值等于2。

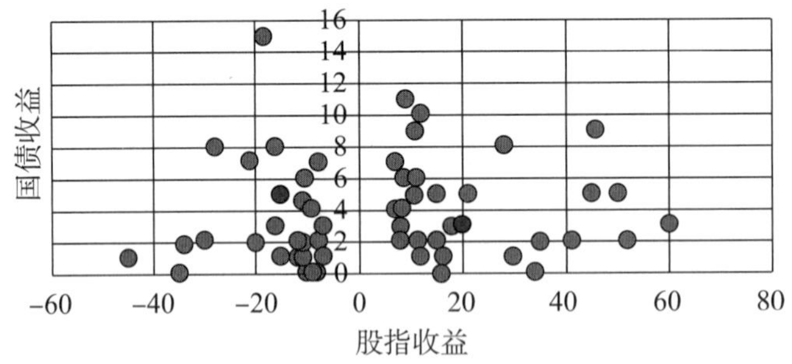

图25.2　1927—2021年美国股指收益和国债收益的K-均值聚类

如图25.3所示，可以看到在$K=3$时，惯量I的变化呈现出明显拐点，由此推断出$K=3$是最优的取值。

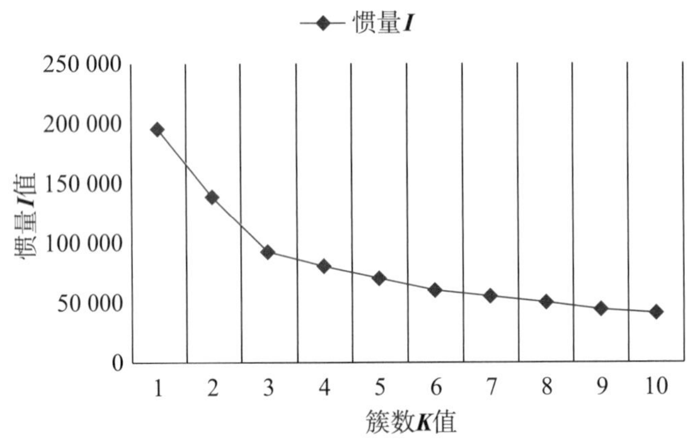

图25.3　K-均值簇数碎石图

方法二：计算轮廓系数

轮廓系数（silhouette coefficient）是计算每个数据与自己簇内所有数据之间的平均距离a，以及和其他临近簇内所有数据之间的平均距离b，用两者的差值（b-a）除以两者中较大者。凡能使轮廓系数达到最高的K值被认为是最优的取值。

K-均值聚类算法最大的缺陷在于对聚类簇数K值过于敏感。除此之外，由于K-均值算法的核心是基于数据到质心的距离，更适合发现球形聚类，对于非球形聚类的适用效果较差。

三、增强学习

解释（explain）增强学习模型的运行方法以及计算（calculate）运用在决策过程中的 Q 值（★★）

增强学习（reinforcement learning，RL）是机器学习类型中的第三类，这里将对其具体的学习方法和常见的决策模型展开介绍。

1. 增强学习的运行方法

增强学习是指算法根据周围的环境采取行动，模型根据行动的结果给予奖励（reward）或惩罚，从而不断优化行动策略的一种学习方式。

增强学习的典型应用就是国际象棋或围棋（如 AlphaGo）。机器通过不断与自己进行比赛的方式反复试错，根据每一次行动的结果来决定给予奖励还是惩罚，从而不断优化其学习算法。

增强学习在金融领域中常被应用于交易策略的制定和执行。通过增强学习模型测算出最优的交易方法，将大额的交易进行智能拆解，以最大化降低交易成本。

然而，增强学习算法需要通过大量的训练和试错才能不断提升其运算能力，所以相比其他的机器学习方法，增强学习需要更大量的训练样本。

2. 常见决策模型

增强学习的目标是，在特定的状态下（states，标记为 S），通过算法不断优化其行动（actions，标记为 A），从而获得最多的奖励（rewards，标记为 R）。在经过一系列试验后，机器在特定的状态下，为每次行动赋予相应的评估价值（Q-value）。在该状态下采取某一行动后，未来能够获得的累积回报期望值越高，则对应的行动价值越大。

我们将算法在状态 S 中采取行动 A 所获得的行动价值记为 $Q(S, A)$，那么每个状态的价值就是在反复试验中找到的最优行动 A 所获得的行动价值，即 $V(S) = \max_A[Q(S, A)]$。

在策略执行过程中，一方面算法如果一直选用已知的行动，则无法找到更优化的策略，也无法发现潜在未知的解决问题的方法。但是另一方面，机器也需要充分利用已经习得的策略，避免盲目试错。为解决这一问题，算法需要同时兼顾策略的探索（exploration）与利用（exploitation）。在行动的每个节点，算法都需要进行选择：是利用现有的最优行动，还是探索新的行动。假设选择利用的概率为 p，探索的概率就是 1-p，随着尝试次数的增加，p 的值会增大，算法也更靠近最优的行动策略。

常见估计价值函数的方法有两种。

第一种方法是蒙特卡洛方法（Monte Carlo method）。假设在状态 S 中采取行动 A 且随后获得的总奖励为 R，在每一次完整行动后将 $Q(S, A)$ 进行更新，更新后的行动价值如下，其中学习率 α 为经验参数（例如 0.05）：

$$Q^{new}(S, A) = Q^{old}(S, A) + \alpha[R - Q^{old}(S, A)] \tag{25.8}$$

第二种方法是时序差分方法（temporal difference method）。时序差分方法只需加上下一步的行动奖励即可对当前的行动价值进行更新。因此，时序差分方法只需当前步骤结束即可进行计算。假设从状态S_t中采取行动A_t，获得的即时奖励为 r，达到下一状态S_{t+1}，则更新后的动作价值如下，其中 α 是学习率，γ 是折扣因子，$maxQ(S_{t+1}, A_{t+1})$ 为进入下一状态S_{t+1}预期的最大 Q 值：

$$Q^{new}(S_t, A_t) = Q^{old}(S_t, A_t) + \alpha[r + \gamma \cdot maxQ(S_{t+1}, A_{t+1}) - Q^{old}(S_t, A_t)] \tag{25.9}$$

例题 25.1

在一个简化的强化学习场景中，假设有三个状态S_1，S_2，S_3，以及两个行动 A_1，A_2。当前的 $Q(S, A)$ 值如表 25.2 所示：

表 25.2　　例题 25.1 当前 Q 值

	S_1	S_2	S_3
A_1	0.5	0.6	0.7
A_2	0.4	0.8	0.9

（1）假设从状态S_1开始，采取行动A_2，之后总回报 $R = 1.2$。用**蒙特卡洛方法**更新 $Q(S_1, A_2)$。设学习率 $\alpha = 0.05$。

（2）假设从状态S_2开始，采取行动A_1，即时回报 $r = 0.3$，之后到达状态S_3。由表 25.2 可知，当前S_3的价值估计为 0.9（即S_3状态下 Q 的最大值）。用**时间差分方法**更新 $Q(S_2, A_1)$。设学习率 $\alpha = 0.05$，折扣因子 $\gamma = 1.0$。

名师解析

（1）蒙特卡洛方法根据式（25.8）更新 Q 值，代入已知数据 $Q^{old}(S_1, A_2)=0.4$，总回报 $R=1.2$，学习率 $\alpha=0.05$，得：

$$Q^{new}(S_1, A_2)=0.4+0.05\times(1.2-0.4)=0.44$$

（2）时间差分方法根据式（25.9）更新 Q 值，代入已知数据 $Q^{old}(S_2, A_1)=0.6$，即时回报 $r=0.3$，学习率 $\alpha=0.05$，折扣因子 $\gamma=1.0$，得：

$$Q^{new}(S_2, A_1)=0.6+0.05\times(0.3+1.0\times0.9-0.6)=0.63$$

备考小贴士

关于 Q 值，考生重点计算应用，考纲对公式含义及理解未作要求。

第四节 模型拟合及样本分割

一、过拟合与欠拟合

检查（examine）过拟合和欠拟合的区别及原因，以及潜在的解决方法（★★）

1. 过拟合

相比于传统统计模型，机器学习模型具有诸多优点，如机器学习模型捕捉非线性模型的能力更强，识别结构变化的能力也更强。但必须注意的一点是，机器学习模型容易导致过拟合。

过拟合（overfitting）是指模型在学习过程中，过度抓取训练集数据中的特征，例如将数据中的噪声当作真实数据，然后得到一个看似拟合度非常高的模型，但是该模型对于训练集之外的数据，其泛化（generalize）能力较弱，不能达到很好的拟合效果。

由于机器学习模型往往包含了众多参数，特别是对于类似于神经网络算法，常常包含数千计的参数，因此解决过拟合问题对机器学习模型的构建至关重要。

2. 欠拟合

与过拟合相对应的概念是欠拟合（underfitting）。

欠拟合是指在学习过程中，由于使用过于简单的模型，设置的参数过少而导致数据的部分特征无法被抓取。例如，通过观察，对冲基金的规模和业绩存在显著的非线性关系：规模太小的基金常常面临较大的投资渠道限制问题而导致业绩不佳；而规模过大的基金在投资交易中更易引起市场价格的逆向变动，从而拉低整体业绩。如果使用简单的一元模型来解释基金规模和投资业绩之间的关系，就会使得两者之间的关系特征无法被完全抓取，从而带来欠拟合的问题。

虽然欠拟合问题在机器学习中并不像过拟合那样容易出现，但在样本数据不足或数据质量欠佳时，或者在控制过拟合的条件过于严苛时，较容易发生欠拟合问题。

图 25.4 向我们分别展示了对于同样的训练样本，过拟合模型、欠拟合模型和最优拟合模型对数据的拟合情况。

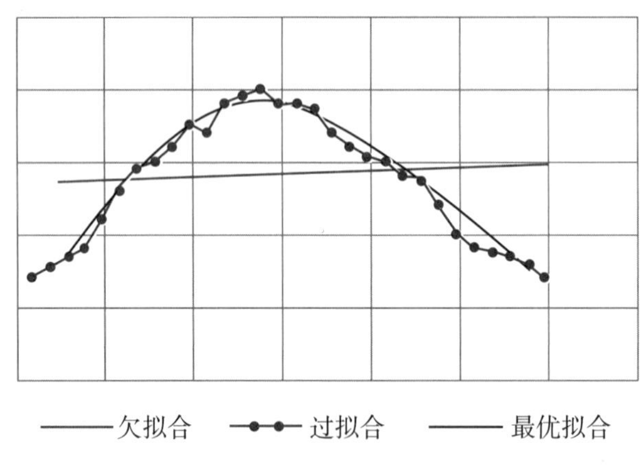

图 25.4 不同模型的数据拟合情况

3. 偏差-方差权衡

如前文所述，在构建机器学习模型时，模型的“大小”，即参数的复杂程度，会直接影响到模型最终的表现评价（欠拟合、过拟合，还是最优拟合），因此构建模型时需要考虑偏差-方差权衡（bias-variance tradeoff）。

当模型过于简单时（欠拟合），由于对数据关系的解释不全面，会造成模型参数的偏差高，但是方差更小。相反地，过拟合的复杂模型则会导致参数偏差低但是方差大。如图 25. 5 所示，最优的模型往往是综合权衡偏差和方差之后，总误差最小的模型。

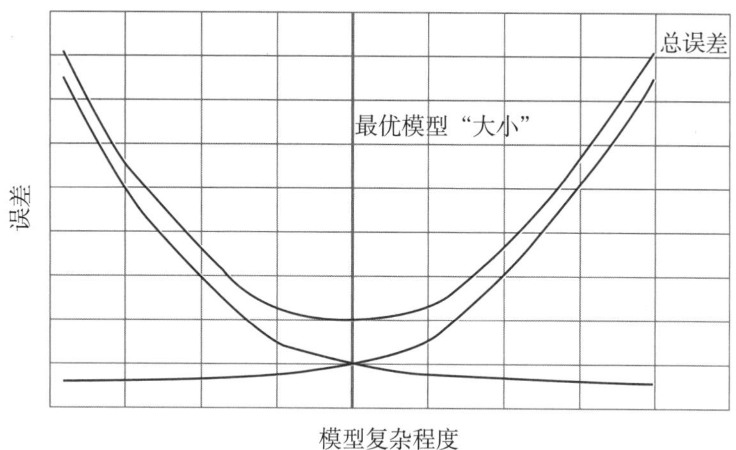

图 25. 5　模型复杂程度的偏差–方差权衡

二、样本分割和交叉验证

解释（explain）训练集、验证集和测试集的区别及各自的运用（★★）

1. 训练集、验证集和测试集

在传统计量经济学中，构建模型时常见的做法是将数据集分为两个部分：样本内数据（in-sample），主要用于设定模型参数；样本外数据（out-of-sample），用于对模型的拟合度和泛化性进行测试和评估。

而在机器学习中，如前文所述，过多的参数设定使得模型更容易出现过拟合问题。同时机器学习并不遵循金融理论的设定，因此通过样本外数据对模型的性能进行验证测试就至关重要。

机器学习中常将所有的样本数据分为三部分：训练集、验证集和测试集。

训练集（training set）是一开始输入的数据。机器可通过这些数据进行学习和训练，从而对模型的参数进行设定。

验证集（validation set）是用来对不同模型进行验证比较的数据。通过对比数据的拟合程度从而选择出最优的模型，一旦模型被选用，被“污染”的验证集数据就不能再用来对模型进行最终测试。

测试集（test set）是用来对最终选择的模型进行性能测试和评估的数据。一个好的模型必须具备较强的泛化能力，即通过学习找到数据背后的规律，识别并摒弃数据中的干扰信息和噪声，使得对于学习集以外的数据，该模型也能给出合适的输出。

在进行样本分割时，一般会将约$\frac{2}{3}$的数据用作训练，剩下$\frac{1}{3}$的数据等分为验证集和测试集。需要注意的是，如果训练集数据量过小，则输出的模型参数估计量偏差较大；如果验证集数据量过小，则无法检测出最好的模型，因此需要对样本数据的分配进行权衡。当然，如果本身样本数据非常充足，则无须严格遵循定式来进行分割。

在进行样本分割时，对于不同的数据类型，如果是横截面数据，可直接进行随意选取；如果是时间序列数据，则常见做法是将时间更早的数据分配给训练集，然后是验证集，最近的数据分配给测试集。这种分割方式使得对模型进行测试的是最新的数据，考虑到了模型在实际应用中的泛化性。

2. 交叉验证

在实践中常常会出现这样一种情况，就是样本容量并不充足，不足以被分割成训练集、验证集和测试集三个部分。为了高效利用现有数据，可使用交叉验证的方法。

交叉验证（cross-validation）是将训练集和验证集的数据合并，再将其拆分为多个子样本，每次从中取出一个子样本，剩余的都用来进行训练以估计参数，以此不断重复，从而最终构建和遴选出性能较好的模型。

K 展交叉验证（K-fold cross-validation）是一种常见的交叉验证方式。

首先，它仅留置一个测试集，将其余数据划分为 k 个相等的子样本，用于训练集和验证集。在常见实验中，k 通常取 5 或者 10。

其次，每次取出一个不同的子样本作为验证集，其余 $k-1$ 个子样本作为训练集，依次进行 k 次实验。

最后，将 k 次实验的验证结果取平均值以确定模型性能。

当样本数据较少时，增加 K 值可以提升训练的效果。当 K 取到最大值，即 K 与样本数据量相等时，这种验证方法又叫留一法交叉验证（leave-one-out cross-validation）。

第五节 自然语言处理

解释（explain）自然语言处理及其使用方法（★）

自然语言处理（Natural Language Processing，NLP）有时又被称作文本挖掘（text mining），是利用机器学习的模型和算法理解和分析人类自然语言或文字。其最大的优势就是可以快速对大量信息进行处理，避免了人类处理过程中容易出现的遗漏和偏差。

自然语言处理技术在金融领域的应用十分广泛。例如：通过对企业财报的文本数据进行分析来识别财务欺诈；通过识别文字或语音中的关键词句分析语言信息，并进行自动处理或回复，如常见的自动客服系统；对文本信息进行分类，如广告、新闻信息的自动归类；对社交媒体信息进行情绪分析，如分析消费者对于新上市产品的反应。

在进行自然语言处理时，一般遵循以下三个步骤：

第一步，抓取不同媒介下的语言信息。

第二步，对语言信息进行预处理，包括：

（1）删除各种符号以便对文章进行标记化（tokenize）；

（2）删除停用词（stop words），如“the”“a”“is”；

（3）提取词语的词根（stems），如将“emotional”提取为“emotion”“disappointing”提取为“disappoint”；

（4）提取词语的词元（lemmas），如将“good”“better”统一替换为“good”；

（5）保留固定词组的字尾（n-grams），不改变词语原意，如“red herring”。

通过这些提取和还原方法，使得预处理后的文字信息更适用于模型的分析。

第三步，根据应用目的对预处理后的信息进行分析研究。

一般而言，自然语言处理就是将输入文本的信息打包成一个文字包，再根据任务需求对打包的文字进行分割和分析。例如，我们要对新闻或社交媒体上的文字进行分析，以观察大众对于某个新上市产品的态度。我们先将语言中常见的情绪词汇进行分类，如表25.3所示，再将文字包中正面词汇和负面词汇出现的频率进行对比，从而对大众的情绪态度进行分析判断。

表25.3　市场情绪中的正面词汇和负面词汇

正面词汇	负面词汇
满意	失望
实用	没用
推荐	后悔
棒	劝退

第二十六章

机器学习和预测

知识引导

本章在前一章“机器学习方法”概念介绍的基础上，进一步对机器学习的数据处理、模型算法等展开了探讨。首先讨论如何在模型中处理数据，然后考虑使用逻辑回归、决策树等不同的模型算法进行预测，最后讲述模型评估和模型优化技术。

考点聚焦

本章涉及机器学习数据处理、模型算法、模型评估和模型优化技术，内容相对抽象，考生可以重点理解各个模型算法的构造逻辑，具体的细节简单了解即可，考试以定性考查为主。

本章框架图

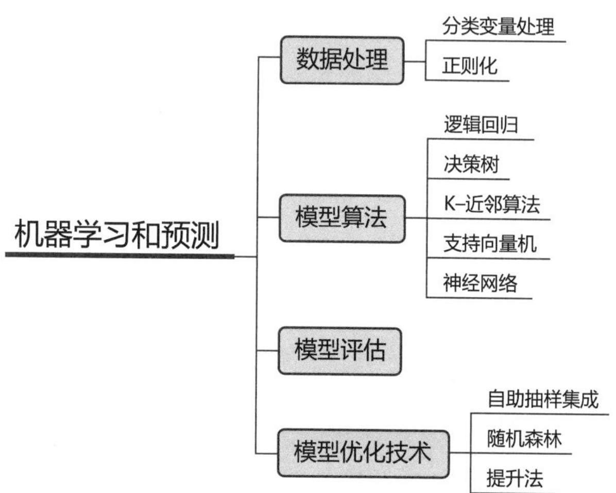

第一节　数据处理

一、分类变量处理

描述（describe）并运用（apply）对分类变量进行编码的方法（★）

在回归模型或机器学习模型中，如果涉及定性变量（如分类数据），必须首先把定性信息进行量化。量化定性变量最常用的手段有映射（mapping）和编码（encoding），并通过设置哑变量（dummy variables）来最终实现。

映射或编码是指将定性信息量化为定量数据，即将非数字信息转换为数字的过程。哑变量在本科目的“回归分析与诊断”中讲过，此处不再赘述。

例如，假设研究人员正在分析某个国家的家庭收入，家庭所处的地区是影响家庭收入的因素之一，该因素是一个典型的分类数据。研究人员把地区分成了4类，分别为北部地区（X_1）、东部地区（X_2）、西部地区（X_3）和南部地区（X_4）。此时，可以使用单一的哑变量进行编码，但地区信息本身并没有自然的排列顺序，因此该分类信息不能呈现出一个有顺序的排列，即不能设置为$X_1=0$，$X_2=1$，$X_3=2$，$X_4=3$。

正确的做法是，使用独热编码（one-hot encoding）方法，对每一个分类设置一个哑变量，那么地区相关的哑变量为4个。每个哑变量的取值为0或1，即当数据所处的地区为北部时，$X_1=1$，$X_2=X_3=X_4=0$；当数据所处的地区为东部时，$X_2=1$，$X_1=X_3=X_4=0$；以此类推。当模型中存在截距项时，会出现哑变量陷阱（dummy variable trap），影响拟合效果，因此在模型构建中还需考虑尽量减少哑变量的个数，同时后文提及的正则化方法也可有效解决这一问题。

如果分类数据本身有一定的自然顺序（变量是有序的），如公司规模有大、中、小型，此时哑变量可以设置为：$X_1=0$，$X_2=1$，$X_3=2$。

二、正则化

讨论（discuss）正则化的作用（★）

比较（compare）岭回归和 LASSO（★）

正则化（regularization）是简化模型的一种方法，当模型中有很多高度相关的自变量时，通过正则化可确保模型不至于太大或过于复杂。正则化既可以简化模型，使模型更容易解释，又可以降低模型对训练样本（training sample）过拟合的可能性。有时，使用正则化生成的简单模型比原始的 OLS 线性回归模型的泛化效果更好。

两种最常见的正则化技术是岭回归/脊回归（ridge regression）、最小绝对值收敛和选择算子（least absolute shrinkage and selection operator，LASSO）。这两种方法都是通过在目标函数中添加惩罚项（penalty term）来简化模型。两者的区别是，在岭回归中惩罚项是回归系数的平方和；而在 LASSO 中，惩罚项是回归系数绝对值之和。惩罚项的存在，使得模型不至于过于复杂，从而提高了模型的泛化能力。

1. 岭回归/脊回归

岭回归（ridge regression）是最常使用的一种正则化方法。其具体的做法如下。

假设一个数据集包含 n 个数据，除了一个输出变量 y 以外，有 m 个自变量。假设基于该数据集做标准线性回归，将数据代入模型后，可以得到回归系数的估计值（$\widehat{\beta}$）。

岭回归中的目标函数，又称损失函数（loss function），表达式如下：

$$L=\frac{1}{n}\sum_{j=1}^{n}(y_j-\widehat{\alpha}-\widehat{\beta}_1 x_{1j}-\widehat{\beta}_2 x_{2j}-\cdots-\widehat{\beta}_m x_{mj})^2+\lambda\sum_{i=1}^{m}\widehat{\beta}_i^2 \qquad (26.1)$$

其中，$\sum_{j=1}^{n}(y_i-\widehat{\alpha}-\widehat{\beta}_1 x_{1j}-\widehat{\beta}_2 x_{2j}-\cdots-\widehat{\beta}_m x_{mj})^2$ 代表线性回归的残差项平方和；$\lambda\sum_{i=1}^{m}\widehat{\beta}_i^2$ 代表收缩项（shrinkage term），针对绝对值较高的斜率参数进行惩罚；λ 控制了收缩项相对于模型拟合度（残差项平方和）的权重，是该回归的超参数（hyperparameter）；$\widehat{\alpha}$和$\widehat{\beta}$为模型的参数。

机器学习中参数有两种，一种是模型参数，是从数据中学习和估计得到的，如模型的斜率β、截距项α，它们是模型本身的参数，是通过机器学习、训练得到的参数数据；另一种是超参数，指模型外部的调优参数，是在开始学习过程之前人为设置好的参数，该参数根据模型的评估，可以进行后续调整，如上述损失函数中的λ。

2. LASSO

LASSO的思想与岭回归相似，通过加入收缩项，得到一个回归系数绝对值被压缩后的较为精炼的模型。但与岭回归不同的是，LASSO的惩罚项采用的是绝对值形式而不是平方形式：

$$L=\frac{1}{n}\sum_{j=1}^{n}(y_j-\hat{\alpha}-\hat{\beta}_1x_{1j}-\hat{\beta}_2x_{2j}-\cdots-\hat{\beta}_mx_{mj})^2+\lambda\sum_{i=1}^{m}|\hat{\beta}_i| \tag{26.2}$$

由于岭回归和LASSO中的惩罚项分别具有二阶或一阶的性质，岭回归和LASSO也可以分别被称为L2和L1正则化。

岭回归和LASSO之间有一个关键的区别：岭回归（L2）倾向于减小β参数，使它们更接近零（但不等于零），这样做简化了模型，避免了两个相关变量中的一个被赋予较大的正的β系数，而另一个被赋予较大的负的β系数的情况；LASSO（L1）的不同之处在于，它将一些不太重要的β估计量设为0。

对于岭回归，λ越大，系数（回归系数绝对值）缩小的程度越大；对于LASSO，λ越大，删除系数的效果会越明显，会使得更多的回归系数减少至0，从而需要从回归中删除更多的自变量。

对岭回归和LASSO的选择，取决于研究的目的是减少自变量的极端参数估计还是完全从模型中删除某些自变量。LASSO也可以被称为特征选择技术（feature selection technique），因为它删除了不太重要的自变量，当λ值不断增加时，更多的自变量会被删除。

3. 弹性网络

弹性网络（elastic net）是上述两种方法的混合，其损失函数包含参数的平方函数和绝对值函数：

$$L=\frac{1}{n}\sum_{j=1}^{n}(y_j-\hat{\alpha}-\hat{\beta}_1x_{1j}-\hat{\beta}_2x_{2j}-\cdots-\hat{\beta}_mx_{mj})^2+\lambda_1\sum_{i=1}^{m}\hat{\beta}_i^2+\lambda_2\sum_{i=1}^{m}|\hat{\beta}_i| \tag{26.3}$$

通过两个超参数（λ_1和λ_2）的选择，可以同时享有岭回归和LASSO的优点：减小一些回归参数，并完全删除一些不重要的回归参数。

对于正则化方法来说，λ_1和λ_2的选择至关重要，选择时需要在模型的简化程度和模型的预测能力方面做出权衡。如“机器学习方法”一章中所述，可以将数据分成训练集、验证集和测试集。训练集用于确定特定值λ；验证集用于确定模型对新数据的泛化程度；测试集用于所选模型准确性的度量。

第二节　模型算法

一、逻辑回归

解释（explain）逻辑回归在预测中的作用（★★）

在金融领域，很多研究结论可能会有两种可能的结果，如公司在某项贷款上是否会违约（会或不会），交易是否有欺诈（有或没有）等。如果使用哑变量表示，结果的取值要么为0，要么为1。此时，研究的重点落在了某个结果发生的概率上，这种情况下，标准线性回归模型就不再适用了，因为它不能确保因变量的取值在0~1的概率区间之内。

当因变量为分类数据时，可以使用逻辑（logistic）回归进行分析，它主要解决了二分类问题（也可以解决多分类问题）。通过累计逻辑函数转换，使结果取值限定在［0，1］之间。逻辑函数是一个s形（sigmoid）函数，其表达式为：

$$F\left(y_j\right)=\frac{1}{1+e^{-y_j}} \tag{26.4}$$

当y有m个特征（自变量）时，y的函数可以写成：

$$y_j=\alpha+\beta_1 x_{1j}+\beta_{2j} x_{2j}+\cdots+\beta_{mj} x_{mj} \tag{26.5}$$

其中，x_{mj}代表测试集中的第j个数据的第m个特征取值；β_{mj}和α都是待求参数。

因此，$y_j=1$的概率为$P_j=\frac{1}{1+e^{-(\alpha+\beta_1 x_{1j}+\beta_{2j} x_{2j}+\cdots+\beta_{mj} x_{mj})}}$，$y_j=0$的概率为$1-P_j$。

接下来，考虑参数的求解。因为该模型不是线性的，故不能用 OLS 估计其参数，数理统计中，常常使用极大似然估计法（maximum likelihood method）来求解，即找到一组参数，使得在这组参数下，数据的似然度（概率）最大。对于样本 j，可以把 $F(y_j)$ 看成一个概率。$y_j = 1$ 时的概率为 $F(y_j)$，$y_j = 0$ 的概率就为 $1 - F(y_j)$。

构造出的极大似然函数如下：

$$L = \prod_{j=1}^{n} F\left(y_j\right)^{y_j} \left[1 - F(y_j)\right]^{1-y_j} \tag{26.6}$$

为了方便求解，对式（26.6）两边取对数，有

$$\log(L) = \sum_{j=1}^{n} \{ y_j \log[F(y_j)] + (1 - y_j)\log[1 - F(y_j)] \} \tag{26.7}$$

根据式（26.7），可以求出极大似然估计法下的 α 和 β，从而求出 $y_j = 1$ 和 $y_j = 0$ 的概率，即 P_j 和 $1 - P_j$。根据研究的目的，可以设定不同的阈值（threshold）Z，比较 P_j 和 Z 的大小，从而输出最终的 $\widehat{y_i}$ 的取值（0 或 1），达到将回归结果分为两个结论的目的。

二、决策树

阐明（illustrate）决策树的构造（★）

决策树（decision trees）是一种广受欢迎的预测方法，因为它符合人类的直观思维，与其他模型（如神经网络）相比，该方法便于理解并且可解释性强。

决策树是一种监督学习方法，它依次检查输入特征，用树的结构基于节点来构建分类模型，每个节点代表一个特征属性。该决策树从根节点开始分析，根据根节点的特征属性进一步划分，进行的下个分支同时也代表这个特征属性在某个值域上的输出，最终直至叶节点来表征一定的类别，从而达到对数据进行分类的目的。

下面通过一个简单的例子，将以上过程更形象地展示出来。通过信用评分、家庭年收入来判断违约概率的决策树，具体如图 26.1 所示：

决策树通常应用于分类问题，也可以用于连续变量值的预测。分类与回归树（classification and regression trees，CARTs）也称白盒模型（white-box models），是一种经典的决策树，可以用于处理连续数据的分类或者回归任务。

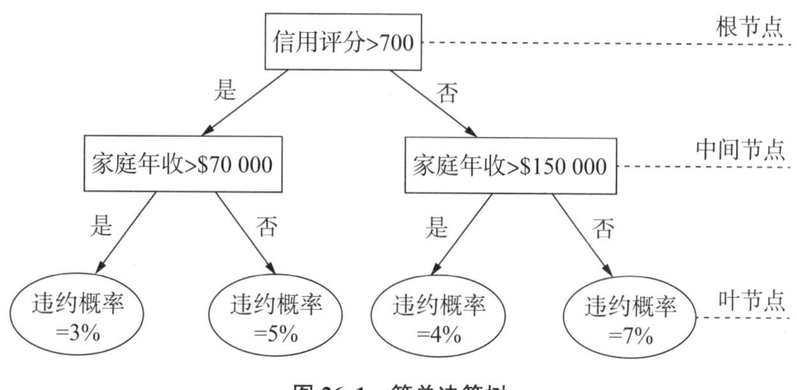

图 26.1　简单决策树

为了解释决策树是如何构造的，需要考虑特征属性的选择以及特征属性判断的先后顺序，并引入与特征属性相关的信息增益概念。

信息增益是一种通过获取关于特征属性的信息来降低不确定性程度的度量指标。决策树上的每一个节点上选取的特征属性都应尽量使信息增益实现最大化。如果选择一个特征属性后，信息增益最大（信息不确定性减少的程度最大），就选取这个特征属性作为决策树的根节点。

信息增益的两个最广泛使用的测量方法是熵（entropy）和基尼系数（Gini Coefficient）。运用熵和基尼系数，来对信息增益进行计算，得出的决策树通常是非常相似的。

（1）熵是关于系统无序程度的度量，本质上是一个表明系统内在混乱程度的指标，它介于 0 和 1 之间，系统越混乱，熵越大，越接近 1，反之，系统越有序，熵越小，越接近 0。熵的计算公式：

$$\text{entropy} = -\sum_{i=1}^{M} p_i \log_2(p_i) \tag{26.8}$$

其中，M 代表可能结果的总数，p_i 代表结果的发生概率。

（2）基尼系数表征在二分类问题中两种标签分配的合理程度，是另一种不确定性的度量，衡量的是当一个给定的特征属性被用来分割样本时，错误分类的概率。基尼系数的计算式为：

$$\text{Gini} = 1 - \sum_{i=1}^{M} p_i^2 \tag{26.9}$$

信息增益是在经过了某个特征属性的判断后，结果的不确定性下降的程度，它的计算方式可以理解为熵减去条件熵（经过了某个特征属性分类后的熵）。

例如，我们想知道一家公司的债券是否违约，以债券是否违约作为输出变量（output variable）构建了一个模型，其特征属性有：公司规模（大盘股/小盘股）、行业板块（科技板块/非科技板块）、公司上一年盈利情况（盈利上升/盈利下降）。在构建决策树中，采用哪个特征属性作为根节点，就用到了信息增益的概念。如果数据显示，科技股公司发行的债券都违约了，先看按照是否为科技股这个属性来分的纯度（pure）达到了最大，即信息增益最大，如果是，则意味着使用这个属性之后，结果的不确定性最低。与之相反，最差的情况是，有一半科技公司的债券违约，另一半科技公司的债券没有违约，这种情况下，知道一家公司是否是科技公司的信息就没有那么有用了，该特征属性带来的结果的不确定性高，即信息增益不大。

承接上述示例，假设输出变量为债券是否违约（1 为违约，0 为不违约），相关特征属性有：公司规模（1 为大盘股，0 为小盘股），行业板块（1 为科技板块，0 为非科技板块），公司盈利情况（1 为盈利上升，0 为盈利下降），我们的数据如表 26.1 所示：

表 26.1　　构建决策树的数据

序号	债券是否违约	公司规模	行业板块	公司盈利情况
1	1	0	0	0
2	1	0	1	1
3	1	1	0	0
4	0	1	1	0
5	1	0	0	1
6	0	0	0	0
7	0	1	1	1
8	0	1	1	0
9	0	0	0	1
10	0	1	0	0

对于输出变量“债券是否违约”，有 4/10 的公司债券违约，6/10 的公司债券不违约，基尼系数：$\text{Gini} = 1 - \left[\left(\frac{4}{10}\right)^2 + \left(\frac{6}{10}\right)^2\right] = 0.48$。

对于“公司规模”，在5个大盘股中，有1个违约，基尼系数：$Gini = 1 - \left[\left(\frac{1}{5}\right)^2 + \left(\frac{4}{5}\right)^2\right] = 0.32$。在5个小盘股中，有3个违约，基尼系数：$Gini = 1 - \left[\left(\frac{3}{5}\right)^2 + \left(\frac{2}{5}\right)^2\right] = 0.48$。该属性下的平均基尼系数为：$average\ Gini = \frac{5}{10} \times 0.32 + \frac{5}{10} \times 0.48 = 0.4$。信息增益为：$information\ gain = 0.48 - 0.4 = 0.08$。

对于信息增益的理解：如果不知道一个公司最初任何的特征，该公司债券违约的不确定性是0.48，当知道了公司规模信息后，不确定性减少了0.08，也就是说，该特征属性给我们带来的不确定性减少的贡献是0.08。

对于“行业板块”，在4个科技板块公司中，有1个违约，基尼系数：$Gini = 1 - \left[\left(\frac{1}{4}\right)^2 + \left(\frac{3}{4}\right)^2\right] = 0.375$，在6个非科技板块公司中，有3个违约，基尼系数：$Gini = 1 - \left[\left(\frac{3}{6}\right)^2 + \left(\frac{3}{6}\right)^2\right] = 0.5$。该属性下的平均基尼系数为：$average\ Gini = \frac{4}{10} \times 0.375 + \frac{6}{10} \times 0.5 = 0.45$。信息增益为：$information\ gain = 0.48 - 0.45 = 0.03$。

对于“公司盈利情况”，在4个盈利上升的公司中，有2个违约，基尼系数：$Gini = 1 - \left[\left(\frac{2}{4}\right)^2 + \left(\frac{2}{4}\right)^2\right] = 0.5$，在6个盈利下降的公司中，有2个违约，基尼系数：$Gini = 1 - \left[\left(\frac{2}{6}\right)^2 + \left(\frac{4}{6}\right)^2\right] = 0.44$，该属性下的平均基尼系数为：$average\ Gini = \frac{4}{10} \times 0.5 + \frac{6}{10} \times 0.44 = 0.46$。信息增益为：$information\ gain = 0.48 - 0.46 = 0.02$。

其中，信息增益最大的特征属性为“公司规模”，因此，选取“公司规模”这一特征属性作为决策树的根节点。

当特征属性有很多可供选择时，决策树可能产生对数据的过拟合。除了使用单独的测试子样本，还可以通过使用预先指定的停止规则（stopping rules），或在树生长后进行修剪（pruning），删除最弱的（weakest）节点来防止过拟合。

三、K-近邻算法

解释（explain）K-近邻算法的基本原理（★）

K-近邻算法（K-nearest neighbors，KNN）是一个简单、直观的监督学习模型，可用于分类或预测目标变量的值。该方法有时也被称为懒学习者（lazy learner），因为它不像其他方法那样注重学习数据之间的关系。

在该算法下，对一个不在训练集中的观测值，研究者可使用训练集中最接近目标观测值的 K 个观测值来对其进行预测，其中最接近值可以用“机器学习方法”中讲过的距离计算指标来判断。基于这些指标，KNN 算法的步骤如下。

第一步：选择一个 K 值和一个距离度量指标，通常是欧几里得距离（Euclidean Measure）或曼哈顿距离（Manhattan Measure）（具体的指标计算，可以参考“机器学习方法”一章中的相关内容）。

第二步：观察训练样本中的每个数据点，在特征空间中找出与目标观测值的点最近的 K 个邻居。

在分类的情况下，可以使用多数投票系统（majority voting system），例如，预测某一个观测结果的类别，其中 K 个最近的邻居属于这个类别，则该观测结果属于这个类别。当预测结果为一个目标值时，可以将目标设置为它的 K 个最近邻居值的平均值。

在 KNN 算法下，最关键的就是 K 值的选择，该选择涉及“机器学习方法”一章中提到的偏差-方差权衡（bias-variance tradeoff）。如果 K 设置得过大，则选择的邻居太多，会造成预测结果偏差较高，方差较低；反之，如果 K 设置得过小，则结果为偏差较低，方差较高。

因此，K 取值较小，意味着更好地拟合了训练数据，但有更高的过拟合概率。通常可以设置 K 值为训练样本容量（n）的平方根，如果 $n=1\ 000$，那么设 $K=32$。

四、支持向量机

解释（explain）支持向量机的基本原理（★）

支持向量机（support vector machines，SVM）是一类有监督的机器学习模型，可以解决分类问题，适用于对有大量特征值的数据进行分类的情形。

虽然支持向量机理论背后的数学证明比较复杂，但其基本原理非常直观，下面以二维情形的分类问题，来简单说明支持向量机的基本原理。假设研究人员想根据年收入和存款总额来判断 10 个客户是否违约，根据这两个维度的特征属性，将观测值绘制如下（图 26.2），根据此图形来构建将违约和不违约的两类结果进行区分的一条线。如图 26.2 中的实线所示，其中，方块代表没有违约，圆形代表违约。

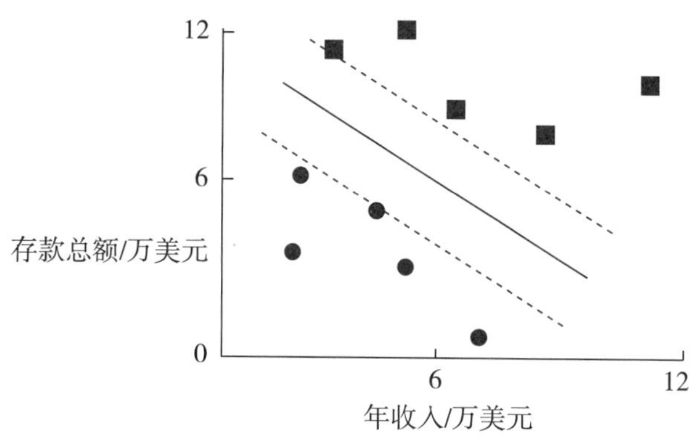

图 26.2 简单的支持向量机

从图 26.2 可以看出，支持向量机的基本思想就是解决用什么标准、选择哪条线作为分割线的问题，从而达到将新样本点归类为某一类别的目的。支持向量机构造了由两条平行线组成的最宽路径（图 26.2 中的两条虚线），将观测值分开。位于路径边缘的数据点称为支持向量（support vectors），处于路径的中心的实线则为分离边界（separation boundary）。

支持向量机不仅可用于两个特征属性的判断，也可以拓展到多个特征属性的判断上。在上面简单的例子中，两种结果的完全分离是可能的。然而，在实际情况中，完全分离的情况非常少见，有可能需要考虑非线性的分离边界。

五、神经网络

解释（explain）神经网络的构造以及权重的确定（★）

人工神经网络（artificial neutral networks，ANN）又称神经网络（artificial neutral），是一种旨在模仿人脑神经元处理信息的模式进行分布式并行信息处理的机器学习算法模型。

最常见的人工神经网络类型是带反向传播的前馈网络（feedforward network with backpropagation），又称多层感知器（multi-layer perceptron）。前馈网络是一种单向的多层结构，是指网络中的每一层神经元，产生信号后会传递到下一层，而下一层的神经元产生的信号无法反向传递给上一层，数据在网络中经过隐藏层（可以有多层），最终达到输出层并作为结果输出，数据是单向流动的。反向传播（backpropagation）是指输出值和实际值之间的误差从输出层向隐藏层反向传递，直到输入层，用来对函数的参数进行优化和调整，使得输出的预测结果和真实值之间的误差尽可能地小。

假设运用一个简单的神经网络过程来进行拟合，如图 26.3 所示。

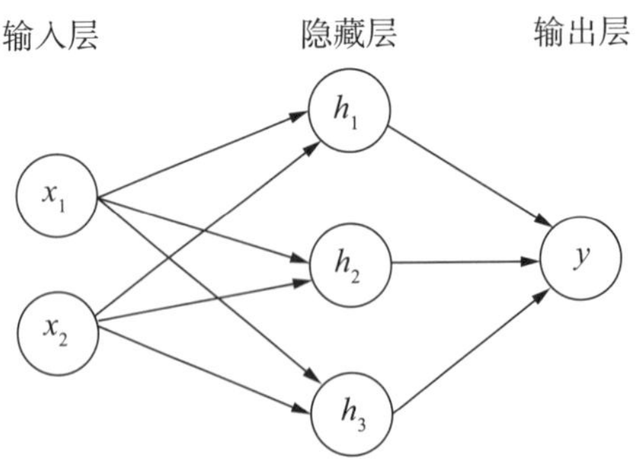

图 26.3 多层神经网络

在神经网络中，位于输入层以外的节点是神经元（neutrons），由图 26.3 可以看出，神经网络是一种计算模型，由大量的神经元直接相互关联而成。每个神经元都有一个特定的激活函数（activation function），每两个神经元之间的连接都代表某个信号在传输中所占的权重，最终的输出值因激活函数和权重的不同而不同。

图 26.3 的神经网络包含输入层、隐藏层（hidden layer）和输出层三层。输入层（即输入自变量x_1和x_2的一层）的变量通过某个给定的权重参与运算，运算结果输入隐藏层；隐藏层将输入数据考虑权重调整后，继续进行计算，并将计算结果输入下一层；输出层根据隐藏层的数据计算出数据 y。隐藏层中用于计算的函数为激活函数，该函数通常是一个非线性函数，通过多层计算，能够充分呈现输入变量和输出变量之间的非线性关系。

激活函数在神经网络中起到了很大的作用，正是因为激活函数的存在，神经网络才具有了拟合非线性问题的能力。激活函数可以采用多种形式，其中就有前文讲到的逻辑回归。

例如，在图 26.3 中，隐藏层 h_1 节点的计算为：$h_1 = \Phi(w_1 x_1 + w_2 x_2 + b_1)$，$\Phi$ 代表了激活函数，没有了这个激活函数，输出层就是输入层、隐藏层的线性结果，w_1 和 w_2 代表了输入变量的权重，b_1 代表了偏置量（biases）。

神经网络的参数，包括权重和偏置量，通过反向传播算法来进行优化和更新，根据梯度下降（gradient descent）的优化过程来进行更新和优化。

梯度下降是一种常见的、通过最小化目标函数（损失函数）来寻找参数最优解的算法。其算法原理类似于站在山顶的时候，根据当前位置下降最为陡峭的路径向下走，每走一步判断一次最陡峭的位置，一直重复这个过程，直到到达谷底，从而找出到达谷底最快的路径。梯度下降中常见的问题是，目标函数可能存在多个局部最小值，在权重集中可能会包含许多好的解，其中局部最优解往往比较容易找到。

在局部最优解的搜索过程中，调整权重的变化量或者步长就是学习率（learning rate），它是神经网络中最重要的超参数（hyperparameter）之一。较小的学习率可以使模型学习更优化甚至达到全局最优的权重集，但训练时间可能会更长；较大的学习率可以使模型学习更快，但可能会越过最优权重集，获得次优的最终权重集，甚至结果会在次优权重集之间震荡，无法收敛。通过对验证数据集和训练数据集同时计算，可以避免过拟合问题的出现。

为了对神经网络的概况有个直观的了解，可以把其训练过程作以下简单归纳。

第一步：初始化权重，输入值向下一个神经元传播。

第二步：衡量预测值与真实值的误差。

第三步：使用梯度下降，将误差反向传播，修改权重。

第四步：循环以上步骤，直到误差达到目标要求时停止，应用训练好的模型对测试样本进行训练。注意在循环以上步骤的时候，要避免过拟合问题的出现。

第三节　模型评估

用混淆矩阵来比较（compare）逻辑回归模型和神经网络模型的预测性能（★）

模型构造好后，可以根据数据的结果来对模型进行评价。模型评价根据数据的结果分为以下两种情况来展开。

1. 连续变量

当模型的输出结果为连续变量时（如收益或收益率），可以计算出测试样本的均方预测误差（mean squared forecast error，MSFE）和平均绝对误差（mean absolute error），并以此对模型进行评价。

$$MSFE = \frac{1}{n}\sum_{i=1}^{n}(y_i - \widehat{y_i})^2 \tag{26.10}$$

其中，n 代表样本容量。

$$平均绝对误差 = \frac{1}{n}\sum_{i=1}^{n}|(y_i - \widehat{y_i})| \tag{26.11}$$

2. 二值变量

当模型的输出结果为二值变量时，即模型输出的是两个定性的结果时，通常使用基于混淆矩阵（confusion matrix）来计算模型预测正确与否的模型评价方法。

例如，有 100 家公司，其中 80 家有股利，20 家无股利。根据逻辑回归，研究人员通过设置一个阈值，将预测出的概率值转化为付股利和不付股利两种结果，可以构建如下的混淆矩阵（表 26.2）来对逻辑回归模型进行评价。

表 26.2　预测结果和真实结果

		预测结果	
		付股利	不付股利
真实结果	有股利	60.1%（TP）	19.9%（FN）
	无股利	12.1%（FP）	7.9%（TN）

假定付股利为阳性结果，根据表 26.2，可以得到下面的 4 个比率：

真阳性（true positive，TP）：模型的预测结果是阳性的，真实结果也是阳性的。

假阴性（false negative，FN）：模型的预测结果是阴性的，真实结果是阳性的。

假阳性（false positive，FP）：模型的预测结果是阳性的，真实结果是阴性的。

真阴性（true negative，TN）：模型的预测结果是阴性的，真实结果也是阴性的。

基于这四个元素，可以计算几个性能指标来进行模型评价。其中最常见的是：

$$正确率（accuracy）=\frac{TP+TN}{TP+TN+FP+FN}=68\% \tag{26.12}$$

$$精确度（precision）=\frac{TP}{TP+FP}=83.2\% \tag{26.13}$$

$$召回率（recall）=\frac{TP}{TP+FN}=75.1\% \tag{26.14}$$

$$错误率（error\ rate）=1-\frac{TP+TN}{TP+TN+FP+FN}=32\% \tag{26.15}$$

用混淆矩阵的方法也可以通过计算上述正确率、精确度和召回率来评价神经网络模型，并将逻辑回归与神经网络模型的上述比率进行对比，来判断模型的优劣。

与假设检验中的显著性水平 α 对 Ⅰ 类错误和 Ⅱ 类错误的影响一样，阈值的设定也要考虑研究人员关于真阳性和假阳性的权衡。在设定不同的阈值后，可以根据模型的结果绘制出受访者操作特性曲线（receiver operating curve，ROC），如下图所示。

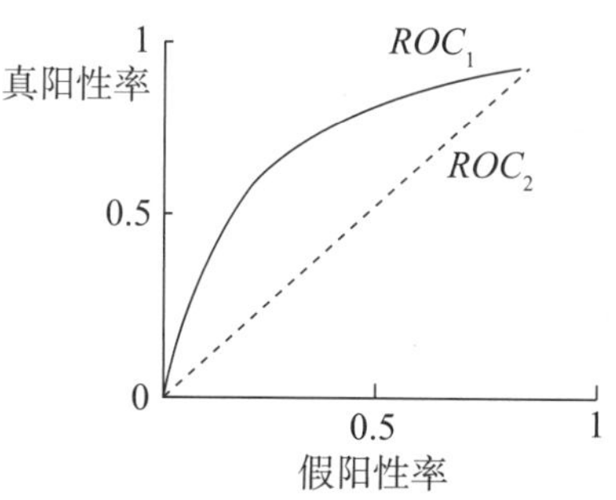

图 26.4　受访者操作特性曲线

如图 26.4 所示的两条 ROC 曲线，它们展示的模型的准确度是不一样的。ROC 曲线下方的面积（area under curve，AUC）越大，说明模型的预测能力越强（真阳性概率越大且假阳性概率越低）。AUC 最大值可能为 1，这时模型的预测完全正确。当 AUC 为 0.5 时，说明模型没有任何的解释力度，和盲猜的概率没有任何区别；当 AUC 小于 0.5 时，模型的解释价值为负。

在具体的机器学习和预测中，选取哪一种方法来进行预测，需要综合考虑多种指标。在运用指标进行模型优劣性的分析时，也要注意预测的目的和关注点，并从预测的关注点出发，选择合适的指标对模型进行判断和选择。

第四节　模型优化技术

描述（describe）集成技术的构建（★）

集成技术（ensemble techniques）是指使用一系列不同的模型，将它们的输出组合成一个单一的元模型（metamodel）。例如，基于决策树的集成技术，就是按照不同规则构建多棵决策树模型，各个模型分别给出针对未知样本的预测结果，最后通过平均或投票的方法得到相对综合的结论。

集成技术可以达到两个目的：

（1）通过“群体智慧”（wisdom of crowds）和类似于大数定律的结果，做出多个预测，取其平均来改善模型的拟合度。

（2）该技术旨在建立防止过拟合的保护机制，将最佳模型和其他模型结合在一起的集成结果通常比最佳模型的单独表现要更好。

下面简要讨论三种集成技术：自助抽样集成、随机森林和提升法。

一、自助抽样集成

自举法（bootstrap）是一种在统计学中运用有放回的重抽样方法来提高估计精确度的技术，是指从样本自身中再生成很多可用的、规模相等的样本子集，而不再借助其他样本数据。

很多基于CART的预测方法都对训练集的数据很敏感，即训练集数据有一点变化，就会导致估计结果出现很大的变化。自助抽样集成（bootstrap aggregation）是一种集合技术，又称bagging，其基本思想是给定一个训练集（training sample），将该训练集分成多个子集，在每个子集上构建一个模型（如决策树），从而得到多个不相干的模型，进而产生多个预测结果或分类结果，最后再将这些结果进行整合，运用投票（针对分类问题）或均值（针对回归问题）的方法得到最终的预测结果。运行 bagging 的基本步骤如下。

第一步：对完整的训练集进行抽样，来构造一个子集（subset）。例如，训练集有 10 000 个观测值，通过抽样，从中抽取 1 000 个观测值，构建一个子集；通过有放回抽样，构建多个观测值相同的子集。

第二步：构建决策树，得到一个预测结果。

第三步：重复第一步和第二步多次，在每个子集的基础上，都可以获得一个预测结果。

第四步：对所有子集的预测结果求取平均值。

因为子集中的观测值是通过有放回抽样获取的，有些观测值根本不会被使用到，有些观测值会在不同的子集中多次出现，在预测时不会使用到的观测值被称为袋外数据（out-of-bag data），后续可以用于评估模型的性能。

Pasting 是一个与 bagging 相同的预测方法，不同之处在于，它采用无放回抽样的方法来构建子集，例如，10 000 个观测值，采用无放回抽样，如果每个子集包含 1 000 个观测值，在 pasting 的方法下，就只能获得 10 个子集。

二、随机森林

随机森林（random forests）是决策树的集合，是运用多个决策树对样本进行训练并预测的一种集成技术。在构建每一棵决策树时，并不使用所有的特征，而是采用无放回抽样的方式，抽取其中的一部分特征。当对特征进行抽样时，所选择的特征数量通常约等于可用特征总数的平方根。每棵树可能会给出次优结果（suboptimal result），但数的集合给出的总体预测通常会得到改进。当单个模型输出结果之间的相关性较低时，集成的性能提升最大。

三、提升法

提升法（boosting）是另一种集成技术，其本质是基于先前模型的错误来训练一个模型，提高它的表现能力。提升的两种主要的形式有梯度提升（gradient boosting）

和自适应提升（adaptive boosting，AdaBoost）。

梯度提升是指用模型来拟合训练集，对于第一个模型产生的残差用第二个模型来训练，在第二个模型上产生的残差上面训练第三个模型，以此类推。

自适应提升是指对所有观察样本赋予相等的权重来训练模型，然后逐步增加对错误分类输出的权重，以激励模型更多地关注这些情况。具体是指：初始时，所有的观测值都是等权重的；在第一个模型训练完成后，被它错误分类的训练样本在第二个模型训练中的权重增加；在第二个模型训练完成后，被第二个模型错误分类的训练样本在第三个模型训练中的权重增加，以此类推。

附录　计算器使用说明

一、基本介绍

（一）基本说明

在 FRM®考试中，GARP 指定使用两种专业计算器，即德州（Texas Instrument）BA II 专业版计算器、惠普（Hewlett Packard）12C 系列计算器。本书推荐考生使用德州 BA II 专业版计算器（英文全称：Texas Instruments BAII+Professional）。一方面，这款计算器功能强大、界面友好、易于上手；另一方面，这款计算器不仅是 FRM®考试指定计算器，还同时适用于其他各类主流财经证书考试。本书中所有关于计算器的使用都将以德州 BA II 专业版为示例。下文将德州 BA II 专业版计算器简称为计算器。

（二）常用功能键说明

考生拿到计算器后，首先要熟悉一下界面。计算器界面可以大致分为四个区域：前两排按钮为第一个区域，主要是基本功能键；第三排按钮为第二个区域，用于计算现金流的货币时间价值；第四排开始围绕数字键的为第三个区域，主要是各种运算与存储功能；最后一个区域是数字键。计算器常用功能键可见附表 1，一些重要功能后文用到时会详细说明。

附表 1　常用功能键说明

按键	功能	按键	功能
CPT	计算	PV	现值
ENTER（SET）	输入（设置）	PMT	单个复利周期的 cash flow（可用于计算年金）
2ND	启用第二项功能	FV	未来值
CF	进入 cash flow 的数据输入	$\sqrt{x}$	对前一个输入的数值开方
NPV	进入 NPV 的计算	x^2	对前一个输入的数值平方
IRR	进入 IRR 的计算	$1/x$	对前一个输入的数值求倒数

（续表）

按键	功能	按键	功能
→	删除	y^x	对前面的计算结果进 x 次方
N	复利周期的次数	STO	存储数据
I/Y	单个复利周期的利率	RCL	调用所存储的数据
↑ ↓	上下移动	CE/C	数据归零

（三）常用组合键说明

计算器的许多按键都具备第二种功能。例如，计算器数字键“7”的正上方有注明“Date”字样，表面该数字键还具备日期相关功能。启用该功能的方法是按“2ND”键（位于第二排第一个按钮）。若想启用日期功能，只需依次按“2ND”键与数字键“7”。即可进入 DATE 功能界面。常见组合键功能可见附表 2，考试中常用的组合键功能会在下文详细说明。

附表 2 常用组合键说明

组合键	功能	组合键	功能
[2ND] [.]	可设置计算结果的精确位数或设置计算法则	[2ND] [8]	对输入的数据进行统计分析
[2ND] [+/-]	重新设置 CHN 和小数点位数	[2ND] [9]	可计算 Bond 的相关数值
[2ND] [0]	进入 memory 中所存储的数据	[2ND] [X]	计算 x！（x 的阶乘）
[2ND] [1]	进入日期设置	[2ND] [-]	计算排列的数量
[2ND] [2]	可计算 nominal rate 或 effective rate	[2ND] [+]	计算组合的数量
[2ND] [3]	可计算盈利	[2ND] [CE/C]	清零
[2ND] [4]	可计算折旧	[2ND] [CPT]	退回到标准计算器模式
[2ND] [5]	可计算百分比变化值	[2ND] [ENTER]	转换设置
[2ND] [6]	可计算盈亏平衡点	[2ND] [PMT]	转换 BGN 和 END 模式
[2ND] [7]	可输入数据	[2ND] [=]	显示上一次的计算结果

二、计算器的基本设置

考生在使用计算器之前，必须先对计算器进行基本设置，否则计算结果容易出错或不符合要求。

（一）精度设置

计算器可以精确到 8 位小数。我们建议考生至少设置 6 位小数，以满足考试要求，设置方法如附表 3 所示。

附表 3　　精度设置方法

按键步骤	计算器显示
（1）[2ND] [.]	DEC=2.00
（2）[6] [ENTER]	DEC=6.000000
（3）[2ND] [CPT]	0.000000

接下来，利用附表 3 所示的方式来介绍计算器的使用方法。其中，第一列显示操作步骤，第二列显示按该步骤操作后计算器显示屏上出现的数字，考生可以以此对照自己的操作有没有错误。例如，附表 3 中第一步操作是 [2ND] [.]，将调用“.”号键上方的 FORMAT 功能，此时计算器屏幕上将显示 DEC=2.00，DEC 是英文小数的缩写，表明默认的小数位数是 2 位。第二步操作 [6] [ENTER]，即输入数字 6 后，按 ENTER 键（该键位于第一排第二列，注意不是按“=”键），将小数位修改成 6 位。最后一步是 [2ND] [CPT]，即调用 QUIT 功能退出。

（二）优先级算法设置

计算时不同符号的优先级是不同的，比如 3+5×4，乘法计算优先级高于加法，所以计算结果应为 23。然而，一般计算器都不具备识别优先级的功能，如果依次将上式输入，计算顺序是先加后乘，得出的结果是 32。不过德州 BA II 专业版计算器具备切换识别优先级的功能：在 CHN 模式下不考虑优先级，而在 AOS 模式下考虑优先级。由于计算器默认设置是 CHN 模式，所以我们需要将其调整为 AOS 模式。设置方法如附表 4 所示。

附表 4　　优先级算法设置方法

按键步骤	计算器显示
（1）[2ND] [.]	DEC=2.00
（2）[↓] 按四次	CHN
（3）[2ND] [ENTER]	AOS

此外，在 AOS 模式下如果想要改变优先级，可以利用计算器中的“（）”键。

计算器将优先计算括号中的表达式。

(三) 每期现金流时点设置

每期现金流有可能在期初也有可能在期末，计算器可以分别在两种模式下计算现值与终值。计算器的默认模式是END，而BGN功能可用于计算先付年金，两种模式的切换方法如附表5所示。

附表5 每期现金流时点设置方法

按键步骤	计算器显示
(1) [2ND] [PMT]	END
(2) [2ND] [ENTER]	BGN

备考小贴士

考生一定要注意：如果在考试中需要用到BGN功能，按照上述步骤调整后，计算器右上角会显示“BGN”字样，在用完“BGN”功能后一定要调回“END”模式，否则后面题目的计算都会出现错误！

三、存储与记忆功能介绍

考试中，有些计算题需要多个计算步骤，此时就非常有必要将不同步骤的计算结果储存下来，进行最后的计算。计算器最多可以存储10个数字，分别对应“0”到“9”数字键，储存方法如附表6所示。

附表6 存储方法

按键步骤	计算器显示
(1) [2.55]	2.55
(2) [STO]	2.55
(3) [1]	2.550000
(4) [RCL] [1]	2.550000

简言之，我们可以利用“STO”+数字键，将计算结果存储到对应数字键上；需要用时可以用“RCL”+数字键调用之前存储的结果。

备考小贴士

这个功能在考试中非常好用，考生应充分利用。

四、专向功能介绍

（一）日期计算功能（Date Functions）

有些情况下，计息必须精确到具体天数，这就需要计算不同日期间的天数。例如，计算2014年6月2日至2014年12月6日间实际天数，计算步骤如附表7所示。

附表7 日期计算步骤

按键步骤	计算器显示
（1）[2ND] [1]	DT1 = 12-31-1990（U. S.）
（2）[6.0214] [ENTER]	DT1 = 6-02-2014
（3）[↓]	DT2 = 12-31-1990
（4）[12.0614] [ENTER]	DT2 = 12-06-2014
（5）[↓]	DBD = 0.000000
（6）[CPT]	DBD = 187.000000
（7）[↓]	ACT（365-day mode）

计算日期时，考生需要注意以下三点。

（1）日期输入方式：如2017年5月30日，计算器中输入时按“月．日年”的顺序输入小数，即5.3017。其中，年份只要输入末尾两位数即可（超过50表示19××年，小于等于50表示20××年），考试不会出现超出计算器范围的年份。

（2）两个日期间的间隔天数与实际计息规则相同。例如，2017年1月1日与2017年1月2日间，间隔1天而不是2天。

（3）ACT表示计算实际天数（一年按365天计算），也可以用[2ND] [SET]键更改至360天模式。

备考小贴士

CPT 是计算键，在很多功能中都是按此键得出计算结果。考生切记运用各种计算功能模块时，先按 [2ND] [CE/C] 调用 CLR WORK 清除之前的计算结果，否则容易出错。

（二）有效年利率与名义利率的转换

可以利用计算器之间转换有效年利率与名义利率（effective and nominal interest rate）。其中，“NOM”表示名义利率，“EFF”表示有效年利率，“C/Y”表示一年内计息次数，转换方法如附表 8 所示。

附表 8　　有效年利率与名义利率的转换方法

按键步骤	计算器显示
（1）[2ND] [2]	NOM = 0. 000000
（2）[6] [ENTER]	NOM = 6. 000000
（3）[↓] [↓]	C/Y = 1. 000000
（4）[4] [ENTER]	C/Y = 4. 000000
（5）[↑]	EFF = 0. 000000
（6）[CPT]	EFF = 6. 136355

同样，可以在已知有效年利率的情况下计算名义利率，方法类似，考生可自行练习。

备考小贴士

若想要输入名义利率等于 6%，只需输入数字 6 即可，无须在计算器中加百分号。

（三）货币时间价值

考试中使用计算器最频繁的功能就是计算货币的时间价值（time value of money）。该模块功能键位于第三排，每个按钮代表的含义如附表 9 所示。

附表 9 货币时间价值功能键的含义

按键步骤	计算器显示
(1) N	计息期数
(2) I/Y	每期利率（periodic rate）
(3) PV	现值
(4) FV	终值
(5) PMT	每期年金数额

附表 9 中，I/Y、PV、FV、PMT 与 N 五个变量只要知道任意四个就可以求剩下的一个，接下来通过不同的例子来展示。

例题 F. 1

假设当前投资 100 元，年利率为 5%，复利 10 年后终值为多少？

名师解析

按照题目条件，N=10、PV=-100、I/Y=5%、PMT=0，求 FV。计算步骤如附表 10 所示。

附表 10 终值计算步骤

按键步骤	计算器显示
(1) [100] [+/-] [PV]	PV=-100.000000
(2) [10] [N]	N=10.000000
(3) [5] [I/Y]	I/Y=5.000000
(4) [0] [PMT]	PMT=0.000000
(5) [CPT] [FV]	FV=162.889463

上述计算过程中，考生应注意以下四点：

(1) 注意正负号，如果把期初 100 元投资看成现金流出，PV 就应该有负号，FV 是流入为正号，否则计算器会报错；

(2) 输入变量时，先输入数字再按相应变量键，而不是先按变量键再按数字键，否则将出错；

(3) 切记清空之前的内容。清空方法为依次按下 [2ND] [FV] （即 FV 键上 CLR TVM 功能），而不是之前使用的 [2ND] [CE/C]。

（4）上述步骤并没有严格顺序要求，先输入哪个变量的值不影响最终结果。

例题 F.2

某投资者彩票中奖，将在接下来 20 年内每年年末收到 5 万元。在 10%的折现率下计算该彩票的现值是多少？

名师解析

此例虽然是彩票形式，但实际现金流分布与普通年金无异。依据题目已知条件易得：PMT=50 000、N=20、I/Y=10%、FV=0，求现值 PV。注意，虽然在最后一期有现金流 5 万元流入，但这已经包含在 PMT 中了，故 FV 为 0。本题现金流图如附图 1 所示，计算步骤如附表 11 所示。

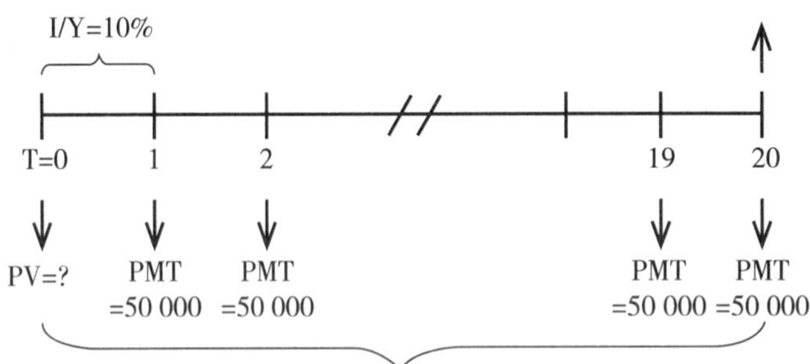

附图 1　现金流

附表 11　　**例题 2 计算步骤**

按键步骤	计算器显示
（1） [50 000] [+/-] [PMT]	PMT=-50 000. 000000
（2） [20] [N]	N=20. 000000
（3） [10] [I/Y]	I/Y=10. 000000
（4） [0] [FV]	FV=0. 000000
（5） [CPT] [PV]	PV=425 678. 1860

例题 F.3

假设当前投资 1 000 元，并且在未来 3 年的每年年初均投资 1 000 元，年利率为 12%，按复利计算在第 4 年年末投资者将获得多少回报？

名师解析

根据题目已知条件可得：PV=0、N=4、I/Y=12%、PMT=-1 000，求 FV。然

而，这道题中的 PMT 是在每期期初支付的而不是在期末，因此必须调整计算器计算模式，计算方法如附表 12 所示。

附表 12　　先付年金终值的计算步骤

按键步骤	计算器显示
(1) [2ND] [PMT]	END
(2) [2ND] [ENTER]	BNG
(3) [1 000] [+/-] [PMT]	PMT=-1 000.000000
(4) [4] [N]	N=4.000000
(5) [12] [I/Y]	I/Y=12.000000
(6) [0] [PV]	PV=0.000000
(7) [CPT] [FV]	FV=5 352.847360

其中，前两个步骤是将 END 模式转换为 BGN 模式，在计算完本题后考生应注意调回 END 模式，否则后续题目计算有可能出错。如果考生不喜欢使用 BGN 模式，也可以直接在 END 模式下计算，将结果乘以（1+I/Y），也能得出结论。我们可以从现金流图上体会原因，本题现金流图如附图 2 所示。

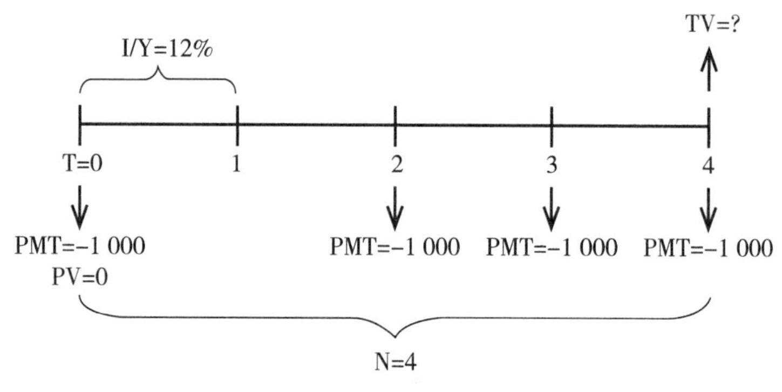

附图 2　现金流

以 $T=0$ 时间点上看，每期现金流是在期初；但若站在 $T=-1$ 的时间点上看，每期现金流就是在期末的（总共仍然是 4 期，$T=3$ 是最后一期）。利用 END 模式，我们可以先计算 $T=3$ 时点的 FV=4 779.328，再乘以（$1+r$）即 1.12 就可以换算到 $T=4$时点的 FV=5 352.847360。

运用类似的操作，我们可以在已知 FV、PMT、I/Y 与 N 的情况下求 PV，见例题 4。

例题 F. 4

假设当前投资 1 000 元，并且在未来 3 年的每年年初均投资 1 000 元，年利率为 12%，按复利计算该投资的现值是多少？

名师解析

此题计算方法与例题 F. 3 基本类似，不同之处在于此题的 FV = 0，求 PV。计算步骤如附表 13 所示。

附表 13　　现值计算步骤

按键步骤	计算器显示
（1） [2ND] [PMT]	END
（2） [2ND] [ENTER]	BNG
（3） [1 000] [+/-] [PMT]	PMT = -1 000. 000000
（4） [4] [N]	N = 4. 000000
（5） [12] [I/Y]	I/Y = 12. 000000
（6） [0] [FV]	FV = 0. 000000
（7） [CPT] [PV]	PV = 3 401. 831268

也可以在 END 模式下计算现值。以 $T=0$ 时间点上看，每期现金流是在期初；但若站在 $T=-1$ 的时间点上看，每期现金流就是在期末。利用 END 模式，我们可以先计算 $T=-1$ 时点的 PV = 3 037. 349347，再乘以（$1+r$）即 1. 12 就可以换算到 $T=0$ 时点的 PV = 3 401. 831268。

同理，可以运用类似的方法在已知其余四个变量的情况下，分别求 I/Y 或 N。这里不再赘述，考生可自行练习。

（四）资本预算

在资本预算（capital budgeting）中，计算 NPV、IRR，或者计算不规则现金流现值时都可以利用计算器 CF 功能。例如，假设折现利率是 10%，各期现金流分布为 $CF_0=-175$、$CF_1=25$、$CF_2=100$、$CF_3=75$、$CF_4=50$，计算 NPV，见附表 14。

附表 14　　NPV 计算步骤

按键步骤	计息期数
（1）[CF]	CF0=0.000000
（2）[175][+/-][ENTER]	CF0=-175.000000
（3）[↓][25][ENTER]	C01=25.000000
（4）[↓][↓][100][ENTER]	C02=100.000000
（5）[↓][↓][75][ENTER]	C03=75.000000
（6）[↓][↓][50][ENTER]	C04=50.000000
（7）[NPV][10][ENTER]	I=10.000000
（8）[↓][CPT]	NPV=20.871184

知识一点通

在输入现金流 C01 后，按一次[↓]键后屏幕会出现“F01”的字样。F01 代表 C01 现金流的频率，默认为 1。由于 C01 现金流只出现了一次，F01 无须更改，故我们直接再按一次[↓]输入 C02。

在按下[NPV]键后，计算器会先显示 I，此时输入 10（无需加百分号）后下翻至 NPV 页，按[CPT]键后即可计算出 NPV 值。

亦可计算上述现金流的 IRR。输入现金流的过程与上例完全相同，再依次按下[IRR][CPT]，可得 IRR=15.067416。

（五）统计量计算

在抽样调查中，常见的统计量（statistics）可以利用计算器直接算出，无须按照公式一步步计算。例如，假设一只股票在过去三年的收益率分别为 6%、8% 与 4%，计算样本均值与方差操作过程如附表 15 所示。

附表 15　　样本均值与方差计算步骤

按键步骤	含义
（1）[2ND][7]	X01=0.000000
（2）[6][ENTER]	X01=6.000000
（3）[↓][↓][8][ENTER]	X02=8.000000

（续表）

按键步骤	含义
（4） [↓] [↓] [4] [ENTER]	X03 = 4.000000
（5） [2ND] [8]	Lin
（6） 重复按 [2ND] [ENTER]	直至出现 1-V
（7） [↓] [↓]	$\bar{X}$ = 6

在以上操作中，考生需要注意以下四点：

（1）计算前先用 [2ND] [CE/C] 清除之前的计算结果；

（2） [2ND] [7] 是为了调出输入数据模式；[2ND] [8] 是为了调出显示统计量模式；

（3）输入数据时，按一次 [↓] 会显示"Y01"，这是双变量输入时用的，我们暂时用不到这个功能；

（4）由于只有单变量，在倒数第二步反复按 [2ND] [ENTER] 直至调出 1-V 模式。

（六）排列与组合数（Permutation and Combination）

1. 计算阶乘数（*n* Factorial）

阶乘数公式为：

$$n! = n(n-1)(n-2)(n-3)\cdots 1$$

例如，计算 4!，依次按 [4] [2ND] [X] 即可。

2. 组合数

组合数公式为：

$$C_n^r = \frac{n!}{(n-r)!\ r!}$$

例如，计算 C_5^3，可依次按 [5] [2ND] [+] [3] [=] 可得答案 10。其中 [2ND] [+] 键是用于调用组合数功能。

3. 排列数

排列数公式为：

$$P_n^r = \frac{n!}{(n-r)!}$$

例如，计算 P_5^3，依次按 [5] [2ND] [-] [3] [=] 可得答案 60。其中 [2ND] [-] 键是用于调用排列数功能。